Lauterkeitsrecht als Mittel zur Einhaltung von Arbeitsbedingungen

Zivilrechtliche Schriften

Beiträge zum Wirtschafts-, Bank- und Arbeitsrecht

Herausgegeben von Arnd Arnold, Dorothee Einsele,
Jan Lieder und Hartmut Oetker

Begründet von Peter Kreutz und Dieter Reuter

Band 81

PETER LANG

Philipp Zelmer

Lauterkeitsrecht als Mittel zur Einhaltung von Arbeitsbedingungen

PETER LANG

Bibliografische Information der Deutschen Nationalbibliothek
Die Deutsche Nationalbibliothek verzeichnet diese Publikation in der Deutschen Nationalbibliografie; detaillierte bibliografische Daten sind im Internet über http://dnb.d-nb.de abrufbar.

Zugl.: Kiel, Univ., Diss., 2021

D 8
ISSN 0941-147X
ISBN 978-3-631-87333-5 (Print)
E-ISBN 978-3-631-87355-7 (E-PDF)
E-ISBN 978-3-631-87356-4 (EPUB)
DOI 10.3726/b19487

Peter Lang – Berlin · Bern · Bruxelles · New York · Oxford · Warszawa · Wien

Diese Publikation wurde begutachtet.

www.peterlang.com

Vorwort

Die vorliegende Arbeit wurde im Wintersemester 2021/22 von der Rechtswissenschaftlichen Fakultät der Christian-Albrechts-Universität zu Kiel als Dissertation angenommen. Rechtsprechung und Literatur konnten bis zum 30.11.2021 berücksichtigt werden. Hingewiesen wird auf die UWG-Novelle (BGBl. 2021 Teil I S. 3504 ff.), welche im Mai 2022 in Kraft tritt und Verschiebungen unter anderem der Begriffsbestimmungen des § 2 UWG enthält. Soweit Neuerungen für die Arbeit inhaltlich relevant sind, wurden sie berücksichtigt.

Mein herzlicher Dank gilt zunächst meinem Doktorvater Herrn Prof. Dr. Hartmut Oetker, der die Anregung für das Thema der vorliegenden Arbeit gegeben und ihre Anfertigung mit wertvollen Hinweisen sowie der Gewährung der notwendigen Freiheiten bei der Tätigkeit am Lehrstuhl unterstützt hat. Herrn Prof. Dr. Joachim Jickeli danke ich für die zügige Erstellung des Zweitgutachtens sowie die in vielerlei Hinsicht prägende Zeit, die ich an seinem Lehrstuhl erleben durfte. Den Herausgebern danke ich für die Aufnahme der Arbeit in die Reihe „Zivilrechtliche Schriften".

Bedanken möchte ich mich auch bei allen Kolleginnen und Kollegen an den beiden Lehrstühlen, an denen ich tätig war. Ein besonderer Dank gilt Fabian Gräf, der mich bei der Anfertigung dieser Arbeit als Bürokollege begleitet und maßgeblich dazu beigetragen hat, dass ich diese Zeit in guter Erinnerung behalten werde. Hendrike Schuth danke ich für wertvolle Hinweise und beruhigende Worte in der Anfangszeit der Promotion. Mit Lena-Marie Nath verbindet mich bereits unsere gemeinsame Einstellung am Lehrstuhl und auch für ihren Beitrag zum Gelingen dieser Dissertation möchte ich ihr danken.

Schließlich gilt mein Dank Jasmin und meinen Eltern, die mich stets uneingeschränkt unterstützt haben.

Eberswalde, 01.12.2021
Philipp Zelmer

Inhaltsverzeichnis

Vorwort 5

§ 1 Einleitung und Gang der Untersuchung 23

A. Bedarf an einem zusätzlichen Kontrollmittel 23

B. Vereinbarkeit der Schutzzwecke von Lauterkeits- und Arbeitsrecht .. 26

C. Gang der Untersuchung 29

§ 2 Entwicklung von Gesetzgebung und Rechtsprechung 31

A. Entwicklungen unter Geltung des UWG 1909 31

I. Generalklausel des § 1 UWG a.F. 32

II. „Bewachungsgewerbe"-Entscheidung des Reichsgerichts vom 12.4.1927 32

III. Rechtsprechung bis in das Jahr 1997 33

1. Unterscheidung von wertbezogenen und wertneutralen Vorschriften 34

2. Rechtsprechung der Oberlandesgerichte insbesondere zur untertariflichen Entlohnung im Rahmen des § 1 UWG a.F. 35

3. „Tariflohnunterschreitung"-Entscheidung des Bundesgerichtshofs vom 3.12.1992 36

a) Entscheidung des OLG Saarbrücken vom 4.10.1990 37

b) Stellungnahme des Bundesgerichtshofs 37

4. Rechtsprechung zu weiteren Arbeitsbedingungen auf Grundlage des § 1 UWG a.F. 39

IV. „Paradigmenwechsel" des Bundesgerichtshofs 41

B. Veränderungen durch das UWG 2004 42

C. UGP-Richtlinie und die UWG-Novelle 2008 44

I. Zielsetzung der UGP-Richtlinie 44

II. Anwendungsbereich der UGP-Richtlinie und Vollharmonisierung 45

III. Umsetzung durch die UWG-Novelle 2008 46
D. Entwicklungen seit der UWG-Novelle 2015 46

§ 3 Arbeitnehmer als Marktteilnehmer 49
A. Bedeutung der Fragestellung 49
B. Arbeitnehmer als Verbraucher i.S.d. § 2 Abs. 2 UWG i.V.m. § 13 BGB 49
I. Arbeitnehmer als Verbraucher i.S.d. § 13 BGB 50
II. Verweisung in § 2 Abs. 2 UWG 53
1. Unionsrechtskonforme Auslegung des Verbraucherbegriffs im UWG 53
2. Entsprechende Anwendung der Verweisung in § 2 Abs. 2 UWG 56
a) Geschäfte ohne engeren Bezug zum Arbeitsverhältnis 56
b) Geschäfte, die das Arbeitsverhältnis als solches betreffen 57
(aa) Begründung der herrschenden Meinung für eine teleologische Reduktion 57
(bb) Gegenansicht für eine weite Anwendung des Verweises in § 2 Abs. 2 UWG 58
(cc) Stellungnahme 59
C. Arbeitnehmer als sonstige Marktteilnehmer i.S.d. § 2 Abs. 1 Nr. 2 UWG 62
I. Erweiterung auf den Nachfragewettbewerb, § 2 Abs. 1 Nr. 1 UWG und Begriff der Dienstleistungen i.S.d. § 2 Abs. 1 Nr. 1 UWG 62
II. Keine Notwendigkeit der Unternehmereigenschaft 63
III. Arbeitnehmer als Anbieter von Dienstleistungen i.S.d. § 2 Abs. 1 Nr. 2 UWG 65
1. Situation beim Abschluss von Arbeitsverträgen in Abgrenzung zur Durchführung des Arbeitsverhältnisses 65
2. Weitere Durchführung des Arbeitsverhältnisses 68
D. Ergebnis 69

§ 4 Unlauterkeitstatbestände des UWG ... 71
A. Rechtsbruchtatbestand, § 3a UWG ... 71
I. Vergleich mit der Rechtslage in Österreich und der Schweiz ... 71
II. Verhältnis des Rechtsbruchtatbestands zur UGP-Richtlinie ... 72
III. Tatbestandsmerkmale des § 3a UWG ... 74
1. Gesetzliche Vorschrift ... 74
a) Arbeitsrechtliche Vorschriften anderer Länder ... 75
b) Vorgaben über Arbeitsbedingungen in CSR-Standards ... 76
aa) Begriff der Corporate Social Responsibility (CSR) ... 76
bb) CSR-Standards als gesetzliche Vorschriften i.S.d. § 3a UWG ... 78
c) Internationales Recht ... 79
aa) Rolle der International Labour Organisation (ILO) . 80
(1) ILO-Kernarbeitsnormen ... 80
(2) Dreigliedrige Grundsatzerklärung ... 81
bb) ILO-Übereinkommen und -Erklärungen als gesetzliche Vorschriften i.S.d. § 3a UWG ... 82
d) Verhaltenskodizes i.S.d. § 2 Abs. 1 Nr. 5 UWG ... 83
2. Regelung des Marktverhaltens auch im Interesse der Marktteilnehmer ... 84
a) Regelung des Marktverhaltens ... 84
b) Interesse der Marktteilnehmer ... 85
aa) Schutz von Allgemeininteressen ... 86
bb) Interessen der Mitbewerber i.S.d. § 2 Abs. 1 Nr. 3 UWG ... 86
cc) Interessen der Verbraucher i.S.d. § 2 Abs. 2 UWG i.V.m. § 13 BGB und der sonstigen Marktteilnehmer i.S.d. § 2 Abs. 1 Nr. 2 UWG ... 87
c) Erweiterung auf den Nachfragewettbewerb, § 2 Abs. 1 Nr. 1 UWG ... 87
3. Zuwiderhandeln ... 88
4. Eignung zur spürbaren Interessenbeeinträchtigung ... 88
a) Kriterien bei der Nichteinhaltung von Arbeitsbedingungen ... 88

b) Nachahmungsgefahr als Kriterium der Spürbarkeitsschwelle 89
5. Geschäftliche Handlung, § 2 Abs. 1 Nr. 1 UWG 90
IV. Vorschriften über Arbeitsbedingungen 90
V. Einzelne Vorschriften über Arbeitsbedingungen 91
1. Arbeitszeitrelevante gesetzliche Vorschriften 91
a) Ladenschluss- bzw. Ladenöffnungszeitengesetze 91
aa) Gesetzliche Vorschriften 92
bb) Regelung des Marktverhaltens im Interesse der Marktteilnehmer 92
(1) Regelung des Marktverhaltens 93
(2) Interesse der Marktteilnehmer 94
(a) Arbeitnehmerschutz als primäre Zielsetzung 94
(b) Interesse der Verbraucher i.S.d. § 2 Abs. 2 UWG i.V.m. § 13 BGB 95
(c) Interesse der Mitbewerber i.S.d. § 2 Abs. 1 Nr. 3 UWG 96
cc) Ergebnis 100
b) Sonn- und Feiertagsgesetze der Länder 100
aa) Gesetzliche Vorschriften 101
bb) Regelung des Marktverhaltens im Interesse der Marktteilnehmer 101
(1) Regelung des Marktverhaltens 101
(2) Interesse der Marktteilnehmer 102
(a) Primäre Zielsetzungen der Sonn- und Feiertagsgesetze 103
(b) Interesse der Verbraucher i.S.d. § 2 Abs. 2 UWG i.V.m. § 13 BGB 103
(c) Interesse der Mitbewerber i.S.d. § 2 Abs. 1 Nr. 3 UWG 103
cc) Ergebnis 106
c) Werktägliche Arbeitszeit und arbeitsfreie Zeiten, §§ 3 ff. ArbZG 106

aa) Regelung des Marktverhaltens im Interesse der Marktteilnehmer 107
(1) Regelung des Marktverhaltens 107
(2) Interesse der Marktteilnehmer 111
(a) Interesse der Verbraucher i.S.d. § 2 Abs. 2 UWG i.V.m. § 13 BGB 111
(b) Interesse der Mitbewerber i.S.d. § 2 Abs. 1 Nr. 3 UWG 113
(aa) Vergleich mit dem Nachtbackverbot 113
(bb) Zweck des Gesetzes nach § 1 ArbZG 114
(cc) Über § 1 ArbZG hinausgehende Zwecke 115
bb) Ergebnis 116
d) Sonn- und Feiertagsruhe nach § 9 ArbZG 116
aa) Regelung des Marktverhaltens im Interesse der Marktteilnehmer 116
(1) Regelung des Marktverhaltens 117
(2) Interesse der Marktteilnehmer 120
(a) Interesse der Verbraucher i.S.d. § 2 Abs. 2 UWG i.V.m. § 13 BGB 120
(b) Interesse der Mitbewerber i.S.d. § 2 Abs. 1 Nr. 3 UWG 121
bb) Ergebnis 123
e) Lenkzeitregelungen 123
aa) Gesetzliche Vorschriften 124
bb) Regelung des Marktverhaltens im Interesse der Marktteilnehmer 124
(1) Regelung des Marktverhaltens 125
(a) Unterschiede zwischen Lenk- und Arbeitszeitregelungen 125
(b) Übertragbarkeit auf die §§ 1 Abs. 5, 6 FPersV 126
(2) Interesse der Marktteilnehmer 127

(a) Interesse der Verbraucher i.S.d. § 2 Abs. 2 UWG i.V.m. § 13 BGB 127
(b) Interesse der Mitbewerber i.S.d. § 2 Abs. 1 Nr. 3 UWG 128
(aa) Zielsetzung der Verordnung (EG) Nr. 561/2006 128
(bb) Übertragbarkeit auf die Regelungen in FPersG und FPersV . 129
cc) Ergebnis 129
2. Weitere Arbeitnehmerschutzvorschriften 130
a) Arbeitsschutzrechtliche Pflichten des Arbeitgebers, §§ 3 ff. ArbSchG 130
aa) Regelung des Marktverhaltens im Interesse der Marktteilnehmer 130
(1) Regelung des Marktverhaltens 131
(2) Interesse der Marktteilnehmer 132
(a) Interesse der Verbraucher i.S.d. § 2 Abs. 2 UWG i.V.m. § 13 BGB 132
(b) Interesse der Mitbewerber i.S.d. § 2 Abs. 1 Nr. 3 UWG 133
bb) Ergebnis 134
b) Erlaubnispflicht zur Arbeitnehmerüberlassung, § 1 Abs. 1 S. 1 AÜG 134
aa) Regelung des Marktverhaltens im Interesse der Marktteilnehmer 134
(1) Regelung des Marktverhaltens 135
(a) Abgrenzung zur reinen Marktzutrittsregelung 135
(b) Absatzmarkt der Waren oder Dienstleistungen der Entleiher 138
(c) Absatzmarkt der Arbeitsleistungen der Leiharbeitnehmer 138
(aa) Außenwirkung auf Leiharbeitnehmer als Verbraucher i.S.d. § 2 Abs. 2 UWG i.V.m. § 13 BGB oder sonstige Marktteilnehmer i.S.d. § 2 Abs. 1 Nr. 2 UWG 139

(bb) Außenwirkung auf Entleiher als sonstige Marktteilnehmer i.S.d. § 2 Abs. 1 Nr. 2 UWG 139

(aaa) Entleiher als sonstige Marktteilnehmer i.S.d. § 2 Abs. 1 Nr. 2 UWG 139

(bbb) Der Bezug des § 1 Abs. 1 S. 1 AÜG zur Absatzhandlung des Verleihers 140

(ccc) Keine abschließende Regelung durch § 12 AÜG ... 140

(ddd) Die Zuverlässigkeit i.S.d. § 3 Abs. 1 Nr. 1 AÜG als Qualitätsmerkmal in rechtlicher Hinsicht 141

(d) Beschaffungsmarkt der Arbeitsleistungen von Leiharbeitnehmern 142

(aa) Bezug des § 1 Abs. 1 S. 1 AÜG zur Nachfragehandlung des Verleihers 142

(bb) Außenwirkung auf Leiharbeitnehmer als Verbraucher i.S.d. § 2 Abs. 2 UWG i.V.m. § 13 BGB 144

(cc) Außenwirkung auf Leiharbeitnehmer als sonstige Marktteilnehmer i.S.d. § 2 Abs. 1 Nr. 2 UWG 144

(e) Zwischenergebnis 145

(2) Interesse der Marktteilnehmer 145

(a) Primäre sozialpolitische Zielsetzung des § 1 Abs. 1 S. 1 AÜG 145

(b) Interesse der Verbraucher i.S.d. § 2 Abs. 2 UWG i.V.m. § 13 BGB 146

(c) Interesse der sonstigen Marktteilnehmer i.S.d. § 2 Abs. 1 Nr. 2 UWG 146

(aa) Entleiher als sonstige Marktteilnehmer i.S.d. § 2 Abs. 1 Nr. 2 UWG 146

(aaa) Schutz der Marktgegenseite 147

(bbb) Qualität der Leiharbeit in tatsächlicher Hinsicht 147

(ccc) Qualität der Leiharbeit in rechtlicher Hinsicht 148

(ddd) Historische Auslegung 150

(bb) Leiharbeitnehmer als sonstige Marktteilnehmer i.S.d. § 2 Abs. 1 Nr. 2 UWG 155

(d) Interesse der Mitbewerber i.S.d. § 2 Abs. 1 Nr. 3 UWG 158

bb) Eignung zur spürbaren Interessenbeeinträchtigung 161

cc) Konkurrenz arbeits- und lauterkeitsrechtlicher Rechtsfolgen 162

(1) Grundsatz der parallelen Anwendbarkeit 162

(2) Rechtsfolgen eines Verstoßes gegen § 1 Abs. 1 S. 1 AÜG 163

(3) Begründung des Bundesgerichtshofs in der „Arbeitnehmerüberlassung“-Entscheidung vom 23.6.2016 164

(a) Umgehung des § 9 Abs. 1 Nr. 1 Hs. 1 AÜG i.V.m. § 10 Abs. 1 S. 1 AÜG 165

(b) Umgehung der §§ 16 Abs. 1 Nr. 1, 1a AÜG 167

(c) Umgehung der Verantwortungszuweisung 167

(aa) Rolle der Gewerkschaften 168

(bb) Rechtsgedanke des § 15 UKlaG 169

(cc) Gefahr paralleler Verfahren und divergierender Entscheidungen 171

(dd) Verweis auf die Eigenverantwortung der Arbeitnehmer ... 173
dd) Ergebnis ... 177
3. Gesetzliche Vorschriften mit Bezug zur Entlohnung der Arbeitnehmer ... 178
a) Allgemeiner gesetzlicher Mindestlohn, §§ 1, 3 MiLoG ... 178
aa) Regelung des Marktverhaltens im Interesse der Marktteilnehmer ... 179
(1) Regelung des Marktverhaltens ... 179
(a) Absatzmarkt der Waren oder Dienstleistungen ... 180
(aa) Argumentation zur untertariflichen Entlohnung ... 180
(bb) Übertragbarkeit auf die §§ 1, 3 MiLoG ... 181
(b) Beschaffungsmarkt der Arbeitsleistungen 181
(aa) Abschluss von Arbeitsverträgen ... 182
(aaa) Regelungswirkung des § 3 S. 1 MiLoG ... 182
(bbb) Fraglicher Wettbewerbsvorteil durch Vereinbarung niedrigerer Löhne ... 183
(ccc) Außenwirkung auf Arbeitnehmer als sonstige Marktteilnehmer i.S.d. § 2 Abs. 1 Nr. 2 UWG ... 183
(bb) Verhalten im laufenden Arbeitsverhältnis ... 184
(aaa) Außenwirkung der Entlohnung im laufenden Arbeitsverhältnis ... 184
(bbb) Bezug zum Beschaffungsmarkt ... 185

(2) Interesse der Marktteilnehmer 186
(a) Interesse der sonstigen Marktteilnehmer i.S.d. § 2 Abs. 1 Nr. 2 UWG 186
(b) Interesse der Mitbewerber i.S.d. § 2 Abs. 1 Nr. 3 UWG 187
(aa) Rechtsprechung des Bundesverfassungsgerichts zum Verdrängungswettbewerb über die Lohnkosten 188
(bb) Begründung des Regierungsentwurfes 188
(cc) Faire und funktionierende Wettbewerbsbedingungen i.S.d. § 9 Abs. 2 S. 1 MiLoG 191
(dd) Regelungszusammenhang mit dem AEntG 192
(ee) Zwischenergebnis 193
bb) Konkurrenz arbeits- und lauterkeitsrechtlicher Rechtsfolgen 193
(1) Umgehung des § 13 MiLoG i.V.m. § 14 AEntG 193
(2) Umgehung der §§ 14 ff. MiLoG 194
(3) Umgehung der Verantwortungszuweisung 195
cc) Ergebnis 196
b) Pflicht zur Leistung von Sozialversicherungsbeiträgen, vgl. § 2 SGB IV 196
aa) Regelung des Marktverhaltens im Interesse der Marktteilnehmer 197
(1) Regelung des Marktverhaltens 197
(2) Interesse der Marktteilnehmer 197
bb) Ergebnis 198
4. Tarifvertragliche Regelungen 198
a) Gesetzliche Vorschriften 198
aa) Bei Allgemeinverbindlichkeit, § 5 TVG 198
bb) Bei Tarifgebundenheit, § 3 Abs. 1 TVG i.V.m. § 4 Abs. 1 S. 1 TVG 199

cc) Bei Erweiterung nach § 3 AEntG 200
b) Regelung des Marktverhaltens im Interesse der Marktteilnehmer 200
aa) Regelung des Marktverhaltens 201
(1) Absatzmarkt der Waren oder Dienstleistungen 201
(a) Allgemeine Argumente gegen eine Regelung des Marktverhaltens 201
(b) Bei Allgemeinverbindlichkeit, § 5 TVG 202
(c) Bei Erweiterung nach § 3 AEntG 204
(2) Beschaffungsmarkt der Arbeitsleistungen 206
(a) Abschluss von Arbeitsverträgen 207
(aa) Rechtswirkung der Tarifnormen bei Widerspruch zu arbeitsvertraglichen Regelungen 207
(bb) Regelungsinhalt von Abschluss- und Inhaltsnormen 208
(b) Verhalten im laufenden Arbeitsverhältnis 209
bb) Interesse der Marktteilnehmer 210
(1) Interesse der sonstigen Marktteilnehmer i.S.d. § 2 Abs. 1 Nr. 2 UWG 211
(2) Interesse der Mitbewerber i.S.d. § 2 Abs. 1 Nr. 3 UWG 211
(a) Bei Allgemeinverbindlichkeit, § 5 TVG 211
(aa) Ansichten in der Rechtsprechung 212
(bb) Historische Auslegung 214
(cc) Bedeutung der Außenseiterkonkurrenz 215
(dd) Eignung zur Herstellung von Wettbewerbsgleichheit 216
(ee) Verfahren der Allgemeinverbindlicherklärung 217
(ff) Öffentliches Interesse i.S.d. § 5 Abs. 1 S. 1 TVG 217

(gg) Regelungszusammenhang mit MiLoG und AEntG sowie die Änderungen durch das Tarifautonomiestärkungsgesetz 218
(hh) Zwischenergebnis 220
(b) Haustarifverträge 221
(c) Verbandstarifverträge 222
(d) Bei Erweiterung nach § 3 AEntG 222
c) Konkurrenz arbeits- und lauterkeitsrechtlicher Rechtsfolgen 225
d) Ergebnis 225
5. Unwirksame Klauseln in Formulararbeitsverträgen als Allgemeine Geschäftsbedingungen im Rahmen der Inhaltskontrolle, §§ 307 ff. BGB 226
a) Gesetzliche Vorschriften 226
b) Regelung des Marktverhaltens im Interesse der Marktteilnehmer 226
aa) Regelung des Marktverhaltens 228
bb) Interesse der Marktteilnehmer 229
(1) Interesse der Verbraucher i.S.d. § 2 Abs. 2 UWG i.V.m. § 13 BGB und unionsrechtlicher Hintergrund 230
(2) Interesse der sonstigen Marktteilnehmer i.S.d. § 2 Abs. 1 Nr. 2 UWG 232
c) Eignung zur spürbaren Interessenbeeinträchtigung 233
d) Konkurrenz der lauterkeitsrechtlichen Rechtsfolgen mit den Vorschriften des UKlaG 234
aa) Sperrwirkung der §§ 1, 3 UKlaG 235
bb) Sperrwirkung des § 15 UKlaG 237
e) Ergebnis 240
B. Generalklausel des § 3 Abs. 1 UWG 240
I. Unlauterkeit i.S.d. § 3 Abs. 1 UWG 240
II. Verhältnis des § 3a UWG zu § 3 Abs. 1 UWG 242

1. Ergänzende Anwendung der Generalklausel bei fehlender Bestimmung zur Regelung des Marktverhaltens im Interesse der Marktteilnehmer i.S.d. § 3a UWG 242
a) Argumente für die Zulässigkeit eines Rückgriffs 242
b) Argumente gegen die Zulässigkeit eines Rückgriffs 244
c) Rolle des Vorsprungsgedankens 247
aa) Argumente gegen die Anwendung des Vorsprungsgedankens im Rahmen des § 3 Abs. 1 UWG 247
bb) Argumente für die Anwendung des Vorsprungsgedankens im Rahmen des § 3 Abs. 1 UWG 248
d) Stellungnahme 249
e) Ergebnis 251
2. Fortwirkung vorgelagerter Verstöße und Rückwirkung nachgelagerter Verstöße 252
a) Keine „Rückschau" oder Unzumutbarkeit 252
b) Kein Rechtsbruch ohne weitere gesetzliche Regelung 253
c) Kein Rückgriff auf die Generalklausel 254
3. Ergänzende Anwendung der Generalklausel bei fehlender Rechtsnormqualität (insbesondere CSR-Standards und Verhaltenskodizes i.S.d. § 2 Abs. 1 Nr. 5 UWG) 255
a) Rechtsprechung des Bundesgerichtshofs 255
b) Befürwortende Ansichten in der Literatur 256
c) Zurückhaltende Ansichten in der Literatur 257
d) Stellungnahme 259
4. Ergänzende Anwendung der Generalklausel bei Ausnutzung internationaler Rechtsgefälle bzw. bei Verstößen gegen sittliche Grundanforderungen o.ä. 260
a) Historischer Hintergrund der Fallgruppe 261
b) Argumente für eine Übertragbarkeit auf die heutige Rechtslage 262

c) Argumente gegen eine Übertragbarkeit auf die heutige Rechtslage ... 264
d) Stellungnahme ... 266

§ 5 Geschäftliche Handlung i.S.d. § 2 Abs. 1 Nr. 1 UWG ... 269

A. Geschäftliche Handlung i.S.d. § 2 Abs. 1 Nr. 1 UWG als „Zentralbegriff des UWG" ... 269
B. Objektiver Zusammenhang i.S.d. § 2 Abs. 1 Nr. 1 UWG ... 270
I. Objektiver Zusammenhang bei geschäftlichen Handlungen gegenüber Verbrauchern und sonstigen Marktteilnehmern (Vertikalverhältnis) ... 270
II. Objektiver Zusammenhang bei geschäftlichen Handlungen gegenüber Mitbewerbern (Horizontalverhältnis) ... 271
III. Bedeutung des Marktbezuges ... 272
C. Objektiver Zusammenhang i.S.d. § 2 Abs. 1 Nr. 1 UWG bei Nichteinhaltung von Arbeitsbedingungen ... 273
I. Objektiver Zusammenhang bei Handlungen gegenüber Mitbewerbern i.S.d. § 2 Abs. 1 Nr. 3 UWG ... 274
1. Verhältnis zur Regelung des Marktverhaltens i.S.d. § 3a UWG ... 274
2. Handlungen ohne Marktbezug ... 276
a) Handlungen in Bezug auf Arbeits- und Arbeitszeitschutz ... 276
b) Entlohnung unterhalb gesetzlicher oder tariflicher Mindestentgelte ... 276
3. Handlungen mit Marktbezug ... 277
II. Objektiver Zusammenhang bei Handlungen gegenüber Arbeitnehmern als sonstigen Marktteilnehmern i.S.d. § 2 Abs. 1 Nr. 2 UWG ... 278
1. Entlohnung unterhalb gesetzlicher oder tariflicher Mindestentgelte ... 278
2. Abschluss von Arbeitsverträgen ... 280
III. Vorgelagerte Handlungen als unselbstständige Teile späterer geschäftlicher Handlungen i.S.d. § 2 Abs. 1 Nr. 1 UWG ... 281

IV. Nachgelagerte Verstöße als geschäftliche Handlungen i.S.d. § 2 Abs. 1 Nr. 1 UWG 283
1. Anknüpfungspunkte bei Mindestentgeltverstößen 283
2. Beschränkung auf vertragliche Rechte 283
3. Übertragbarkeit auf weitere Arbeitsbedingungen 284
4. Stellungnahme 285

§ 6 Gläubiger der Abwehransprüche, § 8 Abs. 3 UWG 287

A. Keine Anspruchsberechtigung des einzelnen Arbeitnehmers 287

B. Mitbewerber i.S.d. § 8 Abs. 3 Nr. 1 UWG 288

C. Verbände i.S.d. § 8 Abs. 3 Nr. 2 UWG 290
I. Hintergrund der Regelung 291
II. Arbeitgeberverbände als Verbände i.S.d. § 8 Abs. 3 Nr. 2 UWG 292
III. Gewerkschaften als Verbände i.S.d. § 8 Abs. 3 Nr. 2 UWG 292
1. Rechtsfähige Verbände i.S.d. § 8 Abs. 3 Nr. 2 UWG 293
2. Zur Förderung gewerblicher oder selbstständiger beruflicher Interessen i.S.d. § 8 Abs. 3 Nr. 2 UWG 294
IV. Gemeinsame Einrichtungen der Tarifvertragsparteien als Verbände i.S.d. § 8 Abs. 3 Nr. 2 UWG 297
V. Wettbewerbsvereinigungen als Verbände i.S.d. § 8 Abs. 3 Nr. 2 UWG 298

D. Gewerkschaften als qualifizierte Einrichtungen zum Schutz von Verbraucherinteressen i.S.d. § 8 Abs. 3 Nr. 3 UWG 298

E. Gewerkschaften i.S.d. § 8 Abs. 3 Nr. 4 UWG n.F. 300
I. Schutzlücke insbesondere für sonstige Marktteilnehmer i.S.d. § 2 Abs. 1 Nr. 2 UWG 300
II. Regelung des § 8 Abs. 3 Nr. 4 UWG n.F. zu Gewerkschaften 301
1. Entstehungsgeschichte des § 8 Abs. 3 Nr. 4 UWG n.F. 301
2. Beschränkung auf die Erfüllung ihrer Aufgaben bei der Vertretung selbstständiger beruflicher Interessen nach § 8 Abs. 3 Nr. 4 UWG n.F. 302
3. Begriff der Gewerkschaften i.S.d. § 8 Abs. 3 Nr. 4 UWG n.F. . 304

F. Pflicht zur Schaffung einer umfassenden Anspruchsberechtigung und Klagebefugnis der Gewerkschaften im Rahmen des § 8 Abs. 3 UWG aus Art. 9 Abs. 3 GG ... 305
I. Abgrenzung zur allgemeinen arbeitsrechtlichen Verbandsklage 305
II. Gewährleistung der kollektiven Koalitionsfreiheit durch Art. 9 Abs. 3 GG ... 306
III. „Burda-Beschluss" des Bundesarbeitsgerichts ... 307
IV. Begründung einer verfassungsrechtlichen Pflicht aus Art. 9 Abs. 3 GG ... 308
1. Ausgestaltungsbedürftigkeit des Art. 9 Abs. 3 GG ... 308
2. Keine verfassungswidrige Beeinträchtigung ... 310
3. Vergleich mit der Verbandsklage im Umweltrecht ... 311
a) Beschränkungen der Verbandsklage als Grundlage der Vergleichbarkeit ... 311
b) Versuche der verfassungsrechtlichen Begründung ... 312
aa) Rechtsweggarantie, Art. 19 Abs. 4 S. 1 GG ... 312
bb) Vereinigungsfreiheit, Art. 9 Abs. 1 GG ... 313
cc) Allgemeiner Gleichheitssatz, Art. 3 Abs. 1 GG ... 314

§ 7 Zusammenfassung der wesentlichen Ergebnisse ... 317

Literaturverzeichnis ... 325

§ 1 Einleitung und Gang der Untersuchung

Schon im Jahr 1927 bezeichnete *Hueck* die Generalklausel § 1 UWG a.F. in seiner Anmerkung zu einem Urteil des Reichsgerichts als ein – bei richtiger Benutzung – „gutes Hilfsmittel zur Durchsetzung der Tarifbedingungen".[1] Das im Gesetz gegen den unlauteren Wettbewerb (UWG) geregelte Lauterkeitsrecht könnte darüber hinaus geeignet sein, neben tariflichen auch gesetzlich geregelte sowie in freiwilligen Selbstverpflichtungen oder Verhaltenskodizes angegebene Arbeitsbedingungen durchzusetzen. *Kohte* hob 1989 in seinem Beitrag „Arbeitsschutzrecht und UWG – ein fruchtbares Wechselverhältnis" insbesondere die mögliche Geltendmachung des Unterlassungsanspruchs durch Verbraucherverbände als Möglichkeit der „dezentralen sozialen Kontrolle" hervor.[2]

A. Bedarf an einem zusätzlichen Kontrollmittel

Dennoch wird oft ohne eine vertiefte Betrachtung davon ausgegangen, dass das Lauterkeitsrecht nicht zur effektiven Durchsetzung von Arbeitsbedingungen geeignet ist. Dabei hätten verschiedene Gruppen ein Interesse an einem solchen Ansatz. Neben den betroffenen Arbeitnehmern interessieren sich auch Verbraucher zunehmend dafür, unter welchen Bedingungen Produkte hergestellt bzw. Dienstleistungen erbracht werden.[3] Für Unternehmer wäre dies ein Weg, um gegen die sogenannte „Schmutzkonkurrenz" durch Mitbewerber, die sich durch die Nichteinhaltung von Regelungen über Arbeitsbedingungen Vorteile verschaffen, vorzugehen.[4] Insbesondere könnten die Unternehmer auf diese Weise der Sogwirkung durch den Wettbewerbsdruck entgehen, der entsteht, wenn ihre Mitbewerber durch die Missachtung von Arbeitsbedingungen Kosten einsparen.[5] Auch die Gewerkschaften haben naturgemäß ein Interesse an der Durchsetzung insbesondere tariflich geregelter Arbeitsbedingungen. Ohnehin besteht ein gesamtgesellschaftliches Interesse daran, dass Arbeitsstandards tatsächlich beachtet werden.[6]

---

1 *Hueck,* JW 1927, 2366, 2367.

2 *Kohte,* AuR 1989, 241, 247.

3 *Kocher/Klose/Kühn/Wenckebach,* S. 6.

4 So schon *Hueck,* JW 1927, 2366, 2367.

5 *Fechner,* AuR 2018, 456; vgl. *Kohte,* AuR 1989, 241, 247 f.

6 *Kocher/Klose/Kühn/Wenckebach,* S. 12.

Die Einhaltung von Arbeitsbedingungen können zunächst die Arbeitnehmer selbst kontrollieren, indem sie diese dem Arbeitgeber gegenüber einfordern und ggf. vor den Arbeitsgerichten einklagen. Deshalb wird teilweise die Eigenverantwortung der Arbeitnehmer in den Vordergrund gestellt, um das Lauterkeitsrecht als zusätzliches Mittel der Durchsetzung abzulehnen.[7] Insbesondere in Branchen und Unternehmen, in denen die Nichteinhaltung von Arbeitsbedingungen verbreitete Praxis ist, stößt diese Eigenverantwortung an ihre Grenzen. Die Klagebereitschaft der Arbeitnehmer ist angesichts ihrer strukturellen Unterlegenheit zu gering, um eine effektive Durchsetzung zu gewährleisten.[8] Darüber hinaus bestehen zwar regelmäßig behördliche Zuständigkeiten zur Kontrolle.[9] Zudem können Gewerkschaften und ggf. Betriebsräte einen gewissen Druck ausüben. Dennoch lassen sich Durchsetzungsdefizite im Bereich der Arbeitsbedingungen nicht bestreiten.

Speziell bei „problematischen Beschäftigungsverhältnissen", beispielsweise in der Pflegebranche, sind Mittel zur effektiven Sicherung sozialer Mindeststandards gefragt.[10] Auch die Entwicklungen der modernen Arbeitswelt wie die Tariferosion oder die Arbeitnehmerüberlassung spielen hier eine Rolle.[11] Ein deutliches Beispiel aus nationaler Sicht ist der Mindestlohn. Im Jahr 2019 wurden nach Angaben des Deutschen Gewerkschaftsbundes etwa 1,8 Millionen Arbeitnehmer in Deutschland unterhalb des gesetzlichen Mindestlohns bezahlt – bezieht man die Branchenmindestlöhne ein, sind sogar 2,2 Millionen betroffen.[12]

---

7 BGH 23.6.2016, GRUR 2017, 95 Rn. 44; *Ulrici,* jurisPR-ArbR 22/2015, Anm. 4, E. III. 4. b).

8 *Höland* FS Bepler, 221, 238 f.; *Kocher/Klose/Kühn/Wenckebach,* S. 10; *Fechner,* AuR 2018, 456.

9 Zuständige Behörde ist oft die Zollverwaltung, z.B. §§ 14 ff. MiLoG, §§ 16 ff. AEntG, §§ 17 ff. AÜG.

10 *Bepler,* SR Sonderausgabe 2019, 12 ff.

11 *Klocke* Latzel/Picker, 145, 146; *Bepler,* SR Sonderausgabe 2019, 12 ff.

12 S. https://www.zeit.de/politik/deutschland/2019-06/arbeit-dgb-defizite-durchsetzung-mindestlohns (zuletzt abgerufen am 30.11.2021); das Deutsche Institut für Wirtschaftsforschung (DIW) gab für das Jahr 2017 – bei Berücksichtigung der Arbeitnehmer, deren Lohn durch die Nichtbezahlung von Überstunden den Mindestlohn unterschreitet – sogar 3,2 Millionen Betroffene, die trotz eines entsprechenden Anspruchs in einer Hauptbeschäftigung nicht den Mindestlohn erhalten, sowie 500 000 Betroffene in einer Nebentätigkeit an, s. *Fedorets/Grabka/Schröder,* DIW Wochenbericht 28/2019, 483, 486 f.

Aus internationaler Sicht lässt sich beispielsweise die Kinderarbeit anführen. Nach Schätzungen von UNICEF und der International Labour Organisation (ILO) gibt es weltweit noch 160 Millionen Kinderarbeiter.[13] Gerade für die Produktionsbedingungen im Ausland sind Selbstverpflichtungen, Kodizes und Siegel, auch aus dem Bereich der Corporate Social Responsibility (CSR), interessant, soweit sie Angaben über Sozial- und Arbeitsstandards enthalten. Ihre Bedeutung wächst auch unter dem Einfluss des Unionsrechts. In Erwägungsgrund 20 der Richtlinie 2005/29/EG (UGP-Richtlinie) werden Verhaltenskodizes als zu förderndes Mittel der Kontrolle in Bezug auf unlautere Geschäftspraktiken hervorgehoben. Ähnliches gilt für transnationale und völkerrechtliche Standards, die Unternehmen nicht direkt binden. Der Einsatz des Lauterkeitsrechts könnte hier eine rechtliche Durchsetzung gewährleisten. Es stellt sich die Frage, ob sich so „soft law" in „hard law" transformieren lässt.[14]

Kann die Nichteinhaltung von Arbeitsbedingungen selbst nicht auf Grundlage des Lauterkeitsrechts sanktioniert werden, lässt sich immer noch an etwaige Angaben über die Produktionsbedingungen zu Marketingzwecken anknüpfen.[15] Das Lauterkeitsrecht dient zwar nicht der Durchsetzung moralischer Vorstellungen ohne Marktbezug, es kann aber keinen rechtsfreien Raum geben, wenn die Werbung mit sozialem Engagement zur Absatzförderung genutzt wird.[16] Die Bedeutung von Transparenz sollte nicht unterschätzt werden. Sie gewährleistet die Möglichkeit, durch den Konsum mittelbar Einfluss auf die Arbeitsbedingungen bei der Produktion zu nehmen.[17] In einem funktionierenden Wettbewerb kommt den Abnehmern die Rolle eines Schiedsrichters zu.[18] Verbraucher können eine wichtige Rolle bei der Durchsetzung und Kontrolle der Einhaltung von Arbeitsbedingungen spielen. Besonders interessant sind in diesem Zusammenhang die Anspruchsberechtigung und Klagebefugnis für Verbraucherverbände nach § 8 Abs. 3 Nr. 3 UWG.[19]

Insgesamt ist es wichtig, dass verschiedene Mittel zur Durchsetzung und Kontrolle zur Verfügung stehen, die von verschiedenen Beteiligten unabhängig voneinander eingesetzt werden können.[20] Gerade diese Vielfalt abseits der

---

13 S. https://www.unicef.de/informieren/aktuelles/blog/kinderarbeit-fragen-und-antworten/166982 (zuletzt abgerufen am 30.11.2021).

14 *Kocher,* GRUR 2005, 647.

15 *Henning-Bodewig,* WRP 2010, 1094, 1103.

16 *Henning-Bodewig,* WRP 2011, 1014, 1022.

17 *Kocher/Klose/Kühn/Wenckebach,* S. 12.

18 *Beater,* Rn. 112.

19 *Däubler,* Rn. 443.

20 *Fechner,* AuR 2018, 456.

Klagemöglichkeit des Arbeitnehmers könnte das Lauterkeitsrecht bieten. Neben den Verbrauchern bzw. den Verbraucherverbänden stehen im UWG nach wie vor die Mitbewerber im Vordergrund. Sie sind nach § 8 Abs. 3 Nr. 1 UWG anspruchsberechtigt und könnten die Selbstkontrolle des Wettbewerbes auf die Einhaltung der Arbeitsbedingungen ausdehnen. Mit Wirkung vom 01.12.2021 erfasst § 8 Abs. 3 Nr. 4 UWG n.F. zudem die Gewerkschaften im Rahmen der Erfüllung ihrer Aufgaben bei der Vertretung selbstständiger beruflicher Interessen.

Dabei soll und kann das Lauterkeitsrecht keinen Ersatz für die vorhandenen Durchsetzungsmechanismen darstellen. Vor allem der Unterlassungsanspruch nach § 8 Abs. 1 S. 1, 2 UWG kommt aber als zusätzliches Mittel der Kontrolle in Betracht. In der Praxis bietet auch die schnelle Arbeitsweise der zuständigen Kammern der ordentlichen Gerichte einen Beweggrund für ihre Anrufung, weil so in kurzer Zeit einstweilige Verfügungen erwirkt werden können.[21]

B. Vereinbarkeit der Schutzzwecke von Lauterkeits- und Arbeitsrecht

Zu Recht wird eingewandt, dass allein behördliche Defizite bei der Verfolgung von Rechtsverstößen eine weite Auslegung der lauterkeitsrechtlichen Tatbestände zur Kompensation nicht begründen können.[22] Ob das Lauterkeitsrecht als Mittel zur Begegnung des Durchsetzungsdefizits im Arbeitsrecht geeignet ist, hängt maßgeblich davon ab, inwieweit sich die Rechtsgebiete und ihre jeweiligen Zielrichtungen vereinbaren lassen. Die jüngere Rechtsprechung steht dem eher ablehnend gegenüber.[23] Auch im lauterkeitsrechtlichen Schrifttum findet sich oft nur ein kurzer Hinweis, wonach der Arbeitnehmerschutz nicht vom Regelungsbereich des UWG erfasst sein soll.[24]

Auf den ersten Blick besteht zwischen den beiden Rechtsgebieten kein näherer Zusammenhang. Insofern werden die Funktionsunterschiede von Arbeits- und Gütermarkt betont.[25] Andererseits bestehen erhebliche

---

21 *Köhler* FS Glaeser, 499.

22 KG 14.2.2017, WRP 2017, 460 Rn. 15 f. mit Verweis auf *Köhler,* GRUR 2010, 657, 658.

23 BGH 23.6.2016, GRUR 2017, 95 ff.; KG 14.2.2017, WRP 2017, 460 ff.

24 *Böhler,* S. 198; Büscher/*Büscher,* § 1 UWG Rn. 53 f.; MAH/*Dittert,* § 14 Rn. 56; *Elskamp,* S. 139; *Fleischer,* S. 104; K/B/F/*Köhler,* § 1 UWG Rn. 41; *Sack,* WRP 2004, 1307, 1310; MüKo-UWG/*Sosnitza,* § 3 Rn. 36; *Ohly*/Sosnitza/*Sosnitza,* § 1 UWG Rn. 30, § 3 UWG Rn. 21; *v. Walter,* S. 98 f.; HK-UWG/*Wirtz,* § 3 Rn. 93.

25 *Ziegler,* S. 1 ff., 7 ff.

Wechselwirkungen.[26] Ob ein Verstoß gegen arbeitsrechtliche Normen einen unlauteren Wettbewerb begründet oder nicht, lässt sich aus dieser Betrachtung aber jedenfalls nicht schließen.[27] Das UWG selbst enthält keine Anhaltspunkte für die Bedeutung arbeitsrechtlicher Regelungen. § 8 Abs. 2 UWG als Zurechnungsnorm nennt zwar Mitarbeiter, geht dabei aber gezielt über den Arbeitnehmerbegriff hinaus.[28] Immerhin spielen Arbeitsbedingungen eine Rolle im Wettbewerb,[29] wie auch die Verlagerung der Produktion in Länder mit geringeren Standards und damit regelmäßig auch geringeren Kosten zeigt.[30] Indem Unternehmer arbeitsrechtliche Normen missachten, können sie Kosten sparen und damit ihre Stellung im Wettbewerb zu ihren Gunsten beeinflussen.[31]

Ungeachtet dieser tatsächlichen Auswirkungen auf den Wettbewerb ist fraglich, ob die Schutzzwecke sich in Einklang bringen lassen. Gemäß § 1 S. 1 UWG bezweckt das UWG den Schutz der Mitbewerber, der Verbraucherinnen und Verbraucher sowie der sonstigen Marktteilnehmer vor unlauteren geschäftlichen Handlungen. Nach § 1 S. 2 UWG schützt es zudem das Interesse der Allgemeinheit an einem unverfälschten Wettbewerb. Erfasst ist nach dem klaren Wortlaut nur das Interesse an einem unverfälschten Wettbewerb, während der Schutz sonstiger Allgemeininteressen nach dem Willen des Gesetzgebers nicht Aufgabe des Lauterkeitsrechts ist.[32] Das Arbeitsrecht hingegen dient dem Schutz der Arbeitnehmer vor Benachteiligung und Gefährdungen während des Arbeitsverhältnisses sowie vor dem unvermittelten Verlust des Arbeitsplatzes.[33] Auch und insbesondere das kollektive Arbeitsrecht dient dem Ausgleich der strukturellen Unterlegenheit der Arbeitnehmer gegenüber der Arbeitgeberseite.[34] Es handelt sich um Schutzrecht für Arbeitnehmer. Damit stellt sich als Teil der Untersuchung die Frage, ob Arbeitnehmer auch als Marktteilnehmer zu den Schutzsubjekten des Lauterkeitsrechts gehören.

---

26 *Klocke*, S. 157; *Rieble*, Rn. 231 ff.

27 *Klocke*, S. 156 ff.

28 *Klocke*, S. 154.

29 *Kissel*, S. 5 f.; *Rieble*, Rn. 231 ff.

30 *Oppenhoff*, GRUR 1980, 861.

31 *Sack* FS Wiese, 493.

32 Begr. RegE., BT-Drs. 15/1487, S. 15 f.

33 *Dütz/Thüsing*, § 1 Rn. 1a f.; MHdB ArbR/*Fischinger*, § 3 Rn. 29 ff.; *Junker*, § 1 Rn. 3 ff.; *Preis/Temming*, Rn. 2.

34 MHdB ArbR/*Fischinger*, § 3 Rn. 37; *Junker*, § 1 Rn. 4; *Preis/Temming*, Rn. 7; *Preis/Greiner*, Rn. 4.

Eine wichtige Rolle im Lauterkeitsrecht spielt der Verbraucherschutz. Jedenfalls unter dem Einfluss der UGP-Richtlinie gewinnt er zunehmend an Bedeutung.[35] Diese Entwicklung könnte sich auf das Verhältnis zum Arbeitsrecht auswirken. Insbesondere könnten Arbeitnehmer Verbraucher i.S.d. § 2 Abs. 2 UWG i.V.m. § 13 BGB und hierüber Schutzsubjekte des Lauterkeitsrechts sein. Ohnehin sind Verbraucher- und Mitbewerberschutz oft zwei Seiten derselben Medaille.[36] In anderen Fällen hat der Gesetzgeber eine klare Entscheidung getroffen, beispielsweise gibt das LadSchlG den Interessen der Arbeitnehmer und Mitbewerber den Vorzug vor denen der Verbraucher, die ein Interesse an längeren Öffnungszeiten hätten.[37]

Insgesamt kommt es maßgeblich auf die Abgrenzung zu sonstigen Allgemeininteressen an. Das Lauterkeitsrecht soll kein einzelnes Verhaltensunrecht sanktionieren, sondern die Funktionsfähigkeit des Wettbewerbs gewährleisten.[38] Das UWG ist kein Mittel zur allgemeinen Rechtsaufsicht.[39] Das bedeutet für den in § 3a UWG geregelten Rechtsbruchtatbestand, dass die Primärnormen nicht um ihrer selbst willen durchgesetzt werden, sondern negative Einflüsse von Verstößen gegen Marktverhaltensregelungen auf den Wettbewerb verhindert werden sollen.[40] Die Begründung zum Regierungsentwurf des UWG 2004 stellte klar, dass es nicht Aufgabe des Lauterkeitsrechts ist, Gesetzesverstöße generell zu sanktionieren.[41]

Allerdings haben Regelungen über Arbeitsbedingungen nicht selten einen ambivalenten Charakter.[42] Das Arbeitsrecht schützt die Arbeitnehmer, indem es Regeln für das Arbeitsverhältnis aufstellt. Damit begrenzt es zugleich den Spielraum, den Arbeitgeber beim Wettbewerb über Arbeitsbedingungen und die damit verbundenen Kosten haben. Arbeitnehmer- und Wettbewerbsschutz sind nicht immer klar trennbar. Teilweise hat der Gesetzgeber selbst einen Bezug zwischen Vorschriften über Arbeitsbedingungen und fairen, funktionierenden

---

35 *Emmerich/Lange*, § 3 Rn. 9.

36 *Henning-Bodewig* FS Tilmann, 149, 157.

37 K/B/F/*Köhler*, § 1 UWG Rn. 47.

38 *Fleischer*, S. 232.

39 *Rieble*, NZA 2000, 225, 232.

40 *Alexander*, WRP 2012, 660, 664; *Beater*, Rn. 2546; *Fleischer*, S. 240; F/B/O/*Götting/Hetmank*, § 3a UWG Rn. 48a; K/B/F/*Köhler*, § 3a UWG Rn. 1.33; GK-UWG/*Metzger/Eichelberger*, § 3a Rn. 24; Ohly/Sosnitza/*Ohly*, § 3a UWG Rn. 9; MüKo-UWG/*Schaffert*, § 3a Rn. 21; *v. Walter*, S. 134.

41 Begr. RegE., BT-Drs. 15/1487, S. 19.

42 S. *Oetker* FS Bepler, 467, 474 zu tarifvertraglichen Regelungen.

Wettbewerbsbedingungen hergestellt, wie beispielsweise die in § 1 AEntG genannte Zielsetzung zeigt.[43] Ob tatsächlich eine rein sozialpolitische Zielsetzung vorliegt, ist nicht immer eindeutig und muss für einzelne Regelungen gesondert ermittelt werden.

C. Gang der Untersuchung

Die Untersuchung beginnt mit einer historischen Darstellung der Entwicklung von Rechtsprechung und Gesetzgebung zum UWG (§ 2). Der Schwerpunkt liegt dabei auf den Fallgruppen, Urteilen und Gesetzesänderungen, die sich mit dem Verhältnis von Lauterkeits- und Arbeitsrecht sowie ähnlich gelagerten Fragestellungen befassen oder sich in diesem Zusammenhang auswirken. Diese Darstellung dient als Grundlage, um im weiteren Verlauf der Untersuchung ältere Ansichten in Literatur und Rechtsprechung in den aktuellen Rechts- und Diskussionsstand einordnen zu können. Insbesondere wurden bei der Gesetzgebung zum UWG einige Fallgruppen der vorherigen Rechtsprechung kodifiziert.[44] Das gilt insbesondere für den Rechtsbruchtatbestand, der sich heute in § 3a UWG befindet, bis 2004 aber lediglich als Fallgruppe der Generalklausel § 1 UWG a.F. existierte und als solche primärer Gegenstand der Versuche war, Arbeitsbedingungen mithilfe des Lauterkeitsrechts durchzusetzen. Im Zusammenhang mit der UWG-Novelle 2008 erfolgt zudem eine Darstellung der UGP-Richtlinie, die insbesondere deren Fokus auf den Verbraucherschutz, die damit verbundene Beschränkung des Anwendungsbereiches und die Auswirkungen auf das nationale Lauterkeitsrecht durch die Vollharmonisierung behandelt.

Es folgt die Untersuchung, ob Arbeitnehmer als Verbraucher i.S.d. § 2 Abs. 2 UWG i.V.m. § 13 BGB oder sonstige Marktteilnehmer i.S.d. § 2 Abs. 1 Nr. 2 UWG zu den Schutzsubjekten des Lauterkeitsrechts zählen (§ 3). Diese Einordnung ist von maßgeblicher Bedeutung für den Hauptteil (§ 4). In diesem werden Tatbestände der §§ 3 ff. UWG dahingehend untersucht, ob sie geeignet sind, die Nichteinhaltung von Arbeitsbedingungen lauterkeitsrechtlich zu sanktionieren. Den Schwerpunkt bildet der Rechtsbruchtatbestand. Zu Beginn steht eine Einführung zu den Tatbestandsmerkmalen des § 3a UWG. Diese behandelt einige typische Probleme, die in diesem Zusammenhang bei Vorschriften über

---

43 *Oetker* FS Bepler, 467, 468.

44 Begr. RegE., BT-Drs. 15/1487, S. 13; G/L/D/*Erdmann/Loschelder*, § 1 Rn. 21; F/B/O/*Fezer*, Einl. Rn. 70; Harte-Bavendamm/Henning-Bodewig/*Keller*, Einl. A. Rn. 15; K/B/F/*Köhler*, Einl. Rn. 2.19; Ohly/Sosnitza/*Ohly*, Einl. A. Rn. 46.

Arbeitsbedingungen auftreten. Sie enthält auch eine Einordnung der Corporate Social Responsibility (CSR) als Ausgangspunkt für die Frage, ob CSR-Standards als gesetzliche Vorschriften unter § 3a UWG fallen können.

Der Einführung schließt sich die Prüfung der einzelnen in Betracht kommenden Vorschriften an. Der Schwerpunkt liegt dabei regelmäßig bei der Frage, ob die jeweilige Norm i.S.d. § 3a UWG auch dazu bestimmt ist, im Interesse der Marktteilnehmer das Marktverhalten zu regeln. Die Rechtsfolgenkonkurrenz zwischen dem arbeits- und dem lauterkeitsrechtlichen Rechtsfolgensystem ist von besonderer Bedeutung im Rahmen des § 1 Abs. 1 S. 1 AÜG und wird deshalb im Wesentlichen an dieser Stelle behandelt. Zum Abschluss des Hauptteils wird die Generalklausel des § 3 Abs. 1 UWG behandelt. Hier ist vor allem von Interesse, ob die Generalklausel als Auffangtatbestand für die Sachverhalte dienen kann, die § 3a UWG nicht erfasst. Diskutiert wird dies unter anderem bei der Ausnutzung internationaler Rechtsgefälle.

Dem folgt ein Teil zur geschäftlichen Handlung i.S.d. § 2 Abs. 1 Nr. 1 UWG, die den Anwendungsbereich des UWG bestimmt (§ 5). Hier stellen sich bei Handlungen mit Bezug zu Arbeitsbedingungen, die dem Marktauftritt oft vorgelagert sind, einige typisierbare Probleme. Schließlich werden die möglichen Gläubiger der Abwehransprüche herausgearbeitet (§ 6). Untersucht wird insbesondere, ob die speziell im Arbeitsrecht relevanten Beteiligten wie Arbeitgeberverbände oder Gewerkschaften nach § 8 Abs. 3 UWG anspruchsberechtigt bzw. klagebefugt sind. Den Schlusspunkt der Arbeit bildet eine Zusammenfassung der wesentlichen Ergebnisse (§ 7).

§ 2 Entwicklung von Gesetzgebung und Rechtsprechung

Wie das bereits angesprochene Urteil des Reichsgerichts[45] zeigt, weist die Frage nach der Durchsetzung von Arbeitsbedingungen auf Grundlage des UWG eine lange Geschichte auf. Auch in der Literatur erfolgte schon früh eine Auseinandersetzung mit dem Thema. Beispielsweise behandelte *J. Kohler* Hungerlöhne in Fabriken bereits im Jahr 1914 in seiner Darstellung des Wettbewerbsrechts.[46] Immer wieder gab es Bestrebungen, das Lauterkeitsrecht als zusätzliches Durchsetzungsinstrument zu etablieren. Die Reaktionen der Rechtsprechung fielen unterschiedlich aus. Das liegt auch daran, dass das UWG seit seinen Anfängen diverse Änderungen erfahren hat, die wiederum nicht selten die Entwicklungen in der Rechtsprechung aufgriffen.

A. Entwicklungen unter Geltung des UWG 1909

Nachdem 1871 die Gewerbefreiheit auf das gesamte Gebiet des Deutschen Kaiserreiches erstreckt wurde, traten im Wettbewerb verstärkt unlautere Verhaltensweisen auf, der die Rechtsprechung allein mit dem bürgerlichen Recht nicht wirksam begegnen konnte.[47] Den ersten größeren Ansatz brachte 1896 das erste UWG, das aus diversen Einzelregelungen unter anderem gegen Irreführungen, Anschwärzung und Verleumdungen bestand.[48] Es enthielt bereits ein Verbandsklagerecht, welches aber erst 1965 auf Verbraucherverbände ausgedehnt wurde.[49]

---

45 RG 12.4.1927, RGZ 117, 16 ff.

46 *J. Kohler*, S. 30 f.

47 *Beater*, Rn. 272 ff.; *Emmerich/Lange*, § 1 Rn. 6 f.; G/L/D/*Erdmann/Loschelder*, § 1 Rn. 3 ff.; Harte-Bavendamm/Henning-Bodewig/*Keller*, Einl. A. Rn. 1; K/B/F/*Köhler*, Einl. Rn. 2.1.

48 *Beater*, Rn. 289; *Emmerich/Lange*, § 1 Rn. 8; Büscher/*Hohlweck*, Einl. Rn. 17 f.; GK-UWG/*Pahlow*, Einl. Teil B. Rn. 15.

49 *Beater*, Rn. 291, 298, 339; G/L/D/*Erdmann/Loschelder*, § 1 Rn. 9; Harte-Bavendamm/Henning-Bodewig/*Keller*, Einl. A. Rn. 6.

I. Generalklausel des § 1 UWG a.F.

Allerdings ließ auch das UWG 1896 Lücken, die eine Reform durch das UWG 1909 notwendig machten.[50] Dazu diente insbesondere die „große“ Generalklausel des § 1 UWG a.F.,[51] die den Kern des Gesetzes bildete.[52] Im Folgenden blieb jedenfalls die Grundstruktur des UWG bis 2004, also beinahe 100 Jahre lang, unverändert.[53] Die Rechtsprechung hatte mit der Generalklausel ein Werkzeug, um auch neu auftretenden Sachverhalten zu begegnen. In der Folge wurden diverse Fallgruppen herausgearbeitet.[54] Der Begriff der „guten Sitten“ nach § 1 UWG a.F. wurde zwar entsprechend der allgemeinen Definition mit dem „Anstandsgefühl aller billig und gerecht Denkenden“ beschrieben, in der Praxis fand aber statt der Orientierung an allgemeinen Moralvorstellungen vorwiegend eine funktionsbezogene Abwägung der betroffenen Interessen statt.[55]

II. „Bewachungsgewerbe“-Entscheidung des Reichsgerichts vom 12.4.1927

Schon in der „Drogehandlung“-Entscheidung hatte das Reichsgericht entschieden, dass nicht jeder Verstoß gegen ein gesetzliches Verbot auch einen Verstoß gegen die guten Sitten i.S.d. § 1 UWG a.F. darstellte.[56] Im Jahr 1927 wurde dann erstmals ein Fall entschieden, der die Durchsetzung von Arbeitsbedingungen betraf.[57] Der „Bewachungsgewerbe“- Entscheidung lag ein klassischer, aber nach wie vor aktueller Sachverhalt zugrunde.[58] Ein Kriminalbeamter a.D. entlohnte die Angestellten seines privaten Sicherheitsdienstes erheblich unterhalb

---

50 *Emmerich/Lange,* § 1 Rn. 14; K/B/F/*Köhler,* Einl. Rn. 2.3; GK-UWG/*Pahlow,* Einl. Teil B. Rn. 21.

51 § 1 UWG a.F. lautete: „Wer im geschäftlichen Verkehre zu Zwecken des Wettbewerbes Handlungen vornimmt, die gegen die guten Sitten verstoßen, kann auf Unterlassung und Schadensersatz in Anspruch genommen werden.“

52 *Emmerich/Lange,* § 1 Rn. 15; *Henning-Bodewig,* WRP 2010, 1094, 1096; Harte-Bavendamm/Henning-Bodewig/*Keller,* Einl. A. Rn. 2.

53 *Beater,* Rn. 298; Harte-Bavendamm/Henning-Bodewig/*Keller,* Einl. A. Rn. 2 ff.; K/B/F/*Köhler,* Einl. Rn. 2.7; zu den weiteren Änderungen *Emmerich/Lange,* § 1 Rn. 17 ff.

54 *Henning-Bodewig,* WRP 2010, 1094, 1096; Harte-Bavendamm/Henning-Bodewig/*Keller,* Einl. A. Rn. 2; K/B/F/*Köhler,* Einl. Rn. 2.4; *Lettl UWG* 2004, Rn. 3; GK-UWG/*Pahlow,* Einl. Teil B. Rn. 32.

55 Baumbach/*Hefermehl,* Einl. UWG Rn. 69; *Henning-Bodewig,* WRP 2010, 1094, 1096.

56 RG 28.9.1911, RGZ 77, 217, 220.

57 RG 12.4.1927, RGZ 117, 16 ff.

58 *Oetker* FS Bepler, 467, 469.

dessen, was ein für allgemeinverbindlich erklärter Tarifvertrag im Berliner Überwachungsgewerbe vorsah und nutzte diesen Vorteil dafür, seine Konkurrenten durch deutlich günstigere Preise zu unterbieten.[59] Allerdings wurde er, gestützt auf die Generalklausel des § 1 UWG a.F., mit Erfolg auf Unterlassung in Anspruch genommen.

Das Zahlen von niedrigeren Löhnen an die Arbeitnehmer oder das Angebot zu günstigeren Preisen als die Konkurrenten begründe zwar für sich genommen keine Sittenwidrigkeit.[60] Sittenwidrig sei es aber regelmäßig, planmäßig gegen Vorschriften zu verstoßen und dabei vorsätzlich die Konkurrenz zu benachteiligen.[61] Die Begründung stützt sich also nicht allein auf den Rechtsbruch, sondern auf den sogenannten Vorsprungsgedanken.[62] Damit stellte das Urteil auch einen wesentlichen Schritt in der Entwicklung der Fallgruppe des Rechtsbruchs dar.[63] Ein Sittenverstoß wurde bejaht, weil der Rechtsbruch zielgerichtet zur Erlangung eines Vorteils gegenüber tariftreuen Mitbewerbern genutzt wurde.

Auch auf den Charakter des allgemeinverbindlichen Tarifvertrags ging das Reichsgericht ein, wobei die soziale Ordnungsfunktion, die gerade auch die wirtschaftlich schwächer gestellten Arbeitnehmer schützen soll, herausgestellt wurde.[64] In den Anmerkungen zur Entscheidung stimmten die Autoren – neben *Hueck* insbesondere *Nipperdey* – dem Reichsgericht jedenfalls im Ergebnis zu.[65] Auch das OLG Stuttgart bejahte 1933 in einem ähnlichen Fall einen Unterlassungsanspruch, der auf die Unterbietung im Wettbewerb gerichtet war.[66]

III. Rechtsprechung bis in das Jahr 1997

Der Bundesgerichtshof griff die Rechtsprechung des Reichsgerichts zur Fallgruppe des Rechtsbruchs auf und entwickelte sie fort.[67]

---

59 RG 12.4.1927, RGZ 117, 16, 17 ff.

60 RG 12.4.1927, RGZ 117, 16, 21 f.

61 RG 12.4.1927, RGZ 117, 16, 20 ff.

62 *Fleischer,* S. 27; F/B/O/*Götting/Hetmank,* § 3a UWG Rn. 5a.

63 Büscher/*Hohlweck,* § 3a UWG Rn. 8; *Fleischer,* S. 27; F/B/O/*Götting/Hetmank,* § 3a UWG Rn. 5a; *Zeppernick,* S. 20.

64 RG 12.4.1927, RGZ 117, 16, 20.

65 *Hueck,* JW 1927, 2366, 2367; *Nipperdey,* JW 1927, 2367, 2368 f.; *Seeger,* JW 1927, 2366.

66 OLG Stuttgart 21.2.1933, JW 1933, 2294.

67 *Emmerich/Lange,* § 20 Rn. 4; *Fleischer,* S. 29; Büscher/*Hohlweck,* § 3a UWG Rn. 10.

1. *Unterscheidung von wertbezogenen und wertneutralen Vorschriften*

Eine wesentliche Rolle bei dieser Entwicklung spielte die Unterscheidung zwischen wertbezogenen und wertneutralen Vorschriften.[68] Zur ersten Kategorie gehörten zum einen „sittlich fundierte“ Normen, zum anderen aber auch solche, die den Schutz besonders wichtiger Allgemeingüter bezwecken.[69] Zu diesen Gütern zählten unter anderem der Schutz der Volksgesundheit und der Rechtspflege sowie Rechtsgüter mit Verfassungsrang wie z.B. die Rundfunkfreiheit.[70] Der Sinn und Zweck der Generalklausel wurde unter anderem darin gesehen, Wettbewerb zu unterbinden, der diesen wichtigen Interessen der Allgemeinheit zuwider läuft.[71]

Der ersten Kategorie zugeordnet wurden schließlich auch Normen, die unmittelbar die Regelung des Wettbewerbs bezwecken.[72] Ein Verstoß gegen wertbezogene Normen allein führte grundsätzlich zur Sittenwidrigkeit i.S.d. § 1 UWG a.F.[73] Wertneutrale Vorschriften hingegen verfolgen lediglich ordnungspolitische Zwecke, weshalb ihre Verletzung lauterkeitsrechtlich grundsätzlich irrelevant sein sollte, solange nicht weitere Umstände die Sittenwidrigkeit begründeten – dies war insbesondere der Fall, wenn der Verstoß bewusst und planmäßig eingesetzt wurde, um einen Vorsprung gegenüber den Mitbewerbern zu erlangen.[74]

---

68 MAH/*Dittert,* § 14 Rn. 10 ff.; *Emmerich/Lange,* § 20 Rn. 4; F/B/O/*Götting/Hetmank,* § 3a UWG Rn. 2; K/B/F/*Köhler,* § 3a UWG Rn. 1.2; Harte-Bavendamm/Henning-Bodewig/*v. Jagow,* § 3a UWG Rn. 4.

69 MAH/*Dittert,* § 14 Rn. 12; *Emmerich/Lange,* § 20 Rn. 4; F/B/O/*Götting/Hetmank,* § 3a UWG Rn. 2.

70 MAH/*Dittert,* § 14 Rn. 13 ff.; *Emmerich/Lange,* § 20 Rn. 4; *Fleischer,* S. 30 ff; F/B/O/*Götting/Hetmank,* § 3a UWG Rn. 2.

71 BGH 3.7.1981, BGHZ 81, 130, 132; BGH 3.12.1998, BGHZ 140, 134, 138 f.; BGH 11.5.2000, BGHZ 144, 255, 266; F/B/O/*Götting/Hetmank,* § 3a UWG Rn. 2; Harte-Bavendamm/Henning-Bodewig/*v. Jagow,* § 3a UWG Rn. 4.

72 BGH 3.12.1992, BGHZ 120, 320, 323 f.; MAH/*Dittert,* § 14 Rn. 17; F/B/O/*Götting/Hetmank,* § 3a UWG Rn. 6.

73 BGH 16.1.1981, BGHZ 79, 390, 399 f.; BGH 26.10.1989, BGHZ 109, 153, 162 f.; BGH 3.11.1988, GRUR 1989, 116, 118; BGH 22.2.1990, BGHZ 110, 278, 290; BGH 3.12.1992, BGHZ 120, 320, 323.

74 BGH 30.3.1988, GRUR 1988, 699, 700; BGH 3.12.1992, BGHZ 120, 320, 324; MAH/*Dittert,* § 14 Rn. 18 ff.; *Emmerich/Lange,* § 20 Rn. 4; *Fleischer,* S. 34.

2. Rechtsprechung der Oberlandesgerichte insbesondere zur untertariflichen Entlohnung im Rahmen des § 1 UWG a.F.

In den 1980er Jahren belebten einige Entscheidungen zur Schnittstelle von Arbeits- und Lauterkeitsrecht die Thematik. Mehrere Oberlandesgerichte hatten die Möglichkeit, zur Nichteinhaltung verschiedener Arbeitsbedingungen im Rahmen der Generalklausel § 1 UWG a.F. Stellung zu nehmen. Die häufigste Konstellation war wiederum die untertarifliche Entlohnung, die bereits das Reichsgericht im Jahr 1927 beschäftigt hatte. Das OLG Stuttgart sah den Zweck der Allgemeinverbindlichkeit von Tarifverträgen zwar – mit Verweis auf das Urteil des Reichsgerichts – neben der Erhaltung gesunder sozialer Verhältnisse im Interesse der Allgemeinheit auch im Schutz der strukturell unterlegenen Arbeitnehmer.[75] Es ordnete den Schutzzweck aber trotz seiner hohen Bedeutung als wettbewerbsneutral ein.[76] Daraus wurde das Erfordernis einer auf die untertarifliche Entlohnung folgenden Preisunterbietung geschlossen, an der es im Fall fehlte.[77] Ob der Tarifbruch selbst sich im Wettbewerb tatsächlich auswirkt, sei noch offen – es handele sich um einen bloß innerbetrieblichen Vorgang, der noch keine Wettbewerbshandlung darstellen könne.[78]

Auch das OLG Düsseldorf sah 1988 tarifliche Lohnregelungen nicht als sittlich fundiert an.[79] Mit Verweis auf die ständige Rechtsprechung verneinte das Gericht deshalb einen Wettbewerbsverstoß, da die Beklagte den Tarifbruch nicht feststellbar bewusst und planmäßig zur Erlangung eines Vorteils ausgenutzt hatte.[80] Das OLG Frankfurt stellte 1988 zwar ebenfalls klar, dass der Verstoß gegen einen allgemeinverbindlichen Tarifvertrag grundsätzlich geeignet war, einen Sittenverstoß i.S.d. § 1 UWG a.F. zu begründen.[81] Im Übrigen schloss es sich aber ausdrücklich der Rechtsprechung des OLG Stuttgart an.[82] Insbesondere seien tarifliche Regelungen selbst dann wettbewerbsneutral, wenn es sich um einen allgemeinverbindlichen Tarifvertrag handelt.[83] Wieder scheiterte die Durchsetzung der tariflichen Arbeitsbedingungen folglich an einem fehlenden

75 OLG Stuttgart 8.5.1987, NJW-RR 1988, 103.
76 OLG Stuttgart 8.5.1987, NJW-RR 1988, 103.
77 OLG Stuttgart 8.5.1987, NJW-RR 1988, 103, 104.
78 OLG Stuttgart 8.5.1987, NJW-RR 1988, 103, 104.
79 OLG Düsseldorf 19.5.1988, – 2 U 129/87 –, juris, Rn. 34.
80 OLG Düsseldorf 19.5.1988, – 2 U 129/87 –, juris, Rn. 34.
81 OLG Frankfurt 7.7.1988, GRUR 1988, 844.
82 OLG Frankfurt 7.7.1988, GRUR 1988, 844.
83 OLG Frankfurt 7.7.1988, GRUR 1988, 844.

Wettbewerbsvorsprung, der beispielsweise durch günstigere oder bessere Leistungsangebote über rein innerbetriebliche Vorteile hinausgeht.[84]

Bejaht werden konnte diese Voraussetzung in einem Fall, den das Kammergericht bereits 1980 zu entscheiden hatte.[85] Die Antragsgegnerin hatte sich bewusst und planmäßig einen Wettbewerbsvorsprung verschafft, indem sie gegen ein in einem für allgemeinverbindlich erklärten Arbeitszeitabkommen festgelegtes Ausfahr- und Auslieferungsverbot verstieß.[86] Das Kammergericht sah bereits in dem Verstoß gegen das Abkommen selbst die unlautere Wettbewerbshandlung.[87]

Aufgrund der Annahme einer wert- bzw. wettbewerbsneutralen Regelung stellt sich der Vorsprungsgedanke als entscheidender Gesichtspunkt der genannten Urteile dar. Den entgegengesetzten Weg eröffnete 1986 das OLG Hamburg.[88] Wie das OLG Stuttgart orientierte sich das Gericht in Bezug auf die Zwecksetzung der Allgemeinverbindlichkeit am Urteil des Reichsgerichts, kam aber zum gegenteiligen Ergebnis.[89] Jedenfalls die Lohnregelungen seien „werthaltig", was unter anderem mit dem in Art. 20 Abs. 1 GG festgelegten Sozialstaatsprinzip begründet wurde.[90] Auf dieser Grundlage konnte das Gericht die untertarifliche Entlohnung selbst für die Anwendung der Generalklausel § 1 UWG a.F. ausreichen lassen.[91] Im Ergebnis kam es darauf allerdings nicht an, da sich die Beklagte auch in diesem Fall bewusst und planmäßig einen Vorsprung verschafft hatte.[92]

3. *„Tariflohnunterschreitung"-Entscheidung des Bundesgerichtshofs vom 3.12.1992*

Im Jahr 1992 erhielt dann der Bundesgerichtshof die Möglichkeit, Stellung zu den Entwicklungen in der instanzgerichtlichen Rechtsprechung zu nehmen. Der Sachverhalt betraf wiederum die untertarifliche Entlohnung von Arbeitnehmern, in diesem Fall in der Gebäudereinigungsbranche.[93]

---

84 OLG Frankfurt 7.7.1988, GRUR 1988, 844.
85 KG 7.11.1980, WRP 1981, 275, 276.
86 KG 7.11.1980, WRP 1981, 275, 276.
87 KG 7.11.1980, WRP 1981, 275, 276.
88 OLG Hamburg 27.11.1986, GRUR 1987, 546 ff.
89 OLG Hamburg 27.11.1986, GRUR 1987, 546, 547.
90 OLG Hamburg 27.11.1986, GRUR 1987, 546, 547.
91 OLG Hamburg 27.11.1986, GRUR 1987, 546, 547.
92 OLG Hamburg 27.11.1986, GRUR 1987, 546, 547.
93 BGH 3.12.1992, BGHZ 120, 320 ff.

a) Entscheidung des OLG Saarbrücken vom 4.10.1990

Die Vorinstanzen hatten die Beklagte antragsgemäß dazu verurteilt, es zu unterlassen, sich durch den Tarifbruch einen Vorteil gegenüber den Mitbewerbern zu verschaffen.[94] Das OLG Saarbrücken als Berufungsgericht ließ bereits die bloße Möglichkeit ausreichen, die Konkurrenz aufgrund der niedrigeren Löhne unterbieten zu können.[95] Anders als das OLG Hamburg stützte sich das Gericht aber nicht auf eine Einordnung der Regelungen als „werthaltig", obwohl ihnen ausdrücklich eine unmittelbare wettbewerbliche Relevanz zugesprochen wurde.[96] Jedenfalls bei einem bewussten, planmäßigen Tarifbruch spreche angesichts des hohen Personalkostenanteils in der Branche aber eine tatsächliche Vermutung dafür, dass die Beklagte zumindest auch versuchen werde, im Wettbewerb einen Vorteil aus den eingesparten Kosten zu ziehen.[97] Eine ähnliche Vermutung hatte das OLG Stuttgart bereits 1933 mit dem hohen Anteil der Löhne an den Gesamtkosten im Baugewerbe begründet.[98] Damit sah das Gericht bereits die zu geringe Entlohnung als entscheidende Wettbewerbshandlung an – und das in einem solchen Fall auch dann, wenn tatsächlich kein Erfolg eintritt.[99] Andernfalls wäre eine untertarifliche Entlohnung immer dann nicht wettbewerbswidrig, wenn sie in der Branche üblich ist.[100]

b) Stellungnahme des Bundesgerichtshofs

Der Bundesgerichtshof hat sich diesen Ausführungen nicht angeschlossen.[101] Die Argumentation entspricht vielmehr den Urteilen der Oberlandesgerichte Stuttgart und Frankfurt, auf die auch ausdrücklich Bezug genommen wird.[102] Auch die Berufungsinstanz hatte zugestanden, dass es sich bei der Entlohnung grundsätzlich um einen innerbetrieblichen Vorgang handelt.[103] Im Gegensatz zum OLG Saarbrücken verneinte der Bundesgerichtshof eine unmittelbare

94 BGH 3.12.1992, BGHZ 120, 320, 322.
95 BGH 3.12.1992, BGHZ 120, 320, 322 f.
96 Die Abgrenzung zwischen werthaltigen und wertneutralen Vorschriften wurde ausdrücklich offengelassen, s. BGH 3.12.1992, GRUR 1993, 980, 981.
97 BGH 3.12.1992, BGHZ 120, 320, 323.
98 OLG Stuttgart 21.2.1933, JW 1933, 2294.
99 BGH 3.12.1992, BGHZ 120, 320, 323.
100 BGH 3.12.1992, BGHZ 120, 320, 323.
101 BGH 3.12.1992, BGHZ 120, 320, 323 ff.
102 BGH 3.12.1992, BGHZ 120, 320, 326.
103 BGH 3.12.1992, BGHZ 120, 320, 322.

wettbewerbliche Bedeutung aufgrund der primär sozialpolitischen Zielsetzung der Allgemeinverbindlichkeit.[104] Der Inhalt des Tarifvertrags sei auch nicht sittlich fundiert, weil Tarifverträge ohne Rücksicht auf Allgemeininteressen oder sittliche Vorstellungen im Interesse der Parteien ausgehandelt würden.[105] Folglich ließ der Bundesgerichtshof die untertarifliche Entlohnung erst dann für einen Wettbewerbsverstoß ausreichen, wenn sie systematisch erfolgte und einen Vorteil im Wettbewerb bezweckte.[106]

Auch die von der Vorinstanz entwickelte Vermutung konnte das Gericht nicht überzeugen. Zwar spreche die allgemeine Lebenserfahrung dafür, dass der Tarifbruch in einer lohnintensiven Branche sehr wahrscheinlich auch dazu genutzt wird, die Stellung im Wettbewerb durch eine günstigere Preiskalkulation zu verbessern.[107] Allerdings sei dieser Schluss nicht zwingend genug, um eine Vermutung zu begründen, da die Vorteile beispielsweise auch allein dazu genutzt werden könnten, den Gewinnanteil des Unternehmers zu erhöhen.[108] Danach kann die bloße Möglichkeit nicht ausreichen. Sie müsse sich vielmehr in einem Vorsprung realisiert haben, weil ein nicht ausgenutzter Verstoß keine Auswirkungen auf den Wettbewerb entfalten kann.[109] Immerhin soll dafür auch die verbesserte Ausgangslage im Wettbewerb durch eine günstigere Kalkulation ausreichen, ohne dass tatsächlich Preise der Konkurrenten erfolgreich unterboten werden müssten.[110]

Dennoch fällt das Urteil des Bundesgerichtshofes – bei unveränderter Gesetzeslage – insgesamt zurückhaltender aus als die Entscheidung des Reichsgerichts 65 Jahre zuvor. Ausdrücklich wird betont, dass es grundsätzlich nicht die Aufgabe des Lauterkeitsrechts ist, Tarifbedingungen auf einem zusätzlichen Weg zur Durchsetzung zu verhelfen.[111] Während OLG Hamburg und OLG Saarbrücken soziale Aspekte zur Begründung eines Sittenverstoßes anführten, sah der Bundesgerichtshof in der sozialpolitischen Zielsetzung der Allgemeinverbindlichkeit einen der Gründe dafür, einen Wettbewerbsverstoß im Ergebnis zu verneinen. Seine Perspektive richtete sich primär auf den Wettbewerb zwischen den konkurrierenden Unternehmern.

---

104 BGH 3.12.1992, BGHZ 120, 320, 323 f.
105 BGH 3.12.1992, BGHZ 120, 320, 324.
106 BGH 3.12.1992, BGHZ 120, 320, 324.
107 BGH 3.12.1992, BGHZ 120, 320, 326.
108 BGH 3.12.1992, BGHZ 120, 320, 326 f.
109 BGH 3.12.1992, BGHZ 120, 320, 325.
110 BGH 3.12.1992, BGHZ 120, 320, 325.
111 BGH 3.12.1992, BGHZ 120, 320, 327.

Die restriktive Haltung gegenüber der Durchsetzung von Tarifbedingungen auf Grundlage des Lauterkeitsrechts traf in den Anmerkungen zur Entscheidung sowohl auf Zustimmung,[112] als auch auf Ablehnung, die sich aber insbesondere auf die Anforderungen an den Vorsprung bezog[113]. Diese verkürzten den Rechtsschutz der betroffenen Mitbewerber, die eine mögliche Realisierung des Vorteils abwarten müssten.[114] *Emmerich* sieht das Urteil als Teil einer restriktiven Linie der Rechtsprechung zur Fallgruppe der Preisunterbietung, die durch die Verletzung von Gesetzen ermöglicht wurde.[115] Jedenfalls handelt es sich um den vorläufigen Schlusspunkt der Entwicklung in der Rechtsprechung der Instanzgerichte. Das OLG Celle sah 1995 die fehlende unmittelbare wettbewerbliche Relevanz von Tarifverträgen als allgemein anerkannt an.[116]

4. *Rechtsprechung zu weiteren Arbeitsbedingungen auf Grundlage des § 1 UWG a.F.*

Auch abseits der untertariflichen Entlohnung gab es verschiedene Urteile zur Durchsetzung von Arbeitsbedingungen auf Grundlage des § 1 UWG a.F. Besonders Verstöße gegen das LadSchlG standen im Mittelpunkt der Rechtsprechung und beschäftigten die Gerichte immer wieder.[117] Die Regelungen über Ladenschluss- bzw. Ladenöffnungszeiten wurden wiederholt als wertneutral eingeordnet, weshalb nicht jede Verletzung einen Wettbewerbsverstoß darstellte und die Wettbewerbswidrigkeit sich nur mithilfe des Vorsprungsgedankens

---

112 *Reichold,* EWiR 1993, 496, 497, der es als problematisch ansieht, der „Schmutzkonkurrenz" mit dem Lauterkeitsrecht zu begegnen.

113 *Ring,* GRUR 1993, 983, 984.

114 *Ring,* GRUR 1993, 983, 984.

115 *Emmerich,* JuS 1993, 872, 872 f.

116 OLG Celle 1.11.1995, – 13 U 29/95 –, juris, Rn. 3.

117 S. BGH 22.12.1965, GRUR 1966, 323 ff.; BGH 9.6.1972, GRUR 1972, 609 ff.; BGH, 7.7.1972, GRUR 1973, 144 ff.; BGH 20.10.1972, GRUR 1974, 31 ff.; BGH 26.3.1976, GRUR 1976, 438 ff.; BGH 11.11.1977, GRUR 1978, 173 ff.; BGH 7.11.1980, GRUR 1981, 424 ff.; BGH 19.5.1982, GRUR 1982, 615 ff.; BGH 8.12.1983, GRUR 1984, 361 ff.; BGH 8.10.1987, GRUR 1988, 382 ff.; BGH 30.11.1989, GRUR 1990, 617 ff.; BGH 23.3.1995, GRUR 1995, 601 ff.; OLG Frankfurt 22.1.1970, GRUR 1971, 83 f.; OLG Oldenburg 1.4.1976, GRUR 1976, 703; KG 13.2.1979, GRUR 1979, 721 f.; OLG Frankfurt 4.10.1979, GRUR 1980, 64 ff.; OLG Koblenz 17.3.1983, GRUR 1985, 60 ff.; OLG Köln 3.3.1995, NJW-RR 1995, 932; OLG Hamburg 17.8.1995, GRUR 1995, 823 ff.; OLG Schleswig 19.12.1995, BeckRS 1995, 12740.

begründen ließ.[118] Auch hier wurde die Generalklausel also nur angewandt, wenn der Verstoß bewusst und planmäßig begangen wurde, um einen Vorteil im Wettbewerb zu erlangen. Daran sollte es fehlen, wenn die Überschreitung der Öffnungszeiten behördlich geduldet wurde bzw. der oder die Beklagte auf entsprechende Äußerungen einer Behörde vertrauen durfte.[119]

Insgesamt spielten Vorschriften über zeitliche Begrenzungen eine große Rolle in der Rechtsprechung. Beispielsweise bejahte der Bundesgerichtshof einen Unterlassungsanspruch auf Grundlage des § 1 UWG a.F. bei einem Verstoß gegen § 105b Abs. 2 GewO a.F., der das Verteilen eines Anzeigeblattes durch Arbeitnehmer an Sonn- und Feiertagen nicht zuließ.[120] Auch hier verneinte das Gericht einen Wertbezug der Norm und begründete seine Entscheidung mit dem Vorsprungsgedanken.[121] Ebenso wurde für landesrechtliche Sonn- und Feiertagsgesetze[122] sowie für das sogenannte Nachtbackverbot entschieden, welches in § 5 Abs. 1 Bäckerei-Arbeitszeitgesetz (BAZG) geregelt war und die Arbeitnehmer vor den Risiken andauernder Nachtarbeit schützen sollte[123].

Auch in der zuletzt genannten Entscheidung wurde die vorwiegend sozialpolitische Zielsetzung weder für einen sittlichen Hintergrund der Norm angeführt noch als besonders wichtiges Allgemeingut anerkannt, sondern gerade als Argument für die Wertneutralität angeführt.[124] Das Ausfahrverbot für Backwaren in § 5 Abs. 5 BAZG sollte zwar verhindern, dass ein Wettbewerber sich einen zeitlichen Vorsprung verschafft.[125] Es sollte aber ebenfalls nicht unmittelbar den Wettbewerb regeln, sondern die mit dem Nachtbackverbot verfolgte Zielsetzung unterstützen.[126] Auch die weiteren Entscheidungen fielen damit insgesamt zurückhaltend aus. Nur vereinzelt wurden arbeitsrechtliche Vorschriften nicht als wertneutral angesehen. So sah das OLG Oldenburg im Nachtbackverbot – anders als der Bundesgerichtshof als Revisionsinstanz –[127] nicht lediglich eine

118 BGH 19.5.1982, GRUR 1982, 615, 617; BGH 8.12.1983, GRUR 1984, 361, 362; BGH 8.10.1987, GRUR 1988, 382, 384.
119 BGH 8.10.1987, GRUR 1988, 382, 383.
120 BGH 26.11.1987, GRUR 1988, 310 f.
121 BGH 26.11.1987, GRUR 1988, 310, 311.
122 OLG Hamm 16.2.1989, NJW 1989, 2478, 2479; OLG Karlsruhe 20.12.1990, GRUR 1991, 777, 778.
123 BGH 3.11.1988, GRUR 1989, 116, 118.
124 BGH 3.11.1988, GRUR 1989, 116, 118.
125 BGH 27.6.1980, WRP 1981, 138, 140.
126 BGH 27.6.1980, WRP 1981, 138, 140; BGH 3.11.1988, GRUR 1989, 116, 118.
127 BGH 3.11.1988, GRUR 1989, 116 ff.

neutrale Ordnungsvorschrift, sondern eine unmittelbare Regelung des Wettbewerbs und ordnete deshalb einen Verstoß gegen § 5 Abs. 1 BAZG per se als wettbewerbswidrig ein.[128]

IV. „Paradigmenwechsel" des Bundesgerichtshofs

In der Zeit um die Jahrtausendwende fand ein Wandel in der Rechtsprechung zum Rechtsbruch statt, der wegen seiner Bedeutung für die Fallgruppe in der Literatur als „Paradigmenwechsel" bezeichnet wird, wobei die „Abgasemissionen"-Entscheidung den entscheidenden Wendepunkt darstellte.[129] Anlass für den Rechtsstreit zwischen den Mitbewerbern war, dass einer von ihnen die in der 13. BImSchV festgelegten Grenzwerte zum Schadstoffausstoß zumindest zeitweise nicht einhielt.[130]

In Abkehr von der bisherigen Rechtsprechung entschied der Bundesgerichtshof, dass auch der Verstoß gegen eine wertbezogene Vorschrift nicht grundsätzlich den Tatbestand der Generalklausel nach § 1 UWG a.F. erfüllen oder einen Sittenverstoß wenigstens indizieren sollte, wenn der Rechtsbruch nicht mit der späteren, nachgelagerten Wettbewerbshandlung zusammenfällt, sondern zu ihr bloß im Zusammenhang steht.[131] Vorgelagerte, betriebsinterne Verstöße könnten die Sittenwidrigkeit nicht begründen, wenn sie sich nicht entscheidend im Gesamtcharakter des späteren Wettbewerbsverhaltens niederschlagen oder selbst ein solches Verhalten darstellen.[132] Der Bundesgerichtshof begründete seine einschränkende, wettbewerbsbezogene Auslegung der Sittenwidrigkeit mit dem beschränkten Schutzzweck des § 1 UWG a.F., der nur den Wettbewerb – wenn auch im Interesse der Marktteilnehmer und der Allgemeinheit – schützen sollte.[133]

Zieht ein Mitbewerber Vorteile aus einem vorherigen Verstoß gegen ein Gesetz ohne unmittelbaren Marktbezug, dann werde das folgende Marktverhalten dadurch nicht grundsätzlich unlauter.[134] Die Grenzwerte zum Schutz vor

---

128 OLG Oldenburg 11.12.1986, WRP 1987, 198, 199, auch das OLG stützte sich aber hilfsweise auf den Vorsprungsgedanken.

129 *Beater*, Rn. 2474; MAH/*Dittert*, § 14 Rn. 24; HK-UWG/*Ebert-Weidenfeller*, § 3a Rn. 5; *Fleischer*, S. 45, Ohly/Sosnitza/*Ohly*, § 3a UWG Rn. 43.

130 BGH 11.5.2000, BGHZ 144, 255, 256 f.

131 BGH 11.5.2000, BGHZ 144, 255, 265 ff.

132 BGH 11.5.2000, BGHZ 144, 255, 265.

133 BGH 11.5.2000, BGHZ 144, 255, 265.

134 BGH 11.5.2000, BGHZ 144, 255, 268 mit Verweis auf *Sack*, WRP 1998, 682, 688.

Immissionen wiesen auch keine wenigstens sekundäre marktbezogene Schutzfunktion auf, die wenigstens auch darauf gerichtet sein müsste, gleiche Voraussetzungen für die Wettbewerber zu schaffen und damit einen Markt zu regeln.[135] Sie gelten vielmehr unabhängig davon was, wie und für welchen Markt produziert wird und wirken sich insofern nur tatsächlich aus.[136] Zu vergleichbaren Fallgestaltungen bei Vorschriften über Arbeitsbedingungen äußerte sich der Bundesgerichtshof zwar nicht, wegen den ebenfalls oft vorgelagerten, innerbetrieblichen Gesetzesverstößen bei der Produktion lassen sich die Konstellationen aber durchaus vergleichen.[137] Im Urteil selbst nennt der Bundesgerichtshof die Vorschriften über das Nachtbackverbot und den Ladenschluss allerdings als Gegenbeispiele, bei denen er offenbar von einer sekundären marktbezogenen Schutzfunktion ausging.[138]

Die folgenden Entscheidungen entwickelten eine ständige Rechtsprechung, die nach der zumindest teilweisen Abkehr von der Abgrenzung nach der Wertbezogenheit bzw. -neutralität durch eine Beschränkung des Anwendungsbereiches der Generalklausel anhand der Kriterien des Marktbezuges sowie der zumindest sekundär marktbezogenen Schutzfunktion gekennzeichnet war.[139]

B. Veränderungen durch das UWG 2004

Im Jahr 2004 wurde das UWG grundsätzlich reformiert, mit dem Ziel der Modernisierung, Liberalisierung und Europäisierung.[140] Anlass für die Reform war unter anderem die parallele Entwicklung auf Unionsebene, die von Überlegungen der Kommission zur Harmonisierung des Lauterkeitsrechts vorangetrieben

---

135 BGH 11.5.2000, BGHZ 144, 255, 269.

136 BGH 11.5.2000, BGHZ 144, 255, 267 f.

137 *Zeppernick*, S. 140.

138 BGH 11.5.2000, BGHZ 144, 255, 269.

139 Vgl. BGH 5.10.2000, GRUR 2001, 354, 356; BGH 25.4.2002, BGHZ 150, 343, 348; BGH 26.9.2002, GRUR 2003, 164, 165; BGH 15.5.2003, GRUR 2003, 969, 970; BGH 3.7.2003, BGHZ 155, 301, 305; BGH 2.10.2003, GRUR 2004, 247, 249; BGH 23.10.2003, GRUR 2004, 346; BGH 4.11.2003, BGHZ 156, 379, 390; BGH 4.11.2003, GRUR 2004, 259, 262; BGH 29.6.2006, GRUR 2007, 162 Rn. 11 f.; BGH 2.12.2009, GRUR 2010, 654 Rn. 10 ff.

140 Begr. RegE., BT-Drs. 15/1487, S. 1, 12; *Emmerich/Lange*, § 1 Rn. 20; F/B/O/*Fezer*, Einl. Rn. 40, 48.; Harte-Bavendamm/Henning-Bodewig/*Keller*, Einl. A. Rn. 11; GK-UWG/*Pahlow*, Einl. Teil B. Rn. 57.

wurde. [141] Dieser Entwicklung wollte der nationale Gesetzgeber zuvorkommen und sie so mitgestalten.[142] Das zeigt auch der Begriff der Unlauterkeit, der im Unionsrecht ebenfalls verwendet wird und die als veraltet empfundene Sittenwidrigkeit ersetzt.[143]

Kern des Gesetzes blieb eine Generalklausel, die sich nun in § 3 Abs. 1 UWG[144] befindet. Ergänzt wurde sie um einen Katalog von Beispielstatbeständen, die typische Fälle der Unlauterkeit betreffen.[145] Diese griffen hauptsächlich auf die von der Rechtsprechung entwickelten Fallgruppen zurück.[146] Bei der Fassung von § 4 Nr. 11 UWG[147], der den Rechtsbruchtatbestand enthielt, wurden auch die Einschränkungen in der vorherigen Rechtsprechung kodifiziert.[148] Die Differenzierung in wertbezogene und -neutrale Vorschriften wurde nicht übernommen und damit endgültig aufgegeben.[149] Auch der Vorsprungsgedanke wurde als Kriterium nicht geregelt und kann eine Anwendung des kodifizierten Rechtsbruchtatbestandes nicht begründen.[150]

Eine bemerkenswerte Neuerung stellte die vorangestellte Schutzzweckklausel in § 1 UWG dar, die auch den Verbraucherschutz als Ziel des Gesetzes nennt.

---

141 Begr. RegE., BT-Drs. 15/1487, S. 12.

142 *Beater,* Rn. 347; *Emmerich/Lange,* § 1 Rn. 20; *Henning-Bodewig,* WRP 2010, 1094, 1096; *Sosnitza,* GRUR 2003, 739, 739 f.

143 Begr. RegE., BT-Drs. 15/1487, S. 16; Harte-Bavendamm/Henning-Bodewig/*Keller,* Einl. A. Rn. 14; K/B/F/*Köhler,* Einl. Rn. 2.18.

144 § 3 Abs. 1 UWG a.F. lautete: „Unlautere Wettbewerbshandlungen, die geeignet sind, den Wettbewerb zum Nachteil der Mitbewerber, der Verbraucher oder der sonstigen Marktteilnehmer nicht nur unerheblich zu beeinträchtigen, sind unzulässig."

145 Begr. RegE., BT-Drs. 15/1487, S. 16 f.

146 F/B/O/*Fezer,* Einl. Rn. 70, 76; *Henning-Bodewig,* WRP 2010, 1094, 1096 Fn. 11; Harte-Bavendamm/Henning-Bodewig/*Keller,* Einl. A. Rn. 15; K/B/F/*Köhler,* Einl. Rn. 2.14, Rn. 2.19; *Lettl UWG* 2004, Rn. 8.

147 § 4 Nr. 11 UWG a.F. lautete: „Unlauter im Sinne von § 3 handelt insbesondere, wer einer gesetzlichen Vorschrift zuwiderhandelt, die auch dazu bestimmt ist, im Interesse der Marktteilnehmer das Marktverhalten zu regeln."

148 Begr. RegE., BT-Drs. 15/1487, S. 19; MAH/*Dittert,* § 14 Rn. 25; HK-UWG/*Ebert-Weidenfeller,* § 3a Rn. 5; K/B/F/*Köhler,* § 3a UWG Rn. 1.4.; *Lettl* UWG 2004, Rn. 391; Ohly/Sosnitza/*Ohly,* § 3a UWG Rn. 5.

149 *V. Walter,* S. 125 ff.; *Fleischer,* S. 58.

150 *Fleischer,* S. 59; MüKo-UWG/*Schaffert,* § 3a Rn. 14 f.

Insofern wurde die bestehende Rechtslage aufgegriffen.[151] Speziell auf Arbeitsbedingungen zugeschnittene Regelungen brachte die Neufassung nicht mit sich. Mit der Thematik mussten sich aber auch in der folgenden Zeit verschiedene Gerichte auseinandersetzen. So sahen beispielsweise die Oberlandesgerichte Düsseldorf und Hamm das in § 3 NWFeiertG vorgeschriebene Arbeitsverbot an Sonn- und Feiertagen als Marktverhaltensregelung im Interesse der Marktteilnehmer i.S.d. § 4 Nr. 11 UWG an.[152]

C. UGP-Richtlinie und die UWG-Novelle 2008

Trotz der vorsorglichen Anpassung machte die zwischenzeitlich erlassene UGP-Richtlinie bereits 2008 eine Novelle notwendig.[153] Angesichts der Vollharmonisierung des lauterkeitsrechtlichen Verbraucherschutzes musste das UWG 2004 angepasst werden, soweit es über die Vorgaben der Richtlinie hinausging oder hinter ihnen zurückblieb.[154]

I. Zielsetzung der UGP-Richtlinie

Die UGP-Richtlinie geht auf das Grünbuch zum Verbraucherschutz in der Europäischen Union[155] und eine Initiative der Generaldirektion Gesundheit und Verbraucherschutz zurück.[156] Die Kommission hatte ihr früheres Anliegen, die nationalen Gesetze zum Lauterkeitsrecht umfassend anzugleichen, aufgegeben und auf den Gesichtspunkt des Verbraucherschutzes beschränkt.[157]

---

151 Begr. RegE., BT-Drs. 15/1487, S. 13; *Beater*, Rn. 348; G/L/D/*Erdmann/Loschelder*, § 1 Rn. 19; F/B/O/*Fezer*, Einl. Rn. 57; Harte-Bavendamm/Henning-Bodewig/*Keller*, Einl. A. Rn. 14; K/B/F/*Köhler*, Einl. Rn. 2.17.

152 OLG Düsseldorf 11.9.2007, GRUR-RR 2008, 16; OLG Hamm 19.6.2008, GRUR-RR 2009, 30.

153 *Emmerich/Lange*, § 1 Rn. 21; G/L/D/*Erdmann/Loschelder*, § 1 Rn. 38; Ohly/Sosnitza/*Ohly*, Einl. A. Rn. 49.

154 Begr. RegE., BT-Drs. 16/10145, S. 1.

155 Europäische Kommission, Grünbuch zum Verbraucherschutz in der Europäischen Union, KOM (2001) 531.

156 Zur Entwicklung s. GK-UWG/*Heinze*, Einl. Teil C. Rn. 235 ff.; MüKo-UWG/*Micklitz/Namysłowska*, B. Teil II. Vorbem. Rn. 15 ff.

157 *Emmerich/Lange*, § 1 Rn. 23; MüKo-UWG/*Micklitz/Namysłowska*, B. Teil II. Vorbem. Rn. 28 f.

II. Anwendungsbereich der UGP-Richtlinie und Vollharmonisierung

Demensprechend erstreckt sich der Anwendungsbereich der Richtlinie gemäß Art. 3 Abs. 1 UGP-RL allein auf unlautere Geschäftspraktiken zwischen Unternehmen und Verbrauchern, also den B2C[158]-Bereich. Das Verhältnis zwischen Unternehmen, der B2B[159]-Bereich, ist von der Richtlinie ausgenommen. Das bestätigt Erwägungsgrund 6 S. 3, nach dem die Richtlinie Rechtsgeschäfte, die zwischen Gewerbetreibenden[160] stattfinden und unlautere Geschäftspraktiken, die lediglich die wirtschaftlichen Interessen der Mitbewerber schädigen, nicht erfassen soll.

Von wesentlicher Bedeutung ist der Harmonisierungsgrad. Die Vollharmonisierung wird in der Richtlinie nicht ausdrücklich angeordnet. Aus dem in Art. 1 UGP-RL genannten Zweck und den Erwägungsgründen wird aber abgeleitet, dass die Richtlinie in ihrem Anwendungsbereich eine vollständige Harmonierung vorsieht.[161] Das bedeutet, dass die Mitgliedstaaten auch keine strengeren Regelungen in diesem Bereich treffen dürfen, selbst wenn diese einem höheren Verbraucherschutzniveau dienen sollten.[162]

Begrenzt wird der Anwendungsbereich und damit die Reichweite der Vollharmonisierung durch die Beschränkungen in Art. 3 Abs. 2 - 10 UGP-RL. Nach Art. 3 Abs. 8 UGP-RL lässt die Richtlinie „alle Niederlassungs- oder Genehmigungsbedingungen, berufsständischen Verhaltenskodizes oder andere spezifische Regeln für reglementierte Berufe unberührt, damit die strengen Integritätsstandards, die die Mitgliedstaaten den in dem Beruf tätigen Personen nach Maßgabe des Gemeinschaftsrechts auferlegen können, gewährleistet bleiben". Dabei handelt es sich nicht um einen weiten Ausnahmetatbestand für

158 Business to Consumer.

159 Business to Business.

160 Die Richtlinie verwendet die Begriffe „Unternehmer" und „Gewerbetreibender", die sich allerdings im Anwendungsbereich der Richtlinie entsprechen, s. EuGH 3.10.2013, GRUR 2013, 1159 Rn. 31.

161 Begr. RegE., BT-Drs. 16/10145, S. 1; EuGH 23.4.2009, GRUR 2009, 599 Rn. 52; EuGH 14.1.2010, GRUR 2010, 244 Rn. 41; EuGH 17.10.2013, GRUR 2013, 1245 Rn. 33; EuGH 19.10.2017, GRUR 2018, 303 Rn. 39; *Emmerich/Lange*, § 1 Rn. 26; GK-UWG/*Heinze*, Einl. Teil C. Rn. 245.

162 Begr. RegE., BT-Drs. 16/10145, S. 10; EuGH 23.4.2009, GRUR 2009, 599 Rn. 52; EuGH 14.1.2010, GRUR 2010, 244 Rn. 41; EuGH 19.10.2017, GRUR 2018, 303 Rn. 39; Büscher/*Büscher*, Einl. Rn. 169; GK-UWG/*Heinze*, Einl. Teil C. Rn. 245.

das Arbeitsrecht. Die Beschränkung betrifft vor allem die berufsrechtlichen Vorschriften für Freiberufler, z.B. Architekten[163], das Rechtsdienstleistungsgesetz[164] oder berufsständische Verhaltensregeln[165]. Auch die Definition der Geschäftspraktik begrenzt den Anwendungsbereich.[166] Art. 2 lit. d) UPG-RL setzt einen unmittelbaren Zusammenhang mit der Absatzförderung, dem Verkauf oder der Lieferung eines Produkts an Verbraucher voraus. Das bedeutet insbesondere, dass der Nachfragewettbewerb nicht vom Anwendungsbereich erfasst ist.[167]

III. Umsetzung durch die UWG-Novelle 2008

Bei der Umsetzung hat sich der deutsche Gesetzgeber dafür entschieden, die Vorgaben der Richtlinie in das UWG zu integrieren und dessen Regelungen anzupassen, soweit sie vom Anwendungsbereich erfasst sind.[168] So erklärt sich insbesondere die Existenz der zwei Generalklauseln in den §§ 3 Abs. 1, 2 UWG.[169]

D. Entwicklungen seit der UWG-Novelle 2015

Die UWG-Novelle 2015 diente der weiteren Anpassung an die Vorgaben der UGP-Richtlinie, wobei es sich primär um Klarstellungen, Wortlautangleichungen und Änderungen im Detail handelt.[170] Unter anderem wurde der Rechtsbruchtatbestand von § 4 Nr. 11 UWG in den neu geschaffenen § 3a UWG ausgegliedert. Dieser war im Jahr 2017 Gegenstand einer Entscheidung des Kammergerichts, das in der aus § 2 SGB IV abgeleiteten Pflicht des Arbeitgebers zur Abführung von Sozialversicherungsbeiträgen keine Marktverhaltensregelung i.S.d. § 3a UWG sah.[171] Zuvor hatte der Bundesgerichtshof ebenso für die Erlaubnispflicht nach § 1 Abs. 1 S. 1 AÜG entschieden und dabei klargestellt,

---

163 BGH 25.3.2010, GRUR 2010, 1115 Rn. 12.

164 BGH 1.6.2011, GRUR 2012, 79 Rn. 11.

165 Harte-Bavendamm/Henning-Bodewig/*Glöckner*, Einl. B. Rn. 300; GK-UWG/*Heinze*, Einl. Teil C. Rn. 338.

166 Büscher/*Büscher*, Einl. Rn. 166.

167 BGH 30.4.2009, GRUR 2009, 1189 Rn. 12; Büscher/*Büscher*, Einl. Rn. 166, Harte-Bavendamm/Henning-Bodewig/*Keller*, § 2 UWG Rn. 51a; K/B/F/*Köhler*, § 2 UWG Rn. 38.

168 Begr. RegE., BT-Drs. 16/10145, S. 1.

169 Büscher/*Büscher*, § 3 UWG Rn. 4; *Emmerich/Lange*, § 5 Rn. 4.

170 Begr. RegE., BT-Drs. 18/4535, S. 1.

171 KG 14.2.2017, WRP 2017, 460 Rn. 8 ff.

dass durch die neue Verortung des Tatbestandes keine inhaltlichen Änderungen eingetreten seien.[172] Daneben beschäftigten vor allem die Sonn- und Feiertagsgesetze der Länder immer wieder Gerichte, die die betreffenden Vorschriften als Marktverhaltensregelungen im Interesse der Marktteilnehmer i.S.d. § 4 Nr. 11 UWG bzw. § 3a UWG einordneten.[173]

172 BGH 23.6.2016, GRUR 2017, 95 Rn. 13 ff.

173 OLG Düsseldorf 7.9.2010, MMR 2011, 39, 40; OLG Hamm 26.3.2013, GRUR-RR 2013, 297; LG Münster 19.7.2012, WRP 2013, 121 Rn. 35; LG Frankfurt a.M. 2.9.2015, WRP 2016, 402 Rn. 36; LG Münster 12.1.2017, GRUR-RR 2017, 508 Rn. 26; LG Münster 14.4.2008, BeckRS 2008, 21703 hatte die Frage noch offengelassen.

§ 3 Arbeitnehmer als Marktteilnehmer

§ 1 Abs. 1 S. 1 UWG nennt als Schutzsubjekte des UWG die Mitbewerber, Verbraucherinnen und Verbraucher sowie die sonstigen Marktteilnehmer. Dementsprechend fasst § 2 Abs. 1 Nr. 2 UWG unter den Oberbegriff[174] des Marktteilnehmers die Mitbewerber, Verbraucher und alle Personen, die als Anbieter oder Nachfrager von Waren oder Dienstleistungen tätig sind.

A. Bedeutung der Fragestellung

Die Frage, ob und ggf. unter welchen Voraussetzungen Arbeitnehmer als Marktteilnehmer zu den Schutzsubjekten des Lauterkeitsrechts gehören, ist von grundlegender Bedeutung für die Möglichkeiten, die das Lauterkeitsrecht zur Durchsetzung von Arbeitsbedingungen bieten kann. Im Bereich der Arbeitsbedingungen kommen vor allem Handlungen in Frage, die Arbeitgeber als Unternehmer gegenüber Arbeitnehmern vornehmen. Solche Verhaltensweisen wirken sich häufig nur auf die Arbeitnehmer aus. Deshalb ist diese Frage besonders relevant für den Rechtsbruchtatbestand, für den nach § 3a UWG eine Bestimmung zur Regelung des Marktverhaltens im Interesse der Marktteilnehmer erforderlich ist, sowie für die geschäftliche Handlung i.S.d. § 2 Abs. 1 Nr. 1 UWG, die ihrer Art nach auf die Marktteilnehmer einwirken und damit das Marktgeschehen beeinflussen können muss[175].

B. Arbeitnehmer als Verbraucher i.S.d. § 2 Abs. 2 UWG i.V.m. § 13 BGB

Ob und ggf. unter welchen Voraussetzungen Arbeitnehmer Verbraucher im Sinne des UWG sind, wurde bisher nicht höchstrichterlich entschieden.[176] Für den Verbraucherbegriff sieht § 2 Abs. 2 UWG die entsprechende Geltung von § 13 BGB vor. Damit stellt der allgemeine Verbraucherbegriff des § 13 BGB den Ausgangspunkt dar. Im UWG ist der Verbraucherbegriff von großer Bedeutung, insbesondere weil viele Tatbestände an die Vornahme einer geschäftlichen

---

174 GK-UWG/*Peukert*, § 2 Rn. 333 f.

175 S. § 5 B. III.

176 OLG Frankfurt a.M. 29.1.2015, GRUR 2015, 401 Rn. 39; in der folgenden Revision offengelassen durch BGH 23.6.2016, GRUR 2017, 95 Rn. 20 ff.

Handlung gegenüber einem Verbraucher anknüpfen.[177] Dazu gehört beispielsweise die Verbrauchergeneralklausel in § 3 Abs. 2 UWG. Die Einordnung von Arbeitnehmern als Verbrauchern im Sinne des Lauterkeitsrechts hat zudem Auswirkungen auf die Anspruchsberechtigung und Klagebefugnis von qualifizierten Einrichtungen zum Schutz von Verbraucherinteressen nach § 8 Abs. 3 Nr. 3 UWG.[178] Auch für den Anwendungsbereich der vollharmonisierten UGP-Richtlinie ist entscheidend, dass eine Handlung gegenüber einem Verbraucher vorliegt.[179]

I. Arbeitnehmer als Verbraucher i.S.d. § 13 BGB

In der ständigen Rechtsprechung des Bundesarbeitsgerichts wird der Arbeitnehmer grundsätzlich als Verbraucher eingeordnet.[180] In der Literatur war diese Frage nach der Schuldrechtsmodernisierung zunächst heftig umstritten.[181] Mittlerweile hat die Rechtsprechungslinie des Bundesarbeitsgerichts in Ergebnis und Begründung Zustimmung gefunden.[182] Zur Begründung wird zunächst der offene Wortlaut des § 13 BGB herangezogen. Mit seiner Negativabgrenzung erfasst dieser grundsätzlich auch Arbeitnehmer, weil das Arbeitsverhältnis zur unselbstständigen beruflichen Tätigkeit gehört.[183] In systematischer Hinsicht spricht die Stellung des § 13 BGB im allgemeinen Teil des BGB für eine Anwendbarkeit auf alle Arten von Rechtsgeschäften und damit auch auf Arbeitsverträge.[184]

---

177 GK-UWG/*Fritzsche*, § 2 Rn. 760.

178 Z.B. im Bereich von Mindestentgeltverstößen, s. *Fechner/Kocher*, NZA 2017, 755, 756.

179 S. § 2 C. II.

180 BAG 25.5.2005, NZA 2005, 1111, 1115; BAG 31.8.2005, NZA 2006, 324, 328; BAG 7.12.2005, NZA 2006, 423 Rn. 41; BAG 18.3.2008, NZA 2008, 1004 Rn. 17; BAG 11.12.2013, NZA 2014, 433 Rn. 13;

181 Zum früheren Meinungsstand s. *Preis*, NZA-Sonderbeil. 16/2003, 19, 21 Fn. 27 f.; MüKo/*Spinner*, 8. Aufl. 2020, § 611a BGB Rn. 147, Fn. 661.

182 Schaub/*Linck*, § 35 Rn. 5; BeckOK-BGB/*Martens*, § 13 Rn. 47 f.; MüKo/*Micklitz*, § 13 BGB Rn. 58; ErfK/*Preis*, § 611a BGB Rn. 182; MüKo/*Spinner*, 8. Aufl. 2020, § 611a BGB Rn. 147.

183 BAG 25.5.2005, NZA 2005, 1111, 1115; BeckOGK/*Alexander*, (01.10.2021) § 13 BGB Rn. 296, 306; Schaub/*Linck*, § 35 Rn. 5; *Müller*, S. 91 ff.; *Preis*, NZA-Sonderbeil. 16/2003, 19, 23; ErfK/*Preis*, § 611a BGB Rn. 182; MüKo/*Spinner*, 8. Aufl. 2020, § 611a BGB Rn. 147.

184 BAG 25.5.2005, NZA 2005, 1111, 1115; *Müller*, S. 108 ff.; *Preis*, NZA-Sonderbeil. 16/2003, 19, 23.

Anders als Verbraucher- und Unternehmereigenschaft i.S.d. § 14 BGB stehen Arbeitnehmer- und Verbrauchereigenschaft auch nicht in einem generell gegensätzlichen, sich ausschließenden Verhältnis.[185] Die Begriffspaare Arbeitgeber und Arbeitnehmer sowie Unternehmer und Verbraucher müssen getrennt betrachtet werden.[186] Bei den §§ 13, 14 BGB kommt es auf den Abschluss des konkreten Rechtsgeschäftes an. Deshalb ist auch ein Arbeitgeber nicht zwingend Unternehmer i.S.d. § 14 Abs. 1 BGB, sondern kann sogar Verbraucher i.S.d. § 13 BGB sein, wenn er selbst eine natürliche Person ist und z.B. eine Haushaltshilfe für seine private Wohnung beschäftigt.[187]

Auch der Gesetzgeber ging im Rahmen der Schuldrechtsreform offenbar davon aus, dass Arbeitnehmer Verbraucher sind.[188] In Bezug auf die Entstehungsgeschichte kommt dazu, dass § 13 BGB im Zusammenhang mit § 310 Abs. 4 BGB geschaffen wurde, der – anders als § 23 Abs. 1 AGBGB a.F. – keine generelle Bereichsausnahme für das Arbeitsrecht vorsieht, womit z.B. die Anwendung von § 310 Abs. 3 BGB bei Arbeitsverträgen nicht ausgeschlossen ist.[189] Eine solche Ausnahme für das Arbeitsrecht wurde für das UKlaG in § 15 UKlaG geschaffen,[190] wobei der Gesetzgeber wiederum davon ausging, dass es sich bei Arbeitnehmern um Verbraucher handelt.[191]

Erwägungen zum Sinn und Zweck der Norm sprechen weder zwingend für noch gegen die Einordnung von Arbeitnehmern als Verbrauchern. § 13 BGB stellt nur Mindestanforderungen auf und bietet eine breite Grundlage für die sachgerechte Anwendung von Verbraucherschutznormen auf Arbeitnehmer, wobei im Rahmen der jeweils fraglichen Norm zu prüfen ist, ob Systematik und Telos oder ggf. eine ausdrückliche gesetzliche Anordnung – wie beispielsweise § 15 UKlaG – es gebieten, diese nicht auf Arbeitnehmer anzuwenden.[192]

---

185 BeckOGK/*Alexander,* (01.10.2021) § 13 BGB Rn. 304.

186 *Preis,* NZA-Sonderbeil. 16/2003, 19, 23.

187 *Müller,* S. 120 ff.; *Preis,* NZA-Sonderbeil. 16/2003, 19, 23.

188 Vgl. Entwurf eines Gesetzes zur Modernisierung des Schuldrechts, BT-Drs. 14/6040, S. 243; *Preis,* NZA-Sonderbeil. 16/2003, 19, 23; ErfK/*Preis,* § 611a BGB Rn. 182.

189 BAG 25.5.2005, NZA 2005, 1111, 1115; *Müller,* S. 125 ff.

190 BAG 25.5.2005, NZA 2005, 1111, 1115.

191 Vgl. Beschlussempfehlung und Bericht des Rechtsausschusses, BT-Drs. 14/7052, S. 190; *Müller,* S. 154 ff.; *Preis,* NZA-Sonderbeil. 16/2003, 19, 23; ErfK/*Preis,* § 611a BGB Rn. 182.

192 BAG 25.5.2005, NZA 2005, 1111, 1115; BeckOGK/*Alexander,* (01.10.2021) § 13 BGB Rn. 299, 304 ff.; BeckOK-BGB/*Martens,* § 13 Rn. 48; MüKo/*Micklitz,* § 13 BGB Rn. 58 ff.; *Müller,* S. 178; *Preis,* NZA-Sonderbeil. 16/2003, 19, 24; ErfK/*Preis,* § 611a BGB Rn. 182.

Auch das Bundesverfassungsgericht hat dieser Rechtsprechung zugestimmt und dabei auf die strukturelle Unterlegenheit der Arbeitnehmer verwiesen.[193] Mit ähnlicher Begründung ordnete der Europäische Gerichtshof einen Arbeitnehmer bei Abschluss eines Darlehensvertrages mit seinem Arbeitgeber zu seinem Schutz als Verbraucher ein.[194] Dabei ging es allerdings nicht um das Arbeitsverhältnis oder Arbeitsbedingungen, die unter den Ausschluss von Arbeitsverträgen aus dem Anwendungsbereich der im Fall entscheidenden Richtlinie 93/13/EWG gefallen wären.[195] Zwar muss § 13 BGB ggf. unionsrechtskonform ausgelegt werden, häufig im Lichte der verschiedenen Verbraucherschutzrichtlinien.[196] Soweit die jeweilige Richtlinie Arbeitnehmer nicht erfasst, bestehen aber auch keine unionsrechtlichen Hindernisse für eine weite Anwendung des Verbraucherbegriffs auf Arbeitnehmer.[197] Erwägungsgrund 13 S. 3 der Richtlinie 2011/83/EU (Verbraucherrechterichtlinie) stellt klar, dass der Schutz auch auf Personen erstreckt werden kann, die keine Verbraucher im Sinne der Richtlinie sind.[198] Das gilt erst recht, soweit die Richtlinien zum Verbraucherschutz nur eine Mindestharmonisierung vorsehen, die es nicht ausschließt, das Schutzniveau im nationalen Recht auf Arbeitnehmer zu erweitern.[199]

Damit war der deutsche Gesetzgeber nicht gehindert, § 13 BGB im Ausgangspunkt weiter zu fassen und nicht jegliche, sondern nur gewerbliche sowie unselbstständige berufliche Tätigkeiten auszuschließen, womit jedenfalls im Grundsatz die Anwendung im Arbeitsrecht ermöglicht wird.[200] Der Arbeitnehmer ist demnach auch im Rahmen des Arbeitsverhältnisses grundsätzlich Verbraucher i.S.d. § 13 BGB, was insbesondere Abschluss und Aufhebung von Arbeitsverträgen, Änderungsverträge und insgesamt solche Vereinbarungen betrifft, die das Arbeitsverhältnis gestalten.[201]

---

193 BVerfG 23.11.2006, NZA 2007, 85, 86 f.; ähnlich *Müller,* S. 179 ff.

194 EuGH 21.3.2019, NJW 2019, 2223 Rn. 25 ff.

195 EuGH 21.3.2019, NJW 2019, 2223 Rn. 32.

196 BeckOGK/*Alexander,* (01.10.2021) § 13 BGB Rn. 101, 122; BeckOK-BGB/*Martens,* § 13 Rn. 14.

197 MüKo/*Micklitz,* § 13 BGB Rn. 59.

198 Da diese gerade nicht vom Anwendungsbereich der Richtlinie erfasst sind, ist der Hinweis rein deklaratorisch, s. GK-UWG/*Fritzsche,* § 2 Rn. 764.

199 BeckOK-BGB/*Martens,* § 13 Rn. 46; *Müller,* S. 168; *Preis,* NZA-Sonderbeil. 16/2003, 19, 24.

200 BeckOK-BGB/*Martens,* § 13 Rn. 46; *Müller,* S. 168; *Preis,* NZA-Sonderbeil. 16/2003, 19, 24.

201 *Müller,* S. 184; vgl. BeckOK-BGB/*Martens,* § 13 Rn. 47 f.

II. Verweisung in § 2 Abs. 2 UWG

Da § 2 Abs. 2 UWG auf § 13 BGB verweist, liegt es zunächst nahe, das dort begründete Ergebnis zu übernehmen und Arbeitnehmer grundsätzlich zu den Verbrauchern im Sinne des UWG zu zählen. Im Wortlaut findet sich keine unmittelbare Einschränkung. Auch fehlt eine Ausnahmeregelung wie in § 15 UKlaG, was systematisch für eine Übertragbarkeit spricht.[202] Das allein ist aber kein zwingendes Argument. Der nur „entsprechende" Verweis macht deutlich, dass eine strikte Übertragung ohne Rücksicht auf die Besonderheiten des Lauterkeitsrechts nicht sachgerecht wäre.

1. Unionsrechtskonforme Auslegung des Verbraucherbegriffs im UWG

Die weite Auslegung des § 13 BGB ist nur der Ausgangspunkt und auch darin begründet, dass die Richtlinien zum Verbraucherschutz sich ggf. in ihren Anforderungen und ihrer Wirkung unterscheiden.[203] § 2 Abs. 2 UWG setzt heute auch die Definition in Art. 2 lit. a) UGP-RL um.[204] Danach ist Verbraucher „jede natürliche Person, die im Geschäftsverkehr im Sinne dieser Richtlinie zu Zwecken handelt, die nicht ihrer gewerblichen, handwerklichen oder beruflichen Tätigkeit zugerechnet werden können".

Zunächst unterscheidet diese Definition von § 13 BGB, dass sie nicht auf den Abschluss von Rechtsgeschäften begrenzt ist. Eine solche Begrenzung passt nicht zum Schutzumfang des Lauterkeitsrechts, der insbesondere das Vorfeld rechtsgeschäftlichen Handelns erfasst.[205] Der nur entsprechende Verweis in § 2 Abs. 2 UWG lässt eine richtlinienkonforme Auslegung zu, wonach es nicht darauf ankommt, ob der Abschluss eines Rechtsgeschäftes bezweckt ist.[206] Weil das UWG insgesamt keine solche Begrenzung aufweist, ist auch außerhalb des

---

202 MüKo-UWG/*Bähr*, § 2 UWG Rn. 405; *Klocke*, S. 141.

203 S. § 3 B. I.

204 GK-UWG/*Fritzsche*, § 2 Rn. 763.

205 F/B/O/*Fezer*, § 2 UWG K. Rn. 5; HK-UWG/*Götting*, § 2 Rn. 60; K/B/F/*Köhler*, § 2 UWG Rn. 162; *Lehmler*, § 2 UWG Rn. 95; *Lettl*, GRUR 2004, 449, 451; Büscher/*Schilling*, § 2 Abs. 2 UWG Rn. 4, 7.

206 BGH 24.2.2011, GRUR 2011, 941 Rn. 26; F/B/O/*Fezer*, § 2 UWG K. Rn. 5, 30; GK-UWG/*Fritzsche*, § 2 Rn. 784; Harte-Bavendamm/Henning-Bodewig/*Keller*, § 2 UWG Rn. 232; K/B/F/*Köhler*, § 2 UWG Rn. 162; *Lettl*, GRUR 2004, 449, 451; Büscher/*Schilling*, § 2 Abs. 2 UWG Rn. 4.

Anwendungsbereiches der UGP-Richtlinie insofern eine einheitliche Auslegung geboten.[207]

Bemerkenswert ist vor allem, dass Art. 2 lit. a) UGP-RL nach dem Wortlaut jegliche berufliche Tätigkeit als Zweck ausnimmt, ohne zwischen selbst- und unselbstständigen Tätigkeiten zu unterscheiden. Danach wären abhängig Beschäftigte keine Verbraucher im Sinne der Richtlinie.[208] Folglich wird der Wortlaut des Art. 2 lit. a) UGP-RL herangezogen, um die Verbrauchereigenschaft von Arbeitnehmern i.S.d. § 2 Abs. 2 UWG i.V.m. § 13 BGB abzulehnen.[209] Der bloße Verweis auf den Wortlaut der Richtlinie greift aber zu kurz, soweit es um die Anwendung des nationalen Lauterkeitsrechtes geht.

Teilweise wird bereits Art. 2 lit. a) UGP-RL einschränkend dahingehend verstanden, dass nur selbstständige berufliche Tätigkeiten nicht erfasst sein sollen.[210] Begründet wird das damit, dass sich bei wortlautgetreuer Auslegung ein Widerspruch mit dem Gegenbegriff des Gewerbetreibenden nach Art. 2 lit. b) UGP-RL ergeben würde.[211] Dieser betrifft nach dem weiten Wortlaut jede berufliche Tätigkeit, worunter aber nur selbstständige Tätigkeiten fallen sollen – die unselbstständige Tätigkeit von Arbeitnehmern erfüllt also nicht die Voraussetzungen des Unternehmerbegriffs.[212] Auch wenn sie im Namen oder im Auftrag eines Unternehmers handeln, fallen Arbeitnehmer damit nicht unter § 2 Abs. 1 Nr. 6 UWG, weil auch der Dritte hier selbst Unternehmer sein muss.[213] Damit liegt der Umkehrschluss nahe, dass die berufliche Tätigkeit als Teil der Negativabgrenzung im Sinne des Verbraucherbegriffs, der den korrelativen Gegenbegriff zu dem des Unternehmers darstellt,[214] ebenso auszulegen ist und Art. 2 lit a) UGP-RL somit grundsätzlich auch unselbstständig Tätige erfasst.

---

207 *Lettl*, § 1 Rn. 72; Büscher/*Schilling*, § 2 Abs. 2 UWG Rn. 5.

208 Büscher/*Schilling*, § 2 Abs. 2 UWG Rn. 5, 12.

209 OLG Frankfurt a.M. 29.1.2015, GRUR 2015, 401 Rn. 32.

210 Harte-Bavendamm/Henning-Bodewig/*Keller*, § 2 UWG Rn. 232; K/B/F/*Köhler*, § 2 UWG Rn. 162; Büscher/*Schilling*, § 2 Abs. 2 UWG Rn. 5, 12.

211 Harte-Bavendamm/Henning-Bodewig/*Keller*, § 2 UWG Rn. 232; K/B/F/*Köhler*, § 2 UWG Rn. 162; vgl. Büscher/*Schilling*, § 2 Abs. 2 UWG Rn. 12.

212 MüKo-UWG/*Bähr*, § 2 Rn. 319; G/L/D/*Erdmann/Pommerening*, § 35 Rn. 12; F/B/O/*Fezer*, § 2 UWG G. Rn. 31; Harte-Bavendamm/Henning-Bodewig/*Keller*, § 2 UWG Rn. 246a f.; *Köhler* FS Hopt, 2825, 2827; K/B/F/*Köhler*, § 2 UWG Rn. 120; vgl. generell für Verbraucherrechtsrichtlinien MüKo/*Micklitz*, § 14 BGB Rn. 32.

213 MüKo-UWG/*Bähr*, § 2 Rn. 322 ff.; K/B/F/*Köhler*, § 2 UWG Rn. 121.

214 EuGH 3.10.2013, GRUR 2013, 1159 Rn. 33; MAH/*Ebert-Weidenfeller*, § 12 Rn. 69; F/B/O/*Fezer*, § 2 UWG G. Rn. 6c.

Einen anderen Weg geht die überwiegende Ansicht. Zwar dürfen Mitgliedstaaten auch dann nicht von den Vorgaben der UGP-Richtlinie abweichen, wenn sie zugunsten der Verbraucher ein erhöhtes Schutzniveau vorsehen wollen.[215] Teilweise wird aufgrund dieser Vollharmonisierung eine zwingende, unionsrechtskonforme Auslegung des § 2 Abs. 2 UWG vertreten, nach der die Rechtsprechung zu § 13 BGB nicht übertragbar und der Arbeitnehmer damit kein Verbraucher im Sinne des UWG wäre.[216] Der Bundesgerichtshof und weite Teile der Literatur gehen – ebenso wie der Gesetzgeber – davon aus, dass der Verbraucherbegriff nach § 2 Abs. 2 UWG i.V.m. § 13 BGB in zulässiger Weise über den des Art. 2 lit. a) UGP-RL hinausgeht, weil die Richtlinie zwar eine Vollharmonisierung im B2C-Verhältnis vorsieht, es aber nicht verbietet, den personellen Anwendungsbereich des Verbraucherschutzes auf Personen auszudehnen, die diesem nach den unionsrechtlichen Vorgaben nicht unterfallen würden.[217] Der Gesetzgeber war frei, durch den Verweis auf § 13 BGB nur den Bezug zu selbstständigen beruflichen Tätigkeiten auszuschließen, weil die UGP-Richtlinie keine Sperrwirkung entfaltet, soweit ihr Anwendungsbereich nicht eröffnet ist.[218]

Dieses Ergebnis unterscheidet sich von der Ansicht, die annimmt, dass der Gesetzgeber Art. 2 lit a), b) UGP-RL missverstanden hat,[219] also dadurch, dass der Anwendungsbereich der UGP- Richtlinie und damit der Vollharmonisierung von vornherein nicht eröffnet ist. Allerdings ist der Unternehmer im Bereich der Arbeitsbedingungen, also bei der Durchführung des Arbeitsverhältnisses, nicht Anbieter, sondern Nachfrager von Arbeits- bzw. Dienstleistungen des Arbeitnehmers – diese Konstellation ist vom Anwendungsbereich der Richtlinie ohnehin nicht erfasst.[220] Demnach verhindert die Richtlinie es jedenfalls

---

215 S. § 2 C. II.

216 *Fechner/Kocher*, NZA 2017, 755, 756.

217 Begr. RegE., BT-Drs. 16/10145, S. 11 f.; BGH 24.2.2011, GRUR 2011, 941 Rn. 29; MüKo-UWG/*Bähr*, § 2 Rn. 390 ff., 405; GK-UWG/*Fritzsche*, § 2 Rn. 764 f.; HK-UWG/*Götting*, § 2 Rn. 62; *Klocke*, S. 143; *Lettl*, GRUR 2004, 449, 451; *Lettl*, GRUR 2009, 1315, 1323; *Lettl*, § 1 Rn. 77 f.; Ohly/Sosnitza/*Ohly*, § 2 UWG Rn. 109; *Ziegler*, S. 64; vgl. F/B/O/*Fezer*, § 2 UWG K. Rn. 30, 43; Harte-Bavendamm/Henning-Bodewig/*Schöler*, § 7 UWG Rn. 230.

218 GK-UWG/*Fritzsche*, § 2 Rn. 764 f., 788.

219 Harte-Bavendamm/Henning-Bodewig/*Keller*, § 2 UWG Rn. 232; K/B/F/*Köhler*, § 2 UWG Rn. 162.

220 K/B/F/*Köhler*, § 2 UWG Rn. 172; vgl. Büscher/*Schilling*, § 2 Abs. 2 UWG Rn. 12; s. § 2 C. II.

nicht, Arbeitnehmer dem Verbraucherbegriff des nationalen Lauterkeitsrechts nach § 2 Abs. 2 UWG i.V.m. § 13 BGB zu unterwerfen.

2. Entsprechende Anwendung der Verweisung in § 2 Abs. 2 UWG

Damit liegt der Schwerpunkt auf der Frage, ob es mit Sinn und Zweck des Verbraucherschutzes durch das UWG vereinbar ist, diesen auf Arbeitnehmer zu erstrecken. Dabei werden verschiedene Situationen unterschieden.[221]

a) Geschäfte ohne engeren Bezug zum Arbeitsverhältnis

Nach herrschender Meinung ist der Arbeitnehmer auch dann Verbraucher, wenn sein Verhalten ein Rechtsgeschäft bezweckt, das seiner Bedarfsdeckung mit Bezug zum Arbeitsverhältnis dient, z.B. wenn er Arbeitskleidung erwirbt.[222] Das soll auch dann gelten, wenn der Arbeitgeber der Vertragspartner ist und der Arbeitnehmer vergünstigt Waren oder Dienstleistungen ohne Bezug zum Arbeitsverhältnis beziehen kann, die der Arbeitgeber auch am Markt anbietet.[223] Das überzeugt, weil es nach Sinn und Zweck der Regelung keinen Unterschied machen kann, von wem der Arbeitnehmer diese Produkte nachfragt. Ein solches Geschäft ist nicht Teil des Arbeitsverhältnisses. Der Arbeitgeber steht dem Arbeitnehmer gegenüber wie in anderen Fällen, in denen Unternehmer und Verbraucher sich bereits nahestehen, z.B. in einer langjährigen Kundenbeziehung. Der Arbeitnehmer befindet sich in der Situation eines typischen Verbrauchers und weist das entsprechende Schutzbedürfnis auf.

Ebenso hat der Bundesgerichtshof in einem Fall entschieden, in dem es um die Nachfrage von Arbeitnehmern nach Beratungsleistungen in lohnsteuerrechtlichen Fragen ging.[224] Auch hier tritt der Arbeitnehmer als Nachfrager von Dienstleistungen auf. Der Status als unselbstständig Beschäftigter ändert weder

---

221 K/B/F/*Köhler,* § 2 UWG Rn. 172; Büscher/*Schilling,* § 2 Abs. 2 UWG Rn. 12; i.E. auch B/D/S/*Lehmler,* § 2 UWG Rn. 112; *Lettl,* § 1 Rn. 78; Ohly/Sosnitza/*Ohly,* § 7 UWG Rn. 46; Ohly/Sosnitza/*Sosnitza,* § 2 UWG Rn. 110.

222 Begr. RegE., BT-Drs. 16/10145, S. 11; MüKo-UWG/*Bähr,* § 2 Rn. 404; HK-UWG/*Götting,* § 2 Rn. 62; *Lehmler,* § 2 UWG Rn. 97; B/D/S/*Lehmler,* § 2 UWG Rn. 112; *Lettl,* § 1 Rn. 78; Ohly/Sosnitza/*Ohly,* § 7 UWG Rn. 46; Ohly/Sosnitza/*Sosnitza,* § 2 UWG Rn. 110; Büscher/*Schilling,* § 2 Abs. 2 UWG Rn. 12; *Schlieper,* S. 96; a.A. wohl GK-UWG/*Fritzsche,* § 2 Rn. 788.

223 G/L/D/*Erdmann/Pommerening,* § 34 Rn. 13; F/B/O/*Fezer,* § 2 UWG K. Rn. 22; MüKo-UWG/*Schaffert,* § 3a Rn. 71, Fn. 371.

224 BGH 7.7.2005, GRUR 2005, 877, 879.

vor dem Hintergrund der UGP-Richtlinie noch der bloß entsprechenden Verweisung des § 2 Abs. 2 UWG etwas daran, dass der Arbeitnehmer sich hier in der typischen Situation eines Verbrauchers befindet. Teilweise wird umfassend formuliert, dass der Arbeitnehmer als unselbstständig beruflich Tätiger ohne weiteres dann Verbraucher ist, wenn er als Nachfrager von Waren oder Dienstleistungen angesprochen wird.[225] Im Sinne der vorherigen Ausführungen ist dies konsequent. Bezweckt der Arbeitnehmer als Nachfrager einen Vertragsschluss, ergeben sich allein aus seiner Stellung oder dem Verhältnis zum Arbeitgeber keine besonderen teleologischen Gesichtspunkte, die eine einschränkende Auslegung des § 2 Abs. 2 UWG rechtfertigen.

b) Geschäfte, die das Arbeitsverhältnis als solches betreffen

Verneint wird die Verbrauchereigenschaft i.S.d. § 2 Abs. 2 UWG i.V.m. § 13 BGB hingegen nach herrschender Meinung bei Handlungen, die das Arbeitsverhältnis als solches betreffen, also insbesondere den Abschluss des Arbeitsvertrages sowie die Gestaltung und die Beendigung des Arbeitsverhältnisses.[226]

(aa) Begründung der herrschenden Meinung für eine teleologische Reduktion

Methodisch wird dies regelmäßig als teleologische Reduktion eingeordnet.[227] Vom Wortlaut des § 2 Abs. 2 UWG i.V.m. § 13 BGB wäre ohne weiteres auch das Anbieten von Dienstleistungen erfasst. Allerdings nehmen Arbeitnehmer im Rahmen des Arbeitsverhältnisses nicht so am Geschäftsleben teil wie ein typischer Verbraucher.[228] Der Schutz des Verbrauchers steht üblicherweise im Zusammenhang mit einem Vertragsschluss, in dem er sich zur Zahlung einer Geldleistung verpflichtet, während der Arbeitnehmer selbst eine Vergütung

---

225 Büscher/*Schilling*, § 2 Abs. 2 UWG Rn. 12; K/B/F/*Köhler*, § 2 UWG Rn. 172.

226 BeckOK-UWG/*Alexander*, § 2 Rn. 528; *Elskamp*, S. 128; G/L/D/*Erdmann/Pommerening*, § 34 Rn. 13; HK-UWG/*Götting*, § 2 Rn. 62.; K/B/F/*Köhler*, § 2 UWG Rn. 172; B/D/S/*Lehmler*, § 2 UWG Rn. 112; Ohly/Sosnitza/*Ohly*, § 7 UWG Rn. 46; Harte-Bavendamm/Henning-Bodewig/*Schöler*, § 7 UWG Rn. 230; Ohly/Sosnitza/*Sosnitza*, § 2 UWG Rn. 110; MüKo-UWG/*Schaffert*, § 3a Rn. 71; *Ziegler*, S. 65; einschr. *Lettl*, § 1 Rn. 78, nur, wenn im Verbraucherschutz- oder Arbeitsrecht eigene Schutzmechanismen bestehen.

227 OLG Frankfurt a.M. 29.1.2015, GRUR 2015, 401 Rn. 32; *Elskamp*, S. 128; *Klein/Insam*, GRUR 2006, 379, 381 f.; *Lettl*, § 1 Rn. 78; Ohly/Sosnitza/*Ohly*, § 7 UWG Rn. 46; *Ziegler*, S. 65.

228 G/L/D/*Erdmann/Pommerening*, § 34 Rn. 13.

in Austausch für seine Arbeitsleistung erhält.[229] Es ist aber ein grundlegender Unterschied, ob jemand Güter nachfragt oder Knowhow und Arbeitskraft liefert.[230] In Bezug auf diese Arbeitsleistung sind Arbeitnehmer selbst Leistungserbringer und sollen damit nicht unter den Verbraucherbegriff des UWG fallen.[231] Insofern wird für eine teleologische Reduktion angeführt, dass es dem Sinn und Zweck des § 13 BGB, die Anwendung der Verbraucherschutznormen zu ermöglichen, in diesen Fällen nicht bedürfe.[232]

(bb) Gegenansicht für eine weite Anwendung des Verweises in § 2 Abs. 2 UWG

Gegen die herrschende Meinung richtet sich eine Ansicht, die Arbeitnehmer generell dem Verbraucherbegriff des UWG unterwerfen will.[233] Durch den Verweis auf § 13 BGB habe der Gesetzgeber den Verbraucherbegriff im Verhältnis zur UGP-Richtlinie insofern zulässigerweise ausgeweitet.[234] Die Verweistechnik biete zwar Raum für eine teleologische oder systematische Reduktion, diese müsse sich aber gegen den weiten Wortlaut des § 13 BGB durchsetzen.[235] Das damit anwendbare negative Abgrenzungsmerkmal der selbstständigen beruflichen Tätigkeit i.S.d. § 13 BGB fehlt beim Arbeitnehmer.[236]

Weil es keine Ausnahmeregelung gibt, soll auch die Systematik dafür sprechen, den Arbeitnehmern den Verbraucherschutz des UWG zukommen zu lassen.[237] Auch die gesonderte Regelung des Unternehmerbegriffs in § 2 Abs. 1 Nr. 6 UWG zeige im Umkehrschluss, dass der Gesetzgeber mit dem Verweis auf § 13 BGB keine Abweichungen gegenüber dem Verbraucherbegriff außerhalb des Lauterkeitsrechts bezweckt hat.[238] Die eigene Regelung in § 2 Abs. 2 UWG

---

229 *Klein/Insam,* GRUR 2006, 379, 381.

230 *Quiring,* WRP 2003, 1181, 1183; vgl. *Ziegler,* S. 65.

231 BeckOK-UWG/*Alexander,* § 2 Rn. 528; *Oetker* FS Bepler, 467, 476; Ohly/Sosnitza/*Sosnitza,* § 2 UWG Rn. 110; *Ziegler,* S. 65.

232 *Lettl,* § 1 Rn. 78.

233 MüKo-UWG/*Bähr,* § 2 Rn. 405; *Lehmler,* § 2 UWG Rn. 97; so wohl auch Harte-Bavendamm/Henning-Bodewig/*Keller,* § 2 UWG Rn. 240a a.E.; wohl auch noch *Lettl,* GRUR 2004, 449, 451.

234 MüKo-UWG/*Bähr,* § 2 Rn. 405; *Klocke,* S. 141.

235 *Klocke,* S. 142.

236 *Lehmler,* § 2 UWG Rn. 97

237 MüKo-UWG/*Bähr,* § 2 Rn. 405; *Klocke,* S. 141.

238 *Klocke* Latzel/Picker, 145, 151 f.; *Klocke,* S. 142.

in Abgrenzung zur Aufzählung in § 2 Abs. 1 UWG verstärke diesen Eindruck noch.[239]

Das UWG diene ebenso wie § 310 BGB dem Verbraucherschutz, einzelne Besonderheiten könne man im Rahmen des jeweiligen Tatbestandes berücksichtigen.[240] Zudem müsse man sonst Schutzlücken in Kauf nehmen, weil der Arbeitnehmer z.B. gegen unerwünschte Anrufe, in denen um einen Stellenwechsel geworben wird, nur als Verbraucher durch § 7 Abs. 2 Nr. 2 Alt. 1 UWG, der seine vorherige ausdrückliche Einwilligung voraussetzt, geschützt wird.[241]

Auch der 5. Strafsenat des Bundesgerichtshofs hat in einer Entscheidung zu § 16 Abs. 2 UWG nicht erkennen lassen, dass er der herrschenden, differenzierenden Ansicht zustimmt.[242] Allerdings geht es bei § 16 Abs. 2 UWG um den Verbraucher als Abnehmer von Waren, Dienstleistungen oder Rechten.[243] Der Bundesgerichtshof konnte also die Verbrauchereigenschaft der Arbeitnehmer bejahen, ohne auf den dargestellten Streit eingehen zu müssen. Jedenfalls lassen sich der Entscheidung insofern keine Argumente entnehmen.

(cc) Stellungnahme

Eine Ausweitung des Verbraucherbegriffs im nationalen Recht ist zwar zulässig.[244] Das sagt aber nichts darüber aus, inwieweit eine solche tatsächlich vorliegt. Der Gegenansicht ist zuzugeben, dass der Wortlaut des § 2 Abs. 2 UWG und die systematische Stellung einen – jedenfalls in Bezug auf die Erfassung der Arbeitnehmer – uneingeschränkten Verweis nicht ausschließen. Mit der bloß entsprechenden Verweisung in § 2 Abs. 2 UWG hat der Gesetzgeber aber klargestellt, dass eine uneingeschränkte Übertragung nicht zwingend ist. Anders als auf Seiten der herrschenden Meinung überwiegend angenommen ist deshalb in methodischer Hinsicht auch keine teleologische Reduktion notwendig.

Ordnet das Gesetz selbst eine entsprechende Geltung an, handelt es sich um eine sogenannte Verweisungsanalogie.[245] Eine Verweisungsanalogie findet sich beispielsweise auch in § 90a S. 3 BGB.[246] Sie ist von einer strikten Verweisung zu

---

239 *Klocke,* S. 142.
240 *Klocke,* S. 141.
241 MüKo-UWG/*Bähr,* § 2 Rn. 405; *Ulrici,* jurisPR-ArbR 22/2015 Anm. 4, E. III. 2. a).
242 BGH 24.2.2011, NJW 2011, 1236 Rn. 24.
243 Vgl. B/D/S/*Lehmler,* § 2 UWG Rn. 112.
244 S. § 3 B. II. 1.
245 *Canaris,* S. 24; *Clemens,* AöR 111 (1986), 63, 79; *Debus,* S. 55; *Karpen,* S. 78.
246 BeckOGK/*Mössner,* (01.03.2021) § 90a BGB Rn. 13.

unterscheiden.[247] Wie die Analogie zur Ergänzung von Lücken lässt eine solche Verweisungsanalogie der Rechtsanwendung den Spielraum, das Verweisungsobjekt umzuformen, so dass es dem Zweck der Verweisungsnorm entspricht.[248]

Die grundsätzliche Schutzbedürftigkeit von Arbeitnehmern aufgrund ihrer strukturellen Unterlegenheit, die in der Rechtsprechung zu § 13 BGB zum Ausdruck kommt, muss demnach mit dem Schutzsystem des Lauterkeitsrechts in Einklang gebracht werden. Dabei beschränkt sich das UWG nicht auf das Vorfeld eines Vertragsschlusses. Das zeigt § 2 Abs. 1 Nr. 1 UWG, wonach die geschäftliche Handlung auch nach Geschäftsabschluss erfolgen und auch mit der Durchführung eines Vertrages unmittelbar zusammenhängen kann. Zudem kann der Verbraucher auch im Lauterkeitsrecht ausnahmsweise als Anbieter angesprochen werden.[249] Dabei geht es aber vor allem um Fälle der „Nachfragewerbung".[250] Es kann in der Tat keinen Unterschied machen, ob ein Verbraucher angerufen und zur Abnahme oder zum Verkauf einer Ware aufgefordert wird. In diesen Fällen ist die Interessenlage vergleichbar. In Bezug auf ihre Arbeitskraft treten Arbeitnehmer aber eher unternehmerähnlich auf.[251]

Der Verbraucher wird vom Lauterkeitsrecht besonders geschützt, weil er dem potentiellen Marktpartner typischerweise wirtschaftlich unterlegen und rechtlich weniger erfahren ist.[252] Auch der Arbeitnehmer ist dem Arbeitgeber typischerweise unterlegen. Es gibt aber keinen festen lauterkeitsrechtlichen Personenstatus, vielmehr kommt es auf den Kontext der Handlung an.[253] Deshalb stellt die herrschende Meinung zu Recht nicht bloß auf die Stellung des Arbeitnehmers ab, sondern unterscheidet zwischen den dargestellten Situationen. Sie trägt dem besonderen Schutzbedürfnis des Arbeitnehmers dort Rechnung, wo er wie ein typischer Verbraucher am Markt auftritt. Daraus folgt nicht zwangsläufig, dass er im Übrigen schutzlos ist. Es kommt noch eine Einordnung als sonstiger Marktteilnehmer i.S.d. § 2 Abs. 1 Nr. 2 UWG, der ausdrücklich auch Anbieter von Dienstleistungen erfasst, in Frage.

---

247 *Clemens,* AöR 111 (1986), 63, 79; vgl. *Debus,* S. 55 f.; *Karpen,* S. 78.

248 *Karpen,* S. 78.

249 Vgl. BGH 17.7.2008, GRUR 923 Rn. 11; BGH 17.7.2008, GRUR 2008, 925 Rn. 12 ff.; G/L/D/*Erdmann/Pommerening,* § 34 Rn. 11; K/B/F/*Köhler,* § 2 UWG Rn. 171.

250 K/B/F/*Köhler,* § 2 UWG Rn. 171.

251 Vgl. BGH 23.6.2016, GRUR 2017, 95 Rn. 40.

252 EuGH 3.10.2013, 1159 Rn. 35; MAH/*Ebert-Weidenfeller,* § 12 Rn. 79; K/B/F/*Köhler,* § 2 UWG Rn. 163.

253 GK-UWG/*Peukert,* § 2 Rn. 341.

Ein Unterschied im Schutzniveau zeigt sich vor allem bei unerlaubter Telefonwerbung. Hier spielt die Frage nach der Verbrauchereigenschaft von Arbeitnehmern eine große Rolle, weil § 7 Abs. 2 Nr. 2 UWG dem Schutzbedürfnis von Verbrauchern dadurch Rechnung trägt, dass für sie eine vorherige ausdrückliche Einwilligung notwendig ist, während bei sonstigen Marktteilnehmern eine zumindest mutmaßliche Einwilligung ausreicht.[254] Das liegt auch daran, dass dieses Schutzbedürfnis im Arbeitsrecht nicht abgedeckt ist.[255]

Weil der Arbeitnehmer in solchen Situationen wiederum nicht als Nachfrager auftritt, ist es aber konsequent, dass die herrschende Meinung auch hier an ihrer Differenzierung festhält und die Verbrauchereigenschaft verneint.[256] Es geht wiederum nicht um eine selbstständige berufliche Tätigkeit – der Arbeitnehmer steht einem Anruf zum Zweck der Anwerbung aber typischerweise interessierter gegenüber als der Verbraucher einer Absatzwerbung.[257] Anders als bei der „Nachfragewerbung" besteht auch ein Unterschied zur typischen Situation des Verbrauchers im Lauterkeitsrecht, weil die Leistungen des potentiellen Arbeitnehmers gefragt sind und er sie gegenüber seinem aktuellen Arbeitgeber auch schon einmal am Markt angeboten und später erbracht hat. Er tritt damit eher wie ein Unternehmer im Vertikalverhältnis auf.

Im Ergebnis lässt sich festhalten, dass die Interessenlage und die Schutzbedürftigkeit sich dann vom Regelfall des Verbrauchers unterscheiden, wenn der Arbeitnehmer als Anbieter seiner Arbeitskraft angesprochen wird, was vor allem bei der Durchführung des Arbeitsverhältnisses der Fall ist.[258] Es entspräche nicht Sinn und Zweck des § 2 Abs. 2 UWG i.V.m. § 13 BGB, Arbeitnehmer den verbraucherschützenden Normen des UWG zu unterwerfen, soweit es um Handlungen geht, die das Arbeitsverhältnis als solches betreffen. Dies gilt insbesondere, wenn der Arbeitgeber in diesem Rahmen die vorgeschriebenen oder vereinbarten Arbeitsbedingungen nicht einhält.

---

254 BeckOGK/*Alexander*, (01.10.2021) § 13 BGB Rn. 303 f.

255 *Ulrici*, jurisPR-ArbR 22/2015 Anm. 4, E. III. 2. a).

256 BeckOGK/*Alexander*, (01.10.2021) § 13 BGB Rn. 303.2; *Klein/Insam*, GRUR 2006, 379, 381 f.; K/B/F/*Köhler*, § 7 UWG Rn. 141; MüKo-UWG/*Leible*, § 7 Rn. 138; Ohly/Sosnitza/*Ohly*, § 7 UWG Rn. 46; Harte-Bavendamm/Henning-Bodewig/*Schöler*, § 7 UWG Rn. 230; a.A. noch *Lettl*, WRP 2009, 1315, 1324 für Anrufe unter der privaten Telefonnummer.

257 K/B/F/*Köhler*, § 7 UWG Rn. 141.

258 OLG Frankfurt a.M. 29.1.2015, GRUR 2015, 401 Rn. 32; K/B/F/*Köhler*, § 2 UWG Rn. 172; vgl. BeckOK-UWG/*Alexander*, § 2 Rn. 528.

C. Arbeitnehmer als sonstige Marktteilnehmer i.S.d. § 2 Abs. 1 Nr. 2 UWG

Sonstige Marktteilnehmer sind nach § 2 Abs. 1 Nr. 2 UWG alle Personen, die als Anbieter oder Nachfrager von Waren oder Dienstleistungen tätig sind, ohne Mitbewerber oder Verbraucher zu sein. Es handelt sich um einen eigenständigen Begriff, der außerhalb des Anwendungsbereiches der UGP-Richtlinie liegt.[259] Sonstige Marktteilnehmer stehen wie Verbraucher im Austauschverhältnis mit den gegenüberstehenden Mitbewerbern.[260]

I. Erweiterung auf den Nachfragewettbewerb, § 2 Abs. 1 Nr. 1 UWG und Begriff der Dienstleistungen i.S.d. § 2 Abs. 1 Nr. 1 UWG

Der Begriff der geschäftlichen Handlung i.S.d. § 2 Abs. 1 Nr. 1 UWG, der den Anwendungsbereich des Lauterkeitsrechts bestimmt, hat angesichts des systematischen Zusammenhangs Auswirkungen auf die Reichweite der Regelung des § 2 Abs. 1 Nr. 2 UWG über den sonstigen Marktteilnehmer. Insbesondere erfasst § 2 Abs. 1 Nr. 1 UWG neben dem Absatz ausdrücklich auch den Bezug von Waren oder Dienstleistungen. Damit ist klargestellt, dass das UWG neben dem Angebots- auch den Nachfragewettbewerb regelt.[261] Insoweit geht § 2 Abs. 1 Nr. 1 UWG über die unionsrechtlichen Vorgaben hinaus, weil Art. 2 lit d) der UGP-Richtlinie nur Maßnahmen der Absatzförderung betrifft und den Nachfragewettbewerb damit vom Anwendungsbereich ausnimmt.[262]

Im Nachfragewettbewerb stehen sich zwei oder mehr Mitbewerber gegenüber, die um den Bezug von Waren oder Dienstleistungen konkurrieren, ohne dass sie auch im Absatzwettbewerb in einem konkreten Wettbewerbsverhältnis zueinander stehen müssen.[263] Der Begriff der Dienstleistung wird weit im Sinne einer unternehmerischen Ressource verstanden, insbesondere kommt es nicht

---

259 MüKo-UWG/*Bähr,* § 2 Rn. 206; *Beater,* Rn. 2163; G/L/D/*Erdmann/Pommerening,* § 32 Rn. 1; GK-UWG/*Peukert,* § 2 Rn. 331.

260 *Beater,* Rn. 2166; G/L/D/*Erdmann/Pommerening,* § 32 Rn. 5; K/B/F/*Köhler,* § 2 UWG Rn. 89; *Lettl,* § 1 Rn. 100; Ohly/Sosnitza/*Sosnitza,* § 2 UWG Rn. 51.

261 Begr. RegE., BT-Drs. 15/1487, S. 16; BGH 30.4.2009, NJW-RR 2010, 399 Rn. 12; MüKo-UWG/*Bähr,* § 2 Rn. 139; Harte-Bavendamm/Henning-Bodewig/*Keller,* § 2 UWG Rn. 71; K/B/F/*Köhler,* § 2 UWG Rn. 38.

262 S. § 2 C. II.

263 Ohly/Sosnitza/*Sosnitza,* § 2 UWG Rn. 74.

auf die rechtliche Qualifikation des zugrundeliegenden Vertrags an.[264] Folglich stellt auch die Nachfrage nach Arbeitsleistungen eine Nachfrage nach Dienstleistungen i.S.d. § 2 Abs. 1 Nr. 1 UWG dar.[265] Klassische Fälle sind die Ab-[266] sowie die Anwerbung von Arbeitskräften, beispielsweise durch Stellenanzeigen.[267]

II. Keine Notwendigkeit der Unternehmereigenschaft

Der Begriff der Dienstleistung wird einheitlich ausgelegt und ist im Rahmen des § 2 Abs. 1 Nr. 2 UWG wie bei § 2 Abs. 1 Nr. 1 UWG weit zu verstehen.[268] Der systematische Zusammenhang mit § 2 Abs. 1 Nr. 1 UWG, der nur die unternehmerische Tätigkeit erfasst, wird aber auch herangezogen, um die Arbeitnehmer aus dem Kreis der sonstigen Marktteilnehmer auszuschließen.[269] Von § 2 Abs. 1 Nr. 2 UWG werden Personen „neben Mitbewerbern und Verbrauchern" erfasst. Nimmt man an, dass mit den sonstigen Marktteilnehmern i.S.d. § 2 Abs. 1 Nr. 2 UWG keine dritte Gruppe neben Verbrauchern und Unternehmern geschaffen werden sollte, spricht ein Umkehrschluss dafür, dass es sich um Unternehmer handeln muss.[270] Die sonstigen Marktteilnehmer müssten unternehmerisch tätig sein.[271] Daran fehlt es bei Arbeitnehmern, die keine selbstständige Tätigkeit ausführen oder anstreben.[272]

---

264 BGH 19.4.2007, GRUR 2007, 981 Rn. 27; K/B/F/*Köhler*, § 2 UWG Rn. 39; Ohly/Sosnitza/*Ohly*, § 2 UWG Rn. 48; GK-UWG/*Peukert*, § 2 Rn. 121.

265 MüKo-UWG/*Bähr*, § 2 Rn. 140; G/L/D/*Erdmann/Pommerening*, § 33 Rn. 11; Büscher/*Franzke*, § 2 Abs. 1 Nr. 1 UWG Rn. 19; Harte-Bavendamm/Henning-Bodewig/*Keller*, § 2 UWG Rn. 71; *Köhler*, WRP 2009, 898, 900; K/B/F/*Köhler*, § 2 UWG Rn. 39; *Oetker* FS Bepler, 467, 475; Ohly/Sosnitza/*Ohly*, § 2 UWG Rn. 48; differenzierend nach der Art der Tätigkeit GK-UWG/*Peukert*, § 2 Rn. 122 f.

266 G/L/D/*Erdmann/Pommerening*, § 33 Rn. 11; MüKo-UWG/*Jänich*, § 4 Nr. 4 Rn. 87 f.; K/B/F/*Köhler*, § 2 UWG Rn. 39, § 4 UWG Rn. 4.104; Ohly/Sosnitza/*Sosnitza*, § 2 UWG Rn. 74.

267 Vgl. BGH 7.7.2005, GRUR 2005, 877, 879; K/B/F/*Köhler*, § 2 UWG Rn. 39; *Schloßer*, WRP 2004, 145, 146.

268 MüKo-UWG/*Bähr*, § 2 Rn. 205; F/B/O/*Fezer*, § 2 UWG C. Rn. 10; Büscher/*Maatsch*, § 2 Abs. 1 Nr. 2 UWG Rn. 4.

269 *Oetker* FS Bepler, 467, 476.

270 Büscher/*Maatsch*, § 2 Abs. 1 Nr. 2 UWG Rn. 3.

271 Büscher/*Maatsch*, § 2 Abs. 1 Nr. 2 UWG Rn. 3; ebenso HK-UWG/*Götting*, § 2 Rn. 31 und Ohly/Sosnitza/*Sosnitza*, § 2 UWG Rn. 51, die allerdings jeweils auch Arbeitnehmer im Einzelfall als sonstige Marktteilnehmer ansehen, s. § 3 C. III. 1., Fn. 292.

272 GK-UWG/*Peukert*, § 2 UWG Rn. 123.

Überwiegend wird hingegen angenommen, dass es sich bei den in § 2 Abs. 1 Nr. 2 UWG genannten Personen nur hauptsächlich, – dementsprechend aber nicht ausschließlich –, um Unternehmer handelt.[273] Dafür spricht die Gesetzgebungshistorie. Nach dem vorherigen Privatentwurf von *Köhler, Bornkamm* und *Henning-Bodewig* sollten Marktteilnehmer „neben Verbrauchern und Mitbewerbern alle Unternehmer" sein, die als Anbieter oder Nachfrager von Waren oder Dienstleistungen auf einem Markt tätig sind.[274] In der Begründung zum Referentenentwurf sind zwar nur „vor allem die Gewerbetreibenden"[275] genannt, die vorgeschlagene Definition ist aber noch auf „alle Unternehmen" begrenzt[276]. Diese Beschränkung fehlt allerdings im Regierungsentwurf,[277] der insofern der heutigen Gesetzesfassung entspricht. In der Begründung heißt es, dass „unter anderem Unternehmer" erfasst sind.[278] Es sollten also nicht ausschließlich Unternehmer in Frage kommen.[279] Dem entspricht die Regelung in § 2 Abs. 1 Nr. 2 UWG, die sich auf nicht unternehmerisch tätige Personen, die keine Verbraucher sind, erstreckt.[280]

Dieses Ergebnis lässt sich auch mit dem systematischen Zusammenhang zu § 2 Abs. 1 Nr. 1 UWG in Einklang bringen. Für einen Marktteilnehmer muss wenigstens die Teilnahme an einer geschäftlichen Handlung in Frage kommen, wofür ein rein privater Leistungsaustausch nicht ausreichen kann.[281] Dafür genügt es aber, wenn entweder der Nachfragende oder der Anbietende unternehmerisch tätig ist.[282] Die Gegenseite einer geschäftlichen Handlung ist gerade beim praktischen Regelfall des Verbrauchers selbst nicht unternehmerisch tätig. Sonstige Marktteilnehmer i.S.d. § 2 Abs. 1 Nr. 2 UWG können also Personen sein, die geschäftliche Handlungen gemäß § 2 Abs. 1 Nr. 1 UWG selbst vornehmen oder ihnen ausgesetzt sind.[283] Auch die Marktgegenseite ist damit ggf.

---

273 MüKo-UWG/*Bähr,* § 2 UWG Rn. 204; *Elskamp,* S. 128; F/B/O/*Fezer,* § 2 UWG C. Rn. 8.; G/L/D/*Hasselblatt/Zarn,* § 61 Rn. 129; Harte-Bavendamm/Henning-Bodewig/*Keller,* § 2 Rn. 112; *Lettl,* § 1 Rn. 100; GK-UWG/*Peukert,* § 2 UWG Rn. 353; Harte-Bavendamm/Henning-Bodewig/*Schöler,* § 7 UWG Rn. 262.

274 *Köhler/Bornkamm/Henning-Bodewig,* WRP 2002, 1317, 1318.

275 RefE. UWG 2004, GRUR 2003, 298, 304.

276 RefE. UWG 2004, GRUR 2003, 298.

277 Begr. RegE., BT-Drs. 15/1487, S. 5.

278 Begr. RegE., BT-Drs. 15/1487, S. 16.

279 GK-UWG/*Peukert,* § 2 Rn. 330.

280 GK-UWG/*Peukert,* § 2 Rn. 353.

281 MüKo-UWG/*Bähr,* § 2 Rn. 204.

282 MüKo-UWG/*Bähr,* § 2 Rn. 204.

283 GK-UWG/*Peukert,* § 2 Rn. 349.

als sonstiger Marktteilnehmer geschützt, sofern sie nicht ohnehin Verbraucher ist.[284] Sofern der Arbeitgeber unternehmerisch tätig ist, schließt die fehlende Unternehmereigenschaft von Arbeitnehmern es also nicht aus, sie als sonstige Marktteilnehmer i.S.d. § 2 Abs. 1 Nr. 2 UWG einzuordnen.

III. Arbeitnehmer als Anbieter von Dienstleistungen i.S.d. § 2 Abs. 1 Nr. 2 UWG

§ 2 Abs. 1 Nr. 2 UWG setzt aber voraus, dass sonstige Marktteilnehmer als Anbieter oder Nachfrager von Waren oder Dienstleistungen tätig sind.

1. Situation beim Abschluss von Arbeitsverträgen in Abgrenzung zur Durchführung des Arbeitsverhältnisses

Weil sich kaum ein Verhalten dem Marktgeschehen völlig entzieht, sind „Nicht-Marktteilnehmer“ praktisch selten.[285] Die Erweiterung auf sonstige Marktteilnehmer durch § 2 Abs. 1 Nr. 2 UWG soll Schutzlücken schließen und hat damit eine Auffangfunktion.[286] Dass Arbeitnehmer bei Durchführung des Arbeitsverhältnisses keine Verbraucher i.S.d. § 2 Abs. 2 UWG i.V.m. § 13 BGB sind, bedeutet nicht, dass sie nicht schutzbedürftig sind.[287] Eine einschränkende Auslegung, allein um einen Gleichlauf mit der teleologischen Reduktion bzw. der entsprechenden Anwendung der Verweisung des § 2 Abs. 2 UWG herzustellen, kann deshalb nicht überzeugen.[288] Angesichts der Negativabgrenzung zu Verbrauchern in § 2 Abs. 1 Nr. 2 UWG eröffnet diese eine untypische Schutzlücke.

Im Vergleich erscheint es durchaus sachgerecht, dem Arbeitnehmer als Anbieter seiner Arbeitskraft den Schutz als sonstiger Marktteilnehmer zukommen zu lassen.[289] Arbeitnehmer sind zwar selbst keine Teilnehmer am Absatzmarkt der Waren oder Dienstleistungen, die sie für einen Unternehmer herstellen bzw. erbringen.[290] Der Nachfragewettbewerb um Dienstleistungen von abhängig

---

284 MüKo-UWG/*Bähr,* § 2 Rn. 204; *Beater,* Rn. 2168.

285 GK-UWG/*Peukert,* § 2 Rn. 340.

286 *Beater,* Rn. 2169 ff.; Büscher/*Maatsch,* § 2 Abs. 1 Nr. 2 UWG Rn. 3; vgl. K/B/F/*Köhler,* § 2 UWG Rn. 89.

287 *Quiring,* WRP 2003, 1181, 1183.

288 So aber *Klein/Insam,* GRUR 2006, 379, 382.

289 Vgl. *Beater,* Rn. 2168.

290 BGH 23.6.2016, GRUR 2017, 95 Rn. 20; OLG Frankfurt a.M. 29.1.2015, GRUR 2015, 401 Rn. 22; KG 14.2.2017, WRP 2017, 460 Rn. 11; K/B/F/*Köhler,* § 3a UWG Rn. 1.70; Harte-Bavendamm/Henning-Bodewig/*v. Jagow,* § 3a UWG Rn. 32.

Beschäftigten unterfällt aber grundsätzlich § 2 Abs. 1 Nr. 1 UWG und damit dem Anwendungsbereich des UWG.[291]

In Rechtsprechung und Literatur ist weitgehend anerkannt, dass Arbeitnehmer als Anbieter ihrer Arbeitsleistungen sonstige Marktteilnehmer i.S.d. § 2 Abs. 1 Nr. 2 UWG sein können.[292] Auch hier lässt sich aber keine allgemeine Aussage für die Arbeitnehmer als Statusgruppe treffen. Teilweise wird diese Einordnung ausdrücklich auf Fälle der Ab- oder Anwerbung, beispielsweise durch Stellenanzeigen oder Anrufe[293] oder auf die gesamte Situation um den Abschluss[294] bzw. auch die Änderung und Aufhebung[295] von Arbeitsverträgen beschränkt. *Beater* sieht in der Abwerbung eines Arbeitnehmers den bisher wohl einzig denkbaren Fall eines sonstigen Marktteilnehmers i.S.d. § 2 Abs. 1 Nr. 2 UWG, der nicht Unternehmer ist.[296]

Auch der Bundesgerichtshof hat die Frage nur für den Fall einer Stellenanzeige entschieden.[297] Im Urteil zu § 1 Abs. 1 S. 1 AÜG wurde offengelassen, ob der Arbeitnehmer, der als Anbieter seiner Arbeitskraft unternehmerähnlich auftritt, bei Anbahnung, Eingehung und Durchführung des Arbeitsverhältnisses ein sonstiger Marktteilnehmer sein kann.[298] Nur vereinzelt wird dies bezüglich

---

291 S. § 3 C. I.

292 BGH 7.7.2005, GRUR 2005, 877, 879; BGH 23.6.2016, GRUR 2017, 95 Rn. 39 f.; OLG Frankfurt a.M. 29.1.2015, GRUR 2015, 401 Rn. 32; *Alexander,* Rn. 1481; MüKo-UWG/*Bähr,* § 2 Rn. 200; *Däubler,* Rn. 442a; *Elskamp,* S. 128; G/L/D/*Erdmann/Pommerening,* § 34 Rn. 13; *Fechner,* AuR 2018, 456 f.; GK-UWG/*Fritzsche,* § 2 Rn. 788; HK-UWG/*Götting,* § 2 Rn. 62; K/B/F/*Köhler,* § 2 UWG Rn. 89, 172; Däubler/*Lakies,* § 5 TVG Rn. 7; *Lettl,* WRP 2009, 1315, 1323 f.; Spindler/Schuster/*Micklitz/Schirmbacher,* § 2 UWG Rn. 28; *Quiring,* WRP 2003, 1181, 1183; Büscher/*Schilling,* § 2 Abs. 2 UWG Rn. 12; Harte-Bavendamm/Henning-Bodewig/*Schöler,* § 7 UWG Rn. 263; Ohly/Sosnitza/*Sosnitza,* § 2 UWG Rn. 110; *Ulrici,* jurisPR-ArbR 22/2015 Anm. 4, E. III. 3.; *Ziegler,* S. 65; *Zwanziger,* DB 2004, 2318, 2319.

293 *Beater,* Rn. 2168; K/B/F/*Köhler,* § 2 UWG Rn. 172, § 7 UWG Rn. 141; nur zu Anrufen auch *Alexander,* Rn. 1481; HK-UWG/*Götting,* § 2 Rn. 62; *Lettl,* WRP 2009, 1315, 1323 f.; *Quiring,* WRP 2003, 1181, 1183.

294 *Elskamp,* S. 128 f.

295 G/L/D/*Erdmann/Pommerening,* § 34 Rn. 13; Harte-Bavendamm/Henning-Bodewig/*Schöler,* § 7 UWG Rn. 263.

296 *Beater,* Rn. 2168.

297 BGH 7.7.2005, GRUR 2005, 877, 879.

298 BGH 23.6.2016, GRUR 2017, 95 Rn. 40.

der Durchführung ausdrücklich verneint.[299] Auf der anderen Seite lässt sich aus den verschiedenen Einschränkungen schließen, dass Arbeitnehmer insoweit jedenfalls bisher nicht als sonstige Marktteilnehmer i.S.d. § 2 Abs. 1 Nr. 2 UWG anerkannt sind.[300]

Der Unterschied besteht darin, dass der Arbeitnehmer im bestehenden Arbeitsverhältnis zwar Leistungserbringer ist, aber – abgesehen von Fällen der Abwerbung, in denen es um die Begründung eines neuen Arbeitsverhältnisses geht – nicht als Anbieter seiner Arbeitskraft auftritt bzw. als solcher angesprochen wird. Diese Differenzierung überzeugt. Die Regelung der sonstigen Marktteilnehmer nach § 2 Abs. 1 Nr. 2 UWG soll gewährleisten und klarstellen, dass alle Marktakteure Normadressaten des UWG sind.[301] Zweck der Regelung ist es nicht, grundsätzlich jede Partei eines Austauschverhältnisses, das ggf. zu einem gewissen Schutzbedarf führt, zu erfassen und damit innerbetriebliche Verhaltensweisen dem Anwendungsbereich des Lauterkeitsrechts zu unterwerfen. Dies ist nicht der Fall, wenn der Arbeitnehmer als Anbieter seiner Arbeitskraft am Markt auftritt. Konsequenterweise ist der Arbeitnehmer damit sonstiger Marktteilnehmer i.S.d. § 2 Abs. 1 Nr. 2 UWG, soweit es um den Abschluss des Arbeitsvertrages geht.[302]

In diesem Fall liegen auch die Voraussetzungen für eine teleologische Reduktion nicht vor. Eine solche wäre hier notwendig, da § 2 Abs. 1 Nr. 2 UWG im Gegensatz zu § 2 Abs. 2 UWG keine entsprechende Verweisung enthält. Es besteht aber kein wesentlicher Unterschied zu anderen sonstigen Marktteilnehmern, die im Vertikalverhältnis Waren oder Dienstleistungen anbieten. Auch die Besonderheiten der arbeitsrechtlichen Schutzbestimmungen stehen einer konsequenten Anwendung des § 2 Abs. 1 Nr. 2 UWG nicht entgegen.[303] Ob das lauterkeitsrechtliche Rechtsfolgensystem neben den verschiedenen arbeitsrechtlichen Regelungen angewendet werden kann, ist – ebenso wie beim Verhältnis

---

299 K/B/F/*Köhler*, § 2 UWG Rn. 172; nach Ansicht von *Elskamp* sind Arbeitnehmer bei Erfüllung ihrer Pflichten aus dem Arbeitsverhältnis selbst keine Marktteilnehmer, s. *Elskamp*, S. 128 f.

300 Auch Stimmen, die an sich keine Einschränkung erkennen lassen, verweisen z.T. wiederum ohne weiteren Hinweis auf Quellen, in denen eine solche vertreten wird, beispielsweise Ohly/Sosnitza/*Sosnitza*, § 2 UWG Rn. 110, der auf K/B/F/*Köhler*, § 2 UWG Rn. 172 verweist.

301 F/B/O/*Fezer*, § 2 UWG C. Rn. 6.

302 Ebenso *Elskamp*, S. 128 f.

303 A.A. offenbar K/B/F/*Köhler*, § 2 UWG Rn. 172.

des Lauterkeitsrechts zu Regelungen anderer Rechtsgebiete – eine Frage der Rechtsfolgenkonkurrenz.[304]

2. Weitere Durchführung des Arbeitsverhältnisses

Ausgehend vom dargestellten Meinungsstand zu Situationen, die jedenfalls im weiteren Sinn den möglichen Abschluss von Arbeitsverträgen betreffen, wird vorgeschlagen, auch Arbeitnehmer im bestehenden Arbeitsverhältnis als sonstige Marktteilnehmer i.S.d. § 2 Abs. 1 Nr. 2 UWG einzuordnen.[305] Bieten Arbeitnehmer dem eigenen Arbeitgeber ihre Arbeitskraft an, treten sie dabei nicht am Markt auf. Allerdings stehe auch der abhängig Beschäftigte dem Arbeitsmarkt zur Verfügung, weil er auch während seiner Tätigkeit im Rahmen des Arbeitsverhältnisses regelmäßig die Arbeitsbedingungen bei anderen Arbeitgebern im Blick behalte und diese bei Entscheidungen, insbesondere über den Verbleib oder Wechsel des Unternehmens, berücksichtige.[306]

Die zugrundeliegenden Gedanken lassen sich aber nicht derart verallgemeinern und auf die alltägliche Tätigkeit des Arbeitnehmers übertragen. Auch hier bedarf es einer konsequenten Anwendung des § 2 Abs. 1 Nr. 2 UWG. Schon der Wortlaut der Norm zeigt, dass die betreffenden Personen gerade als Abnehmer oder Anbieter am Markt auftreten müssen.[307] Es wird nicht jeder erfasst, der eine Rolle im Marktgeschehen spielt.[308] Auch wer nicht aktiv am Marktgeschehen teilnimmt, sondern nur potentiell Anbieter oder Nachfrager ist, kann aber Marktteilnehmer sein, wenn er z.B. unerwünschte Werbung erhält.[309] In einem solchen Fall liegt mit der Werbung aber gerade eine konkrete Angebots- bzw. Nachfragesituation vor.

Anders als § 2 Abs. 1 Nr. 3 UWG, der für Mitbewerber ein konkretes Wettbewerbsverhältnis fordert und damit handlungsbezogen ist,[310] macht § 2 Abs. 1 Nr. 2 UWG zwar keine weiteren Vorgaben über das Verhältnis der Beteiligten.

---

304 S. dazu insb. § 4 V. 2. b) cc).

305 *Fechner/Kocher,* NZA 2017, 755, 756 f.; i.E. offenbar auch *Ziegler,* S. 65 f.

306 *Fechner/Kocher,* NZA 2017, 755, 756 f.

307 MüKo-UWG/*Bähr,* § 2 Rn. 206; F/B/O/*Fezer,* § 2 UWG C. Rn. 8; HK-UWG/*Götting,* § 2 Rn. 31; Harte-Bavendamm/Henning-Bodewig/*Keller,* § 2 UWG Rn. 112; K/B/F/*Köhler,* § 2 UWG Rn. 89; Büscher/*Maatsch,* § 2 Abs. 1 Nr. 2 UWG Rn. 3; GK-UWG/*Peukert,* § 2 Rn. 339.

308 MüKo-UWG/*Bähr,* § 2 Rn. 198.

309 GK-UWG/*Peukert,* § 2 Rn. 335.

310 MüKo-UWG/*Bähr,* § 2 Rn. 239; K/B/F/*Köhler,* § 2 UWG Rn. 98.

Dass der Arbeitnehmer Leistungserbringer ist und damit eine gewisse Ähnlichkeit mit einem Unternehmer aufweist, reicht aber nicht aus. Auch ein Unternehmer muss als Anbieter oder Nachfrager handeln, um gemäß § 2 Abs. 1 Nr. 3 UWG Mitbewerber oder gemäß § 2 Abs. 1 Nr. 2 UWG sonstiger Marktteilnehmer zu sein.[311] Der Begriff des Anbieters, der weit ausgelegt wird, erfordert immerhin ein Auftreten am Markt.[312] Der Marktauftritt des Anbieters kann zwar beispielsweise auch durch Werbemaßnahmen erfolgen.[313] Diese müssen aber das Ziel haben, die Erbringung von Dienstleistungen zu fördern.[314]

Bei der Abwerbung wird angeführt, der Arbeitnehmer sei an einer neuen beruflichen Perspektive auch ohne vorherige Anfrage seinerseits wesentlich interessierter als ein Verbraucher an ungefragt erhaltener Werbung.[315] Die Abwerbung stellt insofern einen Sonderfall dar. Es ist zwar nicht fernliegend, dass Beschäftigte sich auch in einem bestehenden Arbeitsverhältnis und ohne konkreten Anlass Gedanken über andere Arbeitgeber machen. Sie verrichten ihre Tätigkeit aber nicht typischerweise mit dem Ziel, sich damit für diese zu empfehlen. Selbst wenn sie sich bei Durchführung des Arbeitsverhältnisses bezüglich ihrer Perspektiven am Arbeitsmarkt orientieren, fehlt beim bloßen Erbringen der Arbeitsleistung ein weiterer Schritt, um den betriebsinternen Bereich zu verlassen und am Markt aufzutreten. Hier kommt wieder zum Tragen, dass es keinen festen lauterkeitsrechtlichen Personenstatus gibt. Ohne weiteres spielt der Arbeitnehmer im laufenden Arbeitsverhältnis überhaupt keine Rolle im Geschehen auf dem Markt für Arbeitsleistungen. Bei der Erfüllung seiner arbeitsvertraglichen Pflichten ist er kein Marktteilnehmer.[316]

D. Ergebnis

Soweit es um das Arbeitsverhältnis als solches geht, sind Arbeitnehmer keine Verbraucher i.S.d. § 2 Abs. 2 UWG i.V.m. § 13 BGB. Beim Abschluss von Arbeitsverträgen treten sie aber als Anbieter ihrer Arbeitsleistungen als sonstige Marktteilnehmer i.S.d. § 2 Abs. 1 Nr. 2 UWG auf.

---

311 Die Begriffe Anbieter und Nachfrager werden im Rahmen des § 2 Abs. 1 Nr. 2 UWG wie bei § 2 Abs. 1 Nr. 3 UWG ausgelegt, Büscher/*Maatsch*, § 2 Abs. 1 Nr. 2 UWG Rn. 4.

312 MüKo-UWG/*Bähr*, § 2 Rn. 227; G/L/D/*Erdmann/Pommerening*, § 33 Rn. 7 f.

313 G/L/D/*Erdmann/Pommerening*, § 33 Rn. 7 f.; Ohly/Sosnitza/*Sosnitza*, § 2 UWG Rn. 68.

314 G/L/D/*Erdmann/Pommerening*, § 33 Rn. 8.

315 *Beater*, Rn. 2168; K/B/F/*Köhler*, § 7 UWG Rn. 141.

316 *Elskamp*, S. 128 f.

§ 4 Unlauterkeitstatbestände des UWG

Mit ihren zwei Generalklauseln ist § 3 UWG die zentrale Norm des UWG. Der Rückgriff auf die Generalklauseln im Einzelfall ist nach der Gesetzessystematik aber erst zu prüfen, wenn weder eine im Anhang zu § 3 Abs. 3 UWG bezeichnete, gegenüber Verbrauchern stets unzulässige geschäftliche Handlung vorliegt, noch einer der in den §§ 3a ff. UWG geregelten Beispielstatbestände einschlägig ist.[317]

A. Rechtsbruchtatbestand, § 3a UWG

Der Rechtsbruchtatbestand stand schon vor seiner Kodifizierung als Fallgruppe des § 1 UWG a.F. im Mittelpunkt der Bemühungen, das Lauterkeitsrecht als Mittel zur Durchsetzung von Arbeitsbedingungen fruchtbar zu machen.[318]

I. Vergleich mit der Rechtslage in Österreich und der Schweiz

Dass dieses Vorgehen nicht völlig fernliegend ist, zeigt neben dieser Historie auch ein Blick auf die Rechtslage in den deutschsprachigen Nachbarländern.[319] Nach Art. 7 schwUWG handelt insbesondere unlauter, „wer Arbeitsbedingungen nicht einhält, die durch Rechtssatz oder Vertrag auch dem Mitbewerber auferlegt, oder berufs- oder ortsüblich sind". Es existiert also ein besonderer Beispielstatbestand, der die Einhaltung von Arbeitsbedingungen als wesentlichen Bestandteil eines lauteren Wettbewerbes ansieht. Normzweck ist dabei nicht der Arbeitnehmerschutz, sondern die Gewährleistung gleicher Wettbewerbsbedingungen.[320] Das Lauterkeitsrecht der Schweiz weist im Übrigen eine gewisse Ähnlichkeit mit dem deutschen UWG auf, vor allem was die zugrundeliegende Gesetzgebungstechnik mit der Generalklausel und den Beispielstatbeständen angeht.[321]

---

317 *Emmerich/Lange*, § 5 Rn. 3; G/L/D/*Lubberger/Weller*, § 43 Rn. 36; Ohly/Sosnitza/*Sosnitza*, § 3 UWG Rn. 12.

318 S. § 2 A. II.

319 *Fechner/Kocher*, NZA 755, 761; *Hefermehl* FS Nipperdey, 283, 300 Fn. 2; *Oetker* FS Bepler, 467, 468 f.

320 *Leibinger*, S. 92; *Meier-Gubser*, AJP/PJA 2014, 1486, 1498 f.

321 *Emmerich/Lange*, § 2 Rn. 8; Ohly/Sosnitza/*Ohly*, B. Rn. 66.

Noch ähnlicher ist diesem, nicht zuletzt unter dem Einfluss der UGP-Richtlinie, das österreichische Lauterkeitsrecht.[322] Das öUWG kennt zwar weder einen normierten Rechtsbruch- noch einen Beispielstatbestand für die Nichteinhaltung von Arbeitsbedingungen. Als Fallgruppe ist der Rechtsbruch aber anerkannt.[323] Trotz vergleichbarer gesetzlicher Voraussetzungen zur Generalklausel § 1 UWG a.F. in Deutschland kam es in Österreich jedoch nicht zu einer Entwicklung in der Rechtsprechung, die dem „Paradigmenwechsel" des Bundesgerichtshofs, der insbesondere in der „Abgasemissionen"-Entscheidung zum Ausdruck kam, entspricht. Nach Ansicht des Obersten Gerichtshofs (OGH) ist eine Beschränkung auf marktverhaltensregelnde Normen nicht gerechtfertigt, weil es für die Wettbewerbsrelevanz eines Rechtsbruches nicht entscheidend auf den Zweck oder Regelungsgegenstand der Vorschrift ankommen soll.[324]

Während auch der OGH keine auf die Erlangung eines Wettbewerbsvorsprunges gerichtete Absicht mehr verlangt, misst er der „Gleichheit der rechtlichen Ausgangslage der Wettbewerber untereinander" eine ungleich höhere Bedeutung zu.[325] Entscheidend sei die tatsächliche Auswirkung auf den Markt, die immer dann vorliegt, wenn der Unternehmer einen spürbaren Vorteil im Vergleich zu seinen rechtstreuen Mitbewerbern erlangt.[326] Weil die gegenteilige Auffassung des Bundesgerichtshofs in Deutschland im Rechtsbruchtatbestand kodifiziert wurde, ist die Ausgangslage für die Durchsetzung von Normen im Bereich der Arbeitsbedingungen im Vergleich wesentlich schlechter.

II. Verhältnis des Rechtsbruchtatbestands zur UGP-Richtlinie

Die UGP-Richtlinie enthält keinen mit dem Rechtsbruchtatbestand des § 3a UWG vergleichbaren Unlauterkeitstatbestand.[327] Allerdings sieht sie in ihrem Anwendungsbereich eine vollständige Harmonisierung vor.[328] Folglich

---

322 *Emmerich/Lange,* § 2 Rn. 5 ff.; Harte-Bavendamm/Henning-Bodewig/*Henning-Bodewig,* Einl. F. Rn. 894; G/L/D/*Maaßen,* § 13 Rn. 31; Ohly/Sosnitza/*Ohly,* B. Rn. 50.

323 OGH 11.3.2008, GRUR Int 2009, 342, 345; OGH 23.2.2010, BeckRS 2010, 24332; Harte-Bavendamm/Henning-Bodewig/*Henning-Bodewig,* Einl. F. Rn. 896.

324 OGH 11.3.2008, GRUR Int 2009, 342, 345 f.

325 OGH 11.3.2008, GRUR Int 2009, 342, 346.

326 OGH 11.3.2008, GRUR Int 2009, 342, 346.

327 BGH 12.2.2015, GRUR 2015, 813 Rn. 11; F/B/O/*Götting/Hetmank,* § 3a UWG Rn. 11a; G/L/D/*Hasselblatt/Gregor,* § 48 Rn. 12; Büscher/*Hohlweck,* § 3a UWG Rn. 17; K/B/F/*Köhler,* § 3a UWG Rn. 1.8; Spindler/Schuster/*Micklitz/Schirmbacher,* § 3a UWG Rn. 3; MüKo-UWG/*Schaffert,* § 3a Rn. 17.

328 S. § 2 C. II.

geht die Rechtsprechung davon aus, dass der Verstoß gegen eine nationale Vorschrift die Unlauterkeit nach § 3a UWG nur noch begründen kann, wenn die betreffenden Regelungen eine Grundlage im Unionsrecht haben.[329] In der Literatur wird zum Teil noch weiter vertreten, dass die Marktverhaltensregelung lediglich mit vorrangigem Unionsrecht in Einklang stehen muss.[330]

Dass sich diese Problematik aus der Vollharmonisierung durch die UGP-Richtlinie ergibt, bedeutet aber auch, dass sie sich auf deren Anwendungsbereich beschränkt. Die UGP-Richtlinie steht der Begründung der Unlauterkeit nach § 3a UWG jedenfalls bei Verstößen gegen solche Regelungen nicht entgegen, die Handlungen gegenüber Mitbewerbern oder sonstigen Marktteilnehmern betreffen und damit aus dem Anwendungsbereich nach Art. 3 Abs. 1 UGP-RL fallen.[331] Dieser erfasst nur unlautere Geschäftspraktiken zwischen Unternehmen und Verbrauchern, also den B2C-Bereich.[332]

Da auch der Schutz der sonstigen Marktteilnehmer i.S.d. § 2 Abs. 1 Nr. 2 UWG außerhalb des Anwendungsbereiches der UGP-Richtlinie liegt,[333] sind Handlungen gegenüber Arbeitnehmern in Bezug auf das Arbeitsverhältnis nicht erfasst. Selbst wenn man Arbeitnehmer insofern als Verbraucher i.S.d. § 2 Abs. 2 UWG i.V.m. § 13 BGB ansehen würde, geht diese Auslegung über den Inhalt der UGP-Richtlinie hinaus und fällt damit ebenfalls aus dem Anwendungsbereich.[334] Folglich kann dieser bei Verstößen gegen gesetzliche Vorschriften über Arbeitsbedingungen nur dann eröffnet sein, wenn die betreffenden Vorschriften auf

329 BGH 22.4.2009, GRUR 2009, 845 Rn. 38; BGH 29.4.2010, GRUR 2010, 652 Rn. 11; BGH 31.3.2010, GRUR 2010, 1117 Rn. 16; BGH 22.3.2012, GRUR 2012, 1159 Rn. 9; BGH 31.5.2012, GRUR 2012, 949 Rn. 47; BGH 18.9.2014, GRUR 2014, 1208 Rn. 11; BGH 7.5.2015, GRUR 2015, 1240 Rn. 19; OLG Hamm 26.3.2013, GRUR-RR 2013, 297, 298; zustimmend G/L/D/*Hasselblatt/Gregor,* § 48 Rn. 17; Spindler/Schuster/*Micklitz/Schirmbacher,* § 3a UWG Rn. 3; Ohly/Sosnitza/*Ohly,* § 3a UWG Rn. 7a; MüKo-UWG/*Schaffert,* § 3a Rn. 17.

330 Büscher/*Hohlweck,* § 3a UWG Rn. 19 ff.; K/B/F/*Köhler,* § 3a UWG Rn. 1.8 ff.

331 BGH 26.3.2009, GRUR 2009, 1082 Rn. 21; BGH 2.12.2009, GRUR 2010, 654 Rn. 15; BGH 4.11.2010, GRUR 2011, 539 Rn. 23; BGH 31.3.2016, GRUR 2016, 1189 Rn. 17; GRUR 2.3.2017, GRUR 2017, 537 Rn. 25; BGH 27.4.2017, GRUR 2017, 819 Rn. 28; OLG Hamm 26.3.2013, GRUR-RR 2013, 297, 298; *Emmerich/Lange,* § 20 Rn. 12; *Fleischer,* S. 180 f.; G/L/D/*Hasselblatt/Gregor,* § 48 Rn. 13; K/B/F/*Köhler,* § 3a UWG Rn. 1.8; Ohly/Sosnitza/*Ohly,* § 3a UWG Rn. 7b; MüKo-UWG/*Schaffert,* § 3a Rn. 17; Harte-Bavendamm/Henning-Bodewig/*v. Jagow,* § 3a UWG Rn. 1.

332 S. § 2 C. II.

333 S. § 3 C.

334 Vgl. *Klocke,* S. 168; s. § 3 B. II. 1.

sonstige Weise das Verhältnis zwischen Unternehmern und Verbrauchern i.S.d. Art. 2 lit. a) UGP-RL regeln.

Die meisten Fälle des Rechtsbruchtatbestandes liegen ohnehin außerhalb des Anwendungsbereiches der Richtlinie.[335] Das gilt auch für Vorschriften im B2B-Bereich, die sich auf die Arbeitsbedingungen auswirken – in diesen Fällen steht es einer Anwendung des § 3a UWG demnach nicht entgegen, wenn die betreffenden Regelungen keine Grundlage im Unionsrecht haben.[336] Ebenso sind Verstöße gegen Regelungen der Berufsausübung i.S.d. Art. 3 Abs. 8 UGP-RL zu behandeln, die auch dann aus dem Anwendungsbereich der UGP-Richtlinie fallen, wenn sie den B2C-Bereich betreffen.[337] Sofern eine Regelung des Verhältnisses zwischen Unternehmern und Verbrauchern in Betracht kommt, ist dies also für jede Vorschrift einzeln zu untersuchen.

III. Tatbestandsmerkmale des § 3a UWG

Neben einer geschäftlichen Handlung setzt § 3a UWG eine gesetzliche Vorschrift voraus, die auch dazu bestimmt ist, im Interesse der Marktteilnehmer das Marktverhalten zu regeln. Erforderlich ist außerdem eine Zuwiderhandlung gegen diese Vorschrift, die geeignet ist, die Interessen von Verbrauchern, sonstigen Marktteilnehmern oder Mitbewerbern spürbar zu beeinträchtigen.

1. Gesetzliche Vorschrift

Der Begriff der gesetzlichen Vorschrift wird weit ausgelegt und erfasst alle Rechtsnormen, s. Art. 2 EGBGB, die in Deutschland unmittelbare Geltung beanspruchen.[338] Diese müssen für den Handelnden verbindlich, also insbesondere

335 *Ohly*, GRUR 2016, 3, 5.

336 S. z.B. für Vorschriften der Ladenschluss- bzw. Ladenöffnungszeitengesetze OLG Hamm 26.3.2013, GRUR-RR 2013, 297, 298; K/B/F/*Köhler*, § 3a UWG Rn. 1.21; Ohly/Sosnitza/*Ohly*, § 3a UWG Rn. 7b; MüKo-UWG/*Schaffert*, § 3a Rn. 552 f.

337 S. z.B. zu § 1 Abs. 1 S. 1 AÜG BGH 23.6.2016, GRUR 2017, 95 Rn. 11; K/B/F/*Köhler*, § 3a UWG Rn. 1.81.

338 BGH 21.7.2005, GRUR 2005, 960, 961; BGH 26.1.2017, GRUR 2017, 422 Rn. 28; *Alexander*, Rn. 1519; *Beater*, Rn. 2494; HK-UWG/*Ebert-Weidenfeller*, § 3a Rn. 34; F/B/O/*Götting/Hetmank*, § 3a UWG Rn. 50; Büscher/*Hohlweck*, § 3a UWG Rn. 89; K/B/F/*Köhler*, § 3a UWG Rn. 1.52; GK-UWG/*Metzger/Eichelberger*, § 3a Rn. 49; Spindler/Schuster/*Micklitz/Schirmbacher*, § 3a UWG Rn. 5; MüKo-UWG/*Schaffert*, § 3a Rn. 51; Ohly/Sosnitza/*Sosnitza*, § 3a UWG Rn. 12; Harte-Bavendamm/Henning-Bodewig/*v. Jagow*, § 3a UWG Rn. 12.

wirksam sein.[339] Damit scheidet die Durchsetzung verschiedener Regelwerke, die Vorgaben über Arbeitsbedingungen zum Inhalt haben, auf Grundlage des § 3a UWG von vornherein aus.

a) Arbeitsrechtliche Vorschriften anderer Länder

Das gilt zunächst für ausländische Rechtsnormen, denen hierzulande die erforderliche Bindungswirkung fehlt.[340] Auch bei importierten Produkten sind die zwingenden arbeitsrechtlichen Standards des Produktionslandes im Rahmen des § 3a UWG irrelevant.[341] Eine Ausnahme wird vertreten, soweit das deutsche Lauterkeitsrecht kollisionsrechtlich anwendbar ist.[342] Die herrschende Meinung verneint die Normqualität ebenso bei Geltung des unionsrechtlichen Herkunftslandprinzipes, weil die ausländische Rechtsnorm auch dann nur eine mittelbare Bedeutung erlangt.[343] Eine Norm wie § 3 Abs. 2 TMG ist im Arbeitsrecht nicht ersichtlich. Selbst wenn Ausnahmen insgesamt für möglich gehalten werden, wird für den Regelfall beispielsweise auf die „Asbestimporte"-Entscheidung, die gerade die arbeitsrechtlichen Standards des Produktionslandes betraf, verwiesen.[344]

---

339 BGH 18.11.2010, GRUR 2011, 169 Rn. 45; HK-UWG/*Ebert-Weidenfeller,* § 3a Rn. 38; Büscher/*Hohlweck,* § 3a UWG Rn. 92; K/B/F/*Köhler,* § 3a UWG Rn. 1.52; MüKo-UWG/*Schaffert,* § 3a Rn. 51; Ohly/Sosnitza/*Sosnitza,* § 3a UWG Rn. 12; Harte-Bavendamm/Henning-Bodewig/*v. Jagow,* § 3a UWG Rn. 13.

340 F/B/O/*Birk,* S 17 Rn. 94; HK-UWG/*Ebert-Weidenfeller,* § 3a Rn. 37; *Elskamp,* S. 78 ff.; F/B/O/*Götting/Hetmank,* § 3a UWG Rn. 51; *Herrnberger,* S. 223; Büscher/*Hohlweck,* § 3a UWG Rn. 93; *Köhler,* GRUR 2004, 381, 383; K/B/F/*Köhler,* § 3a UWG Rn. 1.53; Spindler/Schuster/*Micklitz/Schirmbacher,* § 3a UWG Rn. 5; Hilty/Henning-Bodewig/*Ohly/Liebenau,* 197, 203; *Sack,* WRP 2004, 1307, 1308; MüKo-UWG/*Schaffert,* § 3a Rn. 53; Ohly/Sosnitza/*Sosnitza,* § 3a UWG Rn. 13; *v. Walter,* S. 80; *Zimmer,* S. 254.

341 *Elskamp,* S. 80; *Herrnberger,* S. 223; *Sack,* WRP 2004, 1307, 1308; MüKo-UWG/*Schaffert,* § 3a Rn. 53.

342 *Kocher,* GRUR 2005, 647, 649.

343 HK-UWG/*Ebert-Weidenfeller,* § 3a Rn. 37; *Elskamp,* S. 78 f.; F/B/O/*Götting/Hetmank,* § 3a UWG Rn. 51; *Köhler,* GRUR 2004, 381, 383; K/B/F/*Köhler,* § 3a UWG Rn. 1.53; Spindler/Schuster/*Micklitz/Schirmbacher,* § 3a UWG Rn. 5; MüKo-UWG/*Schaffert,* § 3a Rn. 53; *v. Walter,* S. 80.

344 GK-UWG/*Metzger/Eichelberger,* § 3a Rn. 52 Fn. 201 mit Verweis auf BGH 9.5.1980, GRUR 1980, 858; zum Sachverhalt s. § 4 B. II. 4. a).

b) Vorgaben über Arbeitsbedingungen in CSR-Standards

Auch auf nationaler Ebene gab und gibt es Bestrebungen, Standards für ökologisch und sozial verantwortliches unternehmerisches Handeln im Rahmen der Geschäftstätigkeit zu etablieren. Exemplarisch dafür steht der 2010 vom Rat für Nachhaltige Entwicklung (RNE) entwickelte Deutsche Nachhaltigkeitskodex (DNK), der mit seinen 20 Kriterien einen Rahmen für die Berichterstattung in Nachhaltigkeitsangelegenheiten vorschlägt.[345]

Auf Unionsebene läuft die Diskussion vor allem unter dem Stichwort der Corporate Social Responsibility (CSR). Diese hat 2014 die Richtlinie 2014/95/EU (CSR-Richtlinie) hervorgebracht. Diese verpflichtet die erfassten Unternehmen nicht zu ökologischem oder sozialem Engagement. Stattdessen sieht Art. 1 Nr. 1, 3 CSR-RL in Ergänzung der Richtlinie 2013/34/EU vor, dass sie als Teil ihres Lageberichtes eine nichtfinanzielle Erklärung abgeben, die unter anderem ihre Aktivitäten im Bereich der Sozial- und Arbeitnehmerbelange umfasst. In der Praxis hat sich gezeigt, dass der inhaltliche Schwerpunkt der Berichterstattung auf den Arbeitsbedingungen – gefolgt von den Umweltbedingungen – liegt.[346]

Die Frage nach der gesellschaftlichen Verantwortung von Unternehmen stellt sich auch deshalb, weil die sozialen Standards aus internationaler Sicht gravierende Unterschiede aufweisen – diese Rechtsgefälle führen dazu, dass die Diskussion um die CSR sich weniger mit der rechtlichen Zulässigkeit, sondern vielmehr mit der sozialen und ökologischen Legitimität unternehmerischen Handelns beschäftigt.[347]

aa) Begriff der Corporate Social Responsibility (CSR)

Die Europäische Kommission bezeichnete die CSR im Jahr 2001 in ihrem Grünbuch zur sozialen Verantwortung von Unternehmen auf Grundlage gängiger Definitionen als „Konzept, das den Unternehmen als Grundlage dient, auf freiwilliger Basis soziale Belange und Umweltbelange in ihre Unternehmenstätigkeit und in die Wechselbeziehungen mit den Stakeholdern[348] zu

---

345 S. https://www.deutscher-nachhaltigkeitskodex.de/de-DE/Home/DNK/DNK-Overview (zuletzt abgerufen am 30.11.2021).

346 Der Anteil lag bei den DAX-30-Unternehmen 2016 durchschnittlich bei 35 %, 2017 durchschnittlich bei 30 %, *Althoff/Wirth*, WPg 2018, 1138, 1146.

347 Die Diskussion dreht sich also nicht um die „legal license to operate", sondern die „social license to operate", *Spießhofer*, IWRZ 2019, 65, 66.

348 Stakeholder (oder Anspruchsgruppen) sind alle Personen, Gruppen und Institutionen, die von den Aktivitäten eines Unternehmens betroffen sein können und deshalb ein Interesse an diesen Aktivitäten haben. Neben Anteilseignern, Mitarbeitern und

integrieren".[349] Dieser Definition schloss sich 2010 auch die Bundesregierung in ihrem Aktionsplan CSR an, der die Corporate Social Responsibility als „verantwortliches unternehmerisches Handeln im eigentlichen Kerngeschäft" sieht, wobei die Unternehmen freiwillig über die gesetzlichen Standards hinausgehen und damit gesellschaftliche Verantwortung übernehmen.[350]

Zehn Jahre später gab die Kommission dem Begriff in einer Mitteilung deutlich weitere Konturen. Diese Definition sieht in der CSR die „Verantwortung von Unternehmen für ihre Auswirkungen auf die Gesellschaft".[351] Als elementaren Bestandteil dieser Verantwortung sieht die Kommission die Einhaltung von geltenden Rechtsnormen und Tarifverträgen.[352] Im Gegensatz zur vorherigen Begriffsbestimmung fehlt nun das Element der Freiwilligkeit. Nach dieser Definition stellt die CSR einen umfassenden Oberbegriff dar, der z.B. auch die Compliance, also die Einhaltung des geltenden Rechts als Mindeststandard erfasst und darüber hinaus vor allem soziale, ökologische und ethische Gesichtspunkte berücksichtigt.[353] Die Kommission nimmt ausdrücklich auch Arbeitsbedingungen in den Blick, wenn sie die Schaffung dauerhafter, hochwertigerer Arbeitsplätze oder die Milderung der Folgen im Falle des Arbeitsplatzverlustes als Ziele ausgibt.[354]

Im Bereich der CSR existiert eine Vielzahl von Modellen, Untergliederungen sowie weiteren Begrifflichkeiten. Auch diese Unbestimmtheit erschwert es, die CSR pauschal gesetzlichen Regelungen wie denen des Lauterkeitsrechts zu unterwerfen.[355] Dazu kommt, dass die CSR-Standards typischerweise keine festen, subsumierbaren oder rechtlich sanktionsbewehrten Regelungen, sondern

---

Kunden gehören dazu auch der Staat sowie das gesellschaftliche Umfeld, F/B/O/*Birk*, S 17 Rn. 3.

349 Europäische Kommission, Grünbuch Europäische Rahmenbedingungen für die soziale Verantwortung der Unternehmen, KOM (2001) 366, S. 8.

350 BReg., Nationale Strategie zur gesellschaftlichen Verantwortung von Unternehmen (Corporate Social Responsibility – CSR), -Aktionsplan CSR- der Bundesregierung (06.10.2010), S. 2.

351 Europäische Kommission, Eine neue EU-Strategie (2011-14) für die soziale Verantwortung der Unternehmen (CSR), KOM (2011) 681, S. 7.

352 Europäische Kommission, Eine neue EU-Strategie (2011-14) für die soziale Verantwortung der Unternehmen (CSR), KOM (2011) 681, S. 7.

353 H/M/L/*Spießhofer*, § 11 Rn. 5 ff.

354 Europäische Kommission, Eine neue EU-Strategie (2011-14) für die soziale Verantwortung der Unternehmen (CSR), KOM (2011) 681, S. 5, 8.

355 F/B/O/*Birk*, S 17 Rn. 1 ff.

bloße Bemühungen um eine laufende Verbesserung in verschiedenen Bereichen vorsehen, die beispielsweise anhand eines Monitoringverfahrens abgesichert werden sollen.[356]

bb) CSR-Standards als gesetzliche Vorschriften i.S.d. § 3a UWG

Auch CSR-Standards beanspruchen nach herrschender Ansicht keine Geltung im Sinne einer Normwirkung, sondern binden die Unternehmen nur, soweit sie sich selbst dazu verpflichten.[357] Daran soll sich auch nichts ändern, wenn sie an die Vorgaben internationaler Organisationen, beispielsweise an Konventionen der International Labour Organisation (ILO) anknüpfen.[358] Dies gilt auch für die deklaratorische Übernahme des Inhaltes gesetzlicher Vorschriften.[359] CSR-Standards wird die Verbindlichkeit im rechtlichen Sinne als „soft law“ abgesprochen.[360]

Zwar kann sich ein Unternehmer durch einen Verstoß durchaus einen Wettbewerbsvorteil gegenüber den Mitbewerbern, die einen solchen CSR-Standard einhalten, verschaffen. Darauf kommt es im Rahmen des kodifizierten Rechtsbruchtatbestandes aber nicht an.[361] Die herrschende Ansicht stützt sich insbesondere darauf, dass die CSR-Standards durch einen privatautonomen Akt entstehen.[362] Zudem fehlt ihnen die erforderliche Bindungswirkung für die Marktteilnehmer.[363] Zwar rufen Verstöße Reaktionen durch die Märkte sowie Nichtregierungsorganisationen hervor und teilweise sehen die Standards sogar selbst Sanktionen vor, es handelt sich aber nicht um staatliche Rechtsetzung oder -durchsetzung.[364]

Die Gegenansicht verweist auf die faktische Bindungswirkung privat gesetzter Standards, beispielsweise dürfte ein Zulieferbetrieb ein hohes Interesse an der Einhaltung einer Verpflichtung zur Abschaffung von Kinderarbeit haben, wenn als vorgesehene Sanktion die Kündigung des Vertrages droht.[365] Dieser

---

356 F/B/O/*Birk*, S 17 Rn. 27 ff.

357 *Birk*, GRUR 2011, 196, 198; F/B/O/*Birk*, S 17 Rn. 96; Ohly/Sosnitza/*Sosnitza*, § 3a UWG Rn. 13; *v. Walter*, S. 163 ff.; offen *Henning-Bodewig*, WRP 2010, 1094, 1104; a.A. Hilty/Henning-Bodewig/*Podszun*, 51 ff., insb. 74 ff.

358 *Birk*, GRUR 2011, 196, 198; Hilty/Henning-Bodewig/*Ohly/Liebenau*, 197, 203.

359 Hilty/Henning-Bodewig/*Ohly/Liebenau*, 197, 203.

360 F/B/O/*Birk*, S 17 Rn. 24.

361 Vgl. *v. Walter*, S. 164.

362 F/B/O/*Birk*, S 17 Rn. 96; *v. Walter*, S. 163 ff.

363 *V. Walter*, S. 163 f.

364 F/B/O/*Birk*, S 17 Rn. 23.

365 Hilty/Henning-Bodewig/*Podszun*, 51, 57 f.

Effekt verstärkt sich dort, wo der Staat nicht mehr regelnd mit Gesetzen eingreifen kann oder will.[366] Die Freiwilligkeit der Verpflichtung soll als Abgrenzungskriterium nicht mehr sachgerecht sein, weil die Wechselbeziehungen zwischen staatlicher und privater Rechtsetzung, beispielsweise durch gesetzliche Berichts- oder Erklärungspflichten wie in § 161 AktG oder der CSR-Richtlinie sowie die Regelungen des UWG über Verhaltenskodizes, immer stärker werden.[367]

Gerade zwischen den Berichtspflichten und dem zugrundeliegenden Kodex kann und muss aber unterschieden werden.[368] Auch das UWG trifft verschiedene Regelungen für gesetzliche Vorschriften nach § 3a UWG und Verhaltenskodizes i.S.d. § 2 Abs. 1 Nr. 5 UWG. Der Gegenansicht ist zwar zuzugeben, dass CSR-Standards unternehmerische Verhaltensweisen auch ohne hoheitliche Anordnung steuern.[369] Solange man die Rechtsnormqualität an die staatliche Legitimation knüpft, scheiden CSR-Standards aber insofern aus.[370] Auch bei Satzungen oder allgemeinverbindlichen Tarifvertragsnormen ist diese Legitimation nur mittelbar vorhanden – der entscheidende Schritt für die autonome Setzung von Standards mit rechtsnormartigem Charakter soll demnach die Anerkenntnis sein.[371] Bei Satzungen und Tarifverträgen beruht diese Anerkenntnis nicht nur auf einfachgesetzlichen Vorschriften, sondern auf Art. 28 Abs. 2 GG bzw. auf Art. 9 Abs. 3 GG. Jedenfalls sollte der Rechtsbruchtatbestand kein „Feldlabor" für die Erweiterung der klassischen Rechtsquellenlehre sein.[372] Der Einwand, dass die Rechtswissenschaft die Thematik so aus der Hand gibt,[373] überzeugt dagegen nicht. Die gesetzlichen Berichtspflichten sowie die speziellen Regelungen des UWG insbesondere zur Irreführung zeigen gerade, welche Rolle CSR-Standards im Zusammenhang mit gesetzlichen Vorschriften einnehmen können.

c) *Internationales Recht*

Im Bereich der Arbeitsbedingungen orientieren sich die meisten und meist verbreitetsten CSR-Standards an Dokumenten der ILO.[374] Diese

366 Hilty/Henning-Bodewig/*Podszun,* 51, 58 f.
367 Hilty/Henning-Bodewig/*Podszun,* 51, 60 ff.
368 S. für § 161 AktG MüKo-UWG/*Schaffert,* § 3a Rn. 57, 440; *v. Walter,* S. 228 f.
369 Hilty/Henning-Bodewig/*Podszun,* 51, 64.
370 Hilty/Henning-Bodewig/*Podszun,* 51, 73.
371 Hilty/Henning-Bodewig/*Podszun,* 51, 73 ff.
372 Hilty/Henning-Bodewig/*Ohly/Liebenau,* 197, 203.
373 Hilty/Henning-Bodewig/*Podszun,* 51, 70 f., 76.
374 F/B/O/*Birk,* S 17 Rn. 53 ff.; *Herrnberger,* S. 110; *Kocher,* KJ 2010, 29, 31; *Kocher/Klose/Kühn/Wenckebach.* S. 11.

werden zusammengenommen auch als „Internationales Arbeitsgesetzbuch" bezeichnet.[375]

aa) Rolle der International Labour Organisation (ILO)

Die ILO ist eine Sonderorganisation der Vereinten Nationen, die sich dem Ziel verschrieben hat, soziale Gerechtigkeit und die Achtung anerkannter Menschen- und Arbeitnehmerrechte zu fördern.[376] Dabei arbeiten die Mitgliedstaaten bzw. ihre Regierungen sowie Gewerkschaften und Arbeitgeberverbände zusammen.[377]

Die Präambel der ILO-Verfassung nennt eine Vielzahl von Arbeitsbedingungen, die verbessert werden sollen, darunter die Arbeitszeiten, angemessene Löhne, der Arbeitsschutz, der Schutz insbesondere von Kindern sowie die Anerkennung des Grundsatzes „gleicher Lohn für gleichwertige Arbeit" und der Vereinigungsfreiheit.[378] Zur Erfüllung ihrer Aufgaben bedient sich die ILO zweier Normsetzungsinstrumente: des Übereinkommens[379] (oder Konvention), das von den Mitgliedstaaten ratifiziert und umgesetzt werden muss, sowie der rechtlich unverbindlichen Empfehlung[380] (oder Erklärung).[381] Die größte Bedeutung als Vorbild für CSR-Standards haben die sogenannten Kernarbeitsnormen und die Dreigliedrige Grundsatzerklärung erlangt.[382]

(1) ILO-Kernarbeitsnormen

Die ILO hebt mit Blick auf ihre Zielsetzung vier Grundprinzipien hervor, die in acht Übereinkommen, die auch als Kernarbeitsnormen bezeichnet werden, weiter ausgestaltet wurden.[383] Zu ihren Grundprinzipien, namentlich der

375 *Wagner,* S. 26.

376 S. https://www.ilo.org/berlin/ziele-aufgaben/lang--de/index.htm (zuletzt abgerufen am 30.11.2021); *Böhmert,* S. 44.

377 S. https://www.ilo.org/berlin/wir-uber-uns/lang--de/index.htm (zuletzt abgerufen am 30.11.2021); *Böhmert,* S. 45 ff.

378 Präambel der ILO-Verfassung, abrufbar unter https://www.ilo.org/wcmsp5/groups/public/---europe/---ro-geneva/---ilo-berlin/documents/genericdocument/wcms_571881.pdf (zuletzt abgerufen am 30.11.2021).

379 Art. 19 Nr. 5 ILO-Verfassung.

380 Art. 19 Nr. 6 ILO-Verfassung.

381 S. dazu *Böhmert,* S. 61 ff.; *Herrnberger,* S. 94; *Wagner,* S. 26.

382 F/B/O/*Birk,* S 17 Rn. 53.

383 S. https://www.ilo.org/berlin/arbeits-und-standards/kernarbeitsnormen/lang--de/index.htm (zuletzt abgerufen am 30.11.2021).

Vereinigungsfreiheit einschließlich des Rechtes auf Kollektivverhandlungen, der Beseitigung von Zwangsarbeit, der Abschaffung von Kinderarbeit sowie des Verbotes der Diskriminierung in Beschäftigung und Beruf, haben sich alle Mitgliedstaaten in der Erklärung über grundlegende Prinzipien und Rechte bei der Arbeit bekannt.[384] Der menschenrechtliche Gehalt dieser Prinzipien macht deutlich, dass es sich in der Konzeption der von der ILO erarbeiteten Standards um die elementaren Rechte von Arbeitnehmern handeln soll.[385] Gleichzeitig handelt es sich um Prinzipien, deren vollständige Einhaltung, insbesondere weltweit gesehen, zum Teil noch in weiter Ferne liegt. Gerade damit eignen sie sich aber als Anknüpfungspunkte für CSR-Standards, die statt festen Vorgaben oft nur Verbesserungen in bestimmten Bereichen anstreben.

(2) Dreigliedrige Grundsatzerklärung

Die Dreigliedrige Grundsatzerklärung über multinationale Unternehmen und Sozialpolitik wurde in ihrer Ursprungsfassung im Jahr 1977 angenommen und richtet sich nicht nur an Regierungen sowie Arbeitgeber- und Arbeitnehmerorganisationen, sondern auch direkt an multinationale Unternehmen.[386] Die Grundsatzerklärung stellt Verhaltensrichtlinien auf, die von den Beteiligten freiwillig eingehalten werden sollen, wobei etwaige rechtliche Verpflichtungen aus ratifizierten Übereinkommen unberührt bleiben.[387]

Die Richtlinien sind in vier Bereiche eingeteilt. Zum Bereich der Arbeits- und Lebensbedingungen gehören beispielsweise neben einem Mindestalter[388] und einem Verweis auf die wesentlichen Übereinkommen zum Arbeitsschutz[389]

---

384 Erklärung der IAO über grundlegende Prinzipien und Rechte bei der Arbeit und ihre Folgemaßnahmen v. 18.06.1998, abrufbar unter https://www.ilo.org/wcmsp5/groups/public/---europe/---ro-geneva/---ilo-berlin/documents/normativeinstrument/wcms_193727.pdf, S. 5 (zuletzt abgerufen am 30.11.2021).

385 *Herrnberger*, S. 97.

386 Dreigliedrige Grundsatzerklärung über multinationale Unternehmen und Sozialpolitik, abrufbar unter https://www.ilo.org/wcmsp5/groups/public/---ed_emp/---emp_ent/documents/publication/wcms_179118.pdf, Einl. S. V, S. 3 Punkt 4 (zuletzt abgerufen am 30.11.2021).

387 Dreigliedrige Grundsatzerklärung über multinationale Unternehmen und Sozialpolitik, S. 3 Punkt 7; *Böhmert*, S. 146.

388 Dreigliedrige Grundsatzerklärung über multinationale Unternehmen und Sozialpolitik, S. 8 Punkt 36.

389 Dreigliedrige Grundsatzerklärung über multinationale Unternehmen und Sozialpolitik, S. 9 Punkt 37.

vor allem Löhne, die zumindest ausreichen, „um die Grundbedürfnisse der Arbeitnehmer und ihrer Angehörigen zu erfüllen".[390] Zu den Arbeitsbeziehungen zählt schließlich neben der Vereinigungsfreiheit vor allem das Recht auf Kollektivverhandlungen.[391]

Die Grundsatzerklärung soll den Unternehmen Hinweise für die praktische Umsetzung der Kernarbeitsnormen bieten, auf die sie in der aktualisierten Fassung auch Bezug nimmt.[392] Bemerkenswert ist, dass die Grundsatzerklärung beispielsweise mit der Vereinigungsfreiheit Werte in den Vordergrund stellt, die in vielen Ländern noch nicht derart anerkannt sind. Andererseits wird der unverbindliche Charakter auch sprachlich deutlich. Exemplarisch dafür steht der Punkt Nr. 36 über das Mindestalter, nach der Maßnahmen getroffen werden „sollten", um „sicherzustellen, dass die schlimmsten Formen der Kinderarbeit vordringlich verboten und beseitigt werden".[393]

Andere Vorgaben werden relativiert. So sollen die multinationalen Unternehmen zwar Arbeitnehmern aller Stufen eine einschlägige Ausbildung anbieten, allerdings nur in dem Rahmen, der den Anforderungen des Unternehmens und dem Standard des jeweiligen Landes entspricht.[394] Gerade dieser Verzicht auf bindende Mindestanforderungen, verbunden mit der weiten Zielgruppe der Erklärung, prädestiniert diese als Vorbild für CSR-Standards im Bereich der Arbeitsbedingungen.

bb) ILO-Übereinkommen und -Erklärungen als gesetzliche Vorschriften i.S.d. § 3a UWG

Auch internationalem Recht wie den ILO-Übereinkommen, die nur Staaten, nicht aber die handelnden Unternehmer unmittelbar binden, fehlt die erforderliche Geltung.[395] Erst recht gilt dies für die rechtlich unverbindlichen

---

390 Dreigliedrige Grundsatzerklärung über multinationale Unternehmen und Sozialpolitik, S. 8 Punkt 34.

391 Dreigliedrige Grundsatzerklärung über multinationale Unternehmen und Sozialpolitik, S. 10 ff.

392 Dreigliedrige Grundsatzerklärung über multinationale Unternehmen und Sozialpolitik, S. 3 f. Punkt 8.

393 Dreigliedrige Grundsatzerklärung über multinationale Unternehmen und Sozialpolitik, S. 8 Punkt 36.

394 Dreigliedrige Grundsatzerklärung über multinationale Unternehmen und Sozialpolitik, S. 7 f. Punkt 30.

395 Vgl. zu § 1 UWG a.F. BGH 9.5.1980, GRUR 1980, 858, 860; *Herrnberger*, S. 223; *Kocher*, GRUR 2005, 647, 649; *Zimmer*, S. 255; i.E. auch *Löwisch/Rieble*, Grundlagen Rn. 366.

Erklärungen. Auch wenn sich beispielsweise die Dreigliedrige Grundsatzerklärung unter anderem direkt an multinationale Unternehmen richtet, stellt sie nur freiwillig einzuhaltende Verhaltensrichtlinien mit unverbindlichem Charakter und ohne bindende Mindestanforderungen auf.

d) Verhaltenskodizes i.S.d. § 2 Abs. 1 Nr. 5 UWG

Verhaltenskodizes i.S.d. § 2 Abs. 1 Nr. 5 UWG sind ebenfalls keine gesetzlichen Vorschriften.[396] Nach Ansicht des Bundesgerichtshofs scheidet eine Anwendung des Rechtsbruchtatbestandes „offensichtlich" aus.[397] Nach der Gegenansicht soll sogar die Branchenwirksamkeit von Verhaltenskodizes ausreichen.[398] Ihr ist zuzugeben, dass ein solcher Hinweis keine Begründung ersetzt.[399]

§ 2 Abs. 1 Nr. 5 UWG stellt selbst klar, dass es sich um Verpflichtungen handelt, die sich gerade nicht aus Gesetzes- oder Verwaltungsvorschriften ergeben.[400] Die speziellen Regelungen des UWG zu Verhaltenskodizes ließen sich kaum erklären, wenn Verstöße bereits vom Rechtsbruchtatbestand erfasst wären. Die Rolle, die das UWG ihnen einräumt, ändert auch nichts an den Argumenten, die bereits in Bezug auf die CSR-Standards vorgetragen wurden. Die Normwirkung scheitert insbesondere an den fehlenden staatlichen Sanktionsmechanismen in Bezug auf die Einhaltung der Kodizes selbst.[401] Zudem fehlt die verfassungsrechtliche Regelungskompetenz und damit insgesamt die rechtsstaatliche Legitimation.[402] Daran ändert sich auch nichts, wenn ein Kodex von einer privaten oder öffentlichen Stelle anerkannt ist.[403] Selbst der unter staatlicher Beteiligung erarbeitete Deutsche Corporate Governance Kodex erfüllt die Voraussetzungen

---

396 BGH 9.9.2010, GRUR 2011, 431 Rn. 11; *Alexander,* GRUR Int. 2012, 965, 971; *Alexander,* Rn. 1520; *Beater,* Rn. 2496; F/B/O/*Birk,* S 17 Rn. 94; HK-UWG/*Ebert-Weidenfeller,* § 3a Rn. 36; G/L/D/*Hasselblatt/Gregor,* § 48 Rn. 23; Büscher/*Hohlweck,* § 3a UWG Rn. 93; K/B/F/*Köhler,* § 3a UWG Rn. 1.58; GK-UWG/*Metzger/Eichelberger,* § 3a Rn. 56; Hilty/Henning-Bodewig/*Ohly/Liebenau,* 197, 203; MüKo-UWG/*Schaffert,* § 3a Rn. 53; Ohly/Sosnitza/*Sosnitza,* § 3a UWG Rn. 12; jedenfalls für unternehmenseigene Verhaltenskodizes *Zimmer,* S. 254; offen *Henning-Bodewig,* WRP 2011, 1014, 1021.

397 BGH 9.9.2010, GRUR 2011, 431 Rn. 11.

398 Hilty/Henning-Bodewig/*Podszun,* 51, 75.

399 Hilty/Henning-Bodewig/*Podszun,* 51, 75.

400 F/B/O/*Birk,* S 17 Rn. 94

401 F/B/O/*Birk,* S 17 Rn. 94.

402 F/B/O/*Birk,* S 17 Rn. 94.

403 *Alexander,* GRUR Int. 2012, 965, 971.

nicht.[404] Davon strikt zu unterscheiden ist wiederum die gesetzliche Pflicht nach § 161 AktG.[405]

2. Regelung des Marktverhaltens auch im Interesse der Marktteilnehmer

Das Kernelement des kodifizierten Rechtsbruchtatbestandes ist die Voraussetzung, dass die Vorschrift auch dazu bestimmt sein muss, im Interesse der Marktteilnehmer das Marktverhalten zu regeln. Daraus ergibt sich eine zweistufige Prüfung.[406] Zu unterscheiden ist zwischen dem auf das Verhalten und dem auf das Interesse gerichteten Marktbezug.[407] Der Wortlaut „auch" zeigt, dass es sich weder um den einzigen, noch um den primären Zweck handeln muss.[408] Der Normzweck wird durch Auslegung ermittelt.[409] Hatte der Gesetzgeber auch die Auswirkungen auf das Marktgeschehen und die Marktteilnehmer im Blick oder bezieht sich eine Norm nur auf einen bestimmten Markt, spricht dies als Indiz für einen Marktbezug.[410] In einzelnen Fällen, z.B. bei § 1 S. 3 ElektroG, hat der Gesetzgeber diese Zielsetzung ausdrücklich normiert. Bei Vorschriften über Arbeitsbedingungen ist dies bisher nicht erfolgt.

a) Regelung des Marktverhaltens

Ein Marktverhalten ist jede Tätigkeit eines Unternehmers auf einem Markt, die objektiv der Absatz- oder Bezugsförderung bzw. dem Abschluss oder der Durchführung von Verträgen dient.[411] Das Marktverhalten wird demnach geregelt,

---

404 MüKo-UWG/*Schaffert*, § 3a Rn. 57, 440; *v. Walter*, S. 71 f., 167.

405 MüKo-UWG/*Schaffert*, § 3a Rn. 57, 440; *v. Walter*, S. 228 f.

406 G/L/D/*Hasselblatt/Gregor*, § 48 Rn. 33; vgl. *Alexander*, Rn. 1524.

407 *V. Walter*, S. 156.

408 BGH 1.12.2016, GRUR 2017, 641 Rn. 20; *Beater*, Rn. 2506; MAH/*Dittert*, § 14 Rn. 32; *Emmerich/Lange*, § 20 Rn. 18; F/B/O/*Götting/Hetmank*, § 3a UWG Rn. 59; G/L/D/*Hasselblatt/Gregor*, § 48 Rn. 29; K/B/F/*Köhler*, § 3a UWG Rn. 1.61; GK-UWG/*Metzger/Eichelberger*, § 3a Rn. 58; Spindler/Schuster/*Micklitz/Schirmbacher*, § 3a UWG Rn. 7; Harte-Bavendamm/Henning-Bodewig/*v. Jagow*, § 3a UWG Rn. 29.

409 HK-UWG/*Ebert-Weidenfeller*, § 3a Rn. 45; F/B/O/*Götting/Hetmank*, § 3a UWG Rn. 61; Büscher/*Hohlweck*, § 3a UWG Rn. 97; K/B/F/*Köhler*, § 3a UWG Rn. 1.61; MüKo-UWG/*Schaffert*, § 3a Rn. 65.

410 BGH 8.10.2015, GRUR 2016, 513 Rn. 22 ff.; Büscher/*Hohlweck*, § 3a UWG Rn. 97; MüKo-UWG/*Schaffert*, § 3a Rn. 65; Harte-Bavendamm/Henning-Bodewig/*v. Jagow*, § 3a UWG Rn. 29; vgl. zu § 1 UWG a.F. *Zeppernick*, S. 128.

411 HK-UWG/*Ebert-Weidenfeller*, § 3a Rn. 42; *Emmerich/Lange*, § 20 Rn. 19; F/B/O/*Götting/Hetmank*, § 3a UWG Rn. 62; Büscher/*Hohlweck*, § 3a UWG Rn. 95; K/B/

wenn eine Vorschrift Handlungs- oder Unterlassungspflichten für die entsprechenden Verhaltensweisen vorsieht.[412] Es geht um das „wie" des Wettbewerbs.[413] Eine Marktverhaltensregelung muss darauf gerichtet sein, Verhaltensweisen zu regeln, denen eine Außenwirkung in dem Sinne zukommt, dass sie unmittelbar auf Verbraucher, Mitbewerber oder sonstige Marktteilnehmer einwirken.[414] An einer Regelung des Marktverhaltens fehlt es demnach, wenn eine Vorschrift bloß innerbetriebliche Vorgänge betrifft.[415] Die Regelung von Handlungen, die sich allein im Vorfeld eines Marktverhaltens abspielen, ohne selbst die Voraussetzungen zu erfüllen, ist vom kodifizierten Rechtsbruchtatbestand nicht erfasst.[416] Die Rechtsfolge der Vorschrift muss gerade an das Marktverhalten geknüpft sein.[417] Nach dem Willen des Gesetzgebers können Marktzutrittsregelungen unter den Rechtsbruchtatbestand fallen, sofern sie auch das Marktverhalten regeln sollen.[418] Ausgeschlossen sind damit reine Marktzutrittsregelungen ohne Doppelfunktion.[419]

b) Interesse der Marktteilnehmer

In Betracht kommen die Interessen aller in § 2 Abs. 1 Nr. 2 UWG genannten Marktteilnehmer. Während das Erfordernis einer Regelung des Marktverhaltens eine Grobeinteilung ermöglicht, die insbesondere Vorschriften über Verhaltensweisen ohne Außenwirkung ausschließt, muss an dieser Stelle die Zielsetzung

---

F/*Köhler*, § 3a UWG Rn. 1.62; Spindler/Schuster/*Micklitz/Schirmbacher*, § 3a UWG Rn. 8; Ohly/Sosnitza/*Ohly*, § 3a UWG Rn. 15; MüKo-UWG/*Schaffert*, § 3a Rn. 62 f.

412 Ohly/Sosnitza/*Ohly*, § 3a UWG Rn. 15; *v. Walter*, S. 92; vgl. *Fleischer*, S. 96.

413 F/B/O/*Götting/Hetmank*, § 3a UWG Rn. 62.

414 *Beater*, Rn. 2504; HK-UWG/*Ebert-Weidenfeller*, § 3a Rn. 43; F/B/O/*Götting/Hetmank*, § 3a UWG Rn. 62 f.; G/L/D/*Hasselblatt/Gregor*, § 48 Rn. 35; K/B/F/*Köhler*, § 3a UWG Rn. 1.62; MüKo-UWG/*Schaffert*, § 3a Rn. 63.

415 *Elskamp*, S. 120; *Emmerich/Lange*, § 20 Rn. 20; F/B/O/*Götting/Hetmank*, § 3a UWG Rn. 62a; Büscher/*Hohlweck*, § 3a UWG Rn. 114; MüKo-UWG/*Schaffert*, § 3a Rn. 63.

416 BGH 27.4.2017, GRUR 2017, 819 Rn. 27; Büscher/*Hohlweck*, § 3a UWG Rn. 108; GK-UWG/*Metzger/Eichelberger*, § 3a Rn. 59; Ohly/Sosnitza/*Ohly*, § 3a UWG Rn. 14, 16; Harte-Bavendamm/Henning-Bodewig/*v. Jagow*, § 3a UWG Rn. 34.

417 *Elskamp*, S. 120.

418 Begr. RegE., BT-Drs, 15/1487, S. 19.

419 HK-UWG/*Ebert-Weidenfeller*, § 3a Rn. 49 ff.; *Emmerich/Lange*, § 20 Rn. 21; F/B/O/*Götting/Hetmank*, § 3a UWG Rn. 33, 59; G/L/D/*Hasselblatt/Gregor*, § 48 Rn. 38; K/B/F/*Köhler*, § 3a UWG Rn. 1.83; GK-UWG/*Metzger/Eichelberger*, § 3a Rn. 69; Ohly/Sosnitza/*Ohly*, § 3a UWG Rn. 19; Harte-Bavendamm/Henning-Bodewig/*v. Jagow*, § 3a UWG Rn. 28.

der Vorschrift aus Sicht der auf die Marktteilnehmer bezogenen Schutzzwecke des UWG untersucht werden.[420] Nach herrschender Meinung ist dabei kein spezifisch wettbewerbsbezogener Schutzzweck notwendig.[421] Eine Norm schützt das Schutzsubjekt nicht zwingend nicht in seiner Rolle als Marktteilnehmer, wenn ihr Schutzzweck nicht spezifisch auf den Wettbewerb bezogen ist.[422]

aa) Schutz von Allgemeininteressen

Die Vorschrift kann dabei primär den Schutz von Allgemeininteressen bezwecken, solange die Schutzwirkung auch zugunsten der Marktteilnehmer kein bloßer Reflex ist.[423] Allein der Schutz wichtiger Gemeinschaftsgüter oder der Interessen Dritter, zu denen im Regelfall auch die Arbeitnehmer zählen, kann wegen der wettbewerbsbezogenen Gestaltung des Rechtsbruchtatbestandes, die unter anderem in der Begrenzung auf den Schutz der Interessen von Marktteilnehmern zum Ausdruck kommt, nicht ausreichen.[424]

bb) Interessen der Mitbewerber i.S.d. § 2 Abs. 1 Nr. 3 UWG

Die Interessen der Mitwerber sind vom Schutzzweck erfasst, wenn die Vorschrift sie in der Freiheit ihrer wettbewerblichen Entfaltung schützt.[425] Nach der herrschenden Ansicht schützt § 3a UWG auch die Wettbewerbsgleichheit, also das Interesse daran, dass zwischen den auf einem Markt tätigen Mitbewerbern gleiche Voraussetzungen bestehen.[426] Zwar dürfte es regelmäßig auch im Interesse

---

420 *Beater*, Rn. 2504 f.

421 BGH 10.12.2009, GRUR 2010, 754 Rn. 20 ff.; BGH 4.11.2010, GRUR 2011, 633 Rn. 34; BGH 8.10.2015, GRUR 2016, 513 Rn. 21; BGH 2.3.2017, GRUR 2017, 537 Rn. 20; K/B/F/*Köhler*, § 3a UWG Rn. 1.67; a.A. Ohly/Sosnitza/*Ohly*, § 3a UWG Rn. 25.

422 Vgl. GK-UWG/*Metzger/Eichelberger*, § 3a Rn. 64.

423 BGH 8.10.2015, GRUR 2016, 513 Rn. 21; BGH 2.3.2017, GRUR 2017, 537 Rn. 20; BGH 27.4.2017, GRUR 2017, 819 Rn. 20; *Beater*, Rn. 2542; Büscher/*Hohlweck*, § 3a UWG Rn. 94, 121; K/B/F/*Köhler*, § 3a UWG Rn. 1.64; Spindler/Schuster/*Micklitz/Schirmbacher*, § 3a UWG Rn. 9; MüKo-UWG/*Schaffert*, § 3a Rn. 65, 68.

424 BGH 23.6.2016, GRUR 2017, 95 Rn. 21; HK-UWG/*Ebert-Weidenfeller*, § 3a Rn. 40 f.; K/B/F/*Köhler*, § 3a UWG Rn. 1.65; Spindler/Schuster/*Micklitz/Schirmbacher*, § 3a UWG Rn. 9; MüKo-UWG/*Schaffert*, § 3a Rn. 68.

425 BGH 29.6.2006, GRUR 2007, 162 Rn. 11; BGH 2.12.2009, GRUR 2010, 654 Rn. 18; BGH 1.12.2016, GRUR 2017, 641 Rn. 20; *Beater*, Rn. 2520; G/L/D/*Hasselblatt/Gregor*, § 48 Rn. 32; K/B/F/*Köhler*, § 3a UWG Rn. 1.66; Spindler/Schuster/*Micklitz/Schirmbacher*, § 3a UWG Rn. 10; MüKo-UWG/*Schaffert*, § 3a Rn. 65, 67.

426 BGH 2.12.2009, GRUR 2010, 654 Rn. 18; BGH 23.6.2016, GRUR 2017, 95 Rn. 23; BGH 1.12.2016, GRUR 2017, 641 Rn. 20; *Elskamp*, S. 143; F/B/O/*Götting/Hetmank*,

der Unternehmer sein, einen Unterbietungswettbewerb über Arbeitsbedingungen dadurch zu begrenzen, dass die Konkurrenten die jeweiligen Vorschriften ebenfalls einhalten müssen. Dieses Argument kommt aber dem Vorsprungsgedanken nahe, der im kodifizierten Rechtsbruchtatbestand überholt ist.[427] Die bloße Gleichbehandlung der Wettbewerber, die vom Anwendungsbereich einer Norm erfasst werden, ist jeder Vorschrift immanent.[428] Deshalb muss im Einzelfall genau geprüft werden, ob die Schaffung von Wettbewerbsgleichheit wenigstens auch ein Zweck oder – wie im Regelfall – lediglich die Folge einer Regelung ist.[429]

cc) *Interessen der Verbraucher i.S.d. § 2 Abs. 2 UWG i.V.m. § 13 BGB und der sonstigen Marktteilnehmer i.S.d. § 2 Abs. 1 Nr. 2 UWG*

Bei Verbrauchern und sonstigen Marktteilnehmern gehören zu den geschützten Interessen neben der Entscheidungsfreiheit auch andere Interessen wie die Sicherheit oder Gesundheit.[430] Dabei ist aber zu berücksichtigen, dass das geschützte Interesse gerade durch die Teilnahme am Markt berührt werden muss.[431]

c) *Erweiterung auf den Nachfragewettbewerb, § 2 Abs. 1 Nr. 1 UWG*

Die Erweiterung auf den Nachfragewettbewerb, die in § 2 Abs. 1 Nr. 1 UWG zum Ausdruck kommt,[432] wirkt sich auch auf den Rechtsbruchtatbestand des

---

§ 3a UWG Rn. 59; G/L/D/*Hasselblatt/Gregor*, § 48 Rn. 32; GK-UWG/*Metzger/Eichelberger*, § 3a Rn. 63; Harte-Bavendamm/Henning-Bodewig/*v. Jagow*, § 3a UWG Rn. 29; a.A.: Ohly/Sosnitza/*Ohly*, § 3a UWG Rn. 22.

427 *Beater*, Rn. 2489; Büscher/*Hohlweck*, § 3a UWG Rn. 121; Ohly/Sosnitza/*Ohly*, § 3a UWG Rn. 22; vgl. GK-UWG/*Metzger/Eichelberger*, § 3a Rn. 63.

428 *Elskamp*, S. 143 f.; GK-UWG/*Metzger/Eichelberger*, § 3a Rn. 63.

429 *Elskamp*, S. 143 f.; K/B/F/*Köhler*, § 3a UWG Rn. 1.66.

430 BGH 10.12.2009, GRUR 2010, 754 Rn. 20 ff.; G/L/D/*Hasselblatt/Gregor*, § 48 Rn. 32; K/B/F/*Köhler*, § 3a UWG Rn. 1.67; GK-UWG/*Metzger/Eichelberger*, § 3a Rn. 64; Spindler/Schuster/*Micklitz/Schirmbacher*, § 3a UWG Rn. 10; einschränkend Ohly/Sosnitza/*Ohly*, § 3a UWG Rn. 23 f.

431 BGH 8.10.2015, GRUR 2016, 513 Rn. 21; BGH 2.3.2017, GRUR 2017, 537 Rn. 20; BGH 27.4.2017, GRUR 2017, 819 Rn. 20; *Emmerich/Lange*, § 20 Rn. 22; Büscher/*Hohlweck*, § 3a UWG Rn. 94, 120; GK-UWG/*Metzger/Eichelberger*, § 3a Rn. 64; Ohly/Sosnitza/*Ohly*, § 3a UWG Rn. 21; MüKo-UWG/*Schaffert*, § 3a Rn. 65, 68; Harte-Bavendamm/Henning-Bodewig/*v. Jagow*, § 3a UWG Rn. 23.

432 S. § 3 C. I.

§ 3a UWG aus. Auf dieser Grundlage kommen Vorschriften in Betracht, die nicht das Marktverhalten auf dem Absatzmarkt, sondern auf dem Beschaffungsmarkt für Arbeitsleistungen in den Blick nehmen.[433] Auch diese Vorschriften müssen aber dazu bestimmt sein, das Marktverhalten im Interesse der Marktteilnehmer zu regeln.[434] Immerhin könnte eine nicht bloß reflexhafte Auswirkung hier eher zu bejahen sein als bei Regelungen des Absatzmarktes. Regelungen über Arbeitsbedingungen betreffen insbesondere die Umstände der Erbringung der Arbeitsleistungen, die im Nachfragewettbewerb bezogen werden. Zudem können Arbeitnehmer gegenüber den Arbeitgebern, die ihre Arbeitskraft auf dem Beschaffungsmarkt nachfragen, selbst als sonstige Marktteilnehmer i.S.d. § 2 Abs. 1 Nr. 2 UWG auftreten.[435]

3. *Zuwiderhandeln*

Die fragliche Handlung muss den Tatbestand der jeweiligen Norm erfüllen.[436] Darüber hinaus stellt das Lauterkeitsrecht keine besonderen Voraussetzungen auf, insbesondere ist ein subjektives Element nur dann notwendig, wenn die außerwettbewerbliche Vorschrift dies vorsieht.[437]

4. *Eignung zur spürbaren Interessenbeeinträchtigung*

Bei der Spürbarkeitsschwelle kommt es auf die Umstände im Einzelfall an, wobei als Kriterien vor allem die Schwere, Dauer und Häufigkeit des Verstoßes in Frage kommen.[438]

a) Kriterien bei der Nichteinhaltung von Arbeitsbedingungen

Das bedeutet beispielsweise für die untertarifliche Entlohnung von Arbeitnehmern, dass im konkreten Fall zu berücksichtigen wäre, wie umfangreich die festgelegten Lohnregelungen unterschritten wurden und über welche Dauer dies

---

433 *Fechner,* AuR 2018, 456 f.; *Oetker* FS Bepler, 467, 475; *Ziegler,* S. 115; vgl. Büscher/*Hohlweck,* § 3a UWG Rn. 96; *Klocke,* S. 167 f.; MüKo-UWG/*Schaffert,* § 3a Rn. 71.

434 *Oetker* FS Bepler, 467, 475.

435 S. § 3 C. III. 1.

436 *Beater,* Rn. 2501; Büscher/*Hohlweck,* § 3a UWG Rn. 81; GK-UWG/*Metzger/Eichelberger,* § 3a Rn. 70.

437 *Beater,* Rn. 2503; GK-UWG/*Metzger/Eichelberger,* § 3a Rn. 74.

438 K/B/F/*Köhler,* § 3a UWG Rn. 1.104; G/L/D/*Hasselblatt/Gregor,* § 48 Rn. 48; Büscher/*Hohlweck,* § 3a UWG Rn. 128; GK-UWG/*Metzger/Eichelberger,* § 3a Rn. 91; MüKo-UWG/*Schaffert,* § 3a Rn. 108.

erfolgte.[439] In entsprechender Weise ist beim gesetzlichen Mindestlohn sowie bei anderen Verstößen zu verfahren, für die sich die Schwere des Verstoßes auch in Zahlen wiedergeben lässt. Dies wäre insbesondere bei den Vorschriften über Arbeits- und Ladenschluss- bzw. Ladenöffnungszeiten der Fall.

Jedenfalls sollten die Anforderungen hier nicht zu hoch angesetzt werden. Mit der Spürbarkeitsschwelle sollen vor allem Bagatellfälle ausgeschlossen werden.[440] Gerade auf dem Beschaffungsmarkt für Arbeitsleistungen wird das Interesse der Mitbewerber an gleichen Ausgangsbedingungen durch einzelne Unternehmer, die sich nicht an die entsprechenden Vorschriften halten, regelmäßig in erheblicher Weise beeinträchtigt.[441] Bei der Produktion sind selbst minimale Arbeitsschutzvorkehrungen mit Kosten verbunden.[442] Die parallel bestehende Möglichkeit der behördlichen Durchsetzung einer Vorschrift spricht nicht gegen die Spürbarkeit, weil der Rechtsbruchtatbestand nach § 3a UWG immer außerwettbewerbliche Vorschriften betrifft, die ggf. eigenständige Sanktionsregelungen haben.[443]

b) Nachahmungsgefahr als Kriterium der Spürbarkeitsschwelle

Das Lauterkeitsrecht wird als Mittel zur effektiven Kontrolle der Einhaltung von Arbeitsbedingungen unter anderem deshalb in Betracht gezogen, weil Unternehmer durch die Missachtung von Arbeitsbedingungen Kosten sparen und damit Wettbewerbsdruck auf die rechtstreu handelnden Mitbewerber ausüben.[444]

Ob die bloße Nachahmungsgefahr als Kriterium der Spürbarkeitsschwelle herangezogen werden kann, ist aber umstritten. Dagegen spricht, dass eine Nachahmungsgefahr in nahezu allen Fällen behauptet werden kann.[445] Diesen Bedenken lässt sich Sorge tragen, indem man den Nachweis konkreter Anhaltspunkte fordert, die im Einzelfall für eine Nachahmungsgefahr sprechen.[446]

---

439 *Ziegler*, S. 120; vgl. *Zwanziger*, DB 2004, 2318, 2320.

440 Begr. RegE, BT-Drs. 15/1487, S. 17; F/B/O/*Götting/Hetmank*, § 3a UWG Rn. 165b; G/L/D/*Hasselblatt/Gregor*, § 48 Rn. 47; Büscher/*Hohlweck*, § 3a UWG Rn. 127; GK-UWG/*Metzger/Eichelberger*, § 3a Rn. 81.

441 *Ziegler*, S. 120.

442 *Zimmer*, S. 259 f.

443 BGH 16.7.2009, GRUR 2010, 251, 253; G/L/D/*Hasselblatt/Gregor*, § 48 Rn. 49; i.E. auch K/B/F/*Köhler*, § 3a UWG Rn. 1.111.

444 *Fechner*, AuR 2018, 456; vgl. *Kohte*, AuR 1989, 241, 247 f.; *Zimmer*, S. 259 f.

445 G/L/D/*Hasselblatt/Gregor*, § 48 Rn. 49; K/B/F/*Köhler*, § 3a UWG Rn. 1.110; GK-UWG/*Metzger/Eichelberger*, § 3a Rn. 94; Ohly/Sosnitza/*Ohly*, § 3a UWG Rn. 30c.

446 MüKo-UWG/*Schaffert*, § 3a Rn. 109.

Kritisiert wird zudem, der Anspruchsgegner müsse sich scheinbar das zukünftige Verhalten Dritter zurechnen lassen.[447] Tatsächlich geht es aber nicht um eine solche Verhaltenszurechnung, sondern den Schutz des ordnungsgemäß funktionierenden Marktgeschehens.[448] § 8 Abs. 1 S. 2 UWG beweist, dass das UWG sich auch gegen noch bevorstehende Eingriffe richtet.[449] Nicht das Verhalten Dritter soll als Kriterium herangezogen werden, sondern die zugrundeliegende Gefahr, die durch den Verstoß geschaffen wird.

Auch in der Begründung des Regierungsentwurfes zum UWG 2004 findet sich der Hinweis, dass eine nicht unerhebliche Nachahmungsgefahr ausreichen kann, auch wenn ein Verstoß im Übrigen nur geringe Auswirkungen auf die Marktteilnehmer hat.[450] Die Nachahmungsgefahr sollte deshalb nicht völlig außer Betracht gelassen werden.[451] Das gilt insbesondere, wenn durch die Kostenersparnis eine Sogwirkung entsteht, die Mitbewerber ebenfalls zur Nichtbeachtung der Vorschriften veranlasst, um erheblichen Nachteilen im Wettbewerb zu entgehen.[452]

5. Geschäftliche Handlung, § 2 Abs. 1 Nr. 1 UWG

Auch der Rechtsbruchtatbestand des § 3a UWG setzt eine geschäftliche Handlung i.S.d. § 2 Abs. 1 Nr. 1 UWG voraus.

IV. Vorschriften über Arbeitsbedingungen

Im Grundsatz wird die Frage, ob Arbeitnehmerschutzvorschriften unter § 3a UWG fallen, in Rechtsprechung und Literatur verneint.[453] Gesetzliche

---

447 Vgl. zur Unlauterkeit nach § 3 Abs. 1 UWG Ohly/Sosnitza/*Sosnitza*, § 3 UWG Rn. 38.

448 MüKo-UWG/*Schaffert*, § 3a Rn. 109.

449 MüKo-UWG/*Schaffert*, § 3a Rn. 109.

450 Begr. RegE, BT-Drs. 15/1487, S. 17.

451 F/B/O/*Götting/Hetmank*, § 3a UWG Rn. 165b; Harte-Bavendamm/Henning-Bodewig/*v. Jagow*, § 3a UWG Rn. 40.

452 *Heermann*, GRUR 2004, 94, 97; MüKo-UWG/*Schaffert*, § 3a Rn. 109; jeweils unter Bezugnahme auf BGH 5.7.2001, GRUR 2001, 1166, 1169; OLG Karlsruhe 24.1.1996, NJW-RR 1996, 1326, 1327.

453 BGH 23.6.2016, GRUR 2017, 95 Rn. 23; KG 14.2.2017, WRP 2017, 460 Rn. 20; jurisPK- UWG/*Diekmann*, § 3a Rn. 83; MAH/*Dittert*, § 14 Rn. 53 ff.; HK-UWG/*Ebert-Weidenfeller*, § 3a Rn. 68, 88; *Elskamp*, S. 189 ff., 202 f.; *Emmerich/Lange*, § 20 Rn. 20; *Groner*, S. 255 Fn. 1263; Büscher/*Hohlweck*, § 3a UWG Rn. 114; *Köhler*, GRUR 2004, 381, 383 f.; K/B/F/*Köhler*, § 3a UWG Rn. 1.263 f., 1.70; *Lehmler*, § 4 Nr. 11 UWG Rn. 45; GK-UWG/*Metzger/Eichelberger*, § 3a Rn. 60.; BeckOK-UWG/*Niebel/Kerl*, § 3a Rn. 23; Staudinger/*Oetker*, (2016) § 618 BGB Rn. 401; Ohly/Sosnitza/*Ohly*, § 3a UWG

Vorschriften, die Arbeitsbedingungen betreffen, sind oft einem späteren Marktverhalten vorgelagert, indem sie insbesondere Verhaltensweisen bei der Produktion von Waren regeln. Sie wirken dann nur indirekt als Kostenfaktoren. Eine einheitliche Aussage für den kompletten Bereich der Arbeitsbedingungen lässt sich aber nicht treffen.

Als Kernproblem stellt sich regelmäßig die Frage, ob Auswirkungen auf das Marktgeschehen lediglich Reflexe durch die Kostenbelastung bzw. -ersparnis darstellen oder ob der Schutzzweck der Norm neben dem sozialen Arbeitnehmerschutz auch auf die Regelung des Marktverhaltens im Interesse der Marktteilnehmer gerichtet ist. Quasi allen Vorschriften einen Marktbezug zuzusprechen, die Teil der vom Unternehmer zu kalkulierenden Kosten sind,[454] geht dabei zu weit.

V. Einzelne Vorschriften über Arbeitsbedingungen

Neben reinen Arbeitnehmerschutzvorschriften finden sich aber auch einige Regelungen über Arbeitsbedingungen mit ambivalentem Charakter.[455] Vor allem mit Blick auf den Zweck der Schaffung von Wettbewerbsgleichheit im Interesse der Mitbewerber sind hier Grenzfälle denkbar.

1. *Arbeitszeitrelevante gesetzliche Vorschriften*

Eine erste Gruppe von gesetzlichen Vorschriften betrifft solche mit Relevanz für die Arbeitszeiten. Neben der werktäglichen Arbeitszeit und den arbeitsfreien Zeiten nach §§ 3 ff. ArbZG und der Sonn- und Feiertagsruhe nach § 9 ArbZG gehören dazu Vorschriften der Ladenschluss- bzw. Ladenöffnungszeitengesetze sowie der Sonn- und Feiertagsgesetze der Länder. Dazu kommen noch die Lenkzeitregelungen.

a) Ladenschluss- bzw. Ladenöffnungszeitengesetze

Das Recht des Ladenschlusses fällt seit der Föderalismusreform 2006 nach Art. 74 Abs. 1 Nr. 11 GG nicht mehr in die Gesetzgebungskompetenz des Bundes.

Rn. 17, 74; *Sack,* WRP 2004, 1307, 1310; MüKo-UWG/*Schaffert,* § 3a Rn. 63, 71; Harte-Bavendamm/Henning-Bodewig/*v. Jagow,* § 3a UWG Rn. 32, 51, 86 ff.; *Ziegler,* S. 115 ff.; vgl. noch zu § 1 UWG a.F. *Ullmann,* GRUR 2003, 817, 822; kritisch: F/B/O/*Götting/Hetmank,* § 3a UWG Rn. 69 f.

454 Vgl. zu tarifvertraglichen Regelungen und Arbeitsschutznormen *Däubler,* Rn. 442a.

455 Vgl. zu tarifvertraglichen Regelungen *Oetker* FS Bepler, 476, 474.

Das LadSchlG als Bundesgesetz gilt zwar gemäß Art. 125a Abs. 1 S. 1 GG als Bundesrecht fort, kann aber nach Art. 125a Abs. 1 S. 2 GG durch Landesrecht ersetzt werden. Davon haben mittlerweile fast alle Länder Gebrauch gemacht und eigenständige Ladenschluss- bzw. Ladenöffnungszeitengesetze erlassen.[456] Für die lauterkeitsrechtliche Bewertung ergeben sich dadurch aber keine Unterschiede.[457]

aa) Gesetzliche Vorschriften

Solange der Anwendungsbereich der Vorschrift eröffnet ist, kann dieser auch räumlich begrenzt sein, was insbesondere bei landesrechtlichen Regelungen der Fall ist.[458] Damit sind auch die entsprechenden Ladenschluss- bzw. Ladenöffnungszeitengesetze gesetzliche Vorschriften i.S.d. § 3a UWG.

bb) Regelung des Marktverhaltens im Interesse der Marktteilnehmer

Schon in der „Abgasemissionen"-Entscheidung führte der Bundesgerichtshof Vorschriften über Ladenschlusszeiten als Beispiel für Rechtsnormen mit einer sekundären marktbezogenen Schutzfunktion an.[459] Dass der Neufassung des UWG im Jahr 2004 die gewandelte Rechtsprechung zugrunde lag, die vor allem in diesem Urteil zum Ausdruck kam, spricht dafür, die Regelungen der Ladenschluss- bzw. Ladenöffnungszeitengesetze dem kodifizierten Rechtsbruchtatbestand unterfallen zu lassen.[460] Dementsprechend gehen die Instanzgerichte sowie die herrschende Ansicht in der Literatur davon aus, dass es sich um Marktverhaltensregelungen im Interesse der Marktteilnehmer i.S.d. § 4 Nr. 11 UWG bzw. mittlerweile i.S.d. § 3a UWG handelt.[461] Die Frage hätte sich

---

456 Heintzen/Uhle/*Huber/Uhle*, S. 115 f.

457 Vgl. OLG Karlsruhe 26.9.2007, BeckRS 2008, 8343 Rn. 13 f.; OLG Stuttgart 24.4.2008, WRP 2008, 977, 979; LG Nürnberg-Fürth 25.6.2012, WRP 2012, 1469, 1470; K/B/F/*Köhler*, § 3a UWG Rn. 1.263; Ohly/Sosnitza/*Ohly*, § 3a UWG Rn. 74.

458 BGH 26.1.2017, GRUR 2017, 422 Rn. 28; HK-UWG/*Ebert-Weidenfeller*, § 3a Rn. 36; F/B/O/*Götting/Hetmank*, § 3a UWG Rn. 50; Büscher/*Hohlweck*, § 3a UWG Rn. 89; K/B/F/*Köhler*, § 3a UWG Rn. 1.52; GK-UWG/*Metzger/Eichelberger*, § 3a Rn. 49; *Sack*, WRP 2004, 1307, 1308; MüKo-UWG/*Schaffert*, § 3a Rn. 51; Ohly/Sosnitza/*Sosnitza*, § 3a UWG Rn. 12.

459 BGH 11.5.2000, BGHZ 144, 255, 269.

460 OLG Stuttgart 24.4.2008, WRP 2008, 977, 982.

461 OLG Karlsruhe 26.9.2007, BeckRS 2008, 8343 Rn. 13; OLG Stuttgart 24.4.2008, WRP 2008, 977, 982; OLG Düsseldorf 28.2.2012, GRUR-RS 2012, 10010; OLG Hamm 26.3.2013, GRUR-RR 2013, 297; LG Mönchengladbach 18.4.2011, BeckRS 2011, 11804; LG Nürnberg-Fürth 25.6.2012, WRP 2012, 1469, 1471; LG München

auch im sogenannten „Semmelstreit“ gestellt, allerdings bejahten die Gerichte in diesem Fall § 7 Abs. 2 Nr. 1 GastG als Ausnahmeregelung und mussten sich demnach nicht mit den Voraussetzungen des § 3a UWG auseinandersetzen.[462]

(1) Regelung des Marktverhaltens

Die allgemeinen Ladenschlusszeiten gemäß § 3 LadSchlG[463] sowie die folgenden Sonderregelungen, beispielsweise für Apotheken gemäß § 4 LadSchlG[464], regeln zwar nicht unmittelbar die Arbeitsbedingungen der betroffenen Arbeitnehmer, wirken sich aber einschränkend auf die Lage der Arbeitszeit aus, weil darüber hinausgehende Beschäftigungszeiten im Einzelhandel regelmäßig nicht zweckmäßig wären.

Die Ladenschluss- bzw. Ladenöffnungszeitengesetze regeln gerade die Tätigkeit beim Absatz von Waren.[465] Dadurch unterscheiden sie sich von anderen

---

II 20.4.2018, GRUR-RS 2018, 38809 Rn. 22; *Böhler,* S. 199 f.; *Dettmar,* S. 248 ff.; jurisPK- UWG/*Diekmann,* § 3a Rn. 81, 249; MAH/*Dittert,* § 14 Rn. 53; HK-UWG/*Ebert-Weidenfeller,* § 3a Rn. 68; *Emmerich/Lange,* § 20 Rn. 19; *Ernst,* WRP 2004, 1133, 1135; F/B/O/*Götting/Hetmank,* § 3a UWG Rn. 151; G/L/D/*Hasselblatt/Gregor,* § 48 Rn. 97; *Hennigs,* S. 154; *Jänich,* § 9 Rn. 16; *Keck,* S. 65; *Kocher,* GRUR 2005, 647, 649; *Köhler,* GRUR 2004, 381, 383 f.; K/B/F/*Köhler,* § 3a UWG Rn. 1.263; *Lehmler,* § 4 Nr. 11 UWG Rn. 69; *Lettl UWG* 2004, Rn. 402; GK-UWG/*Metzger/Eichelberger,* § 3a Rn. 261; BeckOK-UWG/*Niebel/Kerl,* § 3a Rn. 23; *Nordemann,* Rn. 832; Staudinger/*Oetker,* (2016) § 618 BGB Rn. 401; Ohly/Sosnitza/*Ohly,* § 3a UWG Rn. 74; MüKo-UWG/*Schaffert,* § 3a Rn. 552 f.; *Scherer,* WRP 2006, 401, 406; Harte-Bavendamm/Henning-Bodewig/*v. Jagow,* § 3a UWG Rn. 86; vgl. noch zu § 1 UWG a.F. *Ullmann,* GRUR 2003, 817, 822; *Zeppernick,* S. 128 f.; kritisch *Möller,* NJW 2020, 1635, 1636; a.A. *Alexander,* Rn. 1528; *Elskamp,* S. 191 ff.; *Sack,* WRP 2004, 1307, 1310; *Sack,* WRP 2005, 531, 540; *Schlieper,* S. 197; HK-UWG/*Wirtz,* § 3 Rn. 110.

462 BGH 17.10.2019, GRUR 2020, 307; OLG München 14.2.2019, GRUR-RR 2019, 227 Rn. 44 ff.; anders noch LG München II 20.4.2018, GRUR-RS 2018, 38809 Rn. 22, wonach insbesondere das LadSchlG aus Vorschriften besteht, die die Voraussetzungen des § 3a UWG erfüllen; s. dazu auch K/B/F/*Köhler,* § 3a UWG Rn. 1.263 sowie *Möller,* NJW 2020, 1635, 1636, der bedauert, dass der Bundesgerichtshof sich nicht mit der Frage befasst hat.

463 Beispielsweise sind in Schleswig-Holstein die allgemeinen Ladenöffnungs- und Ladenschlusszeiten in § 3 LÖffZG geregelt, wobei § 3 Abs. 1 LÖffZG anders als § 3 Nr. 2 LadSchlG keine Beschränkungen an Werktagen mehr vorsieht.

464 Dem entspricht z.B. § 6 LÖffZG.

465 OLG Stuttgart 24.4.2008, WRP 2008, 977, 982; OLG Hamm 26.3.2013, GRUR-RR 2013, 297; F/B/O/*Götting/Hetmank,* § 3a UWG Rn. 151; vgl. jurisPK- UWG/*Diekmann,* § 3a Rn. 249; MüKo-UWG/*Schaffert,* § 3a Rn. 552; vgl. noch zu § 1 UWG a.F. *Ullmann,* GRUR 2003, 817, 822.

Vorschriften über Arbeitsbedingungen. Die Regelungen betreffen keine vorgelagerten Produktionsbedingungen, sondern unmittelbar die Absatzhandlungen als Auftritt am Markt. Die Wettbewerbsbedingungen auf dem Absatzmarkt werden für die erfassten Marktteilnehmer in zeitlicher Hinsicht einheitlich geregelt.[466] Ein Wettbewerb während der Ruhezeiten wird verhindert.[467] Die Ladenschluss- bzw. Ladenöffnungszeitengesetze verfolgen damit einen unmittelbar marktbezogenen Zweck.[468] Es handelt sich um gezielte Marktverhaltensregelungen.

(2) Interesse der Marktteilnehmer

Das Bundesverfassungsgericht sah hinter der Regelung des Ladenschlusses am Samstag des § 3 Abs. 1 Nr. 3 LadSchlG a.F. ein Bündel von Zwecken, das den Arbeitszeitschutz, die Sicherung der Wettbewerbsneutralität sowie die Gewährleistung einer wirksamen, möglichst einfachen Verwaltungskontrolle beinhaltet.[469] Beim allgemeinen Ladenschluss an Sonn- und Feiertagen, der auf Art. 140 GG i.V.m. Art. 139 WRV beruht, kommen dazu noch religiöse oder weltanschauliche Erwägungen.[470]

(a) Arbeitnehmerschutz als primäre Zielsetzung

Der Arbeitszeitschutz als Schutzzweck hat, nachdem er zunehmend durch andere Gesetze und Tarifverträge geregelt wurde, in der Rechtsprechung des Bundesverfassungsgerichts im Vergleich zur Wettbewerbsneutralität an Bedeutung verloren.[471] Primär dient das LadSchlG aber wohl nach wie vor dem Schutz der Beschäftigten im Einzelhandel.[472] Die Ladenschluss- bzw. Ladenöffnungszeitenregelungen sorgen dafür, dass regelmäßige Ruhezeiten insbesondere am

---

466 *Elskamp,* S. 191; *Ernst,* WRP 2004, 1133, 1135; G/L/D/*Hasselblatt/Gregor,* § 48 Rn. 97; *Sack,* WRP 2004, 1307, 1308; *Scherer,* WRP 2006, 401, 406; Harte-Bavendamm/Henning-Bodewig/*v. Jagow,* § 3a UWG Rn. 86; vgl. *Alexander,* Rn. 1528; jurisPK- UWG/*Diekmann,* § 3a Rn. 249; BeckOK-UWG/*Niebel/Kerl,* § 3a Rn. 23.

467 GK-UWG/*Metzger/Eichelberger,* § 3a Rn. 261.

468 OLG Frankfurt a.M. 29.1.2015, GRUR 2015, 401 Rn. 24.

469 BVerfG 16.1.2002, BVerfGE 104, 357, 360; BVerfG 9.6.2004, BVerfGE 111, 10, 32 f.

470 Vgl. BVerfG 9.6.2004, BVerfGE 111, 10, 50 ff.

471 BVerfG 20.5.1952, BVerfGE 1, 283, 297; BVerfG 29.11.1961, BVerfGE 13, 237, 240.

472 BVerfG 16.1.2002, BVerfGE 104, 357, 360; BGH 26.3.1976, NJW 1976, 964; MAH/*Dittert,* § 14 Rn. 53; HK-UWG/*Ebert-Weidenfeller,* § 3a Rn. 68; *Elskamp,* S. 189; Büscher/*Hohlweck,* § 3a UWG Rn. 122; *Hufen,* NJW 1986, 1291, 1296; *Keck,* S. 48; *Kehrberg,* GewArch 2001, 14, 15; Ohly/Sosnitza/*Ohly,* § 3a UWG Rn. 74; *Sack,* WRP 1998, 682, 685; *Sack,* WRP 2004, 1307, 1310; *Schloßer,* WRP 2004, 145, 148.

späten Abend und an Sonn- und Feiertagen gewährleistet sind.[473] Dementsprechend wurde das LadSchlG in einigen Urteilen zum § 1 UWG a.F. als wertneutral im Sinne der damaligen Rechtsprechung angesehen.[474] Weil Arbeitnehmer bei der Erbringung ihrer Arbeitsleistung keine Marktteilnehmer sind, handelt es sich dabei um ein sozialpolitisches Allgemeininteresse.

(b) Interesse der Verbraucher i.S.d. § 2 Abs. 2 UWG i.V.m. § 13 BGB

Teilweise wird angenommen, dass die Ladenschluss- bzw. Ladenöffnungszeitenregelungen auch den Interessen der Verbraucher dienen.[475] Inwiefern es im Interesse der Kunden liegen soll, die Ladenöffnungszeiten zu begrenzen, bleibt dabei unklar. Daran, dass Geschäfte zu bestimmten Zeiten geschlossen haben, haben Verbraucher ebenso wenig ein Interesse wie am Schutz schwächerer Mitbewerber.[476] Denkbar wäre es, ein Interesse an verlässlichen Öffnungszeiten anzunehmen. Solche werden aber überhaupt nicht geregelt.[477] Das wäre nur der Fall, wenn die Vorschriften feste Öffnungszeiten oder wenigstens Mindestöffnungszeiten vorgeben würden.

Nimmt man mit der herrschenden Meinung an, dass neben der Entscheidungsfreiheit auch andere Interessen von Verbrauchern geschützt sein können, käme auch noch der Schutz der Gesundheit in Frage. Selbst wenn die Vorschriften im Ergebnis beispielsweise vor Kaufsucht schützen würden, ist ein entsprechender Schutzzweck jedenfalls nicht ersichtlich.[478] Insbesondere sprechen die Liberalisierung der werktäglichen Öffnungszeiten durch die Landesgesetze sowie die Möglichkeit weiterer Verkaufssonn- und Feiertage, z.B. gemäß § 14 LadSchlG[479], dagegen, dass die Regelungen insofern den Schutz der Verbraucher im Blick haben. Deshalb überzeugt die Gegenansicht, die eine Regelung im Interesse der Verbraucher verneint.[480]

Auch der Europäische Gerichtshof sah in einem nationalen Verbot, Ladengeschäfte an sieben Tagen pro Woche zu öffnen, eine Regelung, die keine

---

473 BVerfG 9.6.2004, BVerfGE 111, 10, 32.

474 S. § 2 A. III. 4.

475 HK-UWG/*Ebert-Weidenfeller*, § 3a Rn. 68; *Franke*, S. 23.

476 *Elskamp*, S. 191.

477 *Elskamp*, S. 191.

478 *Keck*, S. 65 f.

479 Dem entspricht z.B. § 5 LÖffZG, wobei dieser auf einen „besonderen Anlass" beschränkt ist, während § 14 Abs. 1 LadSchlG insofern Märkte, Messen oder ähnliche Veranstaltungen vorsieht.

480 *Elskamp*, S. 191; *Keck*, S. 65 f.; *Scherer*, WRP 2006, 401, 406.

Verbraucherschutzziele verfolgt.[481] Weil nur der B2B-Bereich betroffen ist, ist auch der Anwendungsbereich nach Art. 3 Abs. 1 UGP-RL nicht eröffnet und es ergeben sich keine Probleme im Zusammenhang mit der Vollharmonisierung.[482]

(c) Interesse der Mitbewerber i.S.d. § 2 Abs. 1 Nr. 3 UWG

Bei den Ladenschluss- bzw. Ladenöffnungszeitenregelungen steht folglich der mögliche Schutz der Mitbewerber im Vordergrund. Gegen einen Schutzzweck zugunsten der Anbieter von Waren spricht, dass sie in der Freiheit eingeschränkt werden, Geschäfte mit der Marktgegenseite abzuschließen.[483] Dennoch besteht nach herrschender Ansicht ein sekundärer Zweck in der Wahrung der Wettbewerbsgleichheit im Interesse der Mitbewerber.[484]

Wäre die Zielrichtung allein auf den Schutz der Beschäftigten gerichtet, ließe sich nicht erklären, wieso das LadSchlG keine Ausnahme für Verkaufsstellen vorsieht, die allein von einem Unternehmer, der keine Arbeitnehmer einsetzt, betrieben werden.[485] Damit liegt der Schluss nahe, dass die sozialpolitische Zielsetzung nicht der einzige Gesetzeszweck ist. Insbesondere nach der Rechtsprechung des Bundesverfassungsgerichts sollen auch kleine oder ggf. nur vom Inhaber geführte Unternehmen geschützt werden, weil diese sich regelmäßig nicht in Schichtarbeit organisieren lassen und deshalb bei zeitlich unbegrenzten Ladenöffnungszeiten gegenüber größeren Mitbewerbern im Nachteil wären.[486] Es soll also ein Verdrängungswettbewerb verhindert werden.[487] Auf der anderen Seite hätte eine Geltung nur für Arbeitnehmer zur Folge, dass Verkaufsstellen mit Arbeitnehmern schließen müssten, während Inhaber- und

481 EuGH 4.10.2012, BeckEuRS 2012, 417466.

482 OLG Hamm 26.3.2013, GRUR-RR 2013, 297, 298; K/B/F/*Köhler*, § 3a UWG Rn. 1.21; Ohly/Sosnitza/*Ohly*, § 3a UWG Rn. 7b; MüKo-UWG/*Schaffert*, § 3a Rn. 552 f.

483 *Scherer*, WRP 2006, 401, 406; *Stutz*, S. 160.

484 OLG Stuttgart 24.4.2008, WRP 2008, 977, 982; OLG Hamm 26.3.2013, GRUR-RR 2013, 297; LG Nürnberg-Fürth 25.6.2012, WRP 2012, 1469, 1471; *Böhler*, S. 200; MAH/*Dittert*, § 14 Rn. 53; F/B/O/*Götting/Hetmank*, § 3a UWG Rn. 151; *Groner*, S. 254 f.; *Hennigs*, S. 154; *Nordemann*, Rn. 832; Staudinger/*Oetker*, (2016) § 618 BGB Rn. 401; Ohly/Sosnitza/*Ohly*, § 3a UWG Rn. 74; MüKo-UWG/*Schaffert*, § 3a Rn. 552 f.; vgl. noch zu § 1 UWG a.F. *Ullmann*, GRUR 2003, 817, 822; *Zeppernick*, S. 128 f.

485 *Scherer*, WRP 2006, 401, 406; *Zeppernick*, S. 129; vgl. *Hufen*, NJW 1986, 1291 Fn. 71.

486 BVerfG 9.6.2004, BVerfGE 111, 10, 32 f.; HK-UWG/*Ebert-Weidenfeller*, § 3a Rn. 68; *Keck*, S. 64; MüKo-UWG/*Schaffert*, § 3a Rn. 552; *Scherer*, WRP 2006, 401, 406; *Schliemann*, LadÖffR Rn. 1.

487 BVerfG 9.6.2004, BVerfGE 111, 10, 40; *Dettmar*, S. 259.

Familienunternehmen noch öffnen könnten und dadurch ihrerseits im Vorteil wären.[488] Insofern verhindert der uneingeschränkte Anwendungsbereich Konkurrenzvorteile, die entstehen würden, wenn nur Verkaufsstellen mit Arbeitnehmern betroffen wären.[489]

Einigkeit besteht darüber, dass im Ergebnis gleiche Wettbewerbsbedingungen geschaffen werden. Während der vorgeschriebenen Schließungszeiten findet kein Wettbewerb statt. Nach der Gegenansicht, die eine Regelung im Interesse der Mitbewerber verneint, ist die Gleichstellung von Verkaufsstellen mit und ohne Arbeitnehmer aber nicht vom Schutzzweck erfasst, sondern bloß ein notwendiger Reflex des primär angestrebten Arbeitnehmerschutzes.[490] Dahinter steht die Erwägung, dass die Erstreckung auf alle Mitbewerber nur Wettbewerbsverzerrungen verhindern sollte, die bei einer Regelung allein für Verkaufsstellen mit Arbeitnehmern entstehen würden.[491] Allein das Absehen von einer Ungleichbehandlung könne aber keine Regelung im Interesse der nicht ungleich behandelten Mitbewerber begründen.[492]

Der Streit verdeutlicht zunächst, dass in der Praxis eine Abgrenzung, wann noch ein „auch" bestehender Schutzzweck vorliegt und wann es sich „bloß" um einen Reflex des Schutzes von Allgemeininteressen handelt, oft kaum trennscharf durchführbar ist.[493] Das zeigt sich, wenn beispielsweise angenommen wird, die Herstellung von Wettbewerbsgleichheit genüge als Nebenzweck nicht den Anforderungen des Rechtsbruchtatbestandes nach § 4 Nr. 11 UWG a.F.[494] Ein Nebenzweck geht begrifflich gerade über einen bloßen Reflex hinaus. Auch ein sekundärer Schutzzweck reicht aus. Der Gegenansicht ist allerdings zuzugeben, dass eine Regelung des Marktverhaltens notwendige, aber nicht hinreichende Bedingung für die Unlauterkeit nach dem Rechtsbruchtatbestand ist.[495]

---

488 BVerfG 9.6.2004, BVerfGE 111, 10, 32 f.; *Sack,* WRP 2005, 531, 540; MüKo-UWG/*Schaffert,* § 3a Rn. 552; vgl. *Fuchs,* NVwZ 2005, 1026, 1027.

489 *Elskamp,* S. 189.

490 *Elskamp,* S. 191 ff.; *Sack,* WRP 2004, 1307, 1310; *Sack,* WRP 2005, 531, 540; HK-UWG/*Wirtz,* § 3 Rn. 110; vgl. *Alexander,* Rn. 1528; vgl. zu § 1 UWG a.F. *Piper* FS Erdmann, 679, 691.

491 BGH 26.3.1976, NJW 1976, 964; BGH 7.11.1980, GRUR 1981, 424, 425; BVerwG 23.3.1982, NJW 1982, 2513, 2515.

492 *Elskamp,* S. 192.

493 Büscher/*Hohlweck,* § 3a UWG Rn. 122; vgl. Ohly/Sosnitza/*Ohly,* § 3a UWG Rn. 22.

494 So *Sack,* WRP 2004, 1307, 1310.

495 *Elskamp,* S. 191 f.

Schon die Begründung zum Regierungsentwurf eines Gesetzes über den Ladenschluss aus dem Jahr 1954 nannte die Wahrung gleicher Wettbewerbsbedingungen.[496] Dabei ging es zunächst darum, dass die arbeitnehmerschützenden Regelungen sich nicht zulasten der Arbeitgeber im Vergleich zu den Verkaufsstellen ohne Arbeitnehmer auswirken sollten.[497] Eine selbstständige Regelung des Wettbewerbs war damit nicht beabsichtigt.[498] Bei der Auslegung zur Ermittlung des Gesetzeszwecks ist aber auch die Veränderung maßgeblicher Umstände zu berücksichtigen.[499] Der Arbeitnehmerschutz durch die Ladenschluss- bzw. Ladenöffnungszeitenregelungen hat im gesetzgeberischen Regelungskonzept längst an Bedeutung verloren.[500] Der Arbeitszeitschutz wird primär durch andere Gesetze und Tarifverträge verwirklicht – dazu gehört insbesondere das ArbZG, dessen zulässige Höchstarbeitszeit nach § 3 ArbZG wesentlich niedriger liegt als die zulässigen Ladenöffnungszeiten.[501] Dazu kommt die im Einzelhandel besonders hohe Quote an Teilzeitbeschäftigten, deren Arbeitszeit noch weiter von den möglichen Ladenöffnungszeiten entfernt ist.[502]

Die grundlegende verfassungsrechtliche Kritik am LadSchlG beruht unter anderem darauf, dass der Wettbewerb beschränkt wird, während ohnehin nicht ersichtlich sein soll, wieso die Arbeitnehmer im Einzelhandel z.B. vor Nachtarbeit geschützt werden, während diese in anderen Branchen teilweise sogar üblich ist.[503] Insofern zeigt sich der Bedeutungsverlust des Arbeitnehmerschutzes im Ladenschlussrecht erst recht nach der Liberalisierung durch die verschiedenen Landesgesetze, die überwiegend keine Beschränkungen an Werktagen mehr vorsehen[504]. Angesichts der mittlerweile großen Diskrepanz zwischen den zulässigen Ladenöffnungs- und Arbeitszeiten ist auch die einfache Verwaltungskontrolle als Zielsetzung kaum noch von Bedeutung.[505] Vor diesem Hintergrund spricht einiges dafür, den Ladenschluss- bzw. Ladenöffnungszeitenregelungen mit dem Bundesverfassungsgericht neben dem Schutz der Beschäftigten einen

496 Begr. RegE, BR-Drs. 310/54, S. 2 f.
497 BVerfG 21.2.1962, BVerfGE 14, 19, 22 f.; *Kehrberg,* GewArch 2001, 14, 15 f.
498 *Dettmar,* S. 256; *Hufen,* NJW 1986, 1291, 1296 f.
499 Vgl. BVerfG 25.2.1976, BVerfGE 41, 360, 370; BVerfG 9.2.1983, BVerfGE 59, 336, 356 f.
500 BVerfG 9.6.2004, BVerfGE 111, 10, 43 f.; *Schunder,* S. 30 f.
501 *Dettmar,* S. 258; vgl. *Schunder,* S. 30 f., 34.
502 BVerfG 9.6.2004, BVerfGE 111, 10, 43; *Dettmar,* S. 258.
503 BVerfG 9.6.2004, BVerfGE 111, 10, 43 ff.; GK-UWG/*Teplitzky,* 1. Aufl. 2000, § 1 UWG G. Rn. 238.
504 S. *Schliemann,* LadÖffR Rn. 26.
505 BVerfG 9.6.2004, BVerfGE 111, 10, 33.

weiteren, wenigstens sekundären Schutzzweck zuzusprechen und diesen im Mitbewerberschutz zu sehen.[506]

Gegen die Begründung des Mitbewerberschutzes durch das Bundesverfassungsgericht wird vorgebracht, eine Regelung könne nicht Inhaber- bzw. Familienunternehmen und zugleich größere Mitbewerber mit Arbeitnehmern schützen.[507] Der Schutz kleiner Betriebe steht ohnehin im direkten Gegensatz zu den Vorstellungen des historischen Gesetzgebers, der gerade Vorteile für Inhaber- und Familienunternehmen verhindern wollte.[508] Verfassungsrechtlich sind beide Zielsetzungen mit Blick auf die von Art. 12 Abs. 1 GG geschützte Berufsfreiheit ohnehin problematisch. Nach der Rechtsprechung des Bundesverfassungsgerichts kann der bloße Schutz vor Konkurrenz eine Wettbewerbsbeschränkung in Form einer Berufszulassungsregelung nicht rechtfertigen.[509] Zwar betreffen die Ladenschluss- bzw. Ladenöffnungszeitenregelungen nur die Berufsausübung, es handelt sich also um Eingriffe auf der ersten Stufe im Sinne der Drei-Stufen-Theorie des Bundesverfassungsgerichts.[510] Das bedeutet aber nicht im Umkehrschluss, dass der Konkurrenzschutz als Zielsetzung zulässig wäre.[511] Er kommt damit nicht als Motiv in Frage.[512]

Für den Rechtsbruchtatbestand bedeutet das, dass der bloße Schutz vor Konkurrenz, selbst wenn er tatsächlich bezweckt wäre, kein schutzwürdiges Interesse eines Mitbewerbers i.S.d. § 3a UWG darstellen kann.[513] Das Bundesverfassungsgericht unterscheidet den Konkurrenzschutz aber zu Recht von dem Ziel, Konkurrenzvorteile zu unterbinden und damit für gleiche Wettbewerbschancen der Verkaufsstellen sorgen.[514] Diese subsidiäre Funktion[515] ist kein bloßer Reflex des Arbeitnehmerschutzes. Welche Unternehmer durch die Möglichkeit

---

506 Vgl. *Dettmar,* S. 258 f.

507 *Elskamp,* S. 192; *Fuchs,* NVwZ 2005, 1026, 1027; vgl. *Kehrberg,* GewArch 2001, 14, 15.

508 *Fuchs,* NVwZ 2005, 1026, 1027; *Kehrberg,* GewArch 2001, 14, 15; zust. *Elskamp,* S. 192; vgl. *Hufen,* NJW 1986, 1291, 1297.

509 BVerfG 11.6.1958, BVerfGE 7, 377, 408; BVerfG 8.6.1960, BVerfGE 11, 168, 188 f.

510 BVerfG 29.11.1961, BVerfGE 13, 237, 238 f.; BVerfG 21.2.1962, BVerfGE 14, 19, 22; *Dettmar,* S. 251.

511 *Hufen,* NJW 1986, 1291, 1297; *Kehrberg,* GewArch 2001, 14, 18; zust. *Dettmar,* S. 251.

512 *Fuchs,* NVwZ 2005, 1026, 1027; *Hufen,* NJW 1986, 1291, 1297; *Kehrberg,* GewArch 2001, 14, 18; *Schunder,* S. 36.

513 *Elskamp,* S. 193; Ohly/Sosnitza/*Ohly,* § 3a UWG Rn. 22; vgl. *Glöckner,* GRUR 2008, 960, 964.

514 BVerfG 9.6.2004, BVerfGE 111, 10, 32 f.

515 *Hufen,* NJW 1986, 1291, 1297.

unbegrenzter Ladenöffnungszeiten tatsächlich Vorteile erlangen würden, hängt nicht allein von der Größe des Unternehmens ab. Konsequenterweise schaffen die jeweiligen Regelungen der Ladenschluss- bzw. Ladenöffnungszeitengesetze gezielt gleiche Wettbewerbsbedingungen zwischen allen Mitbewerbern.

Die Verknüpfung von sozial- und wirtschaftspolitischen Motiven wird auch in der Gestaltung des LadSchlG deutlich, das in §§ 1 Abs. 2, 23 Abs. 2 LadSchlG Verordnungsermächtigungen für das Bundesministerium für Arbeit und Soziales im Einvernehmen mit dem Bundesministerium für Wirtschaft und Energie vorsieht.[516] Auch die diversen Lockerungen durch die Möglichkeit weiterer Verkaufssonn- und Feiertage z.B. gemäß § 14 LadSchlG deuten darauf hin, dass die Vorschriften auch den Wettbewerb im Blick haben.[517] Dies gilt insbesondere für die in den §§ 4 ff. LadSchlG geregelten Ausnahmen für bestimmte Märkte.[518] Gegen einen rein sozialpolitischen Schutzzweck spricht in systematischer Hinsicht auch die Regelung in einem gesonderten Gesetz aus dem Bereich des Gewerberechts.[519] Wäre der Arbeitnehmerschutz der alleinige Zweck, würde es jedenfalls auf Bundesebene näher liegen, die Vorschriften ins ArbZG zu integrieren. Damit ist festzuhalten, dass der Gesetzgeber die Mitbewerber als Marktteilnehmer und die Auswirkungen der Beschränkungen auf das Marktgeschehen nach wie vor im Blick hat.

cc) Ergebnis

Verstöße gegen die Ladenschluss- bzw. Ladenöffnungszeitengesetze unterfallen damit grundsätzlich § 3a UWG. Es zeigt sich aber, dass der Schutz der Beschäftigten mit der zunehmenden Liberalisierung der Regelungen an Bedeutung verloren hat. Festzuhalten ist auch, dass die Erfüllung der Voraussetzungen des Rechtsbruchtatbestandes in diesem Fall nicht mit dem Arbeitnehmer-, sondern nur mit dem Mitbewerberschutz begründet werden kann.

b) Sonn- und Feiertagsgesetze der Länder

Der allgemeine Sonn- und Feiertagsschutz wird einfachgesetzlich durch die jeweiligen Gesetze der Bundesländer geregelt.[520]

---

516 *Schunder*, S. 31 f.

517 Vgl. zu den Sonn- und Feiertagsgesetzen der Länder HK-UWG/*Ebert-Weidenfeller*, § 3a Rn. 68.

518 Vgl. zu § 1 UWG a.F. *Zeppernick*, S. 128 f.

519 *Schunder*, S. 33.

520 Dürig/Herzog/Scholz/*Korioth*, Art. 139 WRV Rn. 54.

aa) Gesetzliche Vorschriften

Wie bei den Ladenschluss- bzw. Ladenöffnungszeitengesetzen der Länder handelt es sich um gesetzliche Vorschriften i.S.d. § 3a UWG. Zu den Rechtsnormen i.S.d. Art. 2 EGBGB gehören neben den Gesetzen im formellen auch Gesetze im materiellen Sinne.[521] Damit sind auch Verordnungen, wie beispielsweise die Verordnung über den Schutz der Sonn- und Feiertage (FSchVO) in Berlin oder die Feiertagsschutzverordnung in Hamburg, erfasst.

bb) Regelung des Marktverhaltens im Interesse der Marktteilnehmer

Auch die Sonn- und Feiertagsgesetze der Länder sind nach der Rechtsprechung der Instanzgerichte sowie der herrschenden Ansicht in der Literatur Regelungen des Marktverhaltens im Interesse der Marktteilnehmer.[522] Teilweise wird dies mit Verweis auf die Gründe, die auch von der Gegenansicht zu den Ladenschluss- bzw. Ladenöffnungszeitengesetzen angeführt werden, verneint.[523] Soweit ersichtlich behandeln die Vertreter der jeweiligen Ansichten beide Gruppen von Vorschriften im Ergebnis einheitlich. Auch auf Seiten der herrschenden Meinung wird mitunter auf die Argumentation bei den entsprechenden Vorschriften des LadSchlG verwiesen.[524]

(1) Regelung des Marktverhaltens

Die Sonn- und Feiertagsgesetze der Länder sehen in der Regel ein Verbot öffentlich bemerkbarer Handlungen[525], eine allgemeine

---

521 F/B/O/*Götting/Hetmank*, § 3a UWG Rn. 50; K/B/F/*Köhler*, § 3a UWG Rn. 1.52; MüKo-UWG/*Schaffert*, § 3a Rn. 51; Harte-Bavendamm/Henning-Bodewig/*v. Jagow*, § 3a UWG Rn. 13.

522 OLG Dresden 11.4.2006, WRP 2006, 1539, 1540; OLG Düsseldorf 11.9.2007, GRUR-RR 2008, 16; OLG Karlsruhe 26.9.2007, BeckRS 2008, 8343 Rn. 13; OLG Hamm 19.6.2008, GRUR-RR 2009, 30; OLG Düsseldorf 7.9.2010, MMR 2011, 39, 40; LG Frankfurt 2.9.2015, WRP 2016, 402 Rn. 36; LG Münster 12.1.2017, GRUR-RR 2017, 508 Rn. 26 f.; jurisPK- UWG/*Diekmann*, § 3a Rn. 249; MAH/*Dittert*, § 14 Rn. 53; HK-UWG/*Ebert-Weidenfeller*, § 3a Rn. 68; F/B/O/*Götting/Hetmank*, § 3a UWG Rn. 152; G/L/D/*Hasselblatt/Gregor*, § 48 Rn. 97; K/B/F/*Köhler*, § 3a UWG Rn. 1.263; GK-UWG/*Metzger/Eichelberger*, § 3a Rn. 262; Ohly/Sosnitza/*Ohly*, § 3a UWG Rn. 74; MüKo-UWG/*Schaffert*, § 3a Rn. 556; Harte-Bavendamm/Henning-Bodewig/*v. Jagow*, § 3a UWG Rn. 88.

523 *Elskamp*, S. 194.

524 OLG Dresden 11.4.2006, WRP 2006, 1539, 1540; Ohly/Sosnitza/*Ohly*, § 3a UWG Rn. 74; MüKo-UWG/*Schaffert*, § 3a Rn. 556.

525 In Schleswig-Holstein z.B. findet sich dieses Verbot in § 3 Abs. 2 SFTG.

Arbeitsruhe[526] sowie verschiedene Ausnahmen[527] von diesen Regelungen vor. Soweit keine Ausnahme greift, wird an den festgelegten Sonn- und Feiertagen jeglicher Konkurrenzkampf ausgeschaltet.[528] Der Sonn- und Feiertagsschutz nach Art. 140 GG i.V.m. Art. 139 WRV soll gerade dadurch verwirklicht werden, dass an diesen Tagen „die werktägliche Geschäftigkeit ruht".[529] Insbesondere Verhaltensweisen, die objektiv der Absatz- oder Bezugsförderung bzw. dem Abschluss oder der Durchführung von Verträgen dienen, machen typischerweise den geschäftigen Charakter von Werktagen aus, der an Sonn- und Feiertagen möglichst unterbunden werden soll.

Die Vorschriften, die diesen verfassungsrechtlichen Grundsatz konkretisieren, erfassen demnach im Grundsatz auch jede gewerbliche Beschäftigung.[530] Damit schaffen sie einheitliche Wettbewerbsbedingungen für den Absatz von Waren und Dienstleistungen.[531] Es geht dabei nicht bloß um die betriebsinterne Beschäftigung von Arbeitnehmern. Die Sonn- und Feiertagsgesetze gehören, ebenso wie die Ladenschluss- bzw. Ladenöffnungszeitengesetze, zu den vertriebsbezogenen Vorschriften.[532] Sie sehen ebenfalls Unterlassungspflichten für Verhaltensweisen, die nicht bloß in das Vorfeld eines späteren Marktverhaltens fallen, vor. Damit sind auch sie bestimmt, das Marktverhalten i.S.d. § 3a UWG zu regeln.

(2) Interesse der Marktteilnehmer

Die Sonn- und Feiertagsgesetze der Länder setzen die Vorgaben des Art. 140 GG i.V.m. Art. 139 WRV um,[533] nach dem der Sonntag und die staatlich anerkannten Feiertage als Tage der Arbeitsruhe und der seelischen Erhebung geschützt bleiben.

---

526 In Schleswig-Holstein z.B. ist die allgemeine Arbeitsruhe in § 3 Abs. 1 SFTG geregelt.

527 In Schleswig-Holstein z.B. finden sich die Ausnahmen in § 4 SFTG, wobei die zuständige Behörde nach § 8 SFTG bei Vorliegen eines dringenden Bedürfnisses weitere Ausnahmen zulassen kann.

528 *Elskamp,* S. 194; K/B/F/*Köhler,* § 3a UWG Rn. 1.263.

529 BVerfG 9.6.2004, BVerfGE 111, 10, 50; BVerwG 15.3.1988, BVerwGE 79, 118, 126; BVerwG 19.4.1988, BVerwGE 79, 236, 241.

530 OLG Dresden 11.4.2006, WRP 2006, 1539, 1540.

531 F/B/O/*Götting/Hetmank,* § 3a UWG Rn. 152; vgl. jurisPK- UWG/*Diekmann,* § 3a Rn. 249.

532 K/B/F/*Köhler,* § 3a UWG Rn. 1.256 ff., 1.263; GK-UWG/*Metzger/Eichelberger,* § 3a Rn. 250 ff., 261 f.; Ohly/Sosnitza/*Ohly,* § 3a UWG Rn. 72 ff., 74.

533 Dürig/Herzog/Scholz/*Korioth,* Art. 139 WRV Rn. 54.

(a) Primäre Zielsetzungen der Sonn- und Feiertagsgesetze

Bei der Arbeitsruhe handelt es sich um eine sozialpolitische Zielsetzung, während hinter der seelischen Erhebung verschiedene, unter anderem religionspolitische Erwägungen stehen.[534] Dementsprechend wird den einfachgesetzlichen Regelungen der Länder neben einem sozialpolitischen auch ein religiöser Zweck beigemessen.[535] Ihnen liegt damit schon auf den ersten Blick nicht bloß ein einzelner Schutzzweck zugrunde.

(b) Interesse der Verbraucher i.S.d. § 2 Abs. 2 UWG i.V.m. § 13 BGB

Wie bei den Ladenschluss- bzw. Ladenöffnungszeitengesetzen wird teilweise vertreten, dass die Vorschriften der Sonn- und Feiertagsgesetze der Länder das Marktverhalten im Interesse der Verbraucher regeln.[536] Allerdings bleibt ebenso unklar, worin das Interesse der Verbraucher an den vorgeschriebenen Beschränkungen liegen soll. Auch die Sonn- und Feiertagsgesetze sorgen nicht für verlässliche Öffnungszeiten außerhalb der Ruhezeiten.

Denkbar wäre wiederum ein Schutz der Gesundheit der Verbraucher beispielsweise vor Kaufsucht oder dem durch typischerweise werktäglich ausgeübte Tätigkeiten entstehenden Stress. Die seelische Erhebung i.S.d. Art. 140 GG i.V.m. Art. 139 WRV wird auch als Erholung von der beruflichen Tätigkeit verstanden.[537] Soweit der Sonn- und Feiertagsschutz dem Schutz der Gesundheit dient, geht es also um den Schutz vor Krankheiten, die durch ununterbrochene Arbeit hervorgerufen werden können.[538] Bezweckt ist insofern kein Schutz der Verbraucher, sondern der beruflich Tätigen. Teilweise wird sogar vertreten, dass der Einkauf in der heutigen Zeit nicht mehr bloß der Bedarfsdeckung, sondern selbst der Erholung und damit der seelischen Erhebung dient.[539] Ein Schutzzweck im Interesse der Verbraucher besteht damit jedenfalls nicht.

(c) Interesse der Mitbewerber i.S.d. § 2 Abs. 1 Nr. 3 UWG

Auch bei den Sonn- und Feiertagsgesetzen liegt der Schwerpunkt auf der Frage, ob ein Schutzzweck im Interesse der Mitbewerber besteht. Da es sich ebenfalls

---

534 Dürig/Herzog/Scholz/*Korioth*, Art. 139 WRV Rn. 25.

535 OLG Karlsruhe 20.12.1990, GRUR 1991, 777; MüKo-UWG/*Schaffert*, § 3a Rn. 556; Harte-Bavendamm/Henning-Bodewig/*v. Jagow*, § 3a UWG Rn. 88.

536 HK-UWG/*Ebert-Weidenfeller*, § 3a Rn. 68.

537 Dürig/Herzog/Scholz/*Korioth*, Art. 139 WRV Rn. 25.

538 *Hufen*, S. 94 f.

539 *Kehrberg*, GewArch 2001, 14, 20; Dürig/Herzog/Scholz/*Korioth*, Art. 139 WRV Rn. 25.

um Regelungen im B2B-Verhältnis handelt, ist der Anwendungsbereich der vollharmonisierten UGP-Richtlinie nicht eröffnet.[540] Die herrschende Meinung geht davon aus, dass die Vorschriften der Sonn- und Feiertagsgesetze neben den primären Zielsetzungen im Rahmen des Sonn- und Feiertagsschutzes auch dem Schutz der Mitbewerber dienen, indem sie gezielt die Wettbewerbsgleichheit herstellen.[541]

Die Gegenansicht geht auch hier von einem bloßen Reflex aus, der notwendige Folge des Schutzes von Arbeitnehmern und der Allgemeinheit ist.[542] Zum Teil wurde differenziert und einzelnen Regelungen ein ausschließlich religiöser Zweck beigemessen, wobei dies beispielsweise bei den Verboten öffentlich bemerkbarer Arbeiten der Fall sein soll.[543] Auch auf Seiten der herrschenden Meinung wird teilweise eine Einschränkung dahingehend ausgesprochen, dass die Sonn- und Feiertagsgesetze nur unter den Rechtsbruchtatbestand fallen, soweit sie darauf gerichtet sind, den Konkurrenzkampf auszuschalten und dadurch die Interessen der Mitbewerber zu schützen.[544] Die dazu zitierten Urteile betreffen Verbote öffentlich bemerkbarer Arbeiten gemäß § 3 NW FeiertagsG[545] bzw. Arbeiten gemäß § 6 Abs. 1 HFeiertagsG[546], die geeignet sind, die äußere Ruhe des Tages zu beeinträchtigen, lassen aber insofern keine Einschränkungen erkennen.

Soweit die Gegenansicht sich darauf beruft, ein Urteil aus dem Jahr 1991[547] sei im Zuge der Gesetzesänderungen überholt,[548] ist ihr zuzustimmen. Die

---

540 LG Münster 12.1.2017, GRUR-RR 2017, 508 Rn. 28.

541 OLG Dresden 11.4.2006, WRP 2006, 1539, 1540; OLG Düsseldorf 11.9.2007, GRUR-RR 2008, 16; OLG Hamm 19.6.2008, GRUR-RR 2009, 30; OLG Düsseldorf 7.9.2010, MMR 2011, 39, 40; OLG Hamm 19.6.2008, GRUR-RR 2009, 30; LG Dortmund 15.3.2005, WRP 2005, 924; LG Frankfurt 2.9.2015, WRP 2016, 402 Rn. 36; LG Münster 12.1.2017, GRUR-RR 2017, 508 Rn. 26 f.; HK-UWG/*Ebert-Weidenfeller,* § 3a Rn. 68; F/B/O/*Götting/Hetmank,* § 3a UWG Rn. 152; G/L/D/*Hasselblatt/Gregor,* § 48 Rn. 97; K/B/F/*Köhler,* § 3a UWG Rn. 1.263; Ohly/Sosnitza/*Ohly,* § 3a UWG Rn. 74; MüKo-UWG/*Schaffert,* § 3a Rn. 556; Harte-Bavendamm/Henning-Bodewig/*v. Jagow,* § 3a UWG Rn. 88.

542 *Elskamp,* S. 194; vgl. *Nordemann,* Rn. 832.

543 GK-UWG/*Metzger,* 2. Aufl. 2013, § 4 Nr. 11 Rn. 168; a.A. nun GK-UWG/*Metzger/Eichelberger,* § 3a Rn. 262.

544 K/B/F/*Köhler,* § 3a UWG Rn. 1.263.

545 LG Münster 12.1.2017, GRUR-RR 2017, 508 Rn. 26 f.

546 LG Frankfurt 2.9.2015, WRP 2016, 402 Rn. 36.

547 OLG Karlsruhe 20.12.1990, GRUR 1991, 777, 778.

548 *Nordemann,* Rn. 832.

Ausführungen beruhen auf dem Vorsprungsgedanken, behandeln nicht den Schutzzweck der Vorschrift und bieten damit keinen Erkenntnisgewinn für die Frage, ob die Herstellung gleicher Wettbewerbsvoraussetzungen im Interesse der Mitbewerber bezweckt ist. Soweit die jeweiligen Gesetze einleitende Klauseln haben, lässt sich ihnen ebenfalls keine weitere Zweckbestimmung entnehmen. Exemplarisch dafür steht § 1 SFTG, wonach die Sonntage sowie die gesetzlichen und kirchlichen Feiertage nach Maßgabe des Gesetzes geschützt werden.

Gegen einen rein religiösen Zweck des allgemeinen Sonn- und Feiertagsschutzes spricht die gesetzliche Systematik, die bei den Grundbestimmungen der Arbeitsruhe sowie des Verbotes öffentlich bemerkbarer Handlungen keine Unterschiede zwischen den Sonntagen und den verschiedenen Feiertagen macht. Zwar haben die Länder sich bei der Auswahl der Feiertage vorwiegend an der christlichen Feiertagstradition orientiert.[549] Dazu gehören aber neben christlichen Feiertagen wie dem Ostermontag auch solche ohne religiösen Hintergrund, beispielsweise der Tag der Arbeit am ersten Mai oder der Tag der deutschen Einheit am dritten Oktober. Zwar finden sich durchaus zusätzliche Verbote für „Stille Feiertage", zu denen neben dem nicht-religiösen Volkstrauertag wiederum vor allem christliche Feiertage wie der Karfreitag gehören,[550] sowie insbesondere für Zeiten des Gottesdienstes[551]. Die besonderen Einschränkungen legen aber im Umkehrschluss nahe, dass der Gesetzgeber bei den Grundbestimmungen, die Sonntage und gesetzliche Feiertage ohne Unterscheidung erfassen, nicht allein den Schutz religiöser Interessen im Sinn hatte. Dieser Umkehrschluss bedeutet wiederum noch nicht, dass der Gesetzgeber auch die Auswirkungen auf das Marktgeschehen und die Marktteilnehmer im Blick hatte.

Dass die Sonn- und Feiertagsgesetze in ihrem Anwendungsbereich faktisch den Wettbewerb ausschalten, reicht nicht aus. Die Regelung außerhalb des ArbZG ist schon darin begründet, dass das Feiertagsrecht nach Art. 70 Abs. 1 GG in die Gesetzgebungskompetenz der Länder fällt, soweit sich nicht eine ungeschriebene Zuständigkeit des Bundes aus dem Zusammenhang, insbesondere mit dem Arbeitsrecht, ergibt[552]. Den Sonn- und Feiertagsgesetzen als Ausgestaltungen des Art. 140 GG i.V.m. Art. 139 WRV liegt auch als Primärzweck nicht bloß eine sozialpolitische Zielsetzung zugrunde. Das Bundesverfassungsgericht hat betont, dass der Unterbindung des Konkurrenzkampfes eine

549 *Hufen*, S. 32.
550 S. z.B. § 6 Abs. 1 SFTG.
551 S. z.B. § 5 SFTG.
552 *Hufen*, S. 29.

besondere Bedeutung für den Schutz der Arbeitsruhe zukommt.[553] Begründet wird das mit dem Charakter der Sonn- und Feiertage, dem jede nach außen erkennbare, typischerweise an Werktagen erfolgende gewerbliche Handlung zuwiderläuft.[554]

Die verschiedenen Ausnahmen[555], die gerade das Sonntagsarbeitsverbot aufweichen, zeigen immerhin, dass die Vorschriften nicht nur für die Interessen der Arbeitnehmer, sondern auch für die Situation der Mitbewerber bedeutsam sind.[556] Für den Wettbewerb zwischen den Unternehmern relevant sind vor allem die Ausnahmen für bestimmte Betriebsarten[557] sowie die nach den Ladenschluss- bzw. Ladenöffnungszeitengesetzen zulässigen Verkaufssonntage[558]. Diese gelten für die Mitbewerber jeweils einheitlich. Zudem zeigen sie den systematischen Zusammenhang. Die Einwirkung auf den Wettbewerb findet gezielt statt und spielt eine ebenso große Rolle wie bei den Ladenschluss- bzw. Ladenöffnungszeitengesetzen. Damit wird die Herstellung der Wettbewerbsgleichheit auch im Interesse der Mitbewerber bezweckt.

cc) Ergebnis

Auch die Grundbestimmungen der landesrechtlichen Sonn- und Feiertagsgesetze sind Marktverhaltensregelungen im Interesse von Marktteilnehmern i.S.d. § 3a UWG. Verstöße unterfallen grundsätzlich dem Rechtsbruchtatbestand.

c) Werktägliche Arbeitszeit und arbeitsfreie Zeiten, §§ 3 ff. ArbZG

Im zweiten Abschnitt des ArbZG, den § 3 ff. ArbZG, werden die werktägliche Arbeitszeit und die arbeitsfreien Zeiten der Arbeitnehmer geregelt. Der Zweck des Gesetzes wurde mit § 1 ArbZG ausdrücklich in den Gesetzestext aufgenommen. § 1 Nr. 1 ArbZG nennt die Zwecke, die für alle Vorschriften des Gesetzes gelten.[559] Es handelt sich um die Sicherheit und den Gesundheitsschutz der Arbeitnehmer sowie die Verbesserung der Rahmenbedingungen für flexible Arbeitszeiten. Der Sicherheit durch Vorbeugung von Überlastung und dadurch verursachter Arbeitsunfälle dienen vor allem die Beschränkung der

---

553 BVerfG 24.11.1986, BeckRS 1986, 5908 Rn. 2.
554 BVerfG 24.11.1986, BeckRS 1986, 5908 Rn. 2.
555 S. z.B. § 4 Abs.1, 2 SFTG.
556 HK-UWG/*Ebert-Weidenfeller,* § 3a Rn. 68.
557 S. z.B. § 4 Abs. 1 Nr. 4 SFTG.
558 S. z.B. § 5 Abs. 1 LÖffZG i.V.m. § 4 Abs. 2 SFTG.
559 *Schliemann,* § 1 ArbZG Rn. 7.

werktäglichen Arbeitszeit in § 3 ArbZG sowie die Mindestvorgaben für Ruhepausen und Ruhezeiten der §§ 4, 5 ArbZG, während bei den Regelungen zur Nacht- und Schichtarbeit des § 6 ArbZG dem Gesundheitsschutz besondere Bedeutung zukommt.[560]

aa) Regelung des Marktverhaltens im Interesse der Marktteilnehmer

Anders als bei den Ladenschluss- bzw. Ladenöffnungszeitenregelungen sowie den Sonn- und Feiertagsgesetzen der Länder geht die herrschende Meinung bei den Vorschriften des ArbZG davon aus, dass es sich nicht um Regelungen des Marktverhaltens im Interesse der Marktteilnehmer i.S.d. § 3a UWG handelt und Verstöße damit jedenfalls nicht unter den Rechtsbruchtatbestand fallen.[561]

(1) Regelung des Marktverhaltens

Im Jahr 1988 sah der Bundesgerichtshof in dem Nachtbackverbot und dem Ausfahrverbot der damaligen §§ 5 Abs. 1, 5 Bäckerei-Arbeitszeitgesetz (BAZG) in einem Urteil zu § 1 UWG a.F. keine unmittelbare Regelung des Wettbewerbs.[562] Diese Rechtsprechung ist im Rahmen des § 3a UWG überholt.[563] In der „Abgasemissionen"-Entscheidung führte der Bundesgerichtshof die Vorschriften über das Nachtbackverbot neben den Ladenschluss- bzw. Ladenöffnungszeitenregelungen aber immerhin als Beispiele für Normen mit sekundärer marktbezogener Schutzfunktion an.[564]

Dennoch verneint die herrschende Meinung bei den Regelungen des ArbZG bereits den notwendigen Bezug zum Marktverhalten.[565] Nur vereinzelt wird

---

560 *Schliemann,* § 1 ArbZG Rn. 10; HK-ArbZR/*Spengler,* § 1 ArbZG Rn. 6.

561 LG Münster 12.1.2017, WRP 2017, 744 Rn. 22; jurisPK- UWG/*Diekmann,* § 3a Rn. 83; MAH/*Dittert,* § 14 Rn. 56; *Elskamp,* S. 194 f.; G/L/D/*Hasselblatt/Gregor,* § 48 Rn. 97 Fn. 220; *Köhler,* GRUR 2004, 381, 384; K/B/F/*Köhler,* § 3a UWG Rn. 1.264; GK-UWG/*Metzger/Eichelberger,* § 3a Rn. 263; Staudinger/*Oetker,* (2016) § 618 BGB Rn. 401; Ohly/Sosnitza/*Ohly,* § 3a UWG Rn. 74; MüKo-UWG/*Schaffert,* § 3a Rn. 71; Harte-Bavendamm/Henning-Bodewig/*v. Jagow,* § 3a UWG Rn. 32; differenzierend aber Harte-Bavendamm/Henning-Bodewig/*v. Jagow,* § 3a UWG Rn. 51; a.A. noch G/L/E/*Hasselblatt,* 4. Aufl. 2010, § 58 Rn. 97.

562 BGH 3.11.1988, GRUR 1989, 116, 118.

563 Staudinger/*Oetker,* (2016) § 618 BGB Rn. 401.

564 BGH 11.5.2000, BGHZ 144, 255, 269.

565 JurisPK- UWG/*Diekmann,* § 3a Rn. 83; *Köhler,* GRUR 2004, 381, 384; K/B/F/*Köhler,* § 3a UWG Rn. 1.264; Staudinger/*Oetker,* (2016) § 618 BGB Rn. 401; kritisch F/B/O/*Götting/Hetmank,* § 3a UWG Rn. 70.

ihnen als personenbezogenen Verhaltensregeln ein Zweck beigemessen, der auf die Regelung des Marktverhaltens gerichtet ist.[566] Das kann insofern überraschen, als dass es sich bei den Vorschriften des ArbZG ebenso wie bei den Ladenschluss- bzw. Ladenöffnungszeitenregelungen sowie den Bestimmungen der landesrechtlichen Sonn- und Feiertagsgesetze um zeitliche Beschränkungen handelt. Das Arbeitszeitrecht wird insofern im Zusammenhang mit dem Ladenschlussrecht gesehen.[567] Damit wäre es auf den ersten Blick nicht fernliegend, diese Vorschriften auch im Lauterkeitsrecht einheitlich zu behandeln.[568]

Dabei fänden die Unterschiede zwischen den Normen aber nicht ausreichend Berücksichtigung.[569] Soweit umfassend allen Regelungen, die eine Tätigkeit zeitlich beschränken, ein Bezug zum Wettbewerb zugesprochen wird, geschieht dies zu Recht unter der Einschränkung, dass eine Außenwirkung der geregelten Verhaltensweisen erforderlich ist.[570] Eine zeitliche Beschränkung gibt zwar vor, dass eine Überschreitung der vorgegebenen Zeit zu unterlassen ist. Es kommt aber nicht jede beliebige Tätigkeit in Betracht. Das geregelte Verhalten muss objektiv der Absatz- oder Bezugsförderung bzw. dem Abschluss oder der Durchführung von Verträgen dienen.

Schon zum Nachtbackverbot wurde vorgebracht, dass sich eine unterschiedliche Behandlung im Vergleich zu Verstößen gegen Immissionsschutzvorschriften wettbewerbsrechtlich nicht rechtfertigen ließe.[571] Letztere, wie sie z.B. der „Abgasemissionen“-Entscheidung zugrunde lagen, seien vergleichbar mit dem Herstellungsverbot von Backwaren, da es sich ebenfalls um betriebsinterne Verstöße handele.[572] In der Tat geht es jeweils um reine Produktionsvorschriften, denen keine Außenwirkung zukommt. Auch ein solches Herstellungsverbot wirkt, da es sich bei den erfassten Arbeitnehmern nicht um Verbraucher oder sonstige Marktteilnehmer handelt, nicht unmittelbar auf Marktteilnehmer ein. Während es sich beim Nachtbackverbot nach § 5 Abs. 1 BAZG wegen des speziell begrenzten Anwendungsbereiches offenkundig um eine Produktionsregelung handelte, ist dies bei den §§ 3 ff. ArbZG, die grundsätzlich auf jede Form

566 *Jänich,* § 9 Rn. 15.

567 ErfK/*Roloff,* § 1 ArbZG Rn. 4.

568 G/L/E/*Hasselblatt,* 4. Aufl. 2010, § 58 Rn. 97.

569 S. G/L/D/*Hasselblatt/Gregor,* § 48 Rn. 97, Fn. 220, die nun zwischen Ladenschluss- und Feiertagsgesetzen sowie Arbeitszeitregelungen differenzieren.

570 vgl. *Ernst,* WRP 2004, 1133, 1135.

571 *Sack,* WRP 2004, 1307, 1319 f.

572 *Sack,* WRP 2004, 1307, 1319 f.

der werktäglichen Arbeit von Arbeitnehmern anwendbar sind, nicht genauso eindeutig.

Auch die Vorschriften des ArbZG werden überwiegend der betriebsinternen Sphäre zugeordnet, wobei zum Vergleich neben dem Nachtbackverbot[573] auch auf Immissions- bzw. Umweltschutzbestimmungen[574] oder Vorschriften zum Gesundheitsschutz[575] Bezug genommen wird. Die Vergleiche sollen zeigen, dass die Auswirkungen auf das Marktgeschehen hier ebenfalls nur mittelbarer Natur sind.[576] In Bezug auf das Nachtbackverbot wurde dagegen vorgebracht, ein Unterschied zu Bestimmungen des Immissionsschutzes liege darin, dass ein Verstoß sich auch auf die Waren sowie den Absatz selbst auswirke, weil die Backwaren so zur aktuellen Zeit verfügbar sind.[577] Dieses Argument lässt sich dahingehend verallgemeinern und auf die Regelungen der §§ 3 ff. ArbZG übertragen, dass zeitliche Beschränkungen – anders als beispielsweise Umweltschutzbestimmungen – verhindern, dass Dienstleistungen oder Waren dem Unternehmer zu einer bestimmten Zeit für einen möglichen Absatz zur Verfügung stehen.

Dagegen spricht aber, dass die §§ 3 ff. ArbZG keine einheitliche betriebliche Arbeitszeit festlegen. Die Dauer und vor allem die Lage der werktäglichen Arbeitszeiten, Ruhepausen und Ruhezeiten können sich von Arbeitnehmer zu Arbeitnehmer unterscheiden. Ein wesentlicher Unterschied zu den Ladenschluss- bzw. Ladenöffnungszeitenregelungen und den Sonn- und Feiertagsgesetzen der Länder liegt darin, dass die § 3 ff. ArbZG nicht einmal die Beschäftigung zu bestimmten Zeiten verbieten. Auch die Regelungen über die Nacht- und Schichtarbeit in § 6 ArbZG sehen kein solches Verbot vor. Wie der Arbeitgeber die werktäglichen Arbeitszeiten, Ruhepausen und Ruhezeiten im Rahmen dieser Vorgaben organisiert, liegt – abgesehen von der Mitbestimmung eines Betriebsrates nach § 87 Abs. 1 Nr. 1 BetrVG sowie etwaiger tarif- oder arbeitsvertraglicher Regelungen – in seiner unternehmerischen Freiheit.

Zwischen den Vorgaben des ArbZG und der späteren Tätigkeit auf einem Markt, die objektiv der Absatz- oder Bezugsförderung bzw. dem Abschluss oder der Durchführung von Verträgen dient, steht mit dieser Organisation ein

---

573 Vgl. K/B/F/*Köhler,* § 3a UWG Rn. 1.264.

574 GK-UWG/*Metzger/Eichelberger,* § 3a Rn. 263; vgl. F/B/O/*Götting/Hetmank,* § 3a UWG Rn. 70.

575 OLG Frankfurt a.M. 29.1.2015, GRUR 2015, 401 Rn. 23.

576 OLG Frankfurt a.M. 29.1.2015, GRUR 2015, 401 Rn. 23; GK-UWG/*Metzger/Eichelberger,* § 3a Rn. 263; vgl. F/B/O/*Götting/Hetmank,* § 3a UWG Rn. 70.

577 *Ullmann,* GRUR 2003, 817 Fn. 51.

wesentlicher Zwischenschritt, der allein im betriebsinternen Bereich stattfindet. Anders als bei den Ladenschluss- bzw. Ladenöffnungszeitenregelungen und den Sonn- und Feiertagsgesetzen der Länder wird nicht das Marktverhalten in zeitlicher Hinsicht begrenzt, sondern nur der Spielraum in Bezug auf den Einsatz der einzelnen Arbeitnehmer. Die Regelungen der §§ 3 ff. ArbZG hindern den Arbeitgeber nicht daran, die Arbeitszeit verschiedener Arbeitnehmer so zu verteilen, dass an Werktagen durchgehend Beschäftigte beispielsweise für auf den Absatz gerichtete Handlungen zur Verfügung stehen oder ggf. selbst, ohne den Einsatz von Arbeitnehmern, am Markt aufzutreten.

Nicht jede Tätigkeit von Arbeitnehmern stellt ein Marktverhalten dar. Diesem Umstand trägt eine differenzierende Ansicht Rechnung, der ein ähnlicher Gedankengang wie dem dargestellten Argument, das für eine Regelung des Marktverhaltens vorgebracht wird, zugrunde liegt. Danach soll ein Verstoß gegen Arbeitszeitgesetze bei der Produktion von Waren, auch wenn dadurch eine Senkung der Kosten ermöglicht wird, ebenso wie ein Verstoß gegen Umweltschutzvorschriften nicht unter § 3a UWG fallen, während beispielsweise bei der Nichteinhaltung der vorgeschriebenen Arbeitszeiten in der Gastronomie anders zu entscheiden sei.[578] Begründet wird diese Differenzierung mit einem unmittelbaren Marktbezug solcher Tätigkeiten, die nicht bloß im Vorfeld eines Markthandelns stattfinden.[579] Der Verstoß soll also ein Marktverhalten ermöglichen, das der Unternehmer bei rechtstreuem Verhalten nicht vornehmen könnte. Konsequent wäre dann eine Ausweitung dieser Annahme insbesondere auf den Einzelhandel, wo die Tätigkeit der Arbeitnehmer ebenfalls typischerweise der Absatzförderung dient. Nach dieser differenzierenden Ansicht lässt sich insofern ein Gleichlauf mit den vertriebsbezogenen Vorschriften über die Ladenschluss- bzw. Ladenöffnungszeiten und den Sonn- und Feiertagsgesetzen herstellen.

Gegen diese Ansicht spricht, dass die Erlangung eines Vorteils durch einen Rechtsbruch, unabhängig davon, ob sich der Verstoß auf die Kosten, die Qualität oder die Verfügbarkeit eines Angebotes auswirkt, für den kodifizierten Rechtsbruchtatbestand des § 3a UWG nicht mehr ausreichen kann.[580] Dass eine bestimmte Tätigkeit einen unmittelbaren Marktbezug aufweist, bedeutet nicht zwingend, dass eine Regelung, die Auswirkungen auf diese Tätigkeit hat, auch dazu bestimmt ist, ein Marktverhalten zu regeln. Nicht anders als bei der Produktion von Waren ist auch ein Verstoß gegen Regelungen der Arbeitszeit bei

---

578 Harte-Bavendamm/Henning-Bodewig/*v. Jagow,* § 3a UWG Rn. 51.
579 Harte-Bavendamm/Henning-Bodewig/*v. Jagow,* § 3a UWG Rn. 51.
580 MüKo-UWG/*Schaffert,* § 3a Rn. 72 Fn. 384.

Tätigkeiten beispielsweise in der Gastronomie nicht unmittelbar auf die Erbringung der Leistung bezogen und damit dem Marktverhalten vorgelagert.[581]

Die §§ 3 ff. ArbZG begrenzen also nicht unmittelbar das Marktverhalten in zeitlicher Hinsicht, sondern regeln nur die Arbeitszeiten, Ruhepausen und Ruhezeiten der einzelnen Arbeitnehmer. Ein Vorteil des Unternehmers im Wettbewerb reicht im Rahmen des § 3a UWG nicht aus, wenn die Auswirkungen auf das Marktgeschehen nur mittelbar sind. Die Art der Tätigkeit ändert nichts daran, dass die Beschränkungen durch die §§ 3 ff. ArbZG nur im Vorfeld des Marktverhaltens eingreifen.

(2) Interesse der Marktteilnehmer

Es fehlt bereits an einer Regelung des Marktverhaltens i.S.d. § 3a UWG. Jedenfalls wird vorgebracht, dass die §§ 3 ff. ArbZG als Arbeitnehmerschutzvorschriften regelmäßig allein den Interessen von Arbeitnehmern dienen.[582] Der klare Wortlaut des § 1 Nr. 1 ArbZG macht deutlich, dass der auf Sicherheit und Gesundheitsschutz gerichtete Schutzzweck jedenfalls primär in ihrem Interesse besteht. Damit liegt ein bloß sozialpolitisches Allgemeininteresse nahe.

(a) Interesse der Verbraucher i.S.d. § 2 Abs. 2 UWG i.V.m. § 13 BGB

Zu lange Arbeitszeiten sowie nicht eingehaltene Ruhezeiten und Ruhepausen können sich nicht nur auf die Leistungserbringer, sondern auch auf die Qualität ihrer Leistungen auswirken. Auf Grundlage der herrschenden Meinung, die auch die Sicherheit und Gesundheit der Verbraucher zu den geschützten Interessen zählt, wird ein entsprechender Zweck erwogen im Hinblick auf die Ruhezeiten von Leistungserbringern, die bestimmte Tätigkeiten durchführen, bei denen der Verbraucher ein besonderes Interesse daran hat, dass der Ausführende – z.B. ein Chirurg – nicht übermüdet ist.[583]

Die Übergangsvorschrift § 26 ArbZG zu § 5 ArbZG für Ärzte und Pflegepersonal ist zum 1. Januar 1996 abgelaufen und wurde durch ein Gesetz vom 24.12.2003 aufgehoben[584]. Grundsätzlich gelten die §§ 3 ff. ArbZG also auch für Ärzte, soweit es sich nicht um Chefärzte i.S.d. § 18 Abs. 1 Nr. 1 Alt. 2 ArbZG handelt. Besondere Regelungen zum Schutz von Patienten bestehen insofern nicht. Die §§ 5 Abs. 2, 3 ArbZG ermöglichen in Krankenhäusern sogar Abweichungen

581 F/B/O/*Götting/Hetmank*, § 3a UWG Rn. 70.

582 MüKo-UWG/*Schaffert*, § 3a Rn. 71.

583 *Elskamp*, S. 195.

584 BGBl. 2003 Teil I, S. 3006.

von der grundsätzlichen Regelung der Ruhezeit in § 5 Abs. 1 ArbZG mit späterem Ausgleich. Immerhin verringern auch die vorgeschriebenen Ruhezeiten im Ergebnis die Gefahr von Behandlungsfehlern.

Für einzelne Tätigkeitsbereiche, in denen besondere Gefahren von erschöpften Arbeitnehmern ausgehen, hat der Gesetzgeber gesonderte Regelungen geschaffen. Die Sonderregelungen zur Beschäftigung in der Luftfahrt, die den Vorschriften des ArbZG über Arbeits- und Ruhezeiten nach § 20 ArbZG vorgehen, wurden aus Gründen der Verkehrssicherheit erlassen.[585] § 21 Abs. 1 S. 1 ArbZG verweist für Sicherheit und Gesundheitsschutz zwar auf § 1 ArbZG, die Ruhezeiten nach der auf Grundlage der Verordnungsermächtigung erlassenen Binnenschifffahrts-Arbeitszeitverordnung sollen aber immerhin so gestaltet werden, dass auch die verkehrssicherheitstechnischen Vorschriften eingehalten werden.[586] Schließlich dient auch die RL 2002/15/EG (Fahrpersonal-RL), die durch § 21a ArbZG umgesetzt wurde, unter anderem der Verbesserung der Sicherheit im Straßenverkehr.[587]

Allein die Existenz dieser Sonderregelungen bedeutet zwar nicht zwingend im Umkehrschluss, dass den §§ 3 ff. ArbZG nicht ebenfalls ein entsprechender Schutzzweck zugrunde liegt. Verkehrsvorschriften, die nur für die Sicherheit im Interesse der Verkehrsteilnehmer sorgen sollen, fallen aber ohnehin nicht unter den Rechtsbruchtatbestand des § 3a UWG.[588] Weil die Verkehrsteilnehmer keine Marktteilnehmer sind, handelt es sich um ein bloßes Allgemeininteresse. Regelungen, die speziell auf den Schutz von Verbrauchern bei ihrer Teilnahme am Marktgeschehen zugeschnitten sind, finden sich in den §§ 3 ff. ArbZG nicht.

Auf die Auswirkungen für einzelne Verbraucher ging schon die Begründung zum Regierungsentwurf des ArbZG nicht ein.[589] Neben § 1 Nr. 1 ArbZG nennt auch die Verordnungsermächtigung in § 8 S. 1 ArbZG nur besondere Gefahren für die Gesundheit der Arbeitnehmer, die eine Erhöhung des Schutzniveaus der §§ 3 ff. ArbZG rechtfertigen können. Weder der Wortlaut noch die Systematik

---

585 Begr. RegE, BT-Drs. 12/5888, S. 33; HK-ArbZR/*Käckenmeister,* § 20 ArbZG Rn. 1; *Schliemann,* § 20 ArbZG Rn. 1.

586 Begr. VO, BR-Drs. 411/17, S. 13; HK-ArbZR/*Käckenmeister,* § 21 ArbZG Rn. 4.

587 S. Erwägungsgrund 10, Art. 1 RL 2002/15/EG; HK-ArbZR/*Käckenmeister,* § 21a ArbZG Rn. 1; vgl. *Schliemann,* § 21a ArbZG Rn. 4.

588 LG Kiel 30.11.2004, GRUR 2005, 446; *Elskamp,* S. 209 f.; F/B/O/*Götting/Hetmank,* § 3a UWG Rn. 76; G/L/D/*Hasselblatt/Gregor,* § 48 Rn. 141; K/B/F/*Köhler,* § 3a UWG Rn. 1.73; MüKo-UWG/*Schaffert,* § 3a Rn. 79.

589 Begr. RegE., BT-Drs. 12/5888.

des Gesetzes lassen erkennen, dass der Gesetzgeber auch die Interessen der Verbraucher im Blick hatte.

Aus dem unionsrechtlichen Hintergrund ergibt sich kein abweichendes Ergebnis. Das ArbZG setzt auch die Richtlinie 2003/88/EG über bestimmte Aspekte der Arbeitszeitgestaltung um.[590] Erwägungsgrund 4 der Richtlinie nennt als Zielsetzungen die Verbesserung von Sicherheit, Arbeitshygiene und Gesundheitsschutz der Arbeitnehmer bei der Arbeit. Wie im ArbZG wird in diesem Zusammenhang allein der Schutz der Beschäftigten angeführt.

(b) Interesse der Mitbewerber i.S.d. § 2 Abs. 1 Nr. 3 UWG

Die Ansicht, die bei Tätigkeiten mit unmittelbarem Marktbezug eine Bestimmung zur Regelung des Marktverhaltens i.S.d. § 3a UWG bejaht, erkennt zwar an, dass die Vorschriften über die Arbeitszeiten primär den Interessen der Arbeitnehmer dienen, geht aber dennoch von einer Regelung auch im Interesse der Mitbewerber aus.[591]

(aa) Vergleich mit dem Nachtbackverbot

Zunächst lässt sich wieder das Nachtbackverbot zum Vergleich heranziehen. Ähnlich wie beim LadSchlG ging das Bundesverfassungsgericht davon aus, dass die Wettbewerbsneutralität zunehmend in den Vordergrund trat.[592] Die Regelung erfasste planmäßig auch große Betriebe, die den sozialpolitischen Zweck durch Schichtwechsel hätten erreichen können, weil ein Nachtbackverbot nur für kleinere Betriebe diese im Wettbewerb existenzgefährdend benachteiligt hätte.[593] Allerdings diente diese Ausdehnung des Anwendungsbereiches damit mittelbar dem Gesundheitsschutz der Arbeitnehmer in den kleineren Betrieben, die durch den Druck der größeren Konkurrenz ansonsten faktisch zur Nachtarbeit gezwungen wären, ohne diese wechselnd auf Schichten verteilen zu können.[594]

Das gesetzgeberische Konzept sah also als wirtschaftspolitisches Ziel des Nachtbackverbots den Mittelstandsschutz vor.[595] Dass sich dieses Ziel zu einem

---

590 BeckOK-ArbR/*Kock*, § 1 ArbZG Rn. 9; HK-ArbSchR/*Reim*, § 1 ArbZG Rn. 1; ErfK/*Roloff*, § 1 ArbZG Rn. 3; *Schliemann*, § 1 ArbZG Rn. 18; HK-ArbZR/*Spengler*, § 1 ArbZG Rn. 1.

591 Harte-Bavendamm/Henning-Bodewig/*v. Jagow*, § 3a UWG Rn. 51.

592 BVerfG 23.1.1968, BVerfGE 23, 50, 59.

593 BVerfG 23.1.1968, BVerfGE 23, 50, 59.

594 BVerfG 23.1.1968, BVerfGE 23, 50, 59; BVerfG 25.2.1976, BVerfGE 41, 360, 371.

595 BVerfG 23.1.1968, BVerfGE 23, 50, 59 f.; BVerfG 25.2.1976, BVerfGE 41, 360, 371 f.

Wettbewerbshemmnis entwickelte, führte mit zu seiner Aufhebung.[596] Der bloße Konkurrenzschutz stellt kein schutzwürdiges Interesse der Mitbewerber i.S.d. § 3a UWG dar.[597] Selbst wenn der wettbewerbsbezogene Zweck sich aber nicht im Mittelstandsschutz erschöpfte und der Herstellung von Wettbewerbsgleichheit eine eigenständige Bedeutung zukam, müsste es jedenfalls Anzeichen dafür geben, dass dies auch bei den §§ 3 ff. ArbZG der Fall ist.

(bb) Zweck des Gesetzes nach § 1 ArbZG

Besonders ist zu berücksichtigen, dass der Gesetzgeber den Zweck des Gesetzes in § 1 ArbZG selbst festgehalten hat. Neben der Sicherheit und dem Gesundheitsschutz der Arbeitnehmer nennt § 1 Nr. 1 ArbZG als Gesetzeszweck die Verbesserung der Rahmenbedingungen für flexible Arbeitszeiten. Die angestrebte Flexibilisierung dient gleichermaßen den Interessen von Arbeitgebern und Arbeitnehmern.[598] Sie ermöglicht es den Arbeitgebern, Betriebs- und Maschinenlaufzeiten besser auszulasten und dient damit auch der Wettbewerbsfähigkeit.[599] Im Anwendungsbereich der Vorschriften werden zudem einheitliche Wettbewerbsbedingungen geschaffen.

Es gibt aber keine Anzeichen dafür, dass der Gesetzgeber dabei gezielt die Konkurrenzsituation der erfassten Unternehmer im Blick hatte. Vielmehr sollen Maßnahmen der Flexibilisierung die Wettbewerbsfähigkeit insbesondere im internationalen Markt gewährleisten.[600] Ausdrücklich genannt wird die Konkurrenzfähigkeit im ArbZG nur in § 13 Abs. 5 ArbZG, der als Voraussetzung für die ausnahmsweise Bewilligung von Sonn- und Feiertagsarbeit unter anderem eine unzumutbare Beeinträchtigung bei längeren Betriebszeiten im Ausland aufstellt. Die allgemeine Verbesserung eines Standortfaktors im gesamten Bundesgebiet dient nicht dem Schutz der freien wettbewerblichen Entfaltung der einzelnen Mitbewerber.

Insofern stellt die Herstellung gleicher Wettbewerbschancen unter den Mitbewerbern nur einen Reflex dar. Der Zweckbestimmung des § 1 Nr. 1 ArbZG lässt sich kein auf die Interessen der Mitbewerber gerichteter Schutzzweck entnehmen. Um die in § 1 Nr. 1 ArbZG genannten Zwecke effektiv zu fördern, ist

---

596 Begr. RegE, BT-Drs. 13/4245, S. 8, 11.

597 S. § 4 A. V. 1. a) bb) (2) (c).

598 *Neumann/Biebl*, § 1 ArbZG Rn. 4; HK-ArbSchR/*Reim*, § 1 ArbZG Rn. 13; ErfK/*Roloff*, § 1 ArbZG Rn. 7; *Schliemann*, § 1 ArbZG Rn. 11.

599 HK-ArbSchR/*Reim*, § 1 ArbZG Rn. 13; HK-ArbZR/*Spengler*, § 1 ArbZG Rn. 7.

600 *Neumann/Biebl*, § 1 ArbZG Rn. 4.

ein möglichst umfassender Anwendungsbereich notwendig. Deshalb gelten die §§ 3 ff. ArbZG grundsätzlich für alle Arbeitnehmer, soweit keine der Sonderregelungen in den §§ 18 ff. ArbZG eingreift. Eine Regelung des Anwendungsbereiches, die gezielt bestimmte Unternehmer als Mitbewerber betrifft, ist nicht ersichtlich.

(cc) Über § 1 ArbZG hinausgehende Zwecke

Aus der Aufzählung wird im Umkehrschluss geschlossen, dass das Gesetz keine darüber hinausgehenden Zwecke verfolgt.[601] Dafür spricht, dass diese nicht durch ein „insbesondere" oder einen ähnlichen Begriff, der auf einen beispielhaften Charakter hindeutet, eingeleitet wird. Auch das spricht aber nicht zwingend dagegen, im Wege der Auslegung wenigstens solche Zielsetzungen zu berücksichtigen, die sich aus der Gesetzesbegründung ergeben.[602] Weder die Begründung zum Gesetzentwurf der Bundesregierung[603] noch Beschlussempfehlung und Bericht des Ausschusses für Arbeit und Sozialordnung[604] nennen weitere Schutzzwecke. Der konkurrierende Gesetzentwurf der SPD-Fraktion enthielt noch weitere Zielbestimmungen, z.B. die Förderung der Vereinbarkeit von Beruf und Familie.[605] Diese wurden aber nicht in die Gesetzesfassung übernommen. Im Gesetzgebungsverfahren erfolgte damit keine gezielte Abgrenzung von einem wettbewerbsbezogenen Zweck. Dem Gesetzgeber steht es frei, einen Unterbietungswettbewerb in Bezug auf die werktäglichen Arbeitszeiten und die arbeitsfreien Zeiten gezielt zu unterbinden. Es fehlen aber Anhaltspunkte dafür, dass der Gesetzgeber die Auswirkungen auf die Mitbewerber als solche berücksichtigt hat. Soweit die §§ 3 ff. ArbZG Wettbewerbsgleichheit herstellen, handelt es sich um einen bloßen Reflex der in § 1 Nr. 1 ArbZG aufgeführten Zielsetzungen.

Auch insofern ergibt sich aus dem unionsrechtlichen Hintergrund kein abweichendes Ergebnis. Erwägungsgrund 4 der Richtlinie 2003/88/EG stellt klar, dass die Verbesserung von Sicherheit, Arbeitshygiene und Gesundheitsschutz der Arbeitnehmer bei der Arbeit zumindest keinen rein wirtschaftlichen Überlegungen untergeordnet werden dürfen. Die Auswirkungen der Richtlinie auf

---

601 ErfK/*Roloff*, § 1 ArbZG Rn. 2.

602 B/D/W/*Baeck/Deutsch/Winzer*, § 1 ArbZG Rn. 9; HK-ArbSchR/*Reim*, § 1 ArbZG Rn. 53; *Schliemann*, § 1 ArbZG Rn. 5, 17.

603 Begr. RegE, BT-Drs. 12/5888, S. 23.

604 Beschlussempfehlung und Bericht, BT-Drs. 12/6990, S. 38 f.

605 Gesetzentwurf, BT-Drs. 12/5282, S. 3.

den Wettbewerb werden auch in den Erwägungsgründen nicht behandelt. Darin unterscheidet sie sich von der RL 2002/15/EG (Fahrpersonal-RL), die ebenfalls die Arbeitszeit der von ihrem Anwendungsbereich erfassten Personen betrifft. Diese führt in ihrem Erwägungsgrund 10 die Vermeidung von Wettbewerbsverzerrungen bzw. in Art. 1 RL 2002/15/EG die Angleichung der Wettbewerbsbedingungen als Zweck an.

bb) Ergebnis

Die §§ 3 ff. ArbZG über die werktägliche Arbeitszeit und die arbeitsfreien Zeiten der Arbeitnehmer sind keine Marktverhaltensregelungen im Interesse von Marktteilnehmern i.S.d. § 3a UWG. Verstöße unterfallen damit nicht dem Rechtsbruchtatbestand.

d) Sonn- und Feiertagsruhe nach § 9 ArbZG

Der Sonn- und Feiertagsschutz im ArbZG wird durch die §§ 9 ff. ArbZG im dritten Abschnitt verwirklicht. Gemäß § 9 Abs. 1 ArbZG dürfen Arbeitnehmer an Sonn- und gesetzlichen Feiertagen von 0 bis 24 Uhr nicht beschäftigt werden.

aa) Regelung des Marktverhaltens im Interesse der Marktteilnehmer

Der Bundesgerichtshof hatte im Jahr 1987 das Verteilen eines Anzeigenblattes an Sonn- und Feiertagen durch Arbeitnehmer ohne Ausnahmegenehmigung und entgegen § 105b Abs. 2 GewO a.F. als unlauter i.S.d. § 1 UWG a.F. angesehen.[606] Mit Hinweis auf diese Entscheidung wird zu § 9 Abs. 1 ArbZG nach wie vor die Ansicht vertreten, ein Verstoß gegen die Sonn- und Feiertagsruhe könne für Mitbewerber einen Unterlassungsanspruch nach dem UWG begründen.[607] Die genannte Entscheidung beruht auf der Einordnung der Norm als wettbewerbsneutral sowie dem überholten Vorsprungsgedanken und enthält keine Ausführungen zu einer etwaigen Regelung des Marktverhaltens im Interesse der Marktteilnehmer durch die Beschäftigungsverbote des § 105b GewO a.F., die für Arbeitnehmer heute umfassender in § 9 Abs. 1 ArbZG geregelt sind.[608] Das Urteil ist demnach überholt. Für die heutige Rechtslage lassen sich daraus keine Erkenntnisse ziehen.

Neben § 1 Nr. 1 ArbZG ist in Bezug auf die §§ 9 ff. ArbZG auch § 1 Nr. 2 ArbZG zu berücksichtigen. Nach § 1 Nr. 2 ArbZG ist es ein Zweck des Gesetzes,

---

606 BGH 26.11.1987, GRUR 1988, 310 f.

607 HK-ArbR/*Growe*, § 9 ArbZG Rn. 7; HK-ArbZR/*Herbert*, § 9 ArbZG Rn. 61.

608 S. BGH 26.11.1987, GRUR 1988, 310, 311.

den Sonntag und die staatlich anerkannten Feiertage als Tage der Arbeitsruhe und der seelischen Erhebung der Arbeitnehmer zu schützen. Wie der Wortlaut zeigt, handelt es sich ebenfalls um eine einfachgesetzliche Ausgestaltung des verfassungsrechtlichen Sonn- und Feiertagsschutzes in Art. 140 GG i.V.m. Art. 139 WRV.[609]

Bei der Einordnung in Bezug auf den Rechtsbruchtatbestand des § 3a UWG wird jedenfalls im Ergebnis nicht differenziert, so dass die herrschende Meinung auch die Sonn- und Feiertagsruhe des ArbZG nicht als Regelung des Marktverhaltens im Interesse der Marktteilnehmer i.S.d. § 3a UWG ansieht.[610] Damit stellt sich das Meinungsbild anders dar als bei den Ladenschluss- bzw. Ladenöffnungszeitengesetzen, die zum Teil ebenfalls der Umsetzung des Art. 140 GG i.V.m. Art. 139 WRV dienen und insbesondere den Sonn- und Feiertagsgesetzen der Länder.

(1) Regelung des Marktverhaltens

Soweit in der Literatur schon die Regelung eines Marktverhaltens verneint wird, wird dabei überwiegend nicht zwischen den Vorschriften des ArbZG unterschieden.[611] Nur vereinzelt wird § 9 Abs. 1 ArbZG als personenbezogener Verhaltensregel eine Bestimmung zur Regelung eines Marktverhaltens beigemessen.[612] Dafür könnte sprechen, dass die §§ 9 ff. ArbZG über die Beschäftigung von

---

609 Begr. RegE, BT-Drs. 12/5888, S. 23; BAG 15.9.2009, NZA 2009, 1333 Rn. 36; B/D/W/*Baeck/Deutsch/Winzer*, § 1 ArbZG Rn. 3; BeckOK-ArbR/*Kock*, § 1 ArbZG Rn. 6; *Neumann/Biebl*, § 1 ArbZG Rn. 7; HK-ArbSchR/*Reim*, § 1 ArbZG Rn. 51 f.; ErfK/*Roloff*, § 1 ArbZG Rn. 8; *Schliemann*, § 1 ArbZG Rn. 15; HK-ArbZR/*Spengler*, § 1 ArbZG Rn. 8.

610 LG Münster 12.1.2017, WRP 2017, 744 Rn. 22; MAH/*Dittert*, § 14 Rn. 56; *Elskamp*, S. 194 f.; G/L/D/*Hasselblatt/Gregor*, § 48 Rn. 97 Fn. 220; *Köhler*, GRUR 2004, 381, 384; K/B/F/*Köhler*, § 3a UWG Rn. 1.264; GK-UWG/*Metzger/Eichelberger*, § 3a Rn. 263; Staudinger/*Oetker*, (2016) § 618 BGB Rn. 401; Ohly/Sosnitza/*Ohly*, § 3a UWG Rn. 74; HK-ArbSchR/*Reim/Rozek*, § 9 ArbZG Rn. 29; MüKo-UWG/*Schaffert*, § 3a Rn. 71; Harte-Bavendamm/Henning-Bodewig/*v. Jagow*, § 3a UWG Rn. 32; differenzierend aber Harte-Bavendamm/Henning-Bodewig/*v. Jagow*, § 3a UWG Rn. 51; a.A. noch G/L/E/*Hasselblatt*, 4. Aufl. 2010, § 58 Rn. 97.

611 *Köhler*, GRUR 2004, 381, 384; K/B/F/*Köhler*, § 3a UWG Rn. 1.264; Staudinger/*Oetker*, (2016) § 618 BGB Rn. 401; allein für § 9 Abs. 1 ArbZG HK-ArbSchR/*Reim/Rozek*, § 9 ArbZG Rn. 29; kritisch F/B/O/*Götting/Hetmank*, § 3a UWG Rn. 70.

612 *Jänich*, § 9 Rn. 15.

Arbeitnehmern an Sonntagen und gesetzlichen Feiertagen Wettbewerbshandlungen zeitlich begrenzen.[613]

§ 9 Abs. 1 ArbZG bleibt aber insofern hinter der institutionellen Garantie nach Art. 140 GG i.V.m. Art. 139 WRV zurück, als dass die Tätigkeit von Selbstständigen, Familienangehörigen und sonstigen Personen, die keine Arbeitnehmer sind, nicht vom Verbot erfasst ist und die Vorschrift – anders als insbesondere die Grundbestimmungen der Sonn- und Feiertagsgesetze der Länder – kein Verbot öffentlich bemerkbarer Handlungen aufstellt.[614] Allerdings wird der Begriff der Beschäftigung i.S.d. § 9 Abs. 1 ArbZG weit ausgelegt.[615] Er erfasst alle zum Betrieb gehörenden Tätigkeiten, wozu neben der Produktion z.B. auch die unmittelbare Erbringung von Dienstleistungen sowie Hilfstätigkeiten wie die Lieferung gehören.[616]

Untersagt wird aber nicht die Tätigkeit schlechthin, sondern nur die Beschäftigung von Arbeitnehmern.[617] § 9 Abs. 1 ArbZG sieht keine vollständige Betriebsruhe vor, wie sie insbesondere mit Hinweis auf den Wortlaut als Voraussetzung für die Verschiebung der Ruhezeit nach § 9 Abs. 2 ArbZG gefordert wird.[618] Das spricht dafür, das Beschäftigungsverbot des § 9 Abs. 1 ArbZG ebenso wie die §§ 3 ff. ArbZG dem betriebsinternen Bereich zuzuordnen. Anders als diese sorgt § 9 Abs. 1 ArbZG aber dafür, dass der Arbeitgeber zu den bestimmten Zeiten grundsätzlich keine Arbeitnehmer zur Verfügung hat, die er für ein Marktverhalten einsetzen kann.

Solange keine Ausnahmeregelung eingreift, können Arbeitgeber dem auch nicht durch eine andere Organisation des Betriebs entgegenwirken. Obwohl § 9 Abs. 1 ArbZG keine generelle Unterlassungspflicht für Tätigkeiten auf einem Markt vorsieht, würde die Regelung den Konkurrenzkampf damit in vielen Bereichen auch ohne die übrigen Vorschriften zum Sonn- und Feiertagsschutz faktisch zum Erliegen bringen. Jedenfalls im Ergebnis geht es um das „wie" des

---

613 Vgl. zu § 1 UWG a.F. *Sack*, WRP 1998, 682, 685.

614 *Schliemann*, § 9 ArbZG Rn. 5; vgl. *Tietje*, S. 220.

615 B/D/W/*Baeck/Deutsch/Winzer*, § 9 ArbZG Rn. 12; HK-ArbZR/*Herbert*, § 9 ArbZG Rn. 11 f.; *Neumann/Biebl*, § 9 ArbZG Rn. 3; BeckOK-ArbR/*Kock*, § 9 ArbZG Rn. 1; HK-ArbSchR/*Reim/Rozek*, § 9 ArbZG Rn. 14; ErfK/*Roloff*, § 9 ArbZG Rn. 2; *Schliemann*, § 9 ArbZG Rn. 6.

616 HK-ArbSchR/*Reim/Rozek*, § 9 ArbZG Rn. 14.

617 *Schliemann*, § 9 ArbZG Rn. 5.

618 *Anzinger/Koberski*, § 9 ArbZG Rn. 46; *Hufen*, S. 69 f.; *Neumann/Biebl*, § 9 ArbZG Rn. 6; ErfK/*Roloff*, § 9 ArbZG Rn. 5; *Schliemann*, § 9 ArbZG Rn. 13.

Wettbewerbs, der im Anwendungsbereich des § 9 Abs. 1 ArbZG ohne den Einsatz von Arbeitnehmern stattfinden muss.

Allerdings lag den mit § 4 Nr. 11 UWG eingeführten und in § 3a UWG übernommenen Beschränkungen die Erwägung zugrunde, dass nicht jede Wettbewerbshandlung, die auf einem Gesetzesverstoß beruht, unlauter sein soll.[619] Die Beschränkung auf die Regelung des Marktverhaltens bedeutet, dass Verstöße gegen Vorschriften über Handlungen, die nicht unmittelbar auf andere Marktteilnehmer einwirken und damit keine Außenwirkung aufweisen, nicht unter den kodifizierten Rechtsbruchtatbestand fallen.[620] § 9 Abs. 1 ArbZG verbietet zwar die Beschäftigung von Arbeitnehmern zu Tätigkeiten, die beispielsweise der Absatzförderung dienen. Die bloße Beschäftigung von Arbeitnehmern, unabhängig davon, zu welchem Zweck sie erfolgt, hat aber noch keine unmittelbare Wirkung auf Mitbewerber, Verbraucher oder sonstige Marktteilnehmer.

Eine Außenwirkung ergibt sich erst, wenn der Arbeitnehmer für den Unternehmer eine Handlung vornimmt, die objektiv der Absatz- oder Bezugsförderung bzw. dem Abschluss oder der Durchführung von Verträgen dient. Diese Handlungen werden durch das Verbot der Beschäftigung nur mittelbar beeinflusst. Vorschriften, die sich auf Marktteilnehmer beziehen, ohne sie gerade in dieser Eigenschaft zu betreffen, werden vom Rechtsbruchtatbestand des § 3a UWG nicht erfasst.[621] Das Beschäftigungsverbot an Sonn- und Feiertagen trifft den Adressaten nicht als Mitbewerber, sondern als Arbeitgeber.

Eine andere Ansicht wird vertreten für Mitbewerber, die unter Verstoß gegen die Regelungen der §§ 2 Abs. 3, 9 Abs. 1, 10 Abs. 3 ArbZG Konditorwaren oder am jeweiligen Tag zum Verkauf kommende Bäckerwaren austragen oder -fahren lassen.[622] Dieses Ausfahrverbot sei dazu bestimmt, das Marktverhalten auf einem bestimmten Markt zu regeln und schaffe so zwischen den Marktteilnehmern gleiche Voraussetzungen.[623] Eine solche Differenzierung wurde schon für das mittlerweile aufgehobene BAZG vertreten, das neben dem Nachtbackverbot des § 5 Abs. 1 BAZG in § 5 Abs. 5 BAZG bestimmte, dass „in der Nachtzeit von 22 bis 5.45 Uhr [..] niemand Bäcker- oder Konditorwaren an Verbraucher oder Verkaufsstellen abgeben, austragen oder ausfahren" darf.[624]

---

619 Begr. RegE., BT-Drs. 15/1487, S. 19.

620 S. § 4 A. III. 2. a).

621 Harte-Bavendamm/Henning-Bodewig/*v. Jagow,* § 3a UWG Rn. 26.

622 *Elskamp,* S. 194.

623 *Elskamp,* S. 194.

624 *Sack,* WRP 2004, 1307, 1319.

Diese abweichende Ansicht in Bezug auf die §§ 2 Abs. 3, 9 Abs. 1, 10 Abs. 3 ArbZG kann nicht überzeugen. § 10 Abs. 3 ArbZG ist ein Ausnahmetatbestand zum grundsätzlichen Beschäftigungsverbot des § 9 Abs. 1 ArbZG.[625] Das zeigt schon der Wortlaut, wonach Arbeitnehmer abweichend von § 9 ArbZG an Sonn- und Feiertagen in Bäckereien und Konditoreien für bis zu drei Stunden mit der Herstellung und dem Austragen oder Ausfahren beschäftigt werden dürfen. Dieser systematische Zusammenhang zu § 9 Abs. 1 ArbZG spricht dagegen, die Regelungen unterschiedlich zu behandeln. Zwar betrifft die Regelung einen bestimmten Markt. Anders als § 5 Abs. 5 BAZG regelt § 10 Abs. 3 ArbZG aber kein Ausfahrverbot, sondern ein Beschäftigungsverbot für Arbeitnehmer. Insofern unterscheidet es sich nicht von § 9 Abs. 1 ArbZG oder den §§ 3 ff. ArbZG, die sich ebenfalls nur mittelbar auf Tätigkeiten mit unmittelbarem Marktbezug auswirken können.

(2) Interesse der Marktteilnehmer

Da auch die §§ 9 ff. ArbZG der Umsetzung von Art. 140 GG i.V.m. Art. 139 WRV zur Sonn- und Feiertagsruhe dienen, stehen religiöse und vor allem sozialpolitische Motive im Vordergrund.[626] Die in § 1 Nr. 2 ArbZG ebenso wie in Art. 140 GG i.V.m. Art. 139 WRV angeführte Arbeitsruhe soll durch die Gewährleistung eines wöchentlichen Ruhetages verwirklicht werden, der zudem möglichst einheitlich gelten soll.[627]

(a) Interesse der Verbraucher i.S.d. § 2 Abs. 2 UWG i.V.m. § 13 BGB

Die Ausnahmeregelung des § 10 Abs. 3 ArbZG dient immerhin dazu, die Versorgung der Bevölkerung mit Backwaren an Sonn- und Feiertagen sicherzustellen.[628] Dabei handelt es sich aber ebenfalls nicht um ein Interesse der Verbraucher als Marktteilnehmer, sondern um ein Interesse der Allgemeinheit.

---

625 HK-ArbZR/*Herbert*, § 10 ArbZG Rn. 54; BeckOK-ArbR/*Kock*, § 10 ArbZG Rn. 31; *Neumann/Biebl*, § 10 ArbZG Rn. 56; HK-ArbSchR/*Reim/Rozek*, § 10 ArbZG Rn. 44; *Schliemann*, § 10 ArbZG Rn. 75.

626 B/D/W/*Baeck/Deutsch/Winzer*, Vor §§ 9 – 13 ArbZG Rn. 5; *Neumann/Biebl*, § 9 ArbZG Rn. 1; HK-ArbSchR/*Reim/Rozek*, § 9 ArbZG Rn. 3; *Schliemann*, § 9 ArbZG Rn. 2.

627 HK-ArbZR/*Herbert*, § 9 ArbZG Rn. 4; *Neumann/Biebl*, § 9 ArbZG Rn. 1.

628 B/D/W/*Baeck/Deutsch/Winzer*, § 10 ArbZG Rn. 150; HK-ArbZR/*Herbert*, § 10 ArbZG Rn. 54; HK-ArbSchR/*Reim/Rozek*, § 10 ArbZG Rn. 44.

(b) Interesse der Mitbewerber i.S.d. § 2 Abs. 1 Nr. 3 UWG

Die vor Inkrafttreten des ArbZG in § 105b GewO geregelten Beschäftigungsverbote für verschiedene Gruppen von Arbeitnehmern hatten nach einer Ansicht in der Literatur auch einen wettbewerbsbezogenen Schutzzweck.[629] Durch die Geltung für alle erfassten Betriebe in gleicher Weise werde den Konkurrenten der Anreiz für die Durchführung von Sonntagsarbeit genommen bzw. der Druck erlassen, es den Konkurrenten gleich zu tun, die sich durch Sonntagsarbeit einen Wettbewerbsvorteil verschaffen.[630] Damit wird allerdings nur die Folge der gesetzlichen Regelung beschrieben. Zutreffend ist, dass die Sonntagsarbeit einen wesentlichen Vorteil im Wettbewerb begründen kann und sich viele Konkurrenten einer entstehenden Sogwirkung nicht dauerhaft entziehen könnten.[631]

Anders als die werktäglichen Arbeitszeiten und arbeitsfreien Zeiten, die heute in den § 3 ff. ArbZG geregelt sind, betrifft das Beschäftigungsverbot an Sonntagen und gesetzlichen Feiertagen einen einheitlichen Zeitraum. Dass das Unterbinden eines bestimmten Wettbewerbsvorteils sinnvoll ist, bedeutet aber nicht zwingend, dass dies im Interesse der Mitbewerber bezweckt ist. Auch Vertreter dieser Ansicht sehen darin mittelbar einen gezielten Schutz der Arbeitnehmer, die ohne diesen Eingriff in den Wettbewerb ggf. an Sonntagen beschäftigt würden.[632] Neben dem Arbeitnehmerschutz als vorrangiger Zielsetzung diene das Arbeitsverbot dem umfassenden Schutz der Sonn- und Feiertage im Allgemeininteresse.[633] Dies spricht allerdings eher dafür, in der Herstellung gleicher Voraussetzungen im Wettbewerb nur einen Reflex der genannten Zielsetzungen zu sehen.

In Bezug auf die §§ 105b ff. GewO wurde vorgebracht, aufgrund der möglichen Wettbewerbsvorteile durch Sonntagsarbeit diene die restriktive Auslegung der Erhaltung gleichartiger Konkurrenzbedingungen.[634] Diese Erwägungen wurden beispielsweise bei der Auslegung der Ausnahme nach § 105c Abs. 1 Nr. 4 GewO berücksichtigt.[635] Allerdings entspricht eine restriktive Anwendung der Ausnahmetatbestände schon dem gesetzlichen Regel-Ausnahme-Verhältnis.[636]

---

629 *Franke,* S. 23 f.; *Kohte,* AuR 1989, 241, 246; *Zmarlik,* RdA 1988, 257, 260.

630 *Tietje,* S. 221; *Zmarlik,* RdA 1988, 257, 260.

631 OVG Münster 5.7.1985, NZA 1986, 478, 479; *Kohte,* AuR 1989, 241, 246.

632 *Tietje,* S. 221; vgl. *Zmarlik,* RdA 1988, 257, 260.

633 *Zmarlik,* RdA 1988, 257, 260.

634 *Kohte,* AuR 1989, 241, 246.

635 OVG Münster 5.7.1985, NZA 1986, 478, 479.

636 Zu § 10 ArbZG HK-ArbSchR/*Reim/Rozek,* § 10 ArbZG Rn. 5.

Zudem werden auch die anerkannten Zielsetzungen, insbesondere im Interesse der Arbeitnehmer, durch ein möglichst einheitliches Verbot der Sonntagsarbeit gefördert.

Die gesetzlichen Ausnahmetatbestände des ArbZG, die Sonn- und Feiertagsarbeit zulassen, sind im abschließenden Katalog des § 10 ArbZG aufgezählt.[637] Die Norm soll sicherstellen, dass die Voraussetzungen für ein funktionsfähiges Gemeinwesen und eine wettbewerbsfähige Wirtschaft bestehen bleiben.[638] Dass der Gesetzgeber dabei die Konkurrenzsituation zwischen den Mitbewerbern im Blick hatte, ist nicht ersichtlich. Wie bei § 13 Abs. 5 ArbZG geht es um die Wettbewerbsfähigkeit als Allgemeininteresse. Zwar sollte die Neuregelung für Bäckereien und Konditoreien in § 10 Abs. 3 ArbZG unter anderem die Wettbewerbsverzerrung im Verhältnis zu Tankstellen und Bahnhofsverkaufsstellen beseitigen.[639] Damit sollten aber lediglich die nach der vorherigen Rechtslage bestehenden Unterschiede aufgehoben werden. Für die Herstellung von Wettbewerbsgleichheit als eigenständiger Zielsetzung findet sich auch in der Regierungsbegründung kein Anhaltspunkt.[640]

Anders als die Vorgängerregelungen findet sich das Beschäftigungsverbot heute nicht mehr im Gewerberecht, sondern in einem Arbeitsschutzgesetz. Dennoch wird die genannte Ansicht auch bezüglich § 9 Abs. 1 ArbZG vertreten,[641] zum Teil mit Verweis auf die Stimmen zu § 105b GewO.[642] Anders als bei der GewO hat der Gesetzgeber die Zielsetzungen des Gesetzes ausdrücklich im § 1 ArbZG festgehalten. Neben dem Wortlaut des § 9 Abs. 1 ArbZG, der die Konkurrenzsituation nicht erwähnt, spricht auch diese Zweckklausel gegen einen Schutzzweck im Interesse der Mitbewerber.[643] Insofern kann auf die Ausführungen zu den §§ 3 ff. ArbZG verwiesen werden.[644] Auch der Wortlaut des § 1 Nr. 2 ArbZG, der die Formulierung des Art. 140 GG i.V.m. Art. 139 WRV

---

637 Begr. RegE., BT-Drs. 12/5888, S. 28; *Anzinger/Koberski*, § 10 ArbZG Rn. 9; B/D/W/*Baeck/Deutsch/Winzer*, § 10 ArbZG Rn. 1; HK-ArbZR/*Herbert*, § 10 ArbZG Rn. 2; *Schliemann*, § 10 ArbZG Rn. 3.

638 *Anzinger/Koberski*, § 10 ArbZG Rn. 2; HK-ArbZR/*Herbert*, § 10 ArbZG Rn. 1.

639 Begr. RegE., BT-Drs. 13/4245, S. 10; B/D/W/*Baeck/Deutsch/Winzer*, § 10 ArbZG Rn. 150; *Schliemann*, § 10 ArbZG Rn. 75.

640 Begr. RegE., BT-Drs. 13/4245, S. 10.

641 *Anzinger/Koberski*, § 9 ArbZG Rn. 2 f.; *Tietje*, S. 220 f.

642 *Tietje*, S. 220 f.

643 B/D/W/*Baeck/Deutsch/Winzer*, § 9 ArbZG Rn. 5.

644 S. § 4 A. V. 1. c) aa) (2) (b) (bb).

als Zielsetzung wiedergibt, bietet keine Anhaltspunkte für die Berücksichtigung von Interessen der Mitbewerber.

Wie bei den Sonn- und Feiertagsgesetzen der Länder wäre es auch hier denkbar, dass der Schutz der Sonn- und Feiertage als Tage der Arbeitsruhe und der seelischen Erhebung die Wettbewerbsgleichheit im Interesse der Mitbewerber beinhaltet. Schon in Bezug auf § 105b GewO wurde auf ein Urteil des Bundesverfassungsgerichts verwiesen, das die besondere Bedeutung der Verhinderung des Konkurrenzkampfes für die Durchsetzung der Arbeitsruhe i.S.d. Art. 140 GG i.V.m. Art. 139 WRV betonte.[645] In der Entscheidung, die zu § 4 Abs. 1 FeiertG ND erging, hebt das Gericht in diesem Zusammenhang hervor, dass insofern jede nach außen erkennbare gewerbliche Tätigkeit eine Beeinträchtigung darstellt.[646] Dass das Beschäftigungsverbot des § 9 Abs. 1 ArbZG diesen Aspekt des Sonn- und Feiertagsschutzes gerade nicht regelt,[647] spricht gegen einen solchen Schutzzweck. Insofern unterscheidet sich die Umsetzung der Vorgaben des Art. 140 GG i.V.m. Art. 139 WRV von den Grundbestimmungen der landesrechtlichen Sonn- und Feiertagsgesetze. Angesichts der Unterschiede zwischen den Vorschriften ist eine verschiedene Behandlung im Rahmen des § 3a UWG gerechtfertigt.[648]

bb) Ergebnis

Auch § 9 Abs. 1 ArbZG ist nicht dazu bestimmt, im Interesse der Marktteilnehmer das Marktverhalten zu regeln. Verstöße gegen das ArbZG lassen sich insgesamt nicht auf Grundlage des § 3a UWG sanktionieren.

e) Lenkzeitregelungen

In Österreich gehen Arbeiterkammern mit Wettbewerbsklagen auf Grundlage des öUWG gegen Speditionsunternehmer vor, die auf dem durch die Konkurrenz insbesondere aus anderen europäischen Ländern hart umkämpften Transportmarkt gegen arbeitsrechtliche Vorgaben verstoßen.[649] Von den Vorschriften über die zulässige Arbeitszeit zu unterscheiden ist dabei die Regelung

645 *Kohte,* AuR 1989, 241, 246.

646 BVerfG 24.11.1986, BeckRS 1986, 5908 Rn. 1 f.

647 S. § 4 A. V. 1. d) aa) (1).

648 Vgl. LG Münster 12.1.2017, WRP 2017, 744 Rn. 22 ff.

649 S. https://www.ots.at/presseaussendung/OTS_20101216_OTS0118/transportgewerbe-erstmals-in-oesterreich-setzte-die-ak-arbeitnehmer-ansprueche-mit-uwg-verfahren-durch (zuletzt abgerufen am 30.11.2021).

der Lenkzeit.[650] Da sich Arbeitszeit- und Lenkzeitrecht zwangsläufig überschneiden, ordnet § 21a Abs. 1 S. 2 ArbZG einen Vorrang des AETR (Europäisches Übereinkommen über die Arbeit des im internationalen Straßenverkehr tätigen Fahrpersonals) sowie der Verordnung (EG) Nr. 561/2006 an.[651] Im nationalen Recht werden diese ergänzt durch das Fahrpersonalgesetz (FPersG) und die Fahrpersonalverordnung (FPersV).[652]

aa) Gesetzliche Vorschriften

Zu den in Deutschland verbindlichen Rechtsnormen gehören auch unmittelbar anwendbare Normen des sekundären und primären Unionsrechts, wobei vor allem Verordnungen in Frage kommen.[653] Als Verordnung gilt die VO (EG) Nr. 561/2006 nach Art. 288 Abs. 2 AEUV allgemein und unmittelbar in jedem Mitgliedstaat. Ungeachtet ihrer unionsrechtlichen Natur erfüllt sie die Voraussetzungen des Art. 2 EGBG und ist damit eine gesetzliche Vorschrift i.S.d. § 3a UWG. Da Art. 2 EGBGB neben den Gesetzen im formellen auch Gesetze im materiellen Sinne erfasst,[654] gilt dies auch für die nach nationalem Recht erlassene FPersV.

bb) Regelung des Marktverhaltens im Interesse der Marktteilnehmer

Kernvorschrift der Verordnung (EG) Nr. 561/2006 ist der Art. 6 VO (EG) Nr. 561/2006.[655] Nach Art. 6 Abs. 1 VO (EG) Nr. 561/2006 darf die tägliche

---

650 *Neumann/Biebl*, § 21a ArbZG Rn. 7; BeckOK-ArbR/*Kock*, § 21a ArbZG Rn. 4; *Schliemann*, § 21a ArbZG Rn. 19; HK-ArbSchR/*Weber/Reill-Ruppe*, § 21a ArbZG Rn. 2.

651 *Anzinger/Koberski*, § 21a ArbZG Rn. 9; HK-ArbZR/*Käckenmeister*, § 21a ArbZG Rn. 5; *Schliemann*, § 21a ArbZG Rn. 17; HK-ArbSchR/*Weber/Reill-Ruppe*, § 21a ArbZG Rn. 3.

652 *Schliemann*, § 21a ArbZG Rn. 18; HK-ArbSchR/*Weber/Reill-Ruppe*, § 21a ArbZG Rn. 2.

653 BGH 25.10.2012, MMR 2013, 238 Rn. 9; OLG Hamburg 29.1.2009, GRUR-RR 2010, 57, 58; OLG München 16.7.2015, WRP 2015, 1522 Rn. 49; HK-UWG/*Ebert-Weidenfeller*, § 3a Rn. 35; F/B/O/*Götting/Hetmank*, § 3a UWG Rn. 50; Büscher/*Hohlweck*, § 3a UWG Rn. 91; K/B/F/*Köhler*, § 3a UWG Rn. 1.52; GK-UWG/*Metzger/Eichelberger*, § 3a Rn. 50; *Sack*, WRP 2004, 1307, 1308; MüKo-UWG/*Schaffert*, § 3a Rn. 52; Ohly/Sosnitza/*Sosnitza*, § 3a UWG Rn. 12; Harte-Bavendamm/Henning-Bodewig/*v. Jagow*, § 3a UWG Rn. 13.

654 F/B/O/*Götting/Hetmank*, § 3a UWG Rn. 50; K/B/F/*Köhler*, § 3a UWG Rn. 1.52; MüKo-UWG/*Schaffert*, § 3a Rn. 51; Harte-Bavendamm/Henning-Bodewig/*v. Jagow*, § 3a UWG Rn. 13.

655 *Neumann/Biebl*, § 21a ArbZG Rn. 6.

Lenkzeit grundsätzlich 9 Stunden, nach Art. 6 Abs. 2 VO (EG) Nr. 561/2006 die wöchentliche Lenkzeit 56 Stunden nicht überschreiten. In zwei aufeinander folgenden Wochen darf die summierte Gesamtlenkzeit nach Art. 6 Abs. 3 VO (EG) Nr. 561/2006 nicht über 90 Stunden liegen. Art. 7 - 9 VO (EG) Nr. 561/2006 enthalten Bestimmungen über Fahrtunterbrechungen und Ruhezeiten. Lenk- und Ruhezeiten im Straßenverkehr werden auch in § 1 FPersV geregelt.

Auch bei den Vorschriften über Lenkzeiten, Fahrtunterbrechungen und Ruhezeiten stellt sich vornehmlich die Frage, ob es sich um Regelungen des Marktverhaltens im Interesse der Marktteilnehmer i.S.d. § 3a UWG handelt. Das LG Köln hat diese Frage für die §§ 1 Abs. 5, 6 FPersV in einem Vorlagebeschluss zur Vorabentscheidung an den Europäischen Gerichtshof „nach gegenwärtiger Einschätzung" bejaht.[656] Nach § 1 Abs. 5 S. 1 FPersV hat der Unternehmer dafür zu sorgen, dass die Vorschriften über die Lenkzeiten, die Fahrtunterbrechungen und die Ruhezeiten nach der Verordnung (EG) Nr. 561/2006 eingehalten werden, während § 1 Abs. 6 FPersV eine Aufzeichnungspflicht vorsieht. Es liegt nahe, dass das Gericht für die Bestimmungen der Verordnung (EG) Nr. 561/2006 ebenso entschieden hätte. Mit Fragen des Lauterkeitsrechts haben sich weder der Schlussantrag des Generalanwalts[657] noch das Urteil des Europäischen Gerichtshofs[658] befasst. Nach einer Ansicht in der Literatur sollen Verstöße gegen Lenkzeitvorschriften generell unter den Rechtsbruchtatbestand fallen.[659]

(1) Regelung des Marktverhaltens

Auch Berufsausübungsregelungen, die sich auf bestimmte Tätigkeiten beziehen, können Marktverhaltensregelungen i.S.d. § 3a UWG sein.[660]

(a) Unterschiede zwischen Lenk- und Arbeitszeitregelungen

Dass zeitliche Beschränkungen nicht einheitlich zu behandeln sind, zeigen die Unterschiede zwischen Ladenschluss- bzw. Ladenöffnungszeitenregelungen und den Sonn- und Feiertagsgesetzen der Länder sowie den Vorschriften des ArbZG. Auch Lenkzeit- und Arbeitszeitrecht erfassen unterschiedliche Zeiten.[661] Das

---

656 LG Köln 13.3.2018, BeckRS 2018, 33180, Rn. 28.

657 Generalanwalt beim EuGH (PIKAMÄE) 13.6.2019, BeckRS 2019, 11158.

658 EuGH 21.11.2019, EuZW 2020, 25 ff.

659 *Kohte/Reill-Ruppe,* jurisPR-ArbR 27/2019 Anm. 7 C.; Vgl. *Kohte,* jurisPR-ArbR 43/2019 Anm. 5 D.

660 K/B/F/*Köhler,* § 3a UWG Rn. 1.144; Ohly/Sosnitza/*Ohly,* § 3a UWG Rn. 38.

661 *Schliemann,* § 21a ArbZG Rn. 19; HK-ArbSchR/*Weber/Reill-Ruppe,* § 21a ArbZG Rn. 3.

liegt daran, dass die beiden Gebiete verschiedene Anknüpfungspunkte haben.[662] Das Arbeitszeitrecht regelt die Beschäftigung von Arbeitnehmern. Dabei kann, wie beispielsweise § 10 Abs. 3 ArbZG zeigt, auch eine bestimmte Art der Tätigkeit betroffen sein. Diese Tätigkeit selbst wird aber nicht geregelt. Die unmittelbaren Beschränkungen in Bezug auf die Lenkzeit entsprechen eher den Ladenschluss- bzw. Ladenöffnungszeitenregelungen und den Grundbestimmungen der Sonn- und Feiertagsgesetze der Länder, die in ihrem Anwendungsbereich ebenfalls Unterlassungspflichten für die Tätigkeiten selbst vorsehen.

Anders als die bloße Beschäftigung von Arbeitnehmern handelt es sich nicht um ein vorgelagertes Verhalten ohne Außenwirkung. Dem Unternehmer wird zwar nicht untersagt, z.B. einen bestimmten Transport durchzuführen oder durchführen zu lassen. Er kann ggf. einen anderen Arbeitnehmer einsetzen, dessen maximale Lenkzeit nicht erreicht ist. Die vorgeschriebenen Lenkzeiten regeln aber unmittelbar die Tätigkeit, mit der ein Unternehmer in der Branche am Markt auftritt. Die entsprechenden Regelungen sind damit bestimmt, das Marktverhalten zu regeln.

(b) Übertragbarkeit auf die §§ 1 Abs. 5, 6 FPersV

Es stellt sich aber die Frage, ob dies auch für die §§ 1 Abs. 5, 6 FPersV gilt. Das LG Köln geht davon offenbar aus.[663] Die in § 1 Abs. 5 S. 1 FPersV geregelte Pflicht, für die Einhaltung der Vorschriften über Lenkzeiten, Fahrtunterbrechungen und Ruhezeiten zu sorgen, ist dem Marktverhalten weder vor- noch nachgelagert. Sie gehört für den Unternehmer zum Inhalt der Tätigkeit, durch die er auf dem Markt auftritt und ist damit Teil des Marktverhaltens.

§ 1 Abs. 6 FPersV regelt eine Aufzeichnungspflicht. Für die Aufzeichnungspflicht in § 49 Abs. 4 S. 4 PBefG, die lediglich die behördliche Überwachung der Einhaltung von Pflichten aus den §§ 49 Abs. 4 S. 2, 3 PBefG ermöglichen bzw. erleichtern soll, wird eine Regelung des Marktverhaltens im Interesse der Marktteilnehmer i.S.d. § 3a UWG verneint.[664] Darauf hat auch das OLG Karlsruhe in einer Entscheidung zur Aufzeichnungspflicht nach § 1 SaatAufzV verwiesen.[665] Die Auswirkungen auf das Marktverhalten seien nur Reflexe der primären Zielsetzung.[666] Anders entschied der Bundesgerichtshof, der in der

---

662 BeckOK-ArbR/*Kock*, § 21a ArbZG Rn. 4.

663 LG Köln 13.3.2018, BeckRS 2018, 33180 Rn. 28.

664 K/B/F/*Köhler*, § 3a UWG Rn. 1.148; GK-UWG/*Metzger/Eichelberger*, § 3a Rn. 172; MüKo-UWG/*Schaffert*, § 3a Rn. 204; i.E. auch G/L/D/*Hasselblatt/Gregor*, § 48 Rn. 99.

665 OLG Karlsruhe 14.10.2015, GRUR-RS 2015, 121262 Rn. 28.

666 OLG Karlsruhe 14.10.2015, GRUR-RS 2015, 121262 Rn. 28.

Aufzeichnungspflicht nach § 1 SaatAufzV keine Regelung einer bloß nachgelagerten Pflicht sah.[667] Gegenstand der Pflicht sei ein Marktverhalten, weil ihr eine Erkundigungspflicht des Saatgutbearbeiters gegenüber dem anliefernden Landwirt innewohne und sie damit die Art und Weise der Leistungserbringung betreffe.[668]

Dieser Fall erscheint auf den ersten Blick vergleichbar mit der Situation zwischen dem Fahrer und dem Unternehmer, der nach § 1 Abs. 6 S. 7 Nr. 2 FPersV verpflichtet ist, die Aufzeichnungen nach Aushändigung durch den Fahrer zu prüfen und ggf. Maßnahmen zu ergreifen. Diese Pflicht besteht gegenüber den Fahrern, die allerdings keine Marktteilnehmer sind. Sie steht zwar im Zusammenhang mit dem Marktverhalten des Unternehmers. Für das Marktverhalten selbst sieht § 1 Abs. 6 FPersV aber keine Handlungs- oder Unterlassungspflicht vor. Lediglich der nachfolgende Umgang damit wird geregelt. Die Vorschrift dient nur der behördlichen Kontrolle der Beschränkungen des Marktverhaltens durch die Lenkzeitvorschriften. Anders als im Fall des § 1 SaatAufzV ist dieses Verhalten nach der Fahrt abgeschlossen, während der Saatgutbearbeiter das erhaltene Gut noch bearbeitet oder in den Verkehr bringt. Die Aufzeichnungspflicht des § 1 Abs. 6 FPersV regelt ein dem Marktverhalten nachgelagertes Verhalten ohne Außenwirkung auf andere Marktteilnehmer.

(2) Interesse der Marktteilnehmer

Soweit die Lenkzeitvorschriften in Rechtsprechung und Literatur behandelt werden, wird ein Schutzzweck im Interesse der Marktteilnehmer überwiegend bejaht.[669]

(a) Interesse der Verbraucher i.S.d. § 2 Abs. 2 UWG i.V.m. § 13 BGB

Das Interesse der Verkehrsteilnehmer an der Sicherheit im Straßenverkehr stellt, da diese keine Marktteilnehmer sind, ein bloßes Allgemeininteresse dar.[670] Auch die Verordnung (EG) Nr. 561/2006 enthält keine besonderen Bestimmungen zum Schutz von Verbrauchern und nennt den Verbraucherschutz nicht als Zielsetzung.

---

667 BGH 27.4.2017, GRUR 2017, 819 Rn. 27.

668 BGH 27.4.2017, GRUR 2017, 819 Rn. 27.

669 LG Köln 13.3.2018, BeckRS 2018, 33180 Rn. 28; *Kohte/Reill-Ruppe,* jurisPR-ArbR 27/2019 Anm. 7 C.; vgl. *Kohte,* jurisPR-ArbR 43/2019 Anm. 5 D.; a.A. MüKo-UWG/*Schaffert,* § 3a Rn. 79.

670 S. § 4 A. V. 1. c) aa) (2) (a).

(b) Interesse der Mitbewerber i.S.d. § 2 Abs. 1 Nr. 3 UWG

Einer Ansicht nach dienen Lenk- und Ruhezeiten allein der Sicherheit und Leichtigkeit des Verkehrs und damit ggf. auch den Interessen der Verkehrsteilnehmer, nicht aber der Schutzsubjekte des UWG.[671] Nach der Gegenansicht sollen die Lenkzeitregelungen die Sicherheit im Straßenverkehr verbessern, aber auch die Wettbewerbsbedingungen angleichen.[672] Dass die Vorschriften nicht alleine den Schutz von Arbeitnehmern bezwecken, zeigt sich schon darin, dass die Lenkzeitregelungen nach § 1 Abs. 1 FPersV bzw. Art. 1 S. 1 VO (EG) Nr. 561/2006 den jeweiligen Fahrer betreffen, der nicht zwingend ein Arbeitnehmer sein muss.

(aa) Zielsetzung der Verordnung (EG) Nr. 561/2006

Für die Begründung eines wettbewerbsbezogenen Zwecks stützt sich die Gegenansicht auf die Verordnung (EG) Nr. 561/2006.[673] Nach deren Erwägungsgrund 23 sollen sich nationale Abweichungen auf Elemente beschränken, die derzeit keinem Wettbewerbsdruck unterliegen. Unternehmer sollen sich keine Vorteile im Wettbewerb verschaffen können, indem sie die vorgeschriebenen Lenkzeiten überschreiten.[674] Das macht deutlich, dass der europäische Gesetzgeber die Konkurrenzsituation im Blick hatte. Art. 13 Abs. 1 a) VO (EG) Nr. 561/2006 knüpft die Abweichungsmöglichkeit für Behördenfahrzeuge dementsprechend daran, dass die Beförderungen nicht im Wettbewerb mit privatwirtschaftlichen Verkehrsunternehmen stehen.

Insoweit wäre es noch denkbar, darin einen Schutzzweck allein im Interesse des Fahrpersonals zu sehen, welches mittelbar durch die Unterbindung dieser Konkurrenzvorteile geschützt wird. Allerdings wird die Harmonisierung der Wettbewerbsbedingungen zwischen den Binnen- bzw. Landverkehrsträgern in Erwägungsgrund 1 sowie Art. 1 S. 1 VO (EG) Nr. 561/2006 ausdrücklich zur Zielsetzung der Verordnung erklärt. Diese Zielsetzung wird durch ein „und" neben der Verbesserung der Arbeitsbedingungen und der Sicherheit im Straßenverkehr angeführt. Das zeigt, dass die Herstellung von Wettbewerbsgleichheit im Interesse der Mitbewerber ein eigenständiger Schutzzweck ist, der den übrigen Zielen nicht untergeordnet werden sollte. Auf den genannten Wortlaut stützt sich auch die ständige Rechtsprechung des Europäischen Gerichtshofs,

---

671 MüKo-UWG/*Schaffert*, § 3a Rn. 79.

672 HK-ArbSchR/*Weber/Reill-Ruppe*, § 21a ArbZG Rn. 3.

673 *Kohte/Reill-Ruppe*, jurisPR-ArbR 27/2019 Anm. 7 C.; HK-ArbSchR/*Weber/Reill-Ruppe*, § 21a ArbZG Rn. 3.

674 *Kohte/Reill-Ruppe*, jurisPR-ArbR 27/2019 Anm. 7 C.

die ebenfalls keine Einschränkung des wettbewerbsbezogenen Zwecks erkennen lässt.[675]

(bb) Übertragbarkeit auf die Regelungen in FPersG und FPersV

Im Wortlaut der nationalen Regelungen finden sich keine Anhaltspunkte für einen Zweck, der über den Schutz des Fahrpersonals und der Verkehrsteilnehmer hinausgeht. FPersG und FPersV haben aber auch keine Zweckklausel, der man eine nicht wettbewerbsbezogene Zielsetzung ggf. abschließend entnehmen könnte. Gegen eine solche Zielsetzung spricht, dass die Verordnungsermächtigung in § 2 Nr. 3 FPersG nur die Gewährleistung der Sicherheit im Straßenverkehr sowie den Schutz von Leben und Gesundheit der Mitglieder des Fahrpersonals nennt. Regelungen über Lenkzeiten, Fahrtunterbrechungen sowie Ruhezeiten und -pausen werden auch nur in den §§ 2 Nr. 3 a), b) FPersG aufgezählt.

Solche Regelungen trifft die FPersV nicht, weil die Verordnung (EG) Nr. 561/2006 ohnehin unmittelbar anwendbar ist. Die FPersV wurde auch auf Grundlage des § 2 Nr. 1 FPersG erlassen, der die Durchführung der Verordnung (EG) Nr. 561/2006 aufzählt.[676] Deshalb verweist die FPersV an vielen Stellen auf die unionsrechtliche Verordnung. Neben § 1 Abs. 5 S. 1 FPersV stellt z.B. § 1 Abs. 1 FPersV klar, dass die Fahrer im Anwendungsbereich der Verordnung insbesondere Lenk- und Ruhezeiten nach Maßgabe der Verordnung (EG) Nr. 561/2006 einhalten müssen. Dieser enge systematische Zusammenhang spricht dafür, auch den Vorschriften des nationalen Rechts in Übereinstimmung mit der Zielsetzung der Verordnung (EG) Nr. 561/2006 einen wettbewerbsbezogenen Zweck im Interesse der Mitbewerber beizumessen.

cc) Ergebnis

Die gesetzlichen Vorschriften über Lenkzeiten, Fahrtunterbrechungen und Ruhezeiten sind Regelungen des Marktverhaltens im Interesse der Marktteilnehmer i.S.d. § 3a UWG. Verstöße fallen unter den Rechtsbruchtatbestand. Das gilt auch für § 1 Abs. 5 S. 1 FPersV, während es in Bezug auf die Aufzeichnungspflicht des § 1 Abs. 6 FPersV an einer Marktverhaltensregelung fehlt. Bei der Verordnung (EG) Nr. 561/2006 wird deutlich, dass der europäische Gesetzgeber auf die Verbindung einer sozialpolitischen Zielsetzung mit dem Schutz des fairen

---

675 EuGH 21.3.1996, NStZ-RR 1996, 281, 282; EuGH 3.10.2013, – C-317/12 –, juris, Rn. 31; EuGH 7.2.2019, – C-231/17 –, juris, Rn. 18.

676 BGBl. 2017 Teil I, S. 3158.

Wettbewerbs setzt.[677] Wie bei den Ladenschluss- bzw. Ladenöffnungszeitenregelungen und den Sonn- und Feiertagsgesetzen der Länder handelt es sich weder um alleinige Arbeitnehmerschutznormen noch um Vorschriften, die primär den wettbewerblichen Interessen der Marktteilnehmer dienen. Das zeigt, dass die Gesetzgeber es in der Hand haben, Vorschriften über Marktverhaltensweisen eine gemischte Zielsetzung zu geben, die trotz des sozialpolitischen Zwecks eine Durchsetzung auf Grundlage des § 3a UWG ermöglicht.

2. *Weitere Arbeitnehmerschutzvorschriften*

Eine weitere Gruppe von Arbeitnehmerschutzvorschriften beinhaltet neben den arbeitsschutzrechtlichen Pflichten des Arbeitgebers nach §§ 3 ff. ArbSchG die Erlaubnispflicht zur Arbeitnehmerüberlassung nach § 1 Abs. 1 S. 1 AÜG.

a) *Arbeitsschutzrechtliche Pflichten des Arbeitgebers, §§ 3 ff. ArbSchG*

Das ArbSchG spielt eine zentrale Rolle im deutschen Arbeitsschutzrecht.[678] Während § 618 BGB die privatrechtlichen Pflichten des Arbeitgebers gegenüber den Dienstverpflichteten regelt, legt insbesondere das ArbSchG die öffentlich-rechtlichen Pflichten fest, die wiederum den Inhalt der Verpflichtungen nach § 618 BGB konkretisieren.[679] Die Pflichten des Arbeitgebers finden sich im zweiten Abschnitt des Gesetzes in den §§ 3 ff. ArbSchG. Nach § 3 Abs. 1 S. 1 ArbSchG ist der Arbeitgeber verpflichtet, die erforderlichen Maßnahmen des Arbeitsschutzes unter Berücksichtigung der Umstände zu treffen, die Sicherheit und Gesundheit der Beschäftigten bei der Arbeit beeinflussen. Das ArbSchG stellt damit den Inbegriff eines Arbeitnehmerschutzgesetzes dar.

aa) *Regelung des Marktverhaltens im Interesse der Marktteilnehmer*

Da der Arbeit von *Franke* zu Arbeitsschutz und unlauterem Wettbewerb[680] noch die alte Rechtsprechung zur Sittenwidrigkeit i.S.d. § 1 UWG a.F. zugrunde lag, ist sie nach heutiger Rechtslage überholt.[681] Insbesondere kommt es für den Rechtsbruchtatbestand nach § 3a UWG nicht darauf an, ob ein Unternehmer durch Verstöße gegen Arbeitsschutzbestimmungen Kosten spart und damit

---

677 *Kohte/Reill-Ruppe*, jurisPR-ArbR 27/2019 Anm. 7 C.

678 HK-ArbSchG/*Aufhauser*, Einl. Rn. 1; HK-ArbSchR/*Kohte/Maul-Sartori*, § 1 ArbSchG Rn. 3.

679 ErfK/*Roloff*, § 3 ArbSchG Rn. 1.

680 *Franke*, S. 33 ff.

681 Staudinger/*Oetker*, (2016) § 618 BGB Rn. 401.

einen Vorteil im Wettbewerb erlangt, selbst wenn dies planmäßig geschieht. Soweit Arbeitsschutznormen, die der Gesundheit der Arbeitnehmer dienen, in der lauterkeitsrechtlichen Literatur überhaupt genannt werden, ergibt sich ein einhelliges Meinungsbild, das die Regelung des Marktverhaltens im Interesse der Marktteilnehmer i.S.d. § 3a UWG verneint.[682]

(1) Regelung des Marktverhaltens

Die Umstände bei der Produktion gehören nicht zum Marktverhalten i.S.d. § 3a UWG.[683] Die Herstellung von Waren findet im innerbetrieblichen Bereich statt und die betreffenden Handlungen haben keine unmittelbare Außenwirkung auf die Marktteilnehmer. Vorschriften, die nur die Art und Weise der Produktion regeln, stehen damit beispielhaft für Regelungen von Verhaltensweisen, die einem späteren Marktverhalten vorgelagert sind. Schon die „Abgasemissionen"-Entscheidung erging zu Verstößen gegen Immissionsschutzvorschriften bei der Produktion, die der Bundesgerichtshof bloß im Vorfeld des Marktverhaltens sah.[684]

Zwischen Umweltschutz- und Arbeitssicherheitsvorschriften besteht ein enger funktionaler Zusammenhang.[685] Zudem wird gerade der Arbeitsschutz klassischerweise mit der Produktion von Waren in Verbindung gebracht. Nach dem weit formulierten § 1 Abs. 1 S. 1 ArbSchG soll das ArbSchG aber Sicherheit und Gesundheitsschutz bei jeglicher Arbeit sichern und verbessern. Das Gesetz gilt nach § 1 Abs. 1 S. 2 ArbSchG in allen Tätigkeitsbereichen. Erfasst sind neben der Produktion somit auch Bereiche, in denen ein Unternehmer Arbeitnehmer für Tätigkeiten einsetzt, die objektiv der Absatz- oder Bezugsförderung bzw. dem Abschluss oder der Durchführung von Verträgen dienen. Auch hier ist danach zu unterscheiden, ob die §§ 3 ff. ArbSchG wenigstens auch dazu bestimmt sind, diese Tätigkeiten zu regeln oder ob die faktisch vorhandenen Auswirkungen lediglich Reflexe darstellen.

---

682 HK-UWG/*Ebert-Weidenfeller*, § 3a Rn. 88; *Fechner/Kocher*, NZA 2017, 755, 757; *Lehmler*, § 4 Nr. 11 UWG Rn. 45; Staudinger/*Oetker*, § 618 (2016) BGB Rn. 400 f.; Ohly/Sosnitza/*Ohly*, § 3a UWG Rn. 17; *Sack*, WRP 2004, 1307, 1310; MüKo-UWG/*Schaffert*, § 3a Rn. 71; Harte-Bavendamm/Henning-Bodewig/*v. Jagow*, § 3a UWG Rn. 32; *Ziegler*, S. 116.

683 Vgl. zu § 1 UWG a.F. BGH 11.5.2000, BGHZ 144, 255, 267 ff.; *Elskamp*, S. 201 f.; *Emmerich/Lange*, § 20 Rn. 20; Büscher/*Hohlweck*, § 3a UWG Rn. 112; K/B/F/*Köhler*, § 3a UWG Rn. 1.69; *v. Walter*, S. 88; a.A. *Zeppernick*, S. 126.

684 BGH 11.5.2000, BGHZ 144, 255, 267 ff.

685 HK-ArbSchR/*Blume/Faber*, § 3 ArbSchG Rn. 45.

Die §§ 3 ff. ArbSchG richten sich nach dem Wortlaut jeweils an den Arbeitgeber. Der Zielsetzung des ArbSchG entsprechend behandeln die Verpflichtungen vor allem mögliche Gefährdungen für die Sicherheit und Gesundheit der Beschäftigten. Nach § 3 Abs. 2 Nr. 1 ArbSchG hat der Arbeitgeber zur Planung und Durchführung der Maßnahmen insbesondere für eine geeignete Organisation zu sorgen. Er muss seinen Betrieb den Anforderungen des ArbSchG entsprechend einrichten.[686] Somit ist die Regelungswirkung der Vorschriften auf den innerbetrieblichen Bereich gerichtet.

Die Pflichten des Arbeitgebers knüpfen an verschiedene Gefährdungen für die Beschäftigten an. Ob diese für ihn auf einem Markt auftreten, spielt dabei keine Rolle. Die Beschäftigten wiederum haben die im dritten Abschnitt geregelten Mitwirkungspflichten zu beachten. Marktteilnehmer sind dagegen nicht Gegenstand der Regelungen. Auswirkungen, die über den innerbetrieblichen Bereich hinaus andere Marktteilnehmer betreffen, sind notwendige Folge des Schutzes der Beschäftigten. Auch in diesen Fällen regeln die §§ 3 ff. ArbSchG nicht den Auftritt am Markt. Sie geben lediglich vor, ob und wie die Beschäftigte dabei ggf. geschützt werden müssen. Geregelt wird nicht das „wie“ des Wettbewerbs, sondern der Beschäftigung. Ebenso wie bei den Beschäftigungsverboten des ArbZG, die das „ob“ der Beschäftigung betreffen, fehlt es den Normen des ArbSchG am erforderlichen Bezug zum Marktgeschehen.

(2) Interesse der Marktteilnehmer

Jedenfalls wird davon ausgegangen, dass Vorschriften, die dem Schutz von Beschäftigten bei der Arbeit dienen, eine rein sozialpolitische Zielsetzung haben.[687] Dafür spricht die in § 1 ArbSchG normierte Zielsetzung. Diese nennt allein den Zweck, Sicherheit und Gesundheitsschutz der Beschäftigten bei der Arbeit durch Maßnahmen des Arbeitsschutzes zu sichern und zu verbessern.

(a) Interesse der Verbraucher i.S.d. § 2 Abs. 2 UWG i.V.m. § 13 BGB

Faktisch könnten die Interessen der Verbraucher durch die Vorschriften des ArbSchG geschützt werden, wenn erhöhte Sicherheitsstandards für die Beschäftigten auch die Sicherheit der produzierten Waren oder erbrachten Dienstleistungen verbessern. Für eine verbraucherschützende Zielsetzung findet sich im Wortlaut des Gesetzes aber kein Anhaltspunkt. Systematisch spricht

---

686 HK-ArbSchR/*Blume/Faber*, § 3 ArbSchG Rn. 42 ff.; ErfK/*Roloff*, § 3 ArbSchG Rn. 2.

687 HK-UWG/*Ebert-Weidenfeller*, § 3a Rn. 88; *Lehmler*, § 4 Nr. 11 UWG Rn. 45; *Sack*, WRP 2004, 1307, 1315; MüKo-UWG/*Schaffert*, § 3a Rn. 71.

dagegen, dass entsprechende Anforderungen insbesondere im ProdSG sachnäher geregelt sind. Ein Schutz der Verbraucher durch das ArbSchG stellt damit jedenfalls einen bloßen Reflex des primären sozialpolitischen Schutzzwecks dar.

(b) Interesse der Mitbewerber i.S.d. § 2 Abs. 1 Nr. 3 UWG

Die in § 1 Abs. 1 ArbSchG genannte Sicherheit meint den Schutz vor Unfällen, während der Gesundheitsschutz als Schutz vor arbeitsbedingten Gefahren für die Gesundheit zu verstehen ist.[688] Die normierte Zielsetzung stellt allein auf sozialpolitische Anliegen ab. Sie wird durch die Begriffsbestimmung des § 2 Abs. 1 ArbSchG für Maßnahmen des Arbeitsschutzes im Sinne des Gesetzes weiter konkretisiert. Dieser nennt neben den Maßnahmen zur Verhütung von Unfällen bei der Arbeit und arbeitsbedingter Gesundheitsgefahren auch Maßnahmen der menschengerechten Gestaltung der Arbeit. Die Auswirkungen dieser angestrebten Gestaltung auf das Marktgeschehen werden nicht behandelt.

Das ArbSchG dient unter anderem der Umsetzung der Rahmenrichtlinie 89/391/EWG über die Durchführung von Maßnahmen zur Verbesserung der Sicherheit und des Gesundheitsschutzes der Arbeitnehmer bei der Arbeit.[689] Auch im Lichte dieser Richtlinie zeigt sich, dass die §§ 3 ff. ArbSchG die Wettbewerbsgleichheit nur reflexhaft herstellen. Die in Art. 1 Abs. 1 RL 89/391/EWG festgelegte Zielsetzung der Richtlinie entspricht inhaltlich dem ihm im Wortlaut nachempfundenen § 1 Abs. 1 ArbSchG.[690] Immerhin findet sich in den Erwägungsgründen der Hinweis, dass verschiedene Bestimmungen der Mitgliedstaaten zu einem unterschiedlichen Grad der Sicherheit und des Gesundheitsschutzes führen und damit eine Konkurrenz entstehen lassen können, die zulasten der Sicherheit und des Gesundheitsschutzes geht. Im vorhergehenden Satz wird festgestellt, dass die entsprechenden Rechtsvorschriften der Mitgliedstaaten sehr unterschiedlich sind und verbessert werden sollten. Dieser Zusammenhang spricht dafür, dass der europäische Gesetzgeber die Konkurrenzsituation zwischen den Mitgliedstaaten regeln wollte und die jeweiligen Unternehmer als Mitbewerber nur mittelbar betroffen sind. Zudem zeigt bereits der abschließende Nebensatz bei Auslegung nach dem Wortlaut, dass die Herstellung von Wettbewerbsgleichheit nur die sozialpolitische Zielsetzung absichern soll.

---

688 HK-ArbSchG/*Aufhauser*, § 1 Rn. 1, 4.

689 Begr. RegE., BT-Drs. 13/3540, S. 1.

690 HK-ArbSchG/*Aufhauser*, § 1 Rn. 1; HK-ArbSchR/*Kohte/Maul-Sartori*, § 1 ArbSchG Rn. 7.

bb) Ergebnis

Die §§ 3 ff. ArbSchG sind keine Regelungen des Marktverhaltens im Interesse der Marktteilnehmer i.S.d. § 3a UWG. Verletzt ein Arbeitgeber seine arbeitsschutzrechtlichen Pflichten, kann dies nicht auf Grundlage des Rechtsbruchtatbestandes sanktioniert werden.

b) Erlaubnispflicht zur Arbeitnehmerüberlassung, § 1 Abs. 1 S. 1 AÜG

§ 1 AÜG ist die Grundnorm des Gesetzes.[691] Aus der Vorschrift geht hervor, dass für eine Arbeitnehmerüberlassung insbesondere ein Arbeitsverhältnis zwischen Verleiher und Leiharbeitnehmer sowie ein Vertrag zwischen Verleiher und Entleiher über die Überlassung vorliegen müssen. Nach § 1 Abs. 1 S. 1 AÜG bedürfen Arbeitgeber, die im Rahmen ihrer wirtschaftlichen Tätigkeit Arbeitnehmer an Dritte überlassen, einer Erlaubnis. Es handelt sich um ein präventives Verbot mit Erlaubnisvorbehalt.[692] Versagungsgründe sind in § 3 AÜG geregelt.

aa) Regelung des Marktverhaltens im Interesse der Marktteilnehmer

Der Bundesgerichtshof hat den Erlaubnisvorbehalt des § 1 Abs. 1 S. 1 AÜG in seiner „Arbeitnehmerüberlassung"-Entscheidung ebenso wie die Vorinstanzen nicht als Regelung des Marktverhaltens im Interesse der Marktteilnehmer angesehen.[693] Die Literatur hat sich dieser Entscheidung zwar überwiegend angeschlossen,[694] das Urteil wird aber auch kritisiert[695]. Die Entscheidung betraf einen Rechtsstreit zwischen zwei Dienstleistungsunternehmen im Bereich des Messeservices, die Personal an Messeaussteller zur Verfügung stellen, wobei die Beklagte – anders als die Klägerin – nicht über eine Erlaubnis i.S.d. § 1 Abs. 1

---

691 Schüren/Hamann/*Schüren,* § 1 AÜG Rn. 1; Ulber/*J. Ulber,* § 1 AÜG Rn. 1; Thüsing-AÜG/*Waas,* § 1 Rn. 1.

692 BGH 23.6.2016, GRUR 2017, 95 Rn. 11; Schüren/Hamann/*Hamann,* § 1 AÜG Rn. 3; BeckOK-ArbR/*Kock,* § 1 AÜG Rn. 3; Ulber/*J. Ulber,* § 1 AÜG Rn. 12; *Ulrici,* § 1 AÜG Rn. 10; Thüsing-AÜG/*Waas,* § 1 Rn. 2.

693 BGH 23.6.2016, GRUR 2017, 95 Rn. 10 ff.; OLG Frankfurt a.M. 29.1.2015, GRUR 2015, 401 Rn. 20 ff.; LG Frankfurt a.M. 27.2.2014, GRUR-RS 2016, 19850 Rn. 18 ff.

694 *Braun,* ArbRB 2017, 15; jurisPK- UWG/*Diekmann,* § 3a Rn. 83; MAH/*Dittert,* § 14 Rn. 56; HK-UWG/*Ebert-Weidenfeller,* § 3a Rn. 88; *Emmerich/Lange,* § 20 Rn. 20; Büscher/*Hohlweck,* § 3a UWG Rn. 115; K/B/F/*Köhler,* § 3a UWG Rn. 1.81; MüKo-UWG/*Schaffert,* § 3a Rn. 73; *Sprenger,* AuA 2018, 555.

695 *Fechner,* AuR 2018, 456, 459 f.; *Ulrici,* jurisPR-ArbR 50/2016 Anm. 4 C.; *Ulrici,* GRUR-Prax 2016, 565; *Ulrici,* § 1 AÜG Rn. 82; schon zum Urteil des OLG: *Eifinger,* GRUR-Prax 2015, 150; *Ulrici,* jurisPR-ArbR 22/2015 Anm. 4 C.

S. 1 AÜG verfügte.[696] Trotzdem stellte sie den Messeausstellern die Leistungen in Rechnung und zahlte dem Personal das Honorar, das in einem unter Einbeziehung ihrer Allgemeinen Geschäftsbedingungen geschlossenen Vertrag vereinbart war.[697] Die Klägerin sah darin einen unlauteren Wettbewerbsvorteil, da die Beklagte sich Aufwand und Kosten für das Zulassungsverfahren sowie weitere Verwaltungsaufgaben sparen und gegenüber den Ausstellern besonders „unbürokratisch" auftreten konnte.[698] Sie nahm die Beklagte schließlich erfolglos insbesondere auf Unterlassung nach §§ 3, 3a, 8 Abs. 1, 3 Nr. 1 UWG in Anspruch.[699]

(1) Regelung des Marktverhaltens

Zu den Regelungsbereichen des AÜG gehören nicht nur arbeitsrechtliche, sondern insbesondere auch gewerberechtliche Inhalte.[700] Darin liegt eine Gemeinsamkeit mit den Ladenschluss- bzw. Ladenöffnungszeitenregelungen. Im Unterschied dazu stellt sich aber bei der Erlaubnispflicht des § 1 Abs. 1 S. 1 AÜG das Problem der Abgrenzung zur reinen Marktzutrittsregelung. Von einer solchen ging das LG Frankfurt a.M. aus.[701] Zur Begründung führte es an, dass die Erlaubnispflicht – wie andere Gesundheits- und Arbeitsschutzvorschriften – nicht das Marktverhalten der verleihenden Arbeitgeber regeln sollte.[702] Auch das OLG Frankfurt a.M. als Berufungsinstanz sah in der Vorschrift eine bloße Arbeitnehmerschutznorm sowie eine Marktzutrittsregel und verneinte auch eine Doppelfunktion.[703]

(a) Abgrenzung zur reinen Marktzutrittsregelung

Ob einer Norm eine solche Doppelfunktion zukommt, ist durch Auslegung zu ermitteln.[704] Sie liegt in der Regel vor, wenn eine öffentlich-rechtliche Erlaubnis

---

696 BGH 23.6.2016, GRUR 2017, 95.

697 BGH 23.6.2016, GRUR 2017, 95.

698 OLG Frankfurt a.M. 29.1.2015, GRUR 2015, 401.

699 BGH 23.6.2016, GRUR 2017, 95; OLG Frankfurt a.M. 29.1.2015, GRUR 2015, 401; LG Frankfurt a.M. 27.2.2014, GRUR-RS 2016, 19850.

700 BGH 23.6.2016, GRUR 2017, 95 Rn. 11; LG Frankfurt a.M. 27.2.2014, GRUR-RS 2016, 19850 Rn. 21; Schüren/Hamann/*Schüren*, B. Einl. Rn. 2; Ulber/*J. Ulber*, § 1 AÜG Rn. 8.

701 LG Frankfurt a.M. 27.2.2014, GRUR-RS 2016, 19850 Rn. 22.

702 LG Frankfurt a.M. 27.2.2014, GRUR-RS 2016, 19850 Rn. 22.

703 OLG Frankfurt a.M. 29.1.2015, GRUR 2015, 401 Rn. 20 ff.; a.A. K/B/F/*Köhler*, § 3a UWG Rn. 1.83.

704 HK-UWG/*Ebert-Weidenfeller*, § 3a Rn. 50; K/B/F/*Köhler*, § 3a UWG Rn. 1.83; MüKo-UWG/*Schaffert*, § 3a Rn. 87.

zur Voraussetzung für die Betätigung auf einem bestimmten Markt gemacht wird und die Vorschrift damit auch eine bestimmte Qualität, Sicherheit oder Unbedenklichkeit der angebotenen Waren oder Dienstleistungen gewährleisten soll.[705] Eine Regelung auch des Marktverhaltens kann insbesondere vorliegen, wenn zum Schutz der Allgemeinheit fachliche Voraussetzungen für die Ausübung einer Tätigkeit vorausgesetzt werden, wie beispielsweise bei freien Berufen, aber auch im Handwerk und bei sonstigen Gewerben.[706] Die entsprechenden Zulassungsbestimmungen gehören zur Grundlage, auf der andere Marktteilnehmer die Entscheidung darüber treffen, mit wem sie beispielsweise einen Vertrag abschließen.[707]

Das OLG Frankfurt a.M. merkte lediglich an, dass die im Antragsverfahren nach §§ 2, 3 Abs. 1 Nr. 1 AÜG zu prüfende Zuverlässigkeit nach Ansicht des Gerichts keine besondere fachliche Qualifikation darstellt.[708] Auch nach Auffassung des Bundesgerichtshofs setzt die Zuverlässigkeit lediglich Grundkenntnisse, aber keine besondere Fachkunde oder Berufserfahrung voraus.[709] Diese Ausführungen erfolgen allerdings im Rahmen der Frage, ob § 1 Abs. 1 S. 1 AÜG ein Schutzzweck im Interesse der Entleiher zukommt oder insofern ein bloßer Reflex vorliegt. Bereits das OLG Frankfurt a.M. hatte die sozialpolitische Zielsetzung der Erlaubnispflicht des § 1 Abs. 1 S. 1 AÜG zur Begründung einer reinen Marktzutrittsregel angeführt.[710] Ob es sich um die einzige Zielsetzung handelt oder die Vorschrift auch die Interessen von Marktteilnehmern schützen soll, wird an entsprechender Stelle behandelt.[711]

---

705 BGH 2.6.2005, GRUR 2005, 875, 876; BGH 15.1.2009, GRUR 2009, 881 Rn. 12 ff.; BGH 23.6.2016, GRUR 2017, 95 Rn. 16; HK-UWG/*Ebert-Weidenfeller,* § 3a Rn. 50; K/B/F/*Köhler,* § 3a UWG Rn. 1.83; Ohly/Sosnitza/*Ohly,* § 3a UWG Rn. 19; MüKo-UWG/*Schaffert,* § 3a Rn. 87; Harte-Bavendamm/Henning-Bodewig/*v. Jagow,* § 3a UWG Rn. 28.

706 Begr. RegE., BT-Drs. 15/1487, S. 19; vgl. schon zu § 1 UWG a.F. BGH 25.4.2002, BGHZ 150, 343, 348; BGH 23.6.2016, GRUR 2017, 95 Rn. 16; HK-UWG/*Ebert-Weidenfeller,* § 3a Rn. 50; *Emmerich/Lange,* § 20 Rn. 21; F/B/O/*Götting/Hetmank,* § 3a UWG Rn. 33, 60; G/L/D/*Hasselblatt/Gregor,* § 48 Rn. 38; K/B/F/*Köhler,* § 3a UWG Rn. 1.83; MüKo-UWG/*Schaffert,* § 3a Rn. 87; GK-UWG/*Metzger/Eichelberger,* § 3a Rn. 69; Ohly/Sosnitza/*Ohly,* § 3a UWG Rn. 19.

707 *Scherer,* WRP 2006, 401, 405.

708 OLG Frankfurt a.M. 29.1.2015, GRUR 2015, 401 Rn. 21.

709 BGH 23.6.2016, GRUR 2017, 95 Rn. 30.

710 OLG Frankfurt a.M. 29.1.2015, GRUR 2015, 401 Rn. 21.

711 S. § 4 A. V. 2. b) aa) (2).

Im Übrigen nimmt der Bundesgerichtshof Bezug auf zwei Urteile zur verbraucherschützenden Erlaubnispflicht für Versicherungsvermittler in § 34d Abs. 1 S. 1 GewO[712], die nach § 34d Abs. 5 S. 1 Nr. 1 GewO ebenfalls an die Zuverlässigkeit des Gewerbetreibenden geknüpft ist.[713] Die Entscheidung lässt damit zu Recht erkennen, dass die vergleichsweise geringen Anforderungen an die Zuverlässigkeit es nicht ausschließen, eine darauf abstellende Marktzutrittsregelung zugleich als Regelung des Marktverhaltens einzuordnen. Vorschriften sind reine Marktzutrittsregelungen, wenn sie den Marktzutritt aus Gründen versagen, die nichts mit der Art und Weise des Marktauftritts zu tun haben.[714] Das kann insbesondere bei wirtschaftslenkenden Normen der Fall sein, die bestimmte Unternehmen von bestimmten Märkten fernhalten oder die Rahmenbedingungen des Wettbewerbs festlegen sollen.[715] Gleiches gilt, wenn der Marktzutritt zum eigenen Schutz bestimmter Personen oder Unternehmen verwehrt wird.[716]

Einem Antragsteller fehlt die Zuverlässigkeit i.S.d. § 3 Abs. 1 Nr. 1 AÜG, wenn auf Grund tatsächlicher Umstände nicht zu erwarten ist, dass er in Zukunft die bei der Arbeitnehmerüberlassung geltenden Vorschriften einhalten wird.[717] Die Erlaubnispflicht dient auch der effektiven Überwachung der wirtschaftlichen Verleihtätigkeit.[718] Anders als die Versagungsgründe der §§ 3 Abs. 1 Nr. 2, 3 AÜG zur Betriebsorganisation und den Arbeitsbedingungen der Leiharbeitnehmer stellt die Zuverlässigkeit nicht allein auf Tätigkeiten ab, die sich auf die vom Verleiher beschäftigten Arbeitnehmer auswirken. Dass die Arbeitnehmerüberlassung im Rahmen der wirtschaftlichen Tätigkeit erlaubnispflichtig ist, bedeutet im Umkehrschluss, dass eine Marktaktivität keine zwingende Voraussetzung für die Zuverlässigkeit ist.[719] Daraus lässt sich aber kein Umkehrschluss dahingehend ziehen, dass § 1 Abs. 1 S. 1 AÜG nicht zumindest auch den Auftritt am Markt regeln soll.

---

712 BGH 18.9.2013, GRUR 2013, 1250 Rn. 16; BGH 6.11.2013, GRUR 2014, 88 Rn. 14

713 BGH 23.6.2016, GRUR 2017, 95 Rn. 16.

714 BGH 28.11.2019, GRUR 2020, 303 Rn. 26; *Fleischer,* S. 93; K/B/F/*Köhler,* § 3a UWG Rn. 1.76; MüKo-UWG/*Schaffert,* § 3a Rn. 87.

715 BGH 2.12.2009, GRUR 2010, 654 Rn. 23; BGH 8.11.2018, GRUR 2019, 627 Rn. 37; K/B/F/*Köhler,* § 3a UWG Rn. 1.76.

716 *Fleischer,* S. 93; K/B/F/*Köhler,* § 3a UWG Rn. 1.76.

717 Thüsing-AÜG/*Kock,* § 3 Rn. 20; Schüren/Hamann/*Schüren,* § 3 AÜG Rn. 45; Ulber/*Ulber,* § 3 AÜG Rn. 25; *Ulrici,* § 3 AÜG Rn. 20; ErfK/*Wank/Roloff,* § 3 AÜG Rn. 3 f.

718 Schüren/Hamann/*Schüren,* § 1 AÜG Rn. 3; *Ulrici,* § 1 AÜG Rn. 10; Thüsing-AÜG/*Waas,* § 1 Rn. 2.

719 Schüren/Hamann/*Schüren,* § 3 AÜG Rn. 130.

(b) Absatzmarkt der Waren oder Dienstleistungen der Entleiher

Unternehmer, die mit Verleihern ohne Erlaubnis zusammenarbeiten, verschaffen sich Kostenvorteile und damit einen Vorsprung im Wettbewerb, weil sie ihre Leistungen wiederum günstiger anbieten können als ihre Mitbewerber, die nur erlaubte Arbeitnehmerüberlassung in Anspruch nehmen.[720] Regelmäßig dient dieses Vorgehen dazu, Wettbewerbsvorteile zu erlangen und damit den fairen Wettbewerb zu gefährden.[721] Zudem kann eine Sogwirkung für die Mitbewerber entstehen.[722] Dass die Unternehmer sich ggf. planmäßig einen Vorteil im Wettbewerb verschaffen, reicht für § 3a UWG aber nicht aus. Der Erlaubnispflicht für die Arbeitnehmerüberlassung im Rahmen der wirtschaftlichen Tätigkeit nach § 1 Abs. 1 S. 1 AÜG fehlt der Bezug zum späteren Verhalten des Entleihers auf dem Absatzmarkt, nachdem dieser die überlassenen Leiharbeitnehmer zur Herstellung von Waren oder zur Erbringung von Dienstleistungen eingesetzt hat. Dass die Inanspruchnahme illegaler Verleiher einen Vorteil begründet, ist eine bloß tatsächliche Folge der Erlaubnispflicht.

(c) Absatzmarkt der Arbeitsleistungen der Leiharbeitnehmer

Nach Ansicht des OLG Frankfurt a.M. bezieht sich die Erlaubnispflicht zur Arbeitnehmerüberlassung nach § 1 Abs. 1 S. 1 AÜG nur auf die betriebsinterne Organisation des Verleihers und ist damit beispielsweise mit den Arbeitszeitvorschriften vergleichbar.[723] Auch der Bundesgerichtshof verweist darauf, dass Arbeitnehmerschutzvorschriften grundsätzlich der unmittelbare Bezug zum Auftritt des Unternehmers auf dem Absatzmarkt fehlt.[724] Die Arbeitszeitvorschriften beschränken allein die Beschäftigung von Arbeitnehmern und richten sich deshalb an den Arbeitgeber auch nur in dieser Eigenschaft.[725] § 1 Abs. 1

---

720 Sechster Bericht der Bundesregierung über Erfahrungen bei der Anwendung des Arbeitnehmerüberlassungsgesetzes sowie über die Auswirkungen des Gesetzes zur Bekämpfung der illegalen Beschäftigung, BT-Drs. 11/2639, S. 33.

721 Neunter Bericht der Bundesregierung über Erfahrungen bei der Anwendung des Arbeitnehmerüberlassungsgesetzes sowie über die Auswirkungen des Gesetzes zur Bekämpfung der illegalen Beschäftigung, BT-Drs. 14/4220, S. 30.

722 Sechster Bericht der Bundesregierung über Erfahrungen bei der Anwendung des Arbeitnehmerüberlassungsgesetzes sowie über die Auswirkungen des Gesetzes zur Bekämpfung der illegalen Beschäftigung, BT-Drs. 11/2639, S. 33.

723 OLG Frankfurt a.M. 29.1.2015, GRUR 2015, 401 Rn. 23; ebenso jurisPK- UWG/*Diekmann*, § 3a Rn. 83.

724 BGH 23.6.2016, GRUR 2017, 95 Rn. 23.

725 S. § 4 A. V. 1. c) aa) (1); § 4 A. V. 1. d) aa) (1).

S. 1 AÜG nennt ebenfalls den Arbeitgeber als Adressaten der Erlaubnispflicht. Durch das Dreiecksverhältnis bei der Arbeitnehmerüberlassung ist abgesehen von Leiharbeitnehmern und Mitbewerbern aber auch eine Außenwirkung auf die Entleiher denkbar.

(aa) Außenwirkung auf Leiharbeitnehmer als Verbraucher i.S.d. § 2 Abs. 2 UWG i.V.m. § 13 BGB oder sonstige Marktteilnehmer i.S.d. § 2 Abs. 1 Nr. 2 UWG

Nimmt man den Absatzmarkt in den Blick, zeigt sich zunächst ein für den Bereich der Arbeitsbedingungen kennzeichnendes Problem. Bundesgerichtshof und OLG Frankfurt a.M. stellten zutreffend fest, dass die Leiharbeitnehmer selbst keine Teilnehmer am Absatzmarkt der Produkte oder Dienstleistungen sind, die sie für einen Unternehmer herstellen bzw. erbringen.[726] Der Leiharbeitsvertrag unterscheidet sich vom Normalarbeitsverhältnis, indem er in Abweichung vom gesetzlichen Grundsatz des § 613 S. 2 BGB eine Übertragbarkeit des Anspruches auf die Dienste des Arbeitnehmers vorsieht.[727] Aus der Arbeitnehmerüberlassung ergeben sich keine Besonderheiten, die einen Unterschied zur Situation sonstiger Arbeitnehmer begründen könnten. Jedenfalls auf dem Absatzmarkt scheidet damit eine Außenwirkung auf die Leiharbeitnehmer zur Begründung einer Marktverhaltensregelung aus.

(bb) Außenwirkung auf Entleiher als sonstige Marktteilnehmer i.S.d. § 2 Abs. 1 Nr. 2 UWG

Anders stellt sich die Situation in Bezug auf die Entleiher dar.

(aaa) Entleiher als sonstige Marktteilnehmer i.S.d. § 2 Abs. 1 Nr. 2 UWG

Der Entleiher ist weder Verbraucher noch Mitbewerber des Verleihers. Er ist in der Regel selbst Unternehmer i.S.d. § 2 Abs. 1 Nr. 6 UWG und bezieht die Arbeitsleistungen der Leiharbeitnehmer als Dienstleistungen i.S.d. § 2 Abs. 1 Nr. 2 UWG, wobei er im Austauschverhältnis mit dem Verleiher steht und damit in die Kategorie der sonstigen Marktteilnehmer fällt.

---

726 BGH 23.6.2016, GRUR 2017, 95 Rn. 20; OLG Frankfurt a.M. 29.1.2015, GRUR 2015, 401 Rn. 22.

727 Schüren/Hamann/*Schüren*, § 1 AÜG Rn. 87; Ulber/*J. Ulber*, § 1 AÜG Rn. 38; *Ulrici*, § 1 AÜG Rn. 33 f.

(bbb) *Der Bezug des § 1 Abs. 1 S. 1 AÜG zur Absatzhandlung des Verleihers*

Ohne die erforderliche Erlaubnis ist die Arbeitnehmerüberlassung verboten.[728] Aus der Systematik zu § 9 Abs. 1 Nr. 1 AÜG ergibt sich, dass der Verleiher schon keine Überlassungsverträge abschließen darf.[729] Bei der Arbeitnehmerüberlassung tritt der Verleiher gegenüber dem Entleiher auf. Während andere Arbeitnehmerschutzvorschriften an die bloße Beschäftigung von Arbeitnehmern anknüpfen und sich nur mittelbar auf den Absatz auswirken, betrifft § 1 Abs. 1 S. 1 AÜG die Absatzhandlungen selbst. Während bei den Regelungen des ArbZG oder des ArbSchG insbesondere die – dem Marktverhalten vorgelagerte – Produktion von Waren geregelt wird, sind die Arbeitsleistungen der Leiharbeitnehmer selbst die Dienstleistungen, die der Verleiher den Entleihern auf dem Absatzmarkt anbietet. Die Erlaubnispflicht richtet sich an ihn also nicht allein in der Funktion als Arbeitgeber.

(ccc) *Keine abschließende Regelung durch § 12 AÜG*

Nach § 9 Abs. 1 Nr. 1 Hs. 1 AÜG sind Verträge zwischen Verleihern und Entleihern unwirksam, wenn der Verleiher nicht die nach § 1 Abs. 1 S. 1 AÜG erforderliche Erlaubnis hat. In der Folge fingiert § 10 Abs. 1 S. 1 AÜG ein Arbeitsverhältnis zwischen Entleiher und Leiharbeitnehmer.[730] Dennoch verneinte das OLG Frankfurt a.M. einen Marktbezug hinsichtlich der Entleiher, weil die Rechtsbeziehungen zwischen Verleiher und Entleiher in § 12 AÜG abschließend geregelt seien.[731] § 12 Abs. 1 S. 3 AÜG verpflichtet den Verleiher, gegenüber dem Entleiher zu erklären, ob er die erforderliche Erlaubnis besitzt. Die Rechtsfolge des § 10 Abs. 1 S. 1 AÜG könne also nur eintreten, wenn der Verleiher insofern eine falsche Angabe macht. Dass darin möglicherweise eine eigenständige wettbewerbswidrige Handlung liege, könne für die Erlaubnispflicht keinen Bezug zum Marktverhalten herstellen.[732] Der Bundesgerichtshof ist dieser Argumentation gefolgt.[733]

---

728 *Ulrici*, § 1 AÜG Rn. 10; Thüsing-AÜG/*Waas*, § 1 Rn. 2

729 Ulber/*J. Ulber*, § 1 AÜG Rn. 217.

730 Thüsing-AÜG/*Mengel*, § 10 Rn. 5; Schüren/Hamann/*Schüren*, § 10 AÜG Rn. 23 ff.; Ulber/*J. Ulber*, § 10 AÜG Rn. 7; *Ulrici*, § 10 AÜG Rn. 22.

731 OLG Frankfurt a.M. 29.1.2015, GRUR 2015, 401 Rn. 30.

732 OLG Frankfurt a.M. 29.1.2015, GRUR 2015, 401 Rn. 30.

733 BGH 23.6.2016, GRUR 2017, 95 Rn. 32.

Demgegenüber sieht die herrschende Ansicht in der arbeitsrechtlichen Literatur die Rechtsbeziehungen zwischen Verleiher und Entleiher durch § 12 AÜG nicht abschließend geregelt.[734] Die Formerfordernisse und Unterrichtungspflichten dienen dem Schutz von Ent- und Verleiher im Interesse der Rechtssicherheit.[735] Dabei steht der Schutz des Entleihers im Vordergrund.[736] Für eine abschließende Regelung spricht zwar auch die Überschrift der Norm, die „Rechtsbeziehungen zwischen Verleiher und Entleiher“ lautet.[737] Es handelt sich aber bloß um punktuelle Regelungen.[738] Sie stellen lediglich Mindestanforderungen an die Form und den Inhalt des Überlassungsvertrages.[739] Angesichts der speziellen Regelungsinhalte lässt sich § 12 AÜG kein abschließender Charakter entnehmen.

(ddd) Die Zuverlässigkeit i.S.d. § 3 Abs. 1 Nr. 1 AÜG als Qualitätsmerkmal in rechtlicher Hinsicht

Die Auswirkungen auf den Absatzmarkt dürfen nicht bloße Reflexe der Entscheidung des Gesetzgebers, den Marktzutritt an eine Erlaubnis zu knüpfen, sein. Allerdings enthält § 1 Abs. 1 S. 1 AÜG selbst keine Vorgaben zur Art und Weise des Wettbewerbs auf dem Absatzmarkt. Diese können sich aus dem Zusammenhang zur Zuverlässigkeit i.S.d. § 3 Abs. 1 Nr. 1 AÜG ergeben. Immerhin bezieht sich die Prognose auf das zukünftige Verhalten des Verleihers. Allerdings nahm der Bundesgerichtshof – wie schon das Berufungsgericht – an, dass die erforderliche Zuverlässigkeit i.S.d. § 3 Abs. 1 Nr. 1 AÜG nicht darauf gerichtet ist, die Qualität der Dienstleistungen des Verleihers zu gewährleisten.[740]

Neben Qualitätsmerkmalen in tatsächlicher Hinsicht kommen aber auch solche aus rechtlichen Gründen in Betracht.[741] In diese Richtung ging auch das Vorbringen der Klägerin, wonach die Dienstleistung des Verleihers ohne Erlaubnis nicht sicher bzw. unbedenklich ist.[742] Fehlt dem Verleiher die erforderliche Erlaubnis, ist der Vertrag zwischen Verleiher und Leiharbeitnehmer nach § 9

---

734 BeckOK-ArbR/*Motz*, § 12 AÜG Rn. 1; Thüsing-AÜG/*Thüsing*, § 12 Rn. 1, 17; Ulber/*J. Ulber*, § 12 AÜG Rn. 1; *Ulrici*, § 12 AÜG Rn. 4; ErfK/*Wank/Roloff*, § 12 AÜG Rn. 1.

735 Ulber/*J. Ulber*, § 12 AÜG Rn. 1.

736 Begr. RegE., BT-Drs. VI/2303, S. 15.

737 Vgl. Ulber/*J. Ulber*, § 12 AÜG Rn. 1.

738 *Ulrici*, § 12 AÜG Rn. 4.

739 Thüsing-AÜG/*Thüsing*, § 12 Rn. 1, 17.

740 BGH 23.6.2016, GRUR 2017, 95 Rn. 30.

741 Vgl. *Ulrici*, jurisPR-ArbR 50/2016 Anm. 4. C. II.

742 OLG Frankfurt a.M. 29.1.2015, GRUR 2015, 401 Rn. 29.

Abs. 1 Nr. 1 Hs. 1 AÜG unwirksam und § 10 Abs. 1 S. 1 AÜG fingiert ein Arbeitsverhältnis zwischen Leiharbeitnehmer und Entleiher. Bei einem wirksamen Überlassungsvertrag haftet der Entleiher nach § 28e Abs. 2 S. 1 SGB IV wie ein selbstschuldnerischer Bürge für die Pflicht des verleihenden Arbeitgebers, den Gesamtsozialversicherungsbeitrag zu zahlen.

Die für die Erteilung der Erlaubnis notwendige Zuverlässigkeit i.S.d. § 3 Abs. 1 Nr. 1 AÜG kann insbesondere fehlen, wenn der Antragsteller keine geordneten Vermögensverhältnisse aufweist.[743] Dass die Erlaubnis aus diesem Grund zu versagen ist, verringert für Entleiher das Risiko der Haftung nach § 28e Abs. 2 S. 1 SGB IV. Mit entsprechender Argumentation wird die steuerrechtliche Haftung nach § 42d Abs. 6 EStG angeführt.[744] Auch dass eine zu verhütende Beeinträchtigung erst nach Geschäftsabschluss eintritt, kann unschädlich sein, wie der Bundesgerichtshof selbst an anderer Stelle klarstellt.[745]

Der systematische Zusammenhang zu den genannten Vorschriften zeigt, dass die Zuverlässigkeit in diesem Fall ein wesentliches Qualitätsmerkmal der Dienstleistungen, die der Verleiher dem Entleiher anbietet, ist. Indem § 3 Abs. 1 Nr. 1 AÜG die Erteilung der Erlaubnis nach § 1 Abs. 1 S. 1 AÜG an die Zuverlässigkeit knüpft, wird somit auch der Auftritt des Verleihers auf dem Absatzmarkt geregelt.

(d) Beschaffungsmarkt der Arbeitsleistungen von Leiharbeitnehmern

Zudem kommt neben dem Verhalten auf dem Absatzmarkt auch die Regelung eines Marktverhaltens auf dem Beschaffungsmarkt in Frage. Dabei kommt ebenfalls ein Einwirken auf die Leiharbeitnehmer, deren Arbeitskraft der Verleiher nachfragt, in Betracht.

(aa) Bezug des § 1 Abs. 1 S. 1 AÜG zur Nachfragehandlung des Verleihers

Die Erlaubnispflicht bezieht sich nach dem Wortlaut des § 1 Abs. 1 S. 1 AÜG allein auf die Arbeitnehmerüberlassung im Rahmen der wirtschaftlichen Tätigkeit. Die Überlassung an den Entleiher geschieht erst im Rahmen des laufenden

---

743 Begr. RegE., BT-Drs. VI/2303, S. 11; BeckOK-ArbR/*Kock*, § 3 AÜG Rn. 32; Thüsing-AÜG/*Kock*, § 3 Rn. 56; Schüren/Hamann/*Schüren*, § 3 AÜG Rn. 119; Ulber/*J. Ulber*, § 3 AÜG Rn. 28; *Ulrici*, § 3 AÜG Rn. 43; ErfK/*Wank/Roloff*, § 3 AÜG Rn. 6.

744 *Ulrici*, jurisPR-ArbR 22/2015 Anm. 4. C. III.

745 BGH 23.6.2016, GRUR 2017, 95 Rn. 37 mit Verweis auf BGH 12.7.2007, BGHZ 173, 188 Rn. 32, 35 und BGH 4.11.2010, GRUR 2011, 633 Rn. 19, 34.

Arbeitsverhältnisses mit dem Verleiher. In dieser Situation bietet nicht der Leiharbeitnehmer gegenüber dem Verleiher, sondern der Verleiher gegenüber dem Entleiher die Arbeitskraft des Leiharbeitnehmers an.

Ob der Verleiher die arbeits- und sozialversicherungsrechtlichen Pflichten gegenüber den Leiharbeitnehmern, die zum Gegenstand der Prognose über seine Zuverlässigkeit gehören, tatsächlich erfüllt, zeigt sich erst im laufenden Arbeitsverhältnis. Daraus ließe sich der Schluss ziehen, dass § 1 Abs. 1 S. 1 AÜG nur die Verleihtätigkeit auf dem Absatzmarkt regelt und sich nur mittelbar auf den Beschaffungsmarkt auswirkt, indem die Voraussetzungen für die Erlaubniserteilung den Verleiher vor die Wahl stellen, ob er entweder die Anforderungen erfüllt oder auf die ohne die Erlaubnis wirtschaftlich sinnlose Einstellung von Arbeitnehmern zur Überlassung verzichtet.

Dennoch bejahte der Bundesgerichtshof zu Recht einen unmittelbaren Zusammenhang zwischen der Erlaubnispflicht des § 1 Abs. 1 S. 1 AÜG und dem Auftritt des Verleihers auf dem Beschaffungsmarkt als potentieller Leiharbeitgeber.[746] Aus § 9 Abs. 1 Nr. 1 AÜG ergibt sich, dass der Verleiher ohne die erforderliche Erlaubnis schon keine Leiharbeitsverhältnisse eingehen darf.[747] Gerade der Abschluss entsprechender Arbeitsverträge bildet den Kern des Marktauftritts des Verleihers auf dem Beschaffungsmarkt. Es handelt sich nicht um ein vorgelagertes Verhalten, sondern den Marktauftritt selbst.[748] Der Verleiher benötigt die Erlaubnis, um überhaupt auf dem Markt tätig zu werden. Unzuverlässige Verleiher erhalten keinen Zugang zum Arbeitsmarkt.[749]

Nach Ansicht des Bundesgerichtshofs soll es auch keinen Unterschied machen, dass die Erlaubnispflicht die Einhaltung von Arbeitnehmerschutzvorschriften, die selbst keinen Marktbezug aufweisen, sicherstellen soll.[750] Die mittelbare Zielsetzung ändert nichts an dem dargestellten Zusammenhang, weil die spätere, fragliche Einhaltung der Pflichten gegenüber den Leiharbeitnehmern nicht mehr zum Auftritt des Entleihers auf dem Beschaffungsmarkt gehört. Der Bundesgerichtshof ging damit auch zu Recht davon aus, dass § 1 Abs. 1 S. 1 AÜG das Verhalten der Verleiher auf diesem Markt regelt.[751]

---

746 BGH 23.6.2016, GRUR 2017, 95 Rn. 37.
747 Ulber/*J. Ulber*, § 1 AÜG Rn. 217.
748 Vgl. *Fechner*, AuR 2018, 456, 458.
749 BeckOK-ArbR/*Kock*, § 1 AÜG Rn. 3.
750 BGH 23.6.2016, GRUR 2017, 95 Rn. 37.
751 BGH 23.6.2016, GRUR 2017, 95 Rn. 37.

(bb) *Außenwirkung auf Leiharbeitnehmer als Verbraucher i.S.d. § 2 Abs. 2 UWG i.V.m. § 13 BGB*

Der Bundesgerichtshof hat mit Hinweis auf das als abschließend angesehene Rechtsfolgensystem des AÜG offen gelassen, ob Arbeitnehmer bei Anbahnung, Eingehung und Durchführung des Arbeitsverhältnisses Verbraucher i.S.d. § 2 Abs. 2 UWG i.V.m. § 13 BGB oder sonstige Marktteilnehmer i.S.d. § 2 Abs. 1 Nr. 2 UWG, die in Bezug auf ihre Arbeitskraft als Leistungserbringer unternehmerähnlich auftreten, sind.[752] Da es sich bei § 1 Abs. 1 S. 1 AÜG um eine Regelung der Berufsausübung i.S.d. Art. 3 Abs. 8 UGP-RL handelt, wären Verstöße selbst dann nicht vom Anwendungsbereich der Richtlinie erfasst, wenn die Vorschrift den B2C-Bereich betreffen würde.[753] In Bezug auf das Arbeitsverhältnis sind Leiharbeitnehmer aber ohnehin keine Verbraucher i.S.d. § 2 Abs. 2 UWG i.V.m. § 13 BGB. Die Argumente für die teleologische Reduktion bzw. die entsprechende Anwendung der Verweisung des § 2 Abs. 2 UWG greifen hier ebenso.[754]

(cc) *Außenwirkung auf Leiharbeitnehmer als sonstige Marktteilnehmer i.S.d. § 2 Abs. 1 Nr. 2 UWG*

Das OLG Frankfurt a.M. sah die Messehostessen als Anbieter ihrer Arbeitsleistung auf dem Beschaffungsmarkt scheinbar als Mitbewerber i.S.d. § 2 Abs. 1 Nr. 3 UWG.[755] Allerdings setzt § 2 Abs. 1 Nr. 3 UWG voraus, dass die Person Unternehmer i.S.d. § 2 Abs. 1 Nr. 6 ist. Das ist auch bei Leiharbeitnehmern nicht der Fall. Der Bundesgerichtshof ging offenbar von einem Schreibfehler aus.[756] In der Tat liegt eine Einordnung als sonstige Marktteilnehmer i.S.d. § 2 Abs. 1 Nr. 2 UWG wesentlich näher. Auch *Ulrici* ist der Ansicht, dass Leiharbeitnehmer in der durch § 1 Abs. 1 S. 1 AÜG geregelten Situation die Voraussetzungen des § 2 Abs. 1 Nr. 2 UWG erfüllen.[757]

Nach den oben dargestellten Grundsätzen kommt dies nur in Betracht, wenn die Leiharbeitnehmer als Anbieter ihrer Arbeitsleistung am Markt auftreten, was bei der bloßen Durchführung des Arbeitsverhältnisses nicht der Fall ist.[758] § 1

752 BGH 23.6.2016, GRUR 2017, 95 Rn. 40 ff.

753 BGH 23.6.2016, GRUR 2017, 95 Rn. 11; K/B/F/*Köhler*, § 3a UWG Rn. 1.81.

754 S. dazu § 3 B. II. b).

755 OLG Frankfurt a.M. 29.1.2015, GRUR 2015, 401 Rn. 32.

756 BGH 23.6.2016, GRUR 2017 Rn. 38; ebenso *Ulrici*, jurisPR-ArbR 22/2015 Anm. 4 E. II.

757 *Ulrici*, jurisPR-ArbR 22/2015 Anm. 4 E. III. 3.

758 S. § 3 C. III. 1., 2.

Abs. 1 S. 1 AÜG regelt gerade auch den Abschluss des Leiharbeitsvertrages, der den Kern des Marktverhaltens des Verleihers auf dem Beschaffungsmarkt ausmacht.[759] In dieser Situation steht der Nachfrage des Verleihers das Angebot des potentiellen Leiharbeitnehmers entgegen. Während die spätere Durchführung des Arbeitsverhältnisses im innerbetrieblichen Bereich stattfindet, tritt der Leiharbeitnehmer hier tatsächlich – wie von § 2 Abs. 1 Nr. 2 UWG vorausgesetzt – als Anbieter und damit als sonstiger Marktteilnehmer auf. Überlegungen zum Verhältnis der arbeitsrechtlichen Rechtsfolgen zur Reichweite des Schutzes durch das Lauterkeitsrecht auf dem Beschaffungsmarkt sollten nicht mit den Anforderungen an die Eigenschaft als Marktteilnehmer vermischt werden und spielen an dieser Stelle noch keine Rolle.[760]

(e) Zwischenergebnis

Die Erlaubnispflicht des § 1 Abs. 1 S. 1 AÜG regelt das Marktverhalten der Entleiher sowohl auf dem Absatz- als auch auf dem Beschaffungsmarkt.

(2) Interesse der Marktteilnehmer

Infolge des Dreiecksverhältnisses bei der Arbeitnehmerüberlassung kommen im Rahmen des § 1 Abs. 1 S. 1 AÜG ungewöhnlich viele Marktteilnehmer auf dem Absatz- oder Beschaffungsmarkt in Betracht, in deren Interesse das Marktverhalten geregelt sein kann.

(a) Primäre sozialpolitische Zielsetzung des § 1 Abs. 1 S. 1 AÜG

Fest steht zunächst, dass das AÜG sozialpolitische Ziele verfolgt.[761] Das gilt insbesondere für die Erlaubnispflicht nach § 1 Abs. 1 S. 1 AÜG.[762] Nach der Begründung des Regierungsentwurfes ist die Erlaubnis davon abhängig, dass der Verleiher den sozialen Schutz der Leiharbeitnehmer gewährleistet.[763] Die damit

---

759 S. § 4 A. V. 2. b) aa) (1) (d) (aa).

760 Vgl. zur Eigenschaft als Verbraucher i.S.d. § 2 Abs. 2 UWG i.V.m. § 13 BGB *Ulrici*, jurisPR-ArbR 22/2015 Anm. 4 E. III.

761 BeckOK-ArbR/*Kock*, § 1 AÜG Rn. 1 f.; Ulber/*J. Ulber*, § 1 AÜG Rn. 12; *Ulrici*, Einl. Rn. 7 f.; Thüsing-AÜG/*Waas*, § 1 Rn. 1; ErfK/*Wank*/*Roloff*, § 1 AÜG Rn. 2 ff.

762 BSG 22.3.1979, BeckRS 1979, 30412478; BSG 21.7.1988, NZA 1989, 74, 75; BSG 12.12.1991, NZA 1992, 668, 669; BSG 6.2.1992, NZA 1992, 1006, 1007; Schüren/Hamann/*Hamann*, § 1 AÜG Rn. 6; BeckOK-ArbR/*Kock*, § 1 AÜG Rn. 3; Ulber/*J. Ulber*, § 1 AÜG Rn. 218; *Ulrici*, § 3 AÜG Rn. 6; Thüsing-AÜG/*Waas*, § 1 Rn. 1.

763 Begr. RegE., BT-Drs. VI/2303, S. 9.

verbundenen Einschränkungen der Berufsausübung seien geboten, um die Ausbeutung von Arbeitnehmern bei der Überlassung zu verhindern und den Anforderungen eines sozialen Rechtsstaates zu entsprechen.[764] Auf dieser Grundlage maß der Bundesgerichtshof der Erlaubnispflicht des § 1 Abs. 1 S. 1 AÜG, ebenso wie zuvor die Instanzgerichte, eine rein sozialpolitische Zielsetzung bei.[765] Auch insoweit ist die Rechtsprechung in der lauterkeitsrechtlichen Literatur auf Zustimmung getroffen.[766]

(b) Interesse der Verbraucher i.S.d. § 2 Abs. 2 UWG i.V.m. § 13 BGB

Die Leiharbeitnehmer treten in diesem Zusammenhang nicht als Verbraucher i.S.d. § 2 Abs. 2 UWG i.V.m. § 13 BGB auf. Dass die Interessen sonstiger Verbraucher geschützt werden sollen, ist nicht ersichtlich.

(c) Interesse der sonstigen Marktteilnehmer i.S.d. § 2 Abs. 1 Nr. 2 UWG

Als sonstige Marktteilnehmer kommen im Rahmen des § 1 Abs. 1 S. 1 AÜG sowohl die Leiharbeitnehmer als auch die Entleiher in Betracht.

(aa) Entleiher als sonstige Marktteilnehmer i.S.d. § 2 Abs. 1 Nr. 2 UWG

Während das LG Frankfurt a.M. sich nicht mit den Interessen der Entleiher auseinandergesetzt hatte,[767] verneinte das OLG Frankfurt a.M. eine entsprechende Zielsetzung.[768] Es sei nicht ersichtlich, dass sich die fehlende Erlaubnis i.S.d. § 1 Abs. 1 S. 1 AÜG negativ auf die Qualität, Sicherheit oder Unbedenklichkeit der Arbeitnehmerüberlassung auswirke.[769] Die behördliche Erlaubnis stehe in keinem Zusammenhang zur Qualität der Dienstleistungen, die primär von den Leistungen der Hostessen und sekundär von denen des Entleihers selbst abhänge.[770] Der Bundesgerichtshof ist der Ansicht, dass der Schutz der Entleiher nur faktischer Natur ist und eine entsprechende Zielsetzung nicht vorliegt.[771]

---

764 Begr. RegE., BT-Drs. VI/2303, S. 9 f.

765 BGH 23.6.2016, GRUR 2017, 95 Rn. 17 ff.; OLG Frankfurt a.M. 29.1.2015, GRUR 2015, 401 Rn. 25 ff.; LG Frankfurt a.M. 27.2.2014, GRUR-RS 2016, 19850 Rn. 21.

766 HK-UWG/*Ebert-Weidenfeller,* § 3a Rn. 88; *Emmerich/Lange,* § 20 Rn. 20; Büscher/*Hohlweck,* § 3a UWG Rn. 115; K/B/F/*Köhler,* § 3a UWG Rn. 1.81; MüKo-UWG/*Schaffert,* § 3a Rn. 93.

767 LG Frankfurt a.M. 27.2.2014, GRUR-RS 2016, 19850.

768 OLG Frankfurt a.M. 29.1.2015, GRUR 2015, 401 Rn. 27 ff.

769 OLG Frankfurt a.M. 29.1.2015, GRUR 2015, 401 Rn. 27.

770 OLG Frankfurt a.M. 29.1.2015, GRUR 2015, 401 Rn. 28.

771 BGH 23.6.2016, GRUR 2017, 95 Rn. 29.

Damit stellt sich der Bundesgerichtshof gegen die nahezu allgemeine Meinung in der Literatur zur Erlaubnispflicht des § 1 Abs. 1 S. 1 AÜG, die in der Entscheidung als andere Ansicht ausdrücklich abgelehnt wird.[772] Nur vereinzelt wird ein Schutzzweck im Interesse der Entleiher verneint.[773] Demgegenüber dient das Erfordernis der Zuverlässigkeit i.S.d. § 3 Abs. 1 Nr. 1 AÜG nach Ansicht der arbeitsrechtlichen Literatur auch dem Schutz der Entleiher vor unzuverlässigen Verleihern.[774] Die Entleiher sollten insbesondere vor den Folgen unerlaubter Arbeitnehmerüberlassung geschützt werden.[775] Dementsprechend liegt hier ein wesentlicher Ansatzpunkt für die Kritik an der Rechtsprechung. Es handele sich gerade nicht um eine bloße Arbeitnehmerschutzvorschrift.[776]

(aaa) Schutz der Marktgegenseite

Der Bundesgerichtshof verweist an anderer Stelle darauf, dass Erlaubnispflichten zur Ausübung eines bestimmten Gewerbes das Marktverhalten grundsätzlich nur im Interesse der Marktteilnehmer auf der Marktgegenseite regeln.[777] Ein Beispiel ist die Erlaubnispflicht für Versicherungsvermittler in § 34d Abs. 1 S. 1 GewO. Diese schützt die Interessen der Verbraucher, deren Rechtsgüter durch unzuverlässige Versicherungsvermittler gefährdet werden.[778] Aufgrund des Dreiecksverhältnisses bei der Arbeitnehmerüberlassung stehen aus Sicht des Verleihers aber nicht nur die Leiharbeitnehmer auf dem Beschaffungsmarkt, sondern auch die Entleiher auf dem Absatzmarkt auf der Gegenseite.

(bbb) Qualität der Leiharbeit in tatsächlicher Hinsicht

Eine gesetzlich normierte Zweckbestimmung, der sich eine entsprechende Zielsetzung entnehmen ließe, hat das AÜG nicht. Neben der historischen Auslegung anhand der Gesetzgebungsmaterialien geht der Bundesgerichtshof vor allem auf die verschiedenen Vorschriften ein, die im Zusammenhang mit § 1 Abs. 1 S. 1 AÜG stehen. Wie das Berufungsgericht nahm der Bundesgerichtshof an, dass die erforderliche Zuverlässigkeit i.S.d. § 3 Abs. 1 Nr. 1 AÜG nicht darauf

772 BGH 23.6.2016, GRUR 2017, 95 Rn. 29 a.E.

773 Erbs/Kohlhaas/*Ambs*, § 1 AÜG Rn. 5.

774 BeckOK-ArbR/*Kock*, § 3 AÜG Rn. 1; Thüsing-AÜG/*Kock*, § 3 Rn. 5; Ulber/*J. Ulber*, § 3 AÜG Rn. 26; *Ulrici*, § 1 AÜG Rn. 10, § 3 AÜG Rn. 6.

775 Ulber/*J. Ulber*, § 3 AÜG Rn. 26; *Ulrici*, § 1 AÜG Rn. 10.

776 *Ulrici*, jurisPR-ArbR 22/2015 Anm. 4 C. III.

777 BGH 23.6.2016, GRUR 2017, 95 Rn. 25; vgl. dazu *Schaffert* FS Ullmann, 845, 853.

778 BGH 18.9.2013, GRUR 2013, 1250 Rn. 16; BGH 6.11.2013, GRUR 2014, 88 Rn. 14

gerichtet ist, die Qualität der Dienstleistungen des Verleihers zu gewährleisten.[779] In der Tat stehen bei der Prognoseentscheidung über die zukünftige Einhaltung der gesetzlichen Bestimmungen zur Arbeitnehmerüberlassung andere Gesichtspunkte im Vordergrund, als sie aus Sicht des Entleihers bei der Bewertung der Dienstleistungen in tatsächlicher Hinsicht eine Rolle spielen.

Art. 2 der Richtlinie 2008/104/EG über Leiharbeit nennt als Ziel, für den Schutz der Leiharbeitnehmer zu sorgen und die Qualität der Leiharbeit zu verbessern. Damit könnte die Qualität der Dienstleistungen aus Sicht des Entleihers gemeint sein. Der Begriff der Qualität wird ansonsten weder im Text der Richtlinie noch in den Erwägungsgründen aufgegriffen. Nach Art. 2 RL 2008/104/EG sollen die Ziele erreicht werden, indem die Einhaltung des Grundsatzes der Gleichbehandlung von Leiharbeitnehmern gemäß Artikel 5 gesichert wird und die Leiharbeitsunternehmen als Arbeitgeber anerkannt werden. Mittelbar wollte der Richtliniengeber durch die Verbesserung der Qualität der Leiharbeit auch die Situation der Leiharbeitnehmer verbessern.[780] Dazu sollten die Regelungen des Art. 6 RL 2008/104/EG dienen.[781] Das gilt insbesondere für Art. 6 Abs. 5 RL 2008/104/EG, der den Zugang zu Fort- und Weiterbildungsangeboten betrifft.[782] Dieser wurde nicht ins AÜG umgesetzt.[783] Damit ist auch unklar, ob sich diese Zielsetzung mit der Erlaubnispflicht des § 1 Abs. 1 S. 1 AÜG in Verbindung bringen ließe. Es lässt sich nur vermuten, dass unzuverlässige Verleiher weniger Gewähr dafür bieten, den Zugang der Leiharbeitnehmer zu Fort- und Weiterbildungsangeboten zu verbessern, wie es Art. 6 Abs. 5 a) RL 2008/104/EG für die Leiharbeitsunternehmen vorsieht.

(ccc) Qualität der Leiharbeit in rechtlicher Hinsicht

Jedenfalls ist die mangelnde Qualität der Dienstleistungen selbst nicht das einzige Risiko, vor dem der Entleiher geschützt wird. Neben Qualitätsmerkmalen in tatsächlicher Hinsicht kommen auch solche aus rechtlichen Gründen in Betracht.[784] Dazu gehören bei einem wirksamen Überlassungsvertrag die Haftung nach § 28e Abs. 2 S. 1 SGB IV auf den Gesamtsozialversicherungsbeitrag sowie die steuerrechtliche Haftung nach § 42d Abs. 6 EStG. Bei Unwirksamkeit

779 BGH 23.6.2016, GRUR 2017, 95 Rn. 30.
780 *Hamann,* EuZA 2009, 287, 321.
781 Schüren/Hamann/*Brors,* B. Einl. Rn. 604.
782 *Hamann,* EuZA 2009, 287, 320.
783 F/G/O/*Kolbe,* Art. 6 RL 2008/104/EG Rn. 18.
784 S. § 4 A. V. 2 b) aa) (1) (c) (bb) (ddd).

nach § 9 Abs. 1 Nr. 1 Hs. 1 AÜG treffen den Entleiher infolge der Fiktion des § 10 Abs. 1 S. 1 AÜG insbesondere die arbeits- und sozialversicherungsrechtlichen Pflichten als Arbeitgeber.[785] Eine Festhaltenserklärung des Leiharbeitnehmers darf nach § 9 Abs. 3 S. 1 AÜG nicht zum Schutz des Entleihers vorsorglich abgegeben werden.[786] Dass diese Vorschrift den Schutz der Leiharbeitnehmer dem Schutz der Entleiher vorzieht, lässt angesichts der speziellen Situation, die der Regelung zugrunde liegt, aber keine Rückschlüsse auf weitere Normen zu.

Der Schutz des Entleihers davor, anstelle des unzuverlässigen Verleihers in die Pflichten aus dem Leiharbeitsverhältnis eintreten zu müssen, ist nach Ansicht des Bundesgerichtshofs ein bloßer Reflex der sozialpolitischen Zielsetzung.[787] Durch die Regelungen solle nicht der Entleiher vor einer Haftung bewahrt, sondern der soziale Schutz der Leiharbeitnehmer gewährleistet werden.[788] Zudem folge die Einstandspflicht nicht aus der Erlaubnispflicht des § 1 Abs. 1 S. 1 AÜG, sondern aus anderen Bestimmungen des AÜG, die ebenfalls dem Schutz der Leiharbeitnehmer dienen.[789]

Die Fiktion des § 10 Abs. 1 S. 1 AÜG dient dem Schutz der Leiharbeitnehmer.[790] Der Begründung des Regierungsentwurfes lässt sich zwar entnehmen, dass im Rahmen des § 10 Abs. 1 AÜG auch die schutzwürdigen Belange des Entleihers Berücksichtigung finden.[791] Dabei geht es beispielsweise um die zeitlichen Einschränkungen nach §§ 10 Abs. 1 S. 1, 3 AÜG.[792] Zudem könne der Entleiher vorher prüfen, ob der Verleiher die erforderliche Erlaubnis besitzt.[793] Dass die Fiktion selbst von einer Zielsetzung im Interesse der Entleiher getragen ist, lässt sich daraus aber nicht ableiten. Angesichts des systematischen Zusammenhangs spricht der Schutzzweck des § 10 Abs. 1 S. 1 AÜG nicht dafür, dass § 1 Abs. 1 S. 1 AÜG eine weitere Zielsetzung zukommt. Auf der anderen Seite kann von dem Schutzzweck der Fiktion nicht zwingend auf einen abschließenden Zweck der Normen, an die sie anknüpft, geschlossen werden.

---

785 BeckOK-ArbR/*Kock*, § 10 AÜG Rn. 23; Schüren/Hamann/*Schüren*, § 10 AÜG Rn. 2; *Ulrici*, § 10 AÜG Rn. 23.

786 Begr. RegE., BT-Drs. 18/9232, S. 26.

787 BGH 23.6.2016, GRUR 2017, 95 Rn. 32.

788 BGH 23.6.2016, GRUR 2017, 95 Rn. 32.

789 BGH 23.6.2016, GRUR 2017, 95 Rn. 32.

790 BeckOK-ArbR/*Kock*, § 10 AÜG Rn. 1; Thüsing-AÜG/*Mengel*, § 10 Rn. 2; *Ulrici*, § 10 AÜG Rn. 4.

791 Begr. RegE., BT-Drs. VI/2303, S. 14.

792 Begr. RegE., BT-Drs. VI/2303, S. 14.

793 Begr. RegE., BT-Drs. VI/2303, S. 14.

Auch dass die fragliche Belastung erst nach Geschäftsabschluss eintritt, kann unschädlich sein.[794] Der faktische Schutz davor, mit den Pflichten eines Arbeitsverhältnisses belastet zu werden, kann aber ohne weitere Anhaltspunkte nicht ausreichen, um eine entsprechende sekundäre Zielsetzung zu begründen, wenn der primäre Schutzzweck der Norm – hier im Interesse der Leiharbeitnehmer – den Sinn und Zweck der Norm bereits eigenständig erklären kann. Jedenfalls kann es nicht Ziel der Erlaubnispflicht des § 1 Abs. 1 S. 1 AÜG sein, die Entleiher vor einer Rechtsfolge zu schützen, die nach § 10 Abs. 1 S. 1 AÜG i.V.m. § 9 Abs. 1 Nr. 1 Hs. 1 AÜG nur eintritt, wenn diese Erlaubnis nicht vorliegt.

Die Prognose über die Zuverlässigkeit i.S.d. § 3 Abs. 1 Nr. 1 AÜG kann insbesondere negativ ausfallen, wenn der Antragsteller keine geordneten Vermögensverhältnisse aufweist.[795] In der Praxis gehören Steuer- und Beitragsrückstande zu den häufigsten Versagungsgründen.[796] Dass Verleiher in ungeordneten Vermögensverhältnissen keine Erlaubnis i.S.d. § 1 Abs. 1 S. 1 AÜG erhalten, liegt im Interesse der Entleiher, deren Haftungsrisiko dadurch verringert wird. Deshalb wird dem Bundesgerichtshof vorgehalten, er messe dieser Bürgenhaftung eine zu geringe Bedeutung bei.[797] Die Entscheidung des Bundesgerichtshofs ist von der zutreffenden Erwägung geleitet, dass Vorschriften, die im Ergebnis die Interessen von Marktteilnehmern schützen, nicht zwingend auch dazu bestimmt sind. Das zeigt sich exemplarisch beim Schutz vor der Haftung nach § 28e Abs. 2 S. 1 SGB IV. Dieser Schutz begünstigt auf den ersten Blick nur den Entleiher. § 28e Abs. 2 S. 1 SGB IV soll die Zahlung der Beiträge sicherstellen.[798] Zu verhindern, dass Verleiher mit ungeordneten Vermögensverhältnissen der Pflicht zur Zahlung des Gesamtsozialversicherungsbeitrages nicht nachkommen, liegt aber zunächst im Interesse der Sozialversicherungsträger.

(ddd) Historische Auslegung

Damit lässt sich allein aus Wortlaut und Systematik des AÜG keine Zielsetzung im Interesse der Entleiher als sonstiger Marktteilnehmer i.S.d. § 2 Abs. 1

794 BGH 23.6.2016, GRUR 2017, 95 Rn. 37 mit Verweis auf BGH 12.7.2007, BGHZ 173, 188 Rn. 32, 35; BGH 4.11.2010, GRUR 2011, 633 Rn. 19, 34.

795 Begr. RegE., BT-Drs. VI/2303, S. 11; BeckOK-ArbR/*Kock*, § 3 AÜG Rn. 32; Thüsing-AÜG/*Kock*, § 3 Rn. 56; Schüren/Hamann/*Schüren*, § 3 AÜG Rn. 119; Ulber/*J. Ulber*, § 3 AÜG Rn. 28; *Ulrici*, § 3 AÜG Rn. 43; ErfK/*Wank/Roloff*, § 3 AÜG Rn. 6.

796 Zwölfter Bericht der Bundesregierung über die Erfahrungen bei der Anwendung des Arbeitnehmerüberlassungsgesetzes, BT-Drs. 18/673, S. 18.

797 *Ulrici*, jurisPR-ArbR 50/2016 Anm. 4. C. III.

798 LSG Baden-Württemberg 25.2.2000, BeckRS 2000, 16289 Rn. 16.

Nr. 2 UWG ableiten. Besondere Bedeutung kommt deshalb der historischen Auslegung zu, auf die auch der Bundesgerichtshof eingeht. Die Flexibilisierung der Arbeitnehmerüberlassung mit den Änderungen durch das am 1.1.2003 in Kraft getretenen Ersten Gesetz für moderne Dienstleistungen am Arbeitsmarkt vom 23.12.2002[799] sollte zwar die Wettbewerbsfähigkeit der Unternehmen, die Leiharbeitnehmer einsetzen, verbessern.[800] Von den Änderungen seien aber weder die Erlaubnispflicht nach § 1 Abs. 1 S. 1 AÜG noch die Voraussetzung der Zuverlässigkeit nach § 3 Abs. 1 Nr. 1 AÜG betroffen.[801] Letztere knüpfe nach dem gesetzgeberischen Willen weiterhin an die soziale Schutzbedürftigkeit der Leiharbeitnehmer an.[802]

Daraus leitet der Bundesgerichtshof offenbar eine abschließende Zielsetzung ab. Eine von der Revision geltend gemachte Erweiterung der Zielrichtung wurde abgelehnt.[803] Die in Bezug genommene Begründung des Regierungsentwurfes zählt als Voraussetzungen für die Erteilung der Erlaubnis nach § 1 Abs. 1 S. 1 AÜG auf, dass der Verleiher unter anderem die Vorschriften des Sozialversicherungs-, Arbeitsschutz- und Arbeitsrechts sowie die Vorschriften über die Einbehaltung und Abführung der Lohnsteuer und der Ausländerbeschäftigung einhält sowie Mindestanforderungen an die Betriebsorganisation erfüllt.[804] Diese Anforderungen dienen dem Schutz der Leiharbeitnehmer. Das ergibt sich auch aus dem Hinweis auf die besondere Schutzbedürftigkeit der Leiharbeitnehmer unmittelbar davor.[805] Es handelt sich ohnehin nur um die Wiedergabe der §§ 3 Abs. 1 Nr. 1, 2 AÜG. Dass die Begründung nur den sozialen Schutz der Leiharbeitnehmer im Blick hat, erklärt sich durch den Kontext.

---

799 BGBl. 2002 Teil I, S. 4607, 4617 ff.

800 Vgl. Begr. zum Gesetzentwurf der Fraktionen SPD und BÜNDNIS 90/DIE GRÜNEN, BT-Drs. 15/25, S. 24; Zehnter Bericht der Bundesregierung über Erfahrungen bei der Anwendung des Arbeitnehmerüberlassungsgesetzes, BT-Drs. 15/6008, S. 8.

801 BGH 23.6.2016, GRUR 2017, 95 Rn. 35.

802 BGH 23.6.2016, GRUR 2017, 95 Rn. 35 mit Verweis auf Begr. RegE., Entwurf eines Ersten Gesetzes zur Änderung des Arbeitnehmerüberlassungsgesetzes – Verhinderung von Missbrauch der Arbeitnehmerüberlassung, BT-Drs. 17/4804, S. 7.

803 BGH 23.6.2016, GRUR 2017, 95 Rn. 33.

804 Begr. RegE., Entwurf eines Ersten Gesetzes zur Änderung des Arbeitnehmerüberlassungsgesetzes – Verhinderung von Missbrauch der Arbeitnehmerüberlassung, BT-Drs. 17/4804, S. 7.

805 Begr. RegE., Entwurf eines Ersten Gesetzes zur Änderung des Arbeitnehmerüberlassungsgesetzes – Verhinderung von Missbrauch der Arbeitnehmerüberlassung, BT-Drs. 17/4804, S. 7.

Schon ausweislich der Bezeichnung handelt es sich um ein Gesetz zur Verhinderung von Missbrauch der Arbeitnehmerüberlassung. Eine vollständige Wiedergabe des Gesetzeszwecks war an dieser Stelle nicht notwendig.

Aus den Ausführungen kann nicht geschlossen werden, dass die für die Erlaubnis nach § 1 Abs. 1 S. 1 AÜG notwendige Zuverlässigkeit i.S.d. § 3 Abs. 1 Nr. 1 AÜG aus Sicht des Gesetzgebers allein die Leiharbeitnehmer schützen sollte. Vielmehr heißt es in der Begründung des Regierungsentwurfes, auf die der Bundesgerichtshof sich beruft, dass das AÜG „insbesondere" dem Schutz der Leiharbeitnehmer dient.[806] Das spricht dafür, dass der Gesetzgeber nicht ausschließlich die Interessen der Leiharbeitnehmer im Blick hatte und der Schutzzweck nicht allein auf ihren sozialen Schutz beschränkt ist.[807]

Auch die in der arbeitsrechtlichen Literatur herrschende Gegenansicht stützt sich auf eine historische Auslegung. Teilweise wird schon auf die Begründung zum Regierungsentwurf eines Gesetzes zur Regelung der gewerbsmäßigen Arbeitnehmerüberlassung aus dem Jahr 1971 Bezug genommen.[808] Dort heißt es, dass unzuverlässige Verleiher von der Arbeitnehmerüberlassung ausgeschlossen werden sollen.[809] Dass dies zumindest auch im Interesse der Entleiher geschehen soll, geht aus der Begründung nicht hervor. Zudem sollte die Erlaubnis daran geknüpft sein, dass der Verleiher zuverlässig ist und den sozialen Schutz der Leiharbeitnehmer sicherstellt.[810] Die sprachliche Trennung in zwei Anknüpfungspunkte ließe es zu, der Voraussetzung der Zuverlässigkeit noch eine weitere Zielsetzung beizumessen. Worin diese liegen könnte, bleibt wiederum unklar.

Auch § 13 AÜG a.F. i.V.m. § 1 Abs. 2 AÜG wird als Argument angeführt.[811] Die Vermutung, dass der Überlassende Arbeitsvermittlung betreibt, knüpft nach dem Klammerzusatz des § 1 Abs. 2 AÜG unter anderem an die fehlende Zuverlässigkeit i.S.d. § 3 Abs. 1 Nr. 1 AÜG an. Aus der im Jahr 1997 aufgehobenen Vorschrift des § 13 AÜG a.F. wurde als Rechtsfolge der unerlaubten Arbeitsvermittlung ein Arbeitsverhältnis zwischen Leiharbeitnehmer und Entleiher

---

806 Begr. RegE., Entwurf eines Ersten Gesetzes zur Änderung des Arbeitnehmerüberlassungsgesetzes – Verhinderung von Missbrauch der Arbeitnehmerüberlassung, BT-Drs. 17/4804, S. 7.

807 *Ulrici,* jurisPR-ArbR 50/2016 Anm. 4. C. I.

808 BeckOK-ArbR/*Kock,* § 3 AÜG Rn. 1; Thüsing-AÜG/*Kock,* § 3 Rn. 5 mit Verweis auf Begr. RegE., BT-Drs. VI/2303, S. 11.

809 Begr. RegE., BT-Drs. VI/2303, S. 11.

810 Begr. RegE., BT-Drs. VI/2303, S. 11.

811 *Ulrici,* jurisPR-ArbR 50/2016 Anm. 4. C. II.; *Ulrici,* GRUR-Prax 2016, 565.

gefolgert.[812] Das sollte die Zuverlässigkeit zu einem wesentlichen Qualitätsmerkmal der Dienstleistung des Verleihers machen.[813] Der daraus geschlossene Schutzzweck im Interesse der Entleiher sei weiterhin zu berücksichtigen.[814] Dies setzt zum einen voraus, dass sich der Schutzzweck insofern nicht gewandelt hat. Zum anderen ist – wie schon bei § 10 Abs. 1 S. 1 AÜG i.V.m. § 9 Abs. 1 Nr. 1 Hs. 1 AÜG –[815] der Schluss von der schützenden Rechtsfolge auf eine entsprechende Zielsetzung nicht zwingend.

Zur Begründung wird auch auf einen Bericht der Bundesregierung aus dem Jahr 1974 verwiesen, laut dem das AÜG „den Markt der gewerbsmäßigen Arbeitnehmerüberlassung überschaubar machen" soll.[816] In diese Richtung geht auch ein Teil der Lehre, der den „Schutz des Marktes", einschließlich der Entleiher, zu den Gründen für die fehlende Zuverlässigkeit i.S.d. § 3 Abs. 1 Nr. 1 AÜG zählt.[817] Auch in dem Bericht werden die Entleiher nicht genannt. Es liegt zwar nicht fern, dass die Überschaubarkeit des Marktes auch den Interessen der Entleiher dienen sollte. Bei einer geringeren Zahl etablierter Verleiher dürften Zweifel an der Zuverlässigkeit eher bekannt werden. Auch diese Ausführungen stehen aber im Zusammenhang mit der Sicherung der arbeits- und sozialrechtlichen Stellung der Leiharbeitnehmer, die zuerst als Hauptanliegen des AÜG genannt wird, sowie im Rahmen der generellen Vorbehalte gegenüber der Arbeitnehmerüberlassung, die bis zu einem Urteil des Bundesverfassungsgerichts im Jahr 1967 grundsätzlich verboten war.[818]

Eindeutig sind schließlich zwei Berichte der Bundesregierung an den Bundestag aus den Jahren 2011 und 2014 über die Anwendung des AÜG, die den Schutz der Entleiher vor unzuverlässigen Verleihern neben dem Schutz der Leiharbeitnehmer als Zielsetzung des Gesetzes nennen.[819] Die Argumentation

---

812 BAG 2.6.2010, NZA 2011, 351 Rn. 31; BAG 15.5.2013, NZA 2013, 1267 Rn. 22.

813 *Ulrici,* jurisPR-ArbR 50/2016 Anm. 4. C. II.; *Ulrici,* GRUR-Prax 2016, 565.

814 *Ulrici,* jurisPR-ArbR 50/2016 Anm. 4. C. II.; *Ulrici,* GRUR-Prax 2016, 565.

815 S. § 4 A. V. 2. b) aa) (2) (c) (aa) (ccc).

816 *Ulrici,* GRUR-Prax 2016, 565 mit Verweis auf den Bericht der Bundesregierung über die Erfahrungen bei der Anwendung des Arbeitnehmerüberlassungsgesetzes, BT-Drs. 7/2365, S. 3.

817 Ulber/*J. Ulber,* § 3 AÜG Rn. 26, allerdings mit Verweis auf *Schüren,* der seine Ansicht in der aktuellen Auflage aufgegeben hat, s. Schüren/Hamann/*Schüren,* § 3 AÜG Rn. 109, 130.

818 Bericht der Bundesregierung über die Erfahrungen bei der Anwendung des Arbeitnehmerüberlassungsgesetzes, BT-Drs. 7/2365, S. 3.

819 Elfter Bericht der Bundesregierung über die Erfahrungen bei der Anwendung des Arbeitnehmerüberlassungsgesetzes, BT-Drs. 17/464, S. 5; Zwölfter Bericht der

stützt sich darauf, dass der Bundestag dies nicht beanstandet hat.[820] So bilde die Angabe des Zwecks durch die Bundesregierung die Geschäftsgrundlage für die vom Bundestag beschlossenen Änderungen des § 1 Abs. 1 S. 1 AÜG bzw. § 1 Abs. 1 AÜG in den Jahren 2011 und 2017.[821] Ebenso wie die vom Bundesgerichtshof behandelten Änderungen im Jahr 2011 sollte das Gesetz zur Änderung des Arbeitnehmerüberlassungsgesetzes und anderer Gesetze Missbräuche verhindern und die Stellung der Leiharbeitnehmer stärken.[822] In diesem Zusammenhang ist ebenfalls keine Auseinandersetzung mit dem Schutzzweck des AÜG insgesamt oder der Erlaubnispflicht des § 1 Abs. 1 S. 1 AÜG ersichtlich. Die Begründung zum Regierungsentwurf betont zwar die Bedeutung der Flexibilität für die Unternehmen, die vorübergehenden Bedarf mit Leiharbeitskräften decken.[823] Diese Flexibilität wird aber jedenfalls nicht gesondert in Verbindung zur Erlaubnispflicht oder der Zuverlässigkeit i.S.d. § 3 Abs. 1 Nr. 1 AÜG gesetzt.

Der Kritik am Urteil des Bundesgerichtshofs ist zuzugeben, dass nicht ersichtlich ist, wieso das Gericht sich nicht mit den eindeutigen Aussagen in den Berichten der Bundesregierung auseinandergesetzt hat. Die Entscheidung selbst geht auf einen vorherigen Bericht ein.[824] Die beiden folgenden Berichte aus den Jahren 2011 und 2014 werden nicht behandelt. Dennoch stellt sich die Frage, ob das bloße Schweigen des Gesetzgebers in diesem Zusammenhang ausreicht, um einen Schutzzweck im Interesse der Entleiher zu begründen. Dafür spricht, dass es in den Gesetzgebungsmaterialien jeweils keiner Auseinandersetzung mit der vollständigen Zielsetzung bedurfte. Es ist denkbar, dass die Bestimmung zum Schutz der Entleiher angesichts der im Ergebnis vorhandenen Schutzwirkung so selbstverständlich war, dass sie nie ausdrücklich festgehalten wurde. Dazu passt, dass sich den Gesetzgebungsmaterialien keine abschließende Zweckangabe entnehmen lässt.

Dagegen spricht, dass der Gesetzgeber sich durchaus mit den Zielsetzungen der verschiedenen Normen auseinandergesetzt hat. Beispielsweise findet

---

Bundesregierung über die Erfahrungen bei der Anwendung des Arbeitnehmerüberlassungsgesetzes, BT-Drs. 18/673, S. 6.

820 *Ulrici*, jurisPR-ArbR 50/2016 Anm. 4. C. I; *Ulrici*, GRUR-Prax 2016, 565; i.E. auch *Ulrici*, § 1 AÜG Rn. 10 Fn. 54.

821 *Ulrici*, jurisPR-ArbR 50/2016 Anm. 4. C. I.

822 Begr. RegE., BT-Drs. 18/9232, S. 14.

823 Begr. RegE., BT-Drs. 18/9232, S. 14.

824 BGH 23.6.2016, GRUR 2017, 95 Rn. 34 a.E. mit Verweis auf den zehnten Bericht der Bundesregierung über Erfahrungen bei der Anwendung des Arbeitnehmerüberlassungsgesetzes, BT-Drs. 15/6008, S. 8

sich schon in der Begründung zum Regierungsentwurf auf dem Jahr 1971 der Hinweis, dass die von § 12 Abs. 1 S. 1 AÜG geforderte Schriftform des Überlassungsvertrages primär dem Schutz des Entleihers dient.[825] Eine derartige, ausdrückliche gesetzgeberische Äußerung bezüglich der Erlaubnispflicht des § 1 Abs. 1 S. 1 AÜG oder der für die Erteilung erforderlichen Zuverlässigkeit i.S.d. § 3 Abs. 1 Nr. 1 AÜG fehlt.

Noch der zehnte AÜG-Bericht der Bundesregierung aus dem Jahr 2005 hatte speziell für das Erlaubnisverfahren angegeben, dieses diene „letztlich dem besonderen Schutz der Leiharbeitnehmer sowie der Sicherung der Sozialversicherungsbeiträge und des Steueraufkommens".[826] Damit bietet der Bericht auch eine überzeugende Ergänzung zu den Angaben, die für wenigstens eine sekundäre Zielsetzung neben dem sozialen Schutz der Leiharbeitnehmer sprechen. Die späteren Berichte könnten zwar Anzeichen für einen gewandelten Schutzzweck sein. Sie weisen grundsätzlich auch einen Bezug zur Gesetzgebung auf, weil die Vorlage der Berichte auf einem Auftrag des Bundestages beruht[827]. Das bloße Schweigen bei Gesetzesänderungen, die nicht ersichtlich dem Schutz der Entleiher dienten, weist aber nicht nach, dass der Gesetzgeber mit der Erlaubnispflicht des § 1 Abs. 1 S. 1 AÜG auch die Interessen der Entleiher schützen wollte. Im Ergebnis ist die Vorschrift nicht dazu bestimmt, das Marktverhalten in ihrem Interesse zu regeln.

(bb) Leiharbeitnehmer als sonstige Marktteilnehmer i.S.d. § 2 Abs. 1 Nr. 2 UWG

Da Leiharbeitnehmer nicht auf dem Absatzmarkt der Waren oder Dienstleistungen, die sie herstellen bzw. erbringen, auftreten, ordnet der Bundesgerichtshof ihren Schutz insoweit richtigerweise als bloßes Allgemeininteresse ein und verneint eine Regelung im Interesse der Marktteilnehmer i.S.d. § 3a UWG.[828] Die Besonderheit des § 1 Abs. 1 S. 1 AÜG gegenüber den bisher behandelten Vorschriften liegt darin, dass die Leiharbeitnehmer als Anbieter ihrer Arbeitsleistungen ausnahmsweise selbst als sonstige Marktteilnehmer i.S.d. § 2 Abs. 1 Nr. 2 UWG gegenüber den Verleihern auftreten. Grundsätzlich kann eine

825 Begr. RegE., BT-Drs. VI/2303, S. 15.

826 Zehnter Bericht der Bundesregierung über Erfahrungen bei der Anwendung des Arbeitnehmerüberlassungsgesetzes, BT-Drs. 15/6008, S. 19.

827 Zwölfter Bericht der Bundesregierung über die Erfahrungen bei der Anwendung des Arbeitnehmerüberlassungsgesetzes, BT-Drs. 18/673, S. 5.

828 BGH 23.6.2016, GRUR 2017, 95 Rn. 20 f.; a.A. wohl *Eifinger,* GRUR-Prax 2015, 150.

Beschränkung des Wettbewerbs nicht den Interessen der Anbieter dienen, weil dies ihrer Funktion am Markt widerspräche – eine Ausnahme kommt aber in Betracht, wenn eine bestimmte Gruppe von Anbietern geschützt werden soll.[829]

Wie bereits dargestellt wurde, dient die Erlaubnispflicht nach § 1 Abs. 1 S. 1 AÜG vornehmlich dem sozialen Schutz der Leiharbeitnehmer.[830] Das zeigt auch § 3 Abs. 1 Nr. 1 AÜG, der als Regelbeispiele für die Unzuverlässigkeit unter anderem aufzählt, dass der Antragsteller die Vorschriften des Sozialversicherungsrechts, über die Überlassungshöchstdauer nach § 1 Abs. 1b AÜG, die Vorschriften des Arbeitsschutzrechts oder die arbeitsrechtlichen Pflichten nicht einhält. Bereits das LG Frankfurt a.M. wies darauf hin, dass der Gesetzgeber die Erlaubnis an die Zuverlässigkeit des Verleihers geknüpft hat, um Missbrauch der Arbeitnehmerüberlassung und die Ausbeutung der Leiharbeitnehmer zu verhindern.[831] Das Gericht behandelte den Beschaffungsmarkt nicht, sah die Leiharbeitnehmer nicht als Marktteilnehmer an und ging folglich auch nicht auf einen entsprechenden Schutzzweck ein. Tiefer gehen die Ausführungen des OLG Frankfurt a.M., wonach § 1 Abs. 1 S. 1 AÜG auch den Interessen der Leiharbeitnehmer als Marktteilnehmer auf dem Beschaffungsmarkt dienen sollte.[832]

Dennoch verneinte das OLG Frankfurt a.M. eine Regelung des Marktverhaltens im Interesse der Marktteilnehmer i.S.d. § 3a UWG, weil sonst alle Arbeitsschutzvorschriften erfasst wären.[833] Dies wurde vom Bundesgerichtshof, der von einem geschlossenen Sanktionssystem des AÜG ausgeht, nicht beanstandet.[834] Auch an dieser Stelle sollte aber genau zwischen den Anforderungen des lauterkeitsrechtlichen Tatbestandes und den Erwägungen zum Verhältnis der arbeitsrechtlichen Rechtsfolgen zur Reichweite des Schutzes durch das Lauterkeitsrecht auf dem Beschaffungsmarkt unterschieden werden.

Zu berücksichtigen ist noch, dass die geschützten Interessen gerade durch die Teilnahme am Markt berührt sein müssen, wobei die herrschende Meinung im Lauterkeitsrecht keine spezifisch wettbewerbsbezogene Schutzfunktion verlangt.[835] Die Gegenansicht stützt sich hauptsächlich auf die UPG-Richtlinie und ihren Schutzzweck.[836] Verstöße gegen § 1 Abs. 1 S. 1 AÜG sind aber nicht vom

---

829 *Scherer,* WRP 2006, 401, 404 f.

830 S. § 4 A. V. 2. b) aa) (2) (a).

831 LG Frankfurt a.M. 27.2.2014, GRUR-RS 2016, 19850 Rn. 21.

832 OLG Frankfurt a.M. 29.1.2015 GRUR 2015, 401 Rn. 34.

833 OLG Frankfurt a.M. 29.1.2015 GRUR 2015, 401 Rn. 34.

834 BGH 23.6.2016, GRUR 2017, 95 Rn. 41 ff.

835 S. § 4 A. III. 2. b).

836 Ohly/Sosnitza/*Ohly,* § 3a UWG Rn. 25.

Anwendungsbereich der Richtlinie erfasst.[837] Eine einheitliche Auslegung auch außerhalb des Anwendungsbereiches ist jedenfalls nicht zwingend.[838]

Der Bundesgerichtshof schloss sich dem OLG Frankfurt a.M. an, sah in § 1 Abs. 1 S. 1 AÜG also ebenfalls eine Regelung des Marktverhaltens der Verleiher bei der Nachfrage nach Arbeitsleistungen im Interesse der Leiharbeitnehmer, die ihre Arbeitskraft anbieten.[839] Dagegen spricht, dass die tatsächliche Beeinträchtigung der Leiharbeitnehmer ggf. erst lange nach Abschluss des Vertrages eintritt. Insbesondere, ob die im Rahmen der Zuverlässigkeit i.S.d. § 3 Abs. 1 Nr. 1 AÜG relevanten Gesetze eingehalten werden, zeigt sich erst bei der Durchführung des Arbeitsverhältnisses. Das legt nahe, dass der Leiharbeitnehmer nicht in seiner Rolle als Marktteilnehmer geschützt werden soll. Demgegenüber geht der Bundesgerichtshof davon aus, dass die Marktteilnahme insbesondere im Abschluss von Austauschverträgen und dem nachfolgenden Gebrauch oder Verbrauch der jeweiligen Waren oder Dienstleistungen bestehen kann.[840]

Der Bundesgerichtshof stellt im Ergebnis zu Recht einen unmittelbaren Zusammenhang zwischen § 1 Abs. 1 S. 1 AÜG und dem Marktauftritt des Verleihers als potentiellem Arbeitgeber von Leiharbeitskräften her, weil dieser ohne die Erlaubnis keine Leiharbeitsverträge abschließen darf.[841] Dass es unschädlich sein kann, wenn eine zu verhütende Beeinträchtigung erst nach Geschäftsabschluss eintritt, begründet der Bundesgerichtshof mit Verweis auf zwei Urteile, die das Verbot des Versandhandels mit jugendgefährdenden Medien nach § 15 Abs. 1 Nr. 3, Abs. 2 i.V.m. § 27 Abs. 1 Nr. 1, Abs. 3 Nr. 1 JuSchG[842] sowie das Verbot der Werbung mit der ökologischen Herstellung von Zigaretten nach § 22 Abs. 2 S. 1 Nr. 2 VTabakG[843] betrafen.[844] Die letztgenannte Vorschrift soll die Verbraucher vor der Gesundheitsgefährdung schützen, die der spätere Konsum mit sich bringt.[845] Beim erstgenannten Verbot geht es um die Gefährdung der

837 S. § 4 A. V. 2. b) aa) (1) (d) (bb).

838 Vgl. zu Jugendschutzvorschriften K/B/F/*Köhler*, § 3a UWG Rn. 1.334; MüKo-UWG/*Schaffert*, § 3a UWG Rn. 255.

839 BGH 23.6.2016, GRUR 2017, 95 Rn. 37.

840 BGH 23.6.2016, GRUR 2017, 95 Rn. 37 mit Verweis auf BGH 8.10.2015, GRUR 2016, 513 Rn. 21.

841 S. § 4 A. V. 2. b) aa) (1) (d) (aa).

842 BGH 12.7.2007, BGHZ 173, 188 Rn. 32, 35.

843 BGH 4.11.2010, GRUR 2011, 633 Rn. 19, 34.

844 BGH 23.6.2016, GRUR 2017, 95 Rn. 37 mit Verweis auf BGH 12.7.2007, BGHZ 173, 188 Rn. 32, 35; BGH 4.11.2010, GRUR 2011, 633 Rn. 19, 34.

845 BGH 4.11.2010, GRUR 2011, 633 Rn. 19.

Entwicklung der Jugendlichen durch den späteren Gebrauch.[846] Es ist mit Sinn und Zweck des § 3a UWG vereinbar, Vorschriften zu erfassen, die den Absatz von Produkten regeln, auch wenn erst der Gebrauch zu einer Gefährdung von Marktteilnehmern führt.[847]

Es ist kein Grund ersichtlich, wieso sich dies nicht auf die vorliegende Situation übertragen lassen sollte. § 3 Abs. 1 Nr. 1 AÜG knüpft die Erlaubnis gerade an die Zuverlässigkeit, damit die Leiharbeitnehmer gar nicht erst ein Leiharbeitsverhältnis mit einem unzuverlässigen Verleiher eingehen. Zwar treten die tatsächlichen Beeinträchtigungen erst später ein. Wie beim Versandhandel mit jugendgefährdenden Medien und der Werbung mit der ökologischen Herstellung von Zigaretten verwirklicht sich aber lediglich die zuvor geschaffene Gefahr für die Interessen der Leiharbeitnehmer, die hier bereits aus dem von § 1 Abs. 1 S. 1 AÜG geregelten Verhalten auf dem Beschaffungsmarkt folgt. Auf diesem Markt schützt die Erlaubnispflicht die Leiharbeitnehmer damit in ihrer Rolle als Marktteilnehmer i.S.d. § 2 Abs. 1 Nr. 2 UWG. Insoweit handelt es sich um eine Regelung des Marktverhaltens im Interesse der Leiharbeitnehmer als Marktteilnehmer i.S.d. § 3a UWG. Der Schutz der Arbeitnehmer ist damit ausnahmsweise kein bloßes Interesse der Allgemeinheit.

(d) Interesse der Mitbewerber i.S.d. § 2 Abs. 1 Nr. 3 UWG

In Frage kommen hier sowohl die Mitbewerber der Verleiher auf dem Absatzmarkt als auch dem Beschaffungsmarkt für Arbeitsleistungen von potentiellen Leiharbeitnehmern. Faktisch sorgt die Erlaubnispflicht hier für gleiche Wettbewerbsbedingungen. Illegale Verleiher können ihre Leistungen günstiger anbieten als ihre Mitbewerber und diese aus dem Markt verdrängen.[848] Mit einer entsprechenden Zielsetzung beschäftigte sich auch das OLG Frankfurt a.M., sah dafür aber neben dem sozialpolitischen Schutzzweck zugunsten der Leiharbeitnehmer

---

846 K/B/F/*Köhler*, § 3a UWG Rn. 1.334.

847 K/B/F/*Köhler*, § 3a UWG Rn. 1.25, 1.334.

848 Sechster Bericht der Bundesregierung über Erfahrungen bei der Anwendung des Arbeitnehmerüberlassungsgesetzes sowie über die Auswirkungen des Gesetzes zur Bekämpfung der illegalen Beschäftigung, BT-Drs. 11/2639, S. 25; Achter Bericht der Bundesregierung über Erfahrungen bei der Anwendung des Arbeitnehmerüberlassungsgesetzes sowie über die Auswirkungen des Gesetzes zur Bekämpfung der illegalen Beschäftigung, BT-Drs. 13/5498, S. 40; Neunter Bericht der Bundesregierung über Erfahrungen bei der Anwendung des Arbeitnehmerüberlassungsgesetzes sowie über die Auswirkungen des Gesetzes zur Bekämpfung der illegalen Beschäftigung, BT-Drs. 14/4220, S. 28, 39.

keine Anhaltspunkte.[849] Zu Recht ging das Gericht davon aus, dass der bloße Preisvorteil, mit dem sich der ohne Erlaubnis auftretende Verleiher einen Wettbewerbsvorsprung vor seinen gesetzeskonform handelnden Mitbewerbern verschaffen kann, im Rahmen des § 3a UWG keine Rolle spielt.[850]

Auch der Bundesgerichtshof ging davon aus, dass § 1 Abs. 1 S. 1 AÜG nicht auf die Herstellung der Wettbewerbsgleichheit zwischen den Verleihern gerichtet ist.[851] Erlaubnispflichten zur Ausübung eines bestimmten Gewerbes sollen das Marktverhalten grundsätzlich nur im Interesse der Marktteilnehmer auf der Marktgegenseite regeln.[852] Die Auslegung des Gerichts ergab keine Ausnahme von diesem Grundsatz. Die Erlaubnispflicht des § 1 Abs. 1 S. 1 AÜG sollte zwar Missbräuche der Arbeitnehmerüberlassung verhindern, der daraus folgende Schutz der Verleiher vor unzuverlässigen Mitbewerbern sei als bloß tatsächliche Folge aber nur ein Reflex der sozialen Schutzwirkung für die Leiharbeitnehmer. [853]

Demgegenüber wird teilweise die Ansicht vertreten, das Erfordernis der Zuverlässigkeit nach § 3 Abs. 1 Nr. 1 AÜG diene auch dem Schutz vor der „Schmutzkonkurrenz“ durch unseriöse Verleiher.[854] Dem liegt der Gedanke zugrunde, dass der Wettbewerb unter den Verleihern über ihre Zuverlässigkeit und die Qualität ihrer Dienstleistungen ausgetragen werden sollte und nicht über schlechtere Arbeitsbedingungen ihrer Leiharbeitnehmer.[855] Diese Ansicht vertrat auch die Revision, die sich auf § 9 Abs. 1 Nr. 2a AÜG stützte.[856] Nach dieser Vorschrift sind Vereinbarungen, die den Zugang des Leiharbeitnehmers zu den Gemeinschaftseinrichtungen oder -diensten im Unternehmen des Entleihers entgegen § 13b AÜG beschränken, unwirksam. Ausweislich der Begründung des Regierungsentwurfes sollte die Regelung verhindern, dass Verleiher einen Wettbewerbsvorsprung erlangen, indem ihre Leiharbeitnehmer auf ihre Zugangsrechte verzichten bzw. vom Verleiher zu einem Verzicht gebracht werden.[857] Sie leistet einen Beitrag dazu, dass der Wettbewerb nicht über die

849 OLG Frankfurt a.M. 29.1.2015, GRUR 2015, 401 Rn. 24 f.
850 OLG Frankfurt a.M. 29.1.2015, GRUR 2015, 401 Rn. 25.
851 BGH 23.6.2016, GRUR 2017, 95 Rn. 22 ff.
852 BGH 23.6.2016, GRUR 2017, 95 Rn. 25; vgl. dazu *Schaffert* FS Ullmann, 845, 853.
853 BGH 23.6.2016, GRUR 2017, 95 Rn. 25.
854 Ulber/*J. Ulber*, § 3 AÜG Rn. 26.
855 BGH 23.6.2016, GRUR 2017, 95 Rn. 24.
856 BGH 23.6.2016, GRUR 2017, 95 Rn. 26.
857 Begr. RegE., BT-Drs. 17/4804, S. 9 f.

Arbeitsbedingungen der Leiharbeitnehmer, sondern über die Qualität der Dienstleistungen geführt wird.[858]

Die Ansicht, die einen Schutzzweck im Interesse der Mitbewerber bejaht, stützt sich also maßgeblich auf die Vorstellung des Gesetzgebers, dass der Wettbewerb nicht zulasten der Leiharbeitnehmer gehen soll. Zwar hat es der Gesetzgeber in der Hand, Vorschriften mit einer gemischten Zielsetzung zu schaffen, die neben sozialpolitischen Zwecken auch den wettbewerblichen Interessen der Mitbewerber dienen.[859] Davon zu unterscheiden sind bloße Reflexe des im Vordergrund stehenden Schutzzwecks. Insofern verweist der Bundesgerichtshof zu Recht darauf, dass die Ausführungen in der Begründung des Regierungsentwurfes, die sich auf den Wettbewerb zwischen den Verleihern beziehen, nur im Zusammenhang mit dem sozialen Schutz der Leiharbeitnehmer stehen.[860]

In der Tat lässt sich der Begründung nichts anderes entnehmen, als dass der Gesetzgeber die Beschränkung des Wettbewerbes als Mittel zur Förderung des sozialpolitischen Zwecks gesehen hat. Eine eigenständige Zielsetzung lässt sich auch nicht aus dem unionsrechtlichen Hintergrund ableiten. § 9 Abs. 1 Nr. 2a AÜG dient der Umsetzung der Leiharbeitsrichtlinie.[861] Die Zugangsrechte werden in Art. 6 Abs. 4 RL 2008/104/EG geregelt. Die Norm schreibt die Gleichbehandlung der Leiharbeitnehmer beim Zugang zu Gemeinschaftseinrichtungen und -diensten vor und betrifft damit einen Teil des Grundsatzes der Gleichbehandlung nach Art. 5 RL 2008/104/EG.[862] Beide Artikel befinden sich im zweiten Kapitel über Arbeits- und Beschäftigungsbedingungen. Dieses dient dem in Art. 2 RL 2008/104/EG angeführten Schutz der Leiharbeitnehmer.[863]

Daraus lässt sich ebenso wenig wie aus § 9 Abs. 1 Nr. 2a AÜG ein Schutzzweck des § 1 Abs. 1 S. 1 AÜG im Interesse der Mitbewerber herleiten. Das bestätigt die Begründung des Regierungsentwurfes, der § 9 Abs. 1 Nr. 2a AÜG enthält, indem sie im Rahmen des allgemeinen Teils zur Erlaubnispflicht des § 1 Abs. 1 S. 1 AÜG nicht auf mögliche Wettbewerbsvorteile durch den Auftritt ohne Erlaubnis eingeht.[864] Auch die Berichte der Bundesregierung beschäftigen sich

---

858 Begr. RegE., BT-Drs. 17/4804, S. 10.

859 S. § 4 A. V. 1. e) cc).

860 BGH 23.6.2016, GRUR 2017, 95 Rn. 26.

861 Begr. RegE., BT-Drs. 17/4804, S. 9.

862 F/G/O/*Kolbe*, RL 2008/104/EG Art. 6 Rn. 11.

863 Generalanwalt beim EuGH (SZPUNAR) 20.11.2014, BeckRS 2014, 82404 Rn. 35; F/G/O/*Kolbe*, RL 2008/104/EG Art. 2 Rn. 1.

864 BGH 23.6.2016, GRUR 2017, 95 Rn. 26 mit Verweis auf Begr. RegE., BT-Drs. 17/4804, S. 7.

mit den Folgen illegaler Arbeitnehmerüberlassung, ohne aber eine solche Zielsetzung erkennen zu lassen.[865] Die Bundesregierung ging zwar in einem Bericht davon aus, dass die Nachfrage nach Arbeitsleistungen von Leiharbeitnehmern illegaler Verleiher regelmäßig dazu dient, einen Vorteil im Wettbewerb zu erlangen.[866] Weder daraus noch aus den Gesetzgebungsmaterialien ergibt sich aber, dass der Gesetzgeber gezielt die Auswirkungen auf die Mitbewerber auf dem Beschaffungsmarkt im Blick hatte.

bb) Eignung zur spürbaren Interessenbeeinträchtigung

Zweifeln ließe sich daran, ob allein die fehlende Erlaubnis nach § 1 Abs. 1 S. 1 AÜG ausreicht, um eine Eignung zur spürbaren Beeinträchtigung der Interessen der Marktteilnehmer durch das Marktverhalten der Verleiher zu begründen. Für die Genehmigungspflicht nach den § 18 ff. RettG NRW wurde diese Voraussetzung in einer Entscheidung des Bundesgerichtshofs verneint, weil das Vorliegen der Genehmigung für die beförderten Personen in diesem Fall keinen praktischen Unterschied bedeute.[867]

Der erste Unterschied zum vorliegenden Fall liegt darin, dass es dabei um eine verbraucherschützende Regelung des Verhaltens auf dem Absatzmarkt geht. Die grundsätzlichen Aussagen dazu, wie sich die in einem Zulassungsverfahren zu prüfenden Voraussetzungen auf die Spürbarkeit auswirken, lassen sich aber übertragen. Die entscheidende Besonderheit des Sachverhaltes war aber, dass der Beförderer eine nur in einem anderen Bundesland gültige Genehmigung besaß.[868] Dementsprechend verneinte das Gericht einen praktischen Unterschied aus Sicht der Verbraucher auch allein für den Fall, in dem die

---

865 Sechster Bericht der Bundesregierung über Erfahrungen bei der Anwendung des Arbeitnehmerüberlassungsgesetzes sowie über die Auswirkungen des Gesetzes zur Bekämpfung der illegalen Beschäftigung, BT-Drs. 11/2639, S. 25; Achter Bericht der Bundesregierung über Erfahrungen bei der Anwendung des Arbeitnehmerüberlassungsgesetzes sowie über die Auswirkungen des Gesetzes zur Bekämpfung der illegalen Beschäftigung, BT-Drs. 13/5498, S. 40; Neunter Bericht der Bundesregierung über Erfahrungen bei der Anwendung des Arbeitnehmerüberlassungsgesetzes sowie über die Auswirkungen des Gesetzes zur Bekämpfung der illegalen Beschäftigung, BT-Drs. 14/4220, S. 28, 39.

866 Neunter Bericht der Bundesregierung über Erfahrungen bei der Anwendung des Arbeitnehmerüberlassungsgesetzes sowie über die Auswirkungen des Gesetzes zur Bekämpfung der illegalen Beschäftigung, BT-Drs. 14/4220, S. 30.

867 BGH 15.1.2009, GRUR 2009, 881 Rn. 17.

868 BGH 15.1.2009, GRUR 2009, 881 Rn. 17.

Genehmigung am Ausgangsort keine weitergehenden Bedingungen im Interesse der beförderten Verbraucher voraussetzte.[869]

Daraus lässt sich der Umkehrschluss ziehen, dass der Bundesgerichtshof von einer spürbaren Beeinträchtigung ausgehen würde, wenn die Erteilung im Interesse der Marktteilnehmer weitere Voraussetzungen vorgesehen hätte. Es ist auch kein Grund ersichtlich, wieso diese Annahme auf den Vergleich mit einer anderen Genehmigung sowie auf Genehmigungen – im Unterschied zu Erlaubnissen – beschränkt sein sollte. Übertragen auf die Erlaubnispflicht nach § 1 Abs. 1 S. 1 AÜG bedeutet dies, dass es entscheidend auf die Bedeutung der Zuverlässigkeit nach § 3 Abs. 1 Nr. 1 AÜG für die Leiharbeitnehmer in ihrer Rolle als sonstige Marktteilnehmer i.S.d. § 2 Abs. 1 Nr. 2 UWG ankommt. Gerade die Prognoseentscheidung über die Einhaltung der arbeits- und sozialrechtlichen Vorschriften ist von grundlegender Bedeutung für den Schutz der Leiharbeitnehmer. Tritt ein Verleiher ohne Erlaubnis nach § 1 Abs. 1 S. 1 AÜG auf dem Beschaffungsmarkt auf, ist dieser Verstoß also geeignet, ihre Interessen spürbar i.S.d. § 3a UWG zu beeinträchtigen.

cc) Konkurrenz arbeits- und lauterkeitsrechtlicher Rechtsfolgen

Verstöße gegen die Erlaubnispflicht des § 1 Abs. 1 S. 1 AÜG können zwar die Tatbestandsvoraussetzungen des § 3a UWG erfüllen. Der Bundesgerichtshof und das OLG Frankfurt a.M. beschäftigten sich in ihren Entscheidungen aber auch mit dem Verhältnis der arbeitsrechtlichen Rechtsfolgen zur Reichweite des Schutzes durch das Lauterkeitsrecht auf dem Beschaffungsmarkt.

(1) Grundsatz der parallelen Anwendbarkeit

Grundsätzlich ist § 3a UWG anwendbar, auch wenn das jeweilige Gesetz für den Verstoß gegen die Vorschrift eigene Rechtsfolgen bzw. Sanktionen vorsieht.[870] Der Rechtsbruchtatbestand soll negative Einflüsse von Verstößen gegen Marktverhaltensregelungen auf den Wettbewerb verhindern und dient gerade nicht

869 BGH 15.1.2009, GRUR 2009, 881 Rn. 17.

870 *Alexander,* WRP 2012, 660, 663 f.; *Beater,* Rn. 2544 ff.; *Fleischer,* S. 223; F/B/O/*Götting/Hetmank,* § 3a UWG Rn. 48a; Büscher/*Hohlweck,* § 3a UWG Rn. 51; *Köhler* FS Glaeser, 499, 500; K/B/F/*Köhler,* § 3a UWG Rn. 1.33; *Lettl,* § 4 Rn. 1; GK-UWG/*Metzger/Eichelberger,* § 3a Rn. 24; Ohly/Sosnitza/*Ohly,* § 3a UWG Rn. 9; MüKo-UWG/*Schaffert,* § 3a Rn. 21; *v. Walter,* S. 133 ff.; vgl. *Ullmann,* GRUR 2003, 817, 823 Rn. 59.

dazu, die Vorschriften aufgrund ihrer spezifischen Zwecke durchzusetzen.[871] Deshalb spielt es auch grundsätzlich keine Rolle, ob die Rechtsfolgen vergleichbar sind oder sich unterscheiden.[872] Eine Ausnahme von diesem Grundsatz liegt vor, wenn die Auslegung, insbesondere nach Sinn und Zweck oder Systematik der gesetzlichen Vorschrift, eine abschließende Regelung der Rechtsfolgen ergibt.[873] Hat der Gesetzgeber für die Primärnorm ein eigenes Sanktionssystem vorgesehen, soll dieses nicht durch die Anwendung des Lauterkeitsrechts unterlaufen werden.[874]

(2) Rechtsfolgen eines Verstoßes gegen § 1 Abs. 1 S. 1 AÜG

Gemäß § 16 Abs. 1 Nr. 1 AÜG handelt ordnungswidrig, wer vorsätzlich oder fahrlässig entgegen § 1 Abs. 1 S. 1 AÜG einen Leiharbeitnehmer einem Dritten ohne Erlaubnis überlässt. Besitzt ein Verleiher nicht die nach § 1 Abs. 1 S. 1 AÜG erforderliche Erlaubnis, sieht § 9 Abs. 1 Nr. 1 Hs. 1 AÜG als Rechtsfolge die Unwirksamkeit der Verträge zwischen Verleiher und Entleiher sowie zwischen Verleiher und Leiharbeitnehmer vor. Als Folge fingiert § 10 Abs. 1 S. 1 AÜG ein Arbeitsverhältnis zwischen Entleiher und Leiharbeitnehmer. Diese Rechtsfolgen unterscheiden sich grundlegend von den in den §§ 8 ff. UWG vorgesehenen Ansprüchen auf Beseitigung und Unterlassung, Schadensersatz sowie Gewinnabschöpfung. Auf den ersten Blick liegt ein Konflikt der Rechtsfolgen bei paralleler Anwendung damit fern.

Bereits das OLG Frankfurt a.M. hatte sich darauf berufen, es sei nicht mit der Funktion des Lauterkeitsrechts zu vereinbaren, § 1 Abs. 1 S. 1 AÜG als Marktverhaltensregelung im Interesse der Marktteilnehmer einzuordnen, weil ansonsten alle Arbeitsschutzvorschriften unter den Rechtsbruchtatbestand fallen

---

871 *Alexander,* WRP 2012, 660, 664; *Beater,* Rn. 2546; *Fleischer,* S. 240; F/B/O/*Götting/Hetmank,* § 3a UWG Rn. 48a; K/B/F/*Köhler,* § 3a UWG Rn. 1.33; Ohly/Sosnitza/*Ohly,* § 3a UWG Rn. 9; MüKo-UWG/*Schaffert,* § 3a Rn. 21; *v. Walter,* S. 134.

872 K/B/F/*Köhler,* § 3a UWG Rn. 1.33.

873 Vgl. BGH 7.2.2006, GRUR 2006, 773 Rn. 13; *Alexander,* WRP 2012, 660, 663; HK-UWG/*Ebert-Weidenfeller,* § 3a Rn. 94 ff.; *Fleischer,* S. 223; F/B/O/*Götting/Hetmank,* § 3a UWG Rn. 48a; Büscher/*Hohlweck,* § 3a UWG Rn. 57; *Köhler* FS Glaeser, 499, 500; K/B/F/*Köhler,* § 3a UWG Rn. 1.34; *Lettl,* § 4 Rn. 1; GK-UWG/*Metzger/Eichelberger,* § 3a Rn. 25; Ohly/Sosnitza/*Ohly,* § 3a UWG Rn. 9 f.; MüKo-UWG/*Schaffert,* § 3a Rn. 22; *Ullmann,* GRUR 2003, 817, 823 Fn. 59; *v. Walter,* S. 135 f.; vgl. *Sack,* WRP 2004, 1307, 1314.

874 *Alexander,* WRP 2012, 660, 663; *Fleischer,* S. 222; Büscher/*Hohlweck,* § 3a UWG Rn. 57; GK-UWG/*Metzger/Eichelberger,* § 3a Rn. 25.

würden.[875] Dem steht bereits entgegen, dass klassische Arbeitsschutzvorschriften wie die §§ 3 ff. ArbSchG[876] oder die §§ 3 ff. ArbZG[877] schon keine Marktverhaltensregelungen i.S.d. § 3a UWG sind und die Arbeitnehmer jeweils nicht als Marktteilnehmer auftreten. Die Konkurrenz zu den vom AÜG vorgesehenen Rechtsfolgen behandelt die Entscheidung nicht.

(3) Begründung des Bundesgerichtshofs in der „Arbeitnehmerüberlassung"-Entscheidung vom 23.6.2016

Weiter gehen die Ausführungen des Bundesgerichtshofs, der von einem geschlossenen Sanktionssystem ausgeht.[878] Könnte ein Mitbewerber den ohne Erlaubnis auftretenden Verleiher nach § 8 Abs. 1 UWG auf Unterlassung in Anspruch nehmen und damit den Abschluss von Leiharbeitsverträgen bereits im Vorfeld verhindern, würde der Regelungsmechanismus des § 9 Abs. 1 Nr. 1 Hs. 1 AÜG i.V.m. § 10 Abs. 1 S. 1 AÜG außer Kraft gesetzt.[879] Außerdem werde die Verantwortungszuweisung der arbeitsrechtlichen Vorschriften unterlaufen, nach der die Durchsetzung der Arbeitnehmerschutzrechte vorwiegend in der Eigenverantwortung der betroffenen Arbeitnehmer liege.[880] In diese Richtung geht auch die grundlegende Kritik an der herrschenden Meinung zur Rechtsfolgenkonkurrenz, die bei der umfassenden Anwendung des Lauterkeitsrechts auf außerwettbewerbliche Normen eine fehlende Rücksichtnahme auf die Wertungen der jeweiligen Rechtsgebiete beanstandet.[881] Jedenfalls im Ergebnis hat die Entscheidung des Bundesgerichtshofs in der Literatur überwiegend Zustimmung gefunden.[882]

---

875 OLG Frankfurt a.M. 29.1.2015, GRUR 2015, 401 Rn. 34.
876 S. § 4 A. V. 2. a) aa) (1).
877 S. § 4 A. V. 1. c) aa) (1).
878 BGH 23.6.2016, GRUR 2017, 95 Rn. 42 ff.
879 BGH 23.6.2016, GRUR 2017, 95 Rn. 44.
880 BGH 23.6.2016, GRUR 2017, 95 Rn. 44.
881 Ohly/Sosnitza/*Ohly*, § 3a UWG Rn. 9.
882 Büscher/*Hohlweck*, § 3a UWG Rn. 58, 174; K/B/F/*Köhler*, § 3a UWG Rn. 1.81; GK-UWG/*Metzger/Eichelberger*, § 3a Rn. 31; MüKo-UWG/*Schaffert*, § 3a Rn. 32; *Ulrici*, jurisPR-ArbR 50/2016 Anm. 4 C. IV.; *Ulrici*, GRUR-Prax 2016, 565; a.A. *Fechner*, AuR 2018, 456, 459 f.

(a) Umgehung des § 9 Abs. 1 Nr. 1 Hs. 1 AÜG i.V.m. § 10 Abs. 1 S. 1 AÜG

Der Bundesgerichtshof stützt sich im Wesentlichen auf zwei Argumente: die Umgehung des vom AÜG vorgesehenen Sanktionssystems und die Umgehung der Verantwortungszuweisung. Die Kritik an der Begründung richtet sich vor allem auf die erstgenannte Erwägung.[883] Zunächst wird vorgebracht, das nach § 10 Abs. 1 S. 1 AÜG fingierte Arbeitsverhältnis werde durch einen Unterlassungsanspruch nicht berührt.[884] Das ist zwar zutreffend, da es sich um zwei grundsätzlich verschiedene Rechtsfolgensysteme ohne direkte Überschneidung handelt. Diese Feststellung entkräftet aber nicht die vom Bundesgerichtshof für eine Umgehung des § 9 Abs. 1 Nr. 1 Hs. 1 AÜG i.V.m. § 10 Abs. 1 S. 1 AÜG vorgetragene Argumentation.

Dieser hält *Ulrici* entgegen, dass Sanktionen naturgemäß gerade vermieden werden sollen, indem das sanktionierte Verhalten möglichst verhindert wird.[885] In der Tat hat der Bundesgerichtshof den Sinn und Zweck der in § 10 Abs. 1 S. 1 AÜG geregelten Rechtsfolge offenbar überdehnt. Das Gericht nahm an, dass die Umgehung der § 9 Abs. 1 Nr. 1 Hs. 1 AÜG i.V.m. § 10 Abs. 1 S. 1 AÜG dem Zweck des AÜG, Arbeitslosen die Chance auf ein Arbeitsverhältnis zu verschaffen, entgegenstehen würde.[886] Zwar verfolgt das AÜG auch arbeitsmarktpolitische Ziele.[887] Die Fiktion des § 10 Abs. 1 S. 1 AÜG soll aber vor allem für die betroffenen Leiharbeitnehmer den Verlust des Arbeitsvertrages durch die Unwirksamkeit nach § 9 Abs. 1 Nr. 1 Hs. 1 AÜG kompensieren.[888] Die vorbereitende Sanktion der Unwirksamkeit des Vertrages soll primär gewährleisten, dass nur zuverlässige Verleiher mit Erlaubnis nach § 1 Abs. 1 S. 1 AÜG im Rahmen ihrer wirtschaftlichen Tätigkeit Arbeitnehmer überlassen.[889] Legt man die

---

883 *Fechner,* AuR 2018, 456, 459; *Ulrici,* jurisPR-ArbR 50/2016 Anm. 4 C. IV.; *Ulrici,* GRUR-Prax 2016, 565.

884 *Fechner,* AuR 2018, 456, 459.

885 *Ulrici,* jurisPR-ArbR 50/2016 Anm. 4 C. IV.; *Ulrici,* GRUR-Prax 2016, 565.

886 BGH 23.6.2016, GRUR 2017, 95 Rn. 44 mit Verweis auf Begr. RegE., BT-Drs. 17/4804, S. 7.

887 BeckOK-ArbR/*Kock,* § 1 AÜG Rn. 5; Ulber/*J. Ulber,* § 1 AÜG Rn. 13 ff.; *Ulrici,* Einl. Rn. 8; ErfK/*Wank/Roloff,* § 1 AÜG Rn. 1 ff.

888 BGH 8.11.1979, NJW 1980, 452, 453; BAG 20.1.2016, NJOZ 2016, 1259 Rn. 45; BAG 20.9.2016, NZA 2017, 49 Rn. 54; BeckOK-ArbR/*Kock,* § 10 AÜG Rn. 1; Thüsing-AÜG/*Mengel,* § 10 Rn. 2; Schüren/Hamann/*Schüren,* B. Einl. Rn. 6; *Ulrici,* § 10 AÜG Rn. 4.

889 BeckOK-ArbR/*Kock,* § 9 AÜG Rn. 1; Thüsing-AÜG/*Mengel,* § 10 AÜG Rn. 1 f.; *Ulrici,* § 10 AÜG Rn. 4.

Annahme des Bundesgerichtshofs zugrunde, müsste es konsequenterweise Sinn und Zweck des AÜG entsprechen, Leiharbeitnehmer durch möglichst viele Verstöße gegen § 1 Abs. 1 S. 1 AÜG mit der Folge der § 9 Abs. 1 Nr. 1 Hs. 1 AÜG i.V.m. § 10 Abs. 1 S. 1 AÜG in gesicherte Arbeitsverhältnisse mit den Entleihern zu bringen.[890]

Zudem stützt sich *Ulrici* systematisch auf § 6 AÜG und § 16 Abs. 1 Nr. 1, 1a AÜG.[891] Diese wurden im Urteil nicht behandelt. Nach § 6 AÜG hat die Erlaubnisbehörde einem Verleiher ohne erforderliche Erlaubnis die Arbeitnehmerüberlassung zu untersagen und das weitere Überlassen zu verhindern. Die Vorschrift ermächtigt und verpflichtet die Behörde zum Einschreiten.[892] Sie ergänzt insofern § 1 Abs. 1 S. 1 AÜG.[893] § 6 AÜG ist auf zukünftige Handlungen gerichtet.[894] Nach der Auffassung des Bundesgerichtshofs soll das AÜG eine Rechtsfolge herbeiführen, die an ein Verhalten anknüpft, welches die Bundesagentur für Arbeit als zuständige Behörde im Vorfeld durch Verwaltungszwang verhindern muss.[895] In einem ähnlichen Widerspruch zur Annahme des Gerichts steht § 16 Abs. 1 Nr. 1, 1a AÜG – es wäre paradox, eine Handlung, die die Zielsetzung des Gesetzes unterstützt, als Ordnungswidrigkeit zu sanktionieren.[896]

§ 6 AÜG fügt sich nicht einfach in das Sanktionssystem des AÜG ein.[897] Die Untersagungsverfügung ist nach herrschender Meinung vorbeugend möglich, wirkt also präventiv.[898] Die Vorschrift zeigt, dass die vorhergehende Unterbindung der unerlaubten Arbeitnehmerüberlassung nach der Vorstellung des Gesetzgebers durchaus dem Sinn und Zweck des AÜG entspricht. Die Sanktionswirkung der § 9 Abs. 1 Nr. 1 Hs. 1 AÜG i.V.m. § 10 Abs. 1 S. 1 AÜG soll nur eingreifen, wenn Maßnahmen im Vorfeld nicht erfolgreich waren. Eine

---

890 Vgl. *Ulrici,* jurisPR-ArbR 50/2016 Anm. 4 C. IV.

891 *Ulrici,* jurisPR-ArbR 50/2016 Anm. 4 C. IV.; *Ulrici,* GRUR-Prax 2016, 565.

892 Begr. RegE., BT-Drs. VI/2303, S. 13; SG Hamburg 23.11.2004, BeckRS 2004, 42725; Thüsing-AÜG/*Kämmerer,* § 6 Rn. 1; BeckOK-ArbR/*Kock,* § 6 AÜG Rn. 1; Schüren/Hamann/*Schüren,* § 6 AÜG Rn. 2; Ulber/*J. Ulber,* § 6 AÜG Rn. 1; *Ulrici,* § 6 AÜG Rn. 8; ErfK/*Wank/Roloff,* § 6 AÜG Rn. 1.

893 BeckOK-ArbR/*Kock,* § 6 AÜG Rn. 1; Schüren/Hamann/*Schüren,* § 6 AÜG Rn. 2; *Ulrici,* § 6 AÜG Rn. 2.

894 *Ulrici,* § 6 AÜG Rn. 7.

895 *Ulrici,* jurisPR-ArbR 50/2016 Anm. 4 C. IV.

896 *Ulrici,* jurisPR-ArbR 50/2016 Anm. 4 C. IV.

897 Schüren/Hamann/*Schüren,* § 6 AÜG Rn. 3.

898 Thüsing-AÜG/*Kämmerer,* § 6 Rn. 2; Schüren/Hamann/*Schüren,* § 6 AÜG Rn. 10; Ulber/*J. Ulber,* § 6 AÜG Rn. 1, 6; *Ulrici,* § 6 AÜG Rn. 7.

Auslegung, die der Fiktionswirkung einen abschließenden Charakter beimisst und damit auch präventiv wirkende Sanktionsmechanismen ausschließt, kann nicht überzeugen. Der lauterkeitsrechtliche Unterlassungsanspruch würde die Zielsetzung der Erlaubnispflicht nicht gefährden, sondern fördern.[899] Es gibt keinen Anhaltspunkt für die Annahme, dass der öffentlich-rechtliche Verwaltungszwang nach § 6 AÜG andere vorbeugend wirkende Sanktionen ausschließen sollte. Eine Ausnahme vom Grundsatz der parallelen Anwendbarkeit lässt sich hiermit nicht begründen.

(b) Umgehung der §§ 16 Abs. 1 Nr. 1, 1a AÜG

Geldbußen auf Grundlage der §§ 16 Abs. 1 Nr. 1, 1a AÜG werden verhängt, um die Wettbewerbsvorteile, die ohne Erlaubnis auftretende Verleiher sich verschaffen, auszugleichen bzw. diese vorweg abzuschrecken.[900] Die Möglichkeit, einen Verstoß als Ordnungswidrigkeit zu verfolgen, schließt die lauterkeitsrechtliche Sanktionierung grundsätzlich nicht aus.[901] Gegen einen Nachrang der in § 8 UWG geregelten Ansprüche spricht zudem, dass diese – anders als Ordnungswidrigkeiten wie § 16 Abs. 1 AÜG – kein vorsätzliches oder fahrlässiges Handeln voraussetzen.[902] Auch hier gilt, dass Sanktionen ihrer Natur nach gerade vermieden werden sollen. Es umgeht nicht den abschreckenden Zweck der Ordnungswidrigkeit, die tatbestandliche Handlung auf andere Weise im Vorfeld zu verhindern. Vielmehr wird die Zielsetzung damit effektiver verfolgt, auch wenn dadurch im Ergebnis ggf. kein Bußgeld verhängt wird.

(c) Umgehung der Verantwortungszuweisung

In Bezug auf den zweiten Argumentationsweg wird dem Bundesgerichtshof vorgeworfen, er ignoriere die strukturelle Unterlegenheit der Arbeitnehmer insbesondere im Individualarbeitsrecht und verhindere mit dem Urteil die effektive Durchsetzung von Mindestarbeitsbedingungen.[903] Dass der arbeitsrechtliche Rechtsschutz nicht ausreiche, zeige sich beispielhaft im zugrundeliegenden

---

899 Vgl. *Fechner,* AuR 2018, 456, 459; *Ulrici,* jurisPR-ArbR 22/2015 Anm. 4 D.

900 Neunter Bericht der Bundesregierung über Erfahrungen bei der Anwendung des Arbeitnehmerüberlassungsgesetzes sowie über die Auswirkungen des Gesetzes zur Bekämpfung der illegalen Beschäftigung, BT-Drs. 14/4220, S. 30.

901 Büscher/*Hohlweck,* § 3a UWG Rn. 51.

902 BGH 30.7.2015, GRUR 2016, 392 Rn. 16.

903 *Fechner,* AuR 2018, 456, 459.

Sachverhalt, in dem die Messehostessen regelmäßig für höchstens 1-2 Wochen befristet beschäftigt wurden.[904]

Auch *Ulrici* geht davon aus, dass der lauterkeitsrechtliche Unterlassungsanspruch, insbesondere der nach § 8 Abs. 3 Nr. 1 UWG klagebefugten Mitbewerber, die Durchsetzung des Erlaubnisvorbehaltes effektivieren und damit der Verletzung von Arbeitnehmerschutzvorschriften vorbeugen könnte.[905] Allerdings spreche der verbesserte Arbeitnehmerschutz durch ein weiteres Mittel des Rechtsschutzes nur auf den ersten Blick für eine Anwendung des § 3a UWG, weil die Rolle der Gewerkschaften und Betriebsräte gefährdet sei, wenn auch Mitbewerber und Verbraucherschutzverbände mit der Durchsetzung betraut wären.[906] Zudem müsse es im Interesse der Rechtssicherheit sowie der Prozessökonomie vermieden werden, gerichtliche Verfahren parallel vor den ordentlichen Gerichten und den Arbeitsgerichten zu führen, die ggf. zu verschiedenen Ergebnissen kommen.[907] Schließlich sei der Grundgedanke des § 15 UKlaG, nach dem das UKlaG auf das Arbeitsrecht keine Anwendung findet, generell zu beachten, obwohl es sich um die Regelung eines Sonderfalles handelt.[908]

(aa) Rolle der Gewerkschaften

Zunächst passt es nicht zur Betonung der Eigenverantwortung des einzelnen Arbeitnehmers, die Schwächung der Kollektivvertretungen als Argument für einen Vorrang des arbeitsrechtlichen Rechtsfolgensystems anzuführen. Zudem geht es in den relevanten Sachverhalten regelmäßig um Arbeitnehmer in prekären Beschäftigungsverhältnissen, die selten gewerkschaftlich organisiert sind.[909] Das bestehende Durchsetzungsdefizit spricht dagegen, dass die Berufung auf die Kollektivvertretungen der Arbeitnehmer ausreicht, um eine Anwendung der lauterkeitsrechtlichen Rechtsfolgen auszuschließen. Ohnehin sind Betriebsräte und Gewerkschaften grundsätzlich nicht befugt, Individualansprüche einzelner Arbeitnehmer gerichtlich geltend zu machen.[910]

---

904 *Fechner*, AuR 2018, 456, 459.

905 *Ulrici*, jurisPR-ArbR 22/2015 Anm. 4 D.

906 *Ulrici*, jurisPR-ArbR 22/2015 Anm. 4 E. III. 4. c).

907 *Ulrici*, jurisPR-ArbR 22/2015 Anm. 4 E. III. 4. c).

908 *Ulrici*, jurisPR-ArbR 22/2015 Anm. 4 E. III. 4. a); vgl. *Löwisch/Rieble*, § 4 TVG Rn. 132.

909 *Fechner*, AuR 2018, 456, 459.

910 *Ankersen*, JuS 1995, 862, 863 ff.; darauf verweist auch *Ulrici* an anderer Stelle, s. *Ulrici*, jurisPR-ArbR 22/2015 Anm. 4 E. III. 4. b).

Mit Wirkung vom 01.12.2021 wird § 8 Abs. 3 Nr. 4 UWG n.F. auch Gewerkschaften im Rahmen der Erfüllung ihrer Aufgaben bei der Vertretung selbstständiger beruflicher Interessen erfassen. Durch die Beschränkung auf die Vertretung selbstständiger beruflicher Interessen ist der Anwendungsbereich dieser Regelung begrenzt.[911] Dennoch zeigt sie, dass der Gesetzgeber sich mit der Rolle der Gewerkschaften im UWG beschäftigt hat und in der Anwendung des Lauterkeitsrechts auf Vorschriften, die in den Aufgabenbereich der Gewerkschaften fallen, keine Bedrohung sieht. Vielmehr kann ihre Einbindung die Gewerkschaften durch eine weitere Durchsetzungsoption stärken. Auch wenn ihnen im gesetzgeberischen Konzept jedenfalls bisher nur eine begrenzte Rolle bei der Geltendmachung lauterkeitsrechtlicher Ansprüche zugedacht ist, wäre es widersprüchlich, den kompletten Ausschluss der lauterkeitsrechtlichen Rechtsfolgen im Anwendungsbereich arbeitsrechtlicher Vorschriften mit der Gefährdung ihrer Rolle zu begründen.

(bb) Rechtsgedanke des § 15 UKlaG

Das UKlaG selbst enthält keine abschließende Rechtsfolgenregelung und ist damit neben dem UWG anwendbar, wenn eine Vorschrift sowohl ein Verbraucherschutzgesetz i.S.d. § 2 Abs. 1 S. 1 UKlaG als auch eine Regelung des Marktverhaltens im Interesse der Marktteilnehmer i.S.d. § 3a UWG darstellt.[912] Bei § 1 Abs. 1 S. 1 AÜG handelt es sich ohnehin nicht um eine Regelung im B2C-Bereich.

Als Ausnahmetatbestand muss § 15 UKlaG eng ausgelegt werden.[913] Nach dem Wortlaut findet das UKlaG keine Anwendung auf das Arbeitsrecht. Vorliegend geht es um die Anwendung des UWG auf Verstöße gegen eine arbeitsrechtliche Vorschrift. Es stellt sich nur die Frage, ob der Rechtsgedanke des § 15 UKlaG auf diese Situation übertragbar ist. Dagegen spricht, dass es sich um die Regelung eines Sonderfalles handelt. Zugleich fehlt eine entsprechende Regelung im UWG. Ohnehin sieht das UKlaG den ausgenommenen Regelungsbereich als Teil des Verbraucherrechts an,[914] während dies in den relevanten

911 S. dazu § 6 E.

912 BGH 31.3.2010, GRUR 2010, 1117 Rn. 31; OLG Karlsruhe 20.4.2018, GRUR-RR 2018, 349 Rn. 17; *Beater*, Rn. 2550; Büscher/*Hohlweck*, § 3a UWG Rn. 54; K/B/F/*Köhler*, § 2 UKlaG Rn. 33; MüKo-UWG/*Schaffert*, § 3a Rn. 35; vgl. MüKo-ZPO/*Micklitz/Rott*, § 2 UKlaG Rn. 7; s. zur Rechtsfolgenkonkurrenz zwischen den §§ 1, 3 UKlaG und den lauterkeitsrechtlichen Rechtsfolgen § 4 A. V. 5. d) aa).

913 MüKo-ZPO/*Micklitz/Rott*, § 15 UKlaG Rn. 1.

914 *Klocke*, S. 203.

lauterkeitsrechtlichen Konstellationen nicht der Fall ist. Damit liegt ein Umkehrschluss näher als die Annahme eines übertragbaren Rechtsgedankens.

Zwar wurde in diesem Zusammenhang bezweifelt, dass es zweckmäßig wäre, die kollektive Durchsetzung der Arbeitnehmerinteressen auf andere Verbände als Gewerkschaften auszudehnen.[915] Die Regelung des § 8 Abs. 3 Nr. 4 UWG n.F. stellt Gewerkschaften dagegen den übrigen Anspruchsberechtigten und Klagebefugten gleich und lässt dabei nicht erkennen, dass die Durchsetzung der ggf. betroffenen arbeitsrechtlichen Vorschriften nur den Gewerkschaften vorbehalten sein soll. Andererseits können die Gewerkschaften auf Grundlage des § 8 Abs. 3 Nr. 4 UWG n.F. gerade keine Arbeitnehmerinteressen durchsetzen.[916] Insgesamt soll § 15 UKlaG die ablehnende Haltung des Gesetzgebers gegenüber einer allgemeinen arbeitsrechtlichen Verbandsklage zeigen.[917] Allerdings geht es an dieser Stelle nicht um eine allgemeine arbeitsrechtliche, sondern eine lauterkeitsrechtliche Verbandsklage. Diese ist bei konsequenter Anwendung der Vorschriften des UWG möglich.

§ 15 UKlaG sollte verhindern, dass Streitigkeiten über die Wirksamkeit von Klauseln in Formulararbeitsverträgen im Rahmen von Unterlassungsklagen vor den ordentlichen Gerichten ausgetragen werden.[918] Weil § 310 Abs. 4 S. 2 BGB die Anwendung der AGB-Kontrolle auf Arbeitsverträge grundsätzlich zulässt, wäre ansonsten das UKlaG anwendbar. Dieser Bereich sollte grundsätzlich den Arbeitsgerichten vorbehalten bleiben. Dass die Regelung einen derart speziellen Bereich vom Anwendungsbereich des UKlaG ausnehmen sollte, spricht ebenfalls dagegen, der Vorschrift einen übertragbaren Rechtsgedanken beizumessen. § 15 UKlaG lässt sich keine Wertung entnehmen, die einer parallelen Anwendbarkeit der arbeitsrechtlichen Sanktionsmechanismen und des lauterkeitsrechtlichen Rechtsfolgensystems entgegensteht.[919]

---

915 Beschlussempfehlung und Bericht des Rechtsausschusses, Entwurf eines Gesetzes zur Modernisierung des Schuldrechts, BT-Drs. 14/7052, S. 190.

916 S. § 6 E. II. 2.

917 *Löwisch/Rieble*, § 4 TVG Rn. 132.

918 K/B/F/*Köhler*, § 15 UKlaG Rn. 1 mit Verweis auf Beschlussempfehlung und Bericht des Rechtsausschusses, Entwurf eines Gesetzes zur Modernisierung des Schuldrechts, BT-Drs. 14/7052, S. 189; s. § 4 A. V. 5. d) bb).

919 I.E. auch *Bepler*, SR Sonderausgabe 2019, 12, 16; *Klocke* Latzel/Picker, 145, 158.

(cc) Gefahr paralleler Verfahren und divergierender Entscheidungen

Die Möglichkeit, dass die zur Sanktion führenden gerichtlichen Verfahren neben- oder nacheinander geführt werden, ist weder der Prozessökonomie noch der Rechtssicherheit dienlich. Auf der anderen Seite verbessert die zusätzliche Durchsetzungsmöglichkeit den Rechtsschutz der Betroffenen. Größere Bedeutung hat an dieser Stelle der Unterschied in den Schutzzwecken von § 3a UWG und den Sanktionsregelungen der Primärnormen, die regelmäßig nicht vorwiegend mit Blick auf die Auswirkungen des Rechtsbruchs auf die Marktteilnehmer geschaffen wurden. Auf dieser Erwägung beruht gerade die herrschende Ansicht zur parallelen Anwendbarkeit, soweit die Primärnorm keine abschließende Rechtsfolgenregelung aufweist.

Dass ggf. mehrere gerichtliche Durchsetzungsmöglichkeiten zur Verfügung stehen, ist dabei die naheliegende Folge. Noch weiter gehen einschränkende Ansichten zur herrschenden Meinung, nach denen die Rechtsfolgenregelung der Primärnorm auch bezüglich der wettbewerblichen Interessen der Marktteilnehmer ein abschließendes Schutzsystem vorweisen muss, um einen Ausschluss der lauterkeitsrechtlichen Rechtsfolgen rechtfertigen zu können.[920] Ansonsten würde das Lauterkeitsrecht seiner eigenständigen Schutzfunktion nicht gerecht und zum bloßen Durchsetzungsinstrument unvollständiger Rechtsschutzsysteme abgewertet.[921]

Eine Besonderheit der vorliegenden Rechtsfolgenkonkurrenz liegt darin, dass mit der Arbeitsgerichtsbarkeit eine eigene Fachgerichtsbarkeit für das Arbeitsrecht besteht. Vor dem Hintergrund der verschiedenen Schutzzwecke führt bereits die herrschende Ansicht bei konsequenter Anwendung auch dann zur parallelen Anwendbarkeit, wenn der Kläger befugt ist, z.B. einen Unterlassungsanspruch auch vor einem anderen Gericht, beispielsweise einem Verwaltungsgericht, durchzusetzen.[922]

Stimmen die Sanktionen inhaltlich überein, tragen die §§ 17, 17a GVG – insbesondere § 17 Abs. 2 GVG – verfahrensrechtlich dafür Sorge, dass es nicht zu einer doppelten Sanktionierung oder einer abweichenden Entscheidung kommt.[923] Ohnehin gehört der einzelne Arbeitnehmer, auch wenn er als

---

920 *Fleischer*, S. 223 f.; F/B/O/*Götting/Hetmank*, § 3a UWG Rn. 48a.

921 *Fleischer*, S. 224.

922 Büscher/*Hohlweck*, § 3a UWG Rn. 51; K/B/F/*Köhler*, § 3a UWG Rn. 1.33; vgl. F/B/O/*Götting/Hetmank*, § 3a UWG Rn. 48c; MüKo-UWG/*Schaffert*, § 3a Rn. 41 ff.; Ohly/Sosnitza/*Ohly*, § 3a UWG Rn. 9, 11; einschränkend *Beater*, Rn. 2547.

923 *Köhler* FS Glaeser, 499, 500.

sonstiger Marktteilnehmer i.S.d. § 2 Abs. 1 Nr. 2 UWG auftritt, nicht zum Kreis der nach § 8 Abs. 3 UWG Anspruchsberechtigten bzw. Klagebefugten.[924] Zumindest die Gefahr, dass ein Arbeitnehmer mehrere Gerichte anruft, um wenigstens vor einem Gericht sein Ziel zu erreichen, ist damit nicht gegeben.

Auch wenn es – wie im vorliegenden Fall – um inhaltlich verschiedene Sanktionen geht, ist die Anwendung der §§ 8 ff. UWG grundsätzlich nicht ausgeschlossen.[925] In diesem Fall greift § 17 Abs. 2 S. 1 GVG nicht. Dennoch sind die Folgen der parallelen Anwendbarkeit grundsätzlich hinzunehmen, wenn die Anwendung des Lauterkeitsrechts mit der Systematik der Rechtsfolgenregelung vereinbar ist.[926] Es erscheint auf den ersten Blick zwar durchaus zweifelhaft, dass ein ordentliches Gericht bei der Prüfung des § 3a UWG über die Auslegung arbeitsrechtlicher Normen entscheiden kann bzw. muss.[927] Andererseits geht es gerade beim Rechtsbruchtatbestand um eine marktbezogene Sichtweise, die in der Regel neben dem primären Regelungszweck steht.[928] Insofern verfügen wiederum die zuständigen Kammern der ordentlichen Gerichte über die sachnähere Kompetenz.

Im Konkurrenzverhältnis zum Verwaltungsrecht haben sich hier verschiedene Grundsätze bereits auf materiell-rechtlicher Ebene herausgebildet.[929] Angesichts der Besonderheiten, die die Rolle der Verwaltungsbehörden sowie die Wirkung von Verwaltungsakten mit sich bringen, lassen sich diese aber nicht auf das Verhältnis zum Arbeitsrecht übertragen. Jedenfalls können diese Grundsätze echte Konfliktfälle nicht lösen.[930] Das Problem stellt sich ohnehin regelmäßig beim Rechtsbruchtatbestand, beispielsweise besteht auch bei möglichen Verstößen gegen das LadSchlG die Gefahr, dass ein ordentliches Gericht zu einem anderen Ergebnis kommt als die Verwaltungsgerichte.[931]

Dies entspricht aber gerade der Natur des § 3a UWG, bei dem die Unlauterkeit auf der Verletzung einer außerwettbewerblichen Norm beruht. Es handelt sich auch nicht um ein Problem, das exklusiv im Lauterkeitsrecht auftritt.[932]

---

924 S. § 6 A.

925 *Köhler* FS Glaeser, 499, 500.

926 *Beater,* Rn. 2546; vgl. *v. Walter,* S. 139 f.

927 Vgl. *Löwisch/Rieble,* § 4 TVG Rn. 132.

928 *V. Walter,* S. 139.

929 *Fleischer,* S. 224 f.; F/B/O/*Götting/Hetmank,* § 3a UWG Rn. 48c f.; K/B/F/*Köhler,* § 3a UWG Rn. 1.44 ff.; Ohly/Sosnitza/*Ohly,* § 3a UWG Rn. 11; MüKo-UWG/*Schaffert,* § 3a Rn. 43.

930 K/B/F/*Köhler,* § 3a UWG Rn. 1.44; MüKo-UWG/*Schaffert,* § 3a Rn. 43.

931 Vgl. *Beater,* Rn. 2546.

932 *Beater,* Rn. 2546.

Normen wie § 17 Abs. 2 S. 1 GVG zeigen, dass der Gesetzgeber bewusst Fälle hingenommen hat, in denen ein ordentliches Gericht einen Sachverhalt ggf. anders beurteilt als die jeweiligen Fachgerichte.[933] Am Ende lässt sich ein Konflikt divergierender Auffassungen der Gerichte verschiedener Rechtswege nur durch das gesetzlich vorgesehene Verfahren, also durch eine Entscheidung des Gemeinsamen Senats der obersten Gerichtshöfe des Bundes lösen.[934] Auf dieser Grundlage lässt sich demnach kein Ausschluss der parallelen Anwendbarkeit begründen. Es ist kein Grund ersichtlich, wieso die Konkurrenz zu arbeitsrechtlichen Normen anders behandelt werden sollte als diejenige zum Verwaltungsrecht. Auch die jeweils zuständigen ordentlichen Gerichte können im Rahmen des § 3a UWG über arbeitsrechtliche Fragen entscheiden, wie es beispielsweise das OLG Frankfurt a.M. bei der Prüfung der erlaubnispflichtigen Arbeitnehmerüberlassung i.S.d. § 1 Abs. 1 S. 1 AÜG getan hat.[935]

(dd) Verweis auf die Eigenverantwortung der Arbeitnehmer

Es verbleibt schließlich der Verweis auf die Eigenverantwortung der Arbeitnehmer als letzter Teil der Argumentation in der Entscheidung des Bundesgerichtshofs. Dahinter steht die Erwägung, der Weg über die ordentliche Gerichtsbarkeit müsse ausgeschlossen sein, soweit es allein um den speziellen Schutz der Arbeitnehmer vor dem Arbeitgeber im Rahmen der Begründung, Durchführung und Abwicklung des Arbeitsverhältnisses geht.[936] Der durch § 1 Abs. 1 S. 1 AÜG bewirkte Schutz der Leiharbeitnehmer auf dem Beschaffungsmarkt solle insoweit dem Schutz des Lauterkeitsrechts entzogen sein.[937] Die Durchsetzung ihrer jeweiligen Rechte liege in der Verantwortung der Arbeitsvertragsparteien, die ihre Rechte grundsätzlich eigenverantwortlich wahrnehmen und ggf. vor den Arbeitsgerichten durchsetzen müssten.[938] In diesem Zusammenhang wird darauf hingewiesen, dass selbst Gewerkschaften und Betriebsräte grundsätzlich

---

933 MüKo-UWG/*Schaffert*, § 3a Rn. 43.

934 *Böhler*, S. 221; K/B/F/*Köhler*, § 3a UWG Rn. 1.44; MüKo-UWG/*Schaffert*, § 3a Rn. 43.

935 OLG Frankfurt a.M. 29.1.2015, GRUR 2015, 401 Rn. 13 ff.; die Vorinstanz hatte die Frage noch dahinstehen lassen, s. LG Frankfurt a.M. 27.2.2014, GRUR-RS 2016, 19850 Rn. 24.

936 *Ulrici*, jurisPR-ArbR 22/2015 Anm. 4 E. III. 4. b).

937 *Ulrici*, jurisPR-ArbR 22/2015 Anm. 4 E. III. 4. b).

938 *Ulrici*, jurisPR-ArbR 22/2015 Anm. 4 E. III. 4. b).

nicht dazu befugt sind, Individualansprüche der Arbeitnehmer gerichtlich geltend zu machen.[939]

Aus systematischer Sicht spricht gegen eine abschließende Verantwortungszuweisung, dass § 6 AÜG die Erlaubnisbehörde gerade für den Fall der Arbeitnehmerüberlassung ohne die erforderliche Erlaubnis zum Einschreiten verpflichtet. Bei solchen Anordnungen der behördlichen Überwachung, wie sie z.B. in § 17 ArbZG zu finden ist, soll es sich um Einzelfälle handeln.[940] Demgegenüber zeigen weitere, ähnliche Regelungen wie § 22 LadSchlG über die Aufsicht über die Vorschriften des LadSchlG, § 22 ArbSchG über die Befugnisse der zuständigen Behörden bei ihrer Überwachungsaufgabe, § 4 FPersG über die Aufsicht unter anderem über die Ausführung der Verordnung (EG) Nr. 561/2006 sowie die §§ 14 ff. MiLoG oder die §§ 16 ff. AEntG über die Kontrolle und Durchsetzung durch staatliche Behörden, dass es nicht allein den Parteien des Arbeitsverhältnisses obliegt, für eine Einhaltung der gesetzlichen Vorschriften über Arbeitsbedingungen zu sorgen.

Zweifeln ließe sich insofern, als dass es bei der behördlichen Überwachung nicht um die Durchsetzung der Rechte einzelner Arbeitnehmer geht. Das Klagerecht des UWG beruht zwar auf Tatbeständen, die eine individuelle Schutzrichtung aufweisen.[941] Das bedeutet aber nicht, dass die lauterkeitsrechtlichen Rechtsfolgen der §§ 8 ff. UWG unmittelbar auf die Durchsetzung von Individualansprüchen der Arbeitnehmer gerichtet wären. Klagt – wie im Sachverhalt, der dem Urteil des Bundesgerichtshofs zugrunde liegt – beispielsweise ein Mitbewerber i.S.d. § 2 Abs. 1 Nr. 3 UWG, der nach § 1 S. 1 UWG selbst Schutzsubjekt des Lauterkeitsrechts und nach § 8 Abs. 3 Nr. 1 UWG anspruchsberechtigt ist, macht er ebenfalls keinen Anspruch der Leiharbeitnehmer im fremden oder eigenen Namen geltend, sondern setzt ein eigenes Recht durch.

Ohnehin könnten die nach § 8 Abs. 3 UWG Anspruchsberechtigten bzw. Klagebefugten keine Ansprüche des Arbeitnehmers durchsetzen, weil die Anspruchsinhalte der §§ 8 ff. UWG sich gerade von denen des AÜG unterscheiden. Insbesondere stehen dem Leiharbeitnehmer keine präventiv wirkenden Ansprüche zur Verfügung, die vor der Fiktionswirkung des § 10 Abs. 1 S. 1 AÜG eingreifen würden. Die insofern nur mittelbare Wirkung[942] des

---

939 *Ulrici*, jurisPR-ArbR 22/2015 Anm. 4 E. III. 4. b) mit Verweis auf *Ankersen*, JuS 1995, 862, 863 ff.

940 *Ulrici*, jurisPR-ArbR 22/2015 Anm. 4 E. III. 4. b).

941 *Beater*, Rn. 2633; *Poelzig*, S. 112; vgl. MüKo-UWG/*Fritzsche*, § 8 Rn. 14.

942 Vgl. *Poelzig*, S. 109 f. zum mittelbaren Schutz wettbewerbsbezogener kollektiver Interessen der Verbraucher, die nach dem UWG ebenfalls nicht klagebefugt sind.

lauterkeitsrechtlichen Rechtsfolgensystems spricht gegen einen Konflikt mit der Eigenverantwortung der Arbeitsvertragsparteien. Eine gerichtliche Durchsetzung seiner eigenen Ansprüche kann der Arbeitnehmer nur selbst vornehmen. Es ist nicht ersichtlich, wieso die Anwendung der §§ 8 ff. UWG in diesem Zusammenhang zu systematischen Verwerfungen führen sollte, während der Gesetzgeber selbst in § 6 AÜG präventive Maßnahmen durch die außenstehende Erlaubnisbehörde vorgesehen hat. Zudem sieht § 6 AÜG nicht bloß eine Ermächtigungsgrundlage mit Ermessensspielraum vor, sondern eine Pflicht, das weitere Überlassen zu verhindern. In systematischer Hinsicht kann eine abschließende Verantwortungszuweisung an die Arbeitsvertragsparteien damit nicht überzeugen.

Beim Abschluss von Arbeitsverträgen sind Arbeitnehmer der Arbeitgeberseite typischerweise strukturell unterlegen.[943] Wie das Arbeitsrecht insgesamt soll das kollektive Arbeitsrecht diese strukturelle Unterlegenheit ausgleichen.[944] Auch das Lauterkeitsrecht dient – insbesondere im Anwendungsbereich der UGP-Richtlinie – dem Ausgleich einer strukturell unterlegenen Position, da Verbraucher im Vergleich mit Gewerbetreibenden typischerweise wirtschaftlich schwächer und rechtlich unerfahrener sind.[945] Anders liegt die Situation bei sonstigen Marktteilnehmern, weil sich Unternehmer im B2B-Verhältnis regelmäßig auf „Augenhöhe“ begegnen.[946]

Der Abschluss des Arbeitsvertrages findet aber nicht im B2B-Verhältnis statt. Auch in dieser Situation sind die Arbeitnehmer dem Entleiher strukturell unterlegen.[947] Als Anbieter seiner Arbeitskraft ist der Arbeitnehmer zwar kein Verbraucher i.S.d. § 2 Abs. 2 UWG i.V.m. § 13 BGB, gerade in dieser Situation zeigt sich aber die Abhängigkeit von der Marktgegenseite. Allerdings lässt sich aus dem wenigstens insofern vergleichbaren Schutzbedarf selbst nicht darauf schließen, dass die beiden Schutzsysteme miteinander in Einklang stehen oder dass die arbeitsrechtlichen Vorschriften das Vorgehen gegen die strukturelle Unterlegenheit abschließend in die Eigenverantwortung der Arbeitnehmer legen.

Die umfassenden Schutzregelungen des Arbeitsrechts, insbesondere auf kollektiver Ebene, belassen den Arbeitnehmern nur ein beschränktes Maß an

---

943 BVerfG 26.6.1991, BVerfGE 84, 212, 229; BVerfG 4.7.1995, BVerfGE 365, 395; BVerfG 29.12.2004, NZA 2005, 153, 155.

944 *Preis/Greiner*, Rn. 3 f.

945 EuGH 3.10.2013, EuZW 2013, 941 Rn. 35; EuGH 16.4.2015, GRUR 2015, 600 Rn. 53.

946 K/B/F/*Köhler*, § 4a UWG Rn. 1.57.

947 BVerfG 29.12.2004, NZA 2005, 153, 155.

Eigenverantwortung.[948] Immerhin gehört es nach § 80 Abs. 1 Nr. 1 BetrVG zu den allgemeinen Aufgaben des Betriebsrates, darüber zu wachen, dass die zugunsten der Arbeitnehmer geltenden Gesetze, Verordnungen, Unfallverhütungsvorschriften, Tarifverträge und Betriebsvereinbarungen durchgeführt werden. Diese Überwachungspflicht soll gewährleisten, dass der Arbeitgeber sich in Zukunft rechtskonform verhält und die Arbeitnehmerschutzvorschriften tatsächlich eingehalten werden.[949] Auch das zeigt, dass die Durchsetzung von Vorschriften zum Schutz der Arbeitnehmer nicht allein in der Verantwortung der betroffenen Arbeitnehmer liegt. Der Unterlassungsanspruch nach § 8 Abs. 1 UWG ist ebenfalls darauf gerichtet, zukünftige Verhaltensweisen zu unterbinden.[950] Bei § 3a UWG ist dies der Verstoß gegen die gesetzliche Vorschrift. Zuzugeben ist, dass ein wesentlicher Unterschied im beschränkten Umfang des § 80 Abs. 1 Nr. 1 BetrVG, der keine gerichtliche Durchsetzung ermöglicht,[951] liegt. Eine solche lässt § 17 Abs. 2 S. 1 AGG durch den Betriebsrat oder eine im Betrieb vertretene Gewerkschaft zu, wenn der Arbeitgeber grob gegen Pflichten aus dem AGG verstößt. § 17 Abs. 2 S. 2 AGG schließt eine Geltendmachung der Individualansprüche der Benachteiligten aber ausdrücklich aus.[952]

Dass es bei Vorschriften über Arbeitsbedingungen – abgesehen von den bereits dargestellten behördlichen Zuständigkeiten – regelmäßig dem Betroffenen obliegt, seine Interessen gerichtlich durchzusetzen, ist keine Besonderheit des Arbeitsrechts. Es ist vielmehr eine Besonderheit unter anderem des Lauterkeitsrechts, dass der Gesetzgeber die Anspruchsberechtigung funktional nach der Effektivität der Normdurchsetzung ausgerichtet hat.[953] Insgesamt liefert die auf die Eigenverantwortung gestützte Argumentation keine überzeugenden Gründe, um vom Grundsatz der parallelen Anwendbarkeit, den die herrschende Meinung überzeugend aus dem Unterschied in den Schutzzwecken herleitet, abzuweichen. Auch für Art. 7 schwUWG wird angenommen, dass dieser

---

948 *Rieble* Selbstverantwortung, 337, 338 ff.

949 ErfK/*Kania*, § 80 BetrVG Rn. 3; GK-BetrVG/*Weber*, § 80 Rn. 11.

950 BGH 24.1.2013, GRUR 2013, 956 Rn. 14; *Beater*, Rn. 2684; MüKo-UWG/*Fritzsche*, § 8 Rn. 15; Harte-Bavendamm/Henning-Bodewig/*Goldmann*, § 8 UWG Rn. 49.

951 BAG 10.6.1986, AP BetrVG 1972 § 80 Nr. 26; BAG 28.5.2002, NZA 2003, 1352, 1355; BAG 18.5.2010, NZA 2010, 1433 Rn. 21; BAG 22.8.2017, NZA 2018, 115 Rn. 19; *Ankersen*, JuS 1995, 862, 865 f.; ErfK/*Kania*, § 80 BetrVG Rn. 7.

952 BeckOGK/*Benecke*, (01.09.2021) § 17 AGG Rn. 21; *Oetker* FS Smid, 1, 2; BeckOK-ArbR/*Roloff*, § 17 AGG Rn. 13; ErfK/*Schlachter*, § 17 AGG Rn. 2.

953 S. dazu *Poelzig*, S. 111.

aufgrund der unterschiedlichen Normzwecke und Schutzobjekte grundsätzlich neben den arbeitsrechtlichen Ansprüchen anwendbar ist.[954]

Ohne gesetzgeberische Äußerung, wie sie z.B. in § 15 UKlaG zu finden ist, würden sonst Verstöße zulasten einer Gruppe von Marktteilnehmern von der lauterkeitsrechtlichen Sanktionierung ausgeschlossen, obwohl deren Anwendung das Rechtsfolgensystem der Primärnorm gerade nicht umgeht, sondern unterstützt. Damit würde nicht nur den Leiharbeitnehmern, die als Anbieter ihrer Arbeitsleistung sonstige Marktteilnehmer i.S.d. § 2 Abs. 1 Nr. 2 UWG sind, der mittelbare Schutz des Lauterkeitsrechts versagt. Auch die rechtstreu handelnden Verleiher könnten nicht auf Grundlage ihrer eigenen Anspruchsberechtigung gegen Mitbewerber vorgehen, die den fairen Wettbewerb durch unlautere geschäftliche Handlungen auf dem Beschaffungsmarkt gefährden.

Dazu passend sieht *Köhler,* auf den auch der Bundesgerichtshof verweist,[955] die arbeitsrechtlichen Schutzvorschriften nur in Bezug auf die Durchführung und die Beendigung von Arbeitsverhältnissen als gegenüber dem UWG vorrangig an.[956] Die Begründung des Arbeitsverhältnisses bliebe danach unberührt. Ohnehin ist es nicht notwendig, die Anwendung des UWG auf arbeitsrechtliche Vorschriften über die allgemeinen Grundsätze zur Rechtsfolgenkonkurrenz hinaus generell auszuschließen, weil bereits die Tatbestandsvoraussetzungen einer ausufernden Anwendung entgegenstehen. Insbesondere mit der gezielten Begrenzung auf Marktverhaltensregelungen im kodifizierten Rechtsbruchtatbestand des § 3a UWG hat der Gesetzgeber bereits dafür gesorgt, dass Verstöße gegen typische Vorschriften über innerbetriebliche Arbeitsbedingungen z.B. des ArbSchG oder des ArbZG nicht auf Grundlage des UWG sanktioniert werden können.

dd) Ergebnis

§ 1 Abs. 1 S. 1 AÜG regelt zwar nicht unmittelbar die Arbeitsbedingungen der Leiharbeitnehmer, wirkt aber durch die nach § 3 Abs. 1 Nr. 1 AÜG notwendige Zuverlässigkeit mittelbar auf diese ein. Die Regelungen des AÜG sollen verhindern, dass der Wettbewerb über die Arbeitsbedingungen der Leiharbeitnehmer geführt wird. Die Prognose über die Einhaltung dieser Arbeitsbedingungen wird durch die Erlaubnispflicht des § 1 Abs. 1 S. 1 AÜG aus dem innerbetrieblichen Verhältnis zwischen Arbeitgeber und Arbeitnehmer gehoben.

---

954 *Meier-Gubser,* AJP/PJA 2014, 1486, 1499.

955 BGH 23.6.2016, GRUR 2017, 95 Rn. 44.

956 K/B/F/*Köhler,* § 2 UWG Rn. 172.

Dass die Leiharbeitnehmer als sonstige Marktteilnehmer i.S.d. § 2 Abs. 1 Nr. 2 UWG auftreten, beruht auf der Besonderheit des Dreiecksverhältnisses bei der Arbeitnehmerüberlassung, in dem die Arbeitsleistung vom Verleiher zunächst auf dem Beschaffungsmarkt nachgefragt werden muss. Im Ergebnis stellt § 1 Abs. 1 S. 1 AÜG eine Regelung des Marktverhaltens im Interesse der Leiharbeitnehmer als Marktteilnehmer i.S.d. § 3a UWG dar. Verstöße gegen die Erlaubnispflicht erfüllen grundsätzlich die Voraussetzungen des Rechtsbruchtatbestandes. Auch die Anwendung des lauterkeitsrechtlichen Rechtsfolgensystems ist nicht ausgeschlossen.

3. *Gesetzliche Vorschriften mit Bezug zur Entlohnung der Arbeitnehmer*

Einen Bezug zur Entlohnung der Arbeitnehmer weisen der allgemeine gesetzliche Mindestlohn nach §§ 1, 3 MiLoG und die Pflicht zur Leistung von Sozialversicherungsbeiträgen, vgl. § 2 SGB IV, auf.[957]

a) *Allgemeiner gesetzlicher Mindestlohn, §§ 1, 3 MiLoG*

Nach §§ 1, 3 MiLoG haben alle Arbeitnehmer grundsätzlich einen Anspruch auf Zahlung des gesetzlichen, unabdingbaren Mindestlohns. Die entsprechende öffentlich-rechtliche Pflicht des Arbeitgebers regelt § 20 MiLoG.[958] Schon die „Bewachungsgewerbe“-Entscheidung des Reichsgerichts aus dem Jahr 1927 betraf die Entlohnung von Arbeitnehmern, allerdings in Form der untertariflichen Vergütung.[959] Dies ist nicht verwunderlich, da das Arbeitsentgelt aus Sicht von Arbeitnehmern und Arbeitgebern eine der wesentlichsten Arbeitsbedingungen darstellt. Der Arbeitnehmer bietet seine Arbeitskraft in der Regel als Gegenleistung für die Vergütung an, um seinen Lebensunterhalt zu finanzieren. Das Durchsetzungsdefizit wirkt insofern schwer. Für den Arbeitgeber stellen die Löhne einen wesentlichen Teil seiner zu kalkulierenden Kosten dar, die wiederum seine Aussichten im Wettbewerb beeinflussen. Diese Auswirkung auf den späteren Wettbewerb auf dem Absatzmarkt veranlasste die Rechtsprechung zu § 1 UWG a.F. zur Anwendung des Vorsprungsgedankens, der aber jedenfalls im kodifizierten Rechtsbruchtatbestand keine Rolle mehr spielt.

---

957 Zu tarifvertraglichen Mindestentgelten s. § 4 A. V. 4.

958 Vgl. Begr. RegE., BT-Drs. 18/1558, S. 42; BeckOK-ArbR/*Greiner*, § 20 MiLoG Rn. 1; *Riechert/Nimmerjahn*, § 20 MiLoG Rn. 2; Düwell/Schubert/*Schubert*, § 20 MiLoG Rn. 2.

959 RG 12.4.1927, RGZ 117, 16 ff.

aa) Regelung des Marktverhaltens im Interesse der Marktteilnehmer

Das OLG Frankfurt a.M. hielt es in seiner Entscheidung zu § 1 Abs. 1 S. 1 AÜG für denkbar, die Mindestlohnvorschriften unter die Voraussetzungen des § 3a UWG zu subsumieren.[960] Der Bundesgerichtshof als Revisionsinstanz äußerte sich zwar nicht speziell zu Vorschriften über den Mindestlohn, brachte aber eine ablehnende Haltung gegenüber der lauterkeitsrechtlichen Sanktionierung von Verstößen gegen Arbeitnehmerschutzvorschriften insgesamt zum Ausdruck.[961] Mit Verweis auf diese höchstrichterliche Rechtsprechung sah das Kammergericht in den §§ 1, 3 MiLoG keine Regelung des Marktverhaltens im Interesse der Marktteilnehmer i.S.d. § 3a UWG und wies den entsprechenden Hilfsantrag der Antragstellerin ab.[962] Anderer Ansicht war zuvor das LG Berlin.[963] In der Literatur ist diese Frage nach wie vor umstritten.[964] Allerdings hat die Entscheidung des Bundesgerichtshofs auch hier das Meinungsbild beeinflusst.[965]

(1) Regelung des Marktverhaltens

Die §§ 1, 3 MiLoG verpflichten den Arbeitgeber dazu, den Arbeitnehmern den gesetzlichen Mindestlohn zu zahlen. Die Entlohnung wirkt sich nicht nur auf dem traditionell betrachteten Absatzmarkt aus. Sie gehört bereits zu

---

960 OLG Frankfurt a.M. 29.1.2015, GRUR 2015, 401 Rn. 24.

961 BGH 23.6.2016, GRUR 2017, 95 Rn. 44.

962 KG 14.2.2017, WRP 2017, 460 Rn. 18 ff.

963 LG Berlin 18.6.2015, 101 O 60/15 (unveröffentlicht); LG Berlin 1.12.2015, 103 O 67/15 (unveröffentlicht).

964 Für eine Regelung des Marktverhaltens im Interesse der Marktteilnehmer i.S.d. § 3a UWG: *Bosch/Hüttenhoff/Weinkopf/Kocher/Fechner,* S. 43; Düwell/Schubert/*Düwell,* § 1 MiLoG Rn. 5; HK-UWG/*Ebert-Weidenfeller,* § 3a Rn. 68; *Fechner/Kocher,* NZA 2017, 755, 758; *Fechner/Kocher* Stellungnahme, 121, 137; *Fechner,* AuR 2018, 456, 459 f.; Küttner/*Griese,* Mindestlohn Rn. 24; *Löwisch/Rieble,* § 4 TVG Rn. 129; BeckOK-UWG/*Niebel/Kerl,* § 3a Rn. 23; Ohly/Sosnitza/*Ohly,* § 3a UWG Rn. 17; *Riechert/Nimmerjahn,* § 21 MiLoG Rn. 108; MüKo-UWG/*Schaffert,* § 3a Rn. 71; *Ziegler,* S. 115; vgl. *Kocher,* GRUR 2005, 647, 649; *Ramstetter,* S. 183; so auch noch Köhler/Bornkamm/*Köhler,* 35. Aufl. 2017, § 3a UWG Rn. 1.70; offenbar auch *Klocke,* S. 173; dagegen: F/B/O/*Birk,* S 17 Rn. 98; jurisPK- UWG/*Diekmann,* § 3a Rn. 83; Büscher/*Hohlweck,* § 3a UWG Rn. 116; K/B/F/*Köhler,* § 3a UWG Rn. 1.70; GK-UWG/*Metzger/Eichelberger,* § 3a Rn. 306; Harte-Bavendamm/Henning-Bodewig/*v. Jagow,* § 3a UWG Rn. 32; offenbar auch *Glöckner,* GRUR 2008, 960, 963; *Groner,* S. 254 Fn. 1263.

965 S. z.B. K/B/F/*Köhler,* § 3a UWG Rn. 1.70; a.A. noch Köhler/Bornkamm/*Köhler,* 35. Aufl. 2017, § 3a UWG Rn. 1.70.

den Faktoren, die der Arbeitgeber beim Bezug von Arbeitsleistungen auf dem Beschaffungsmarkt berücksichtigen muss.

(a) Absatzmarkt der Waren oder Dienstleistungen

Bei der Betrachtung des Absatzmarktes bietet sich zunächst ein Blick auf die entsprechende Fragestellung beim Tarifbruch an. Während das MiLoG erst 2014 erlassen wurde,[966] beschäftigt die untertarifliche Entlohnung die lauterkeitsrechtliche Rechtsprechung und Literatur schon seit dem Urteil des Reichsgerichts aus dem Jahr 1927[967].

(aa) Argumentation zur untertariflichen Entlohnung

Schon in seinem Urteil zu § 1 UWG a.F. im Jahr 1992 sah der Bundesgerichtshof in der Tariflohnunterschreitung, wie im Grundsatz schon die Berufungsinstanz, einen innerbetrieblichen Vorgang.[968] Jedenfalls seit der Kodifizierung des Rechtsbruchtatbestandes kann der bloß mittelbare Einfluss auf den Absatzmarkt durch den Verstoß gegen tarifliche Entgeltregelungen nicht ausreichen.[969] Der Tariflohn ist zwar indirekt ein Kostenfaktor, die entsprechenden Regelungen sind aber grundsätzlich nicht darauf gerichtet, das Verhalten auf dem Absatzmarkt zu regeln.[970]

Die untertarifliche Entlohnung ermöglicht zwar ggf. günstigere Angebote beim Absatz von Waren oder Dienstleistungen, ist diesem späteren Marktverhalten aber vorgelagert.[971] Tarifnormen über Mindestentgelte regeln nicht das Marktverhalten der Unternehmer auf dem Absatzmarkt, sondern ein betriebsinternes Verhalten.[972] Selbst wenn tarifvertragliche Regelungen sich unmittelbar auf den Auftritt des Arbeitgebers als Unternehmer am Absatzmarkt auswirken,

---

966 BGBl. 2014 Teil I, S. 1348.

967 S. § 2 A. II., III.

968 BGH 3.12.1992, BGHZ 120, 320, 322 ff.; vgl. zu § 1 UWG a.F. auch OLG Stuttgart 8.5.1987, NJW-RR 1988, 103, 104.

969 *Ullmann*, GRUR 2003, 817, 822; zust. F/B/O/*Birk*, S 17 Rn. 98; *Böhler*, S. 203; *Köhler*, GRUR 2004, 381, 384; Köhler/Bornkamm/*Köhler*, 35. Aufl. 2017, § 3a UWG Rn. 1.70; Harte-Bavendamm/Henning-Bodewig/*v. Jagow*, § 3a UWG Rn. 32; vgl. MAH/*Dittert*, § 14 Rn. 56; *Lettl UWG* 2004, Rn. 402; offenbar auch *Glöckner*, GRUR 2008, 960, 963; *Groner*, S. 254 Fn. 1263.

970 *Oetker* FS Bepler, 467, 473 f.; *Löwisch/Rieble*, § 4 TVG Rn. 127.

971 *Lehmler*, § 4 Nr. 11 UWG Rn. 46.

972 *Emmerich/Lange*, § 20 Rn. 20; *Sack*, WRP 2004, 1307, 1317 f.; *Sack*, WRP 2005, 531, 540 f.; vgl. zu § 1 UWG a.F. *Bauer*, S. 41.

wie es z.B. bei Arbeitszeitregelungen im Einzelhandel der Fall wäre, sind die Auswirkungen auf den Absatzmarkt bloß reflexartig.[973]

(bb) Übertragbarkeit auf die §§ 1, 3 MiLoG

Auf diese Argumentation kann bei Verstößen gegen die §§ 1, 3 MiLoG zurückgegriffen werden.[974] Diese machen lediglich Vorgaben für die Vergütung der Arbeitnehmer, die der Arbeitgeber ggf. bei seinem Marktauftritt als Unternehmer einsetzt. Ob der Arbeitnehmer auf den Absatz von Waren oder Dienstleistungen gerichtete Handlungen, z.B. als Verkäufer im Einzelhandel, durchführt oder im betriebsinternen Bereich bei der Produktion eingesetzt wird, spielt insofern keine Rolle.[975] Diese Arbeitnehmer sind keine Teilnehmer am Absatzmarkt der Waren oder Dienstleistungen, die sie herstellen bzw. erbringen.[976]

Verstöße gegen die §§ 1, 3 MiLoG haben auch keine Außenwirkung auf andere Marktteilnehmer, insbesondere Mitbewerber i.S.d. § 2 Abs. 1 Nr. 3 UWG. Zwar soll der Wettbewerb nach der Begründung des Regierungsentwurfes zum Tarifautonomiestärkungsgesetz „um die besseren Produkte und Dienstleistungen" geführt werden.[977] Die §§ 1, 3 MiLoG stellen für die auf den Absatz gerichteten Verhaltensweisen aber keine Handlungs- oder Unterlassungspflichten auf. Regelungsinhalt ist nicht die Art und Weise, wie der Verpflichtete als Unternehmer auf dem Absatzmarkt auftritt, sondern wie er als Arbeitgeber seine Arbeitnehmer entlohnt. Die Situation unterscheidet sich insofern nicht von den Vorschriften des ArbZG oder des ArbSchG, die nur auf die betriebsinterne Durchführung des Arbeitsverhältnisses gerichtet sind. Bei den mittelbaren Auswirkungen auf den Absatzmarkt handelt es sich demnach um bloße Reflexe, die im Rahmen des § 3a UWG keine Rolle spielen.

(b) Beschaffungsmarkt der Arbeitsleistungen

Denkbar wäre allerdings, dass die §§ 1, 3 MiLoG dazu bestimmt sind, die Rahmenbedingungen für das Verhalten der Arbeitgeber als Unternehmer auf dem Beschaffungsmarkt für Arbeitskräfte festzulegen. In Bezug auf den

973 *Oetker* FS Bepler, 467, 474.
974 Vgl. Büscher/*Hohlweck*, § 3a UWG Rn. 116.
975 Vgl. dazu § 4 A. V. 1. c) aa) (1), S. 79 f.
976 S. § 3 C. III. 1.
977 Begr. RegE., BT-Drs. 18/1558, S. 2, 28, vgl. S. 38.

Beschaffungsmarkt wird eine Regelung des Marktverhaltens i.S.d. § 3a UWG teilweise bejaht.[978]

(aa) Abschluss von Arbeitsverträgen

Hier bietet es sich an, zwischen den möglichen Anknüpfungspunkten im laufenden Arbeitsverhältnis und dem Abschluss von Arbeitsverträgen zu unterscheiden.

(aaa) Regelungswirkung des § 3 S. 1 MiLoG

Für die Tariflohnunterschreitung geht *Elskamp* davon aus, dass Anbahnung und Abschluss von Arbeitsverträgen zwar Nachfragehandlungen auf dem Beschaffungsmarkt für Arbeitskräfte sind und die Vereinbarung einer niedrigeren Vergütung in einem solchen Arbeitsvertrag damit ein Marktverhalten des Arbeitgebers darstellt.[979] Der Abschluss des Arbeitsvertrages verstoße allerdings nicht gegen den Tarifvertrag.[980] Damit würde es zwar auch an einer Zuwiderhandlung nach § 3a UWG fehlen. Lässt eine Vorschrift ein bestimmtes Verhalten generell unberührt, fehlt aber schon eine entsprechende Regelung.

Allerdings ist diese Argumentation jedenfalls nicht übertragbar. Unterschreitet eine Vergütungsvereinbarung den gesetzlichen Mindestlohn, ist sie nach § 3 S. 1 MiLoG unwirksam.[981] § 3 MiLoG soll die tatsächliche Wirksamkeit des Mindestlohns gewährleisten.[982] Die Vorschriften des MiLoG legen damit eine der bedeutendsten Bedingungen für die Art und Weise fest, wie der Arbeitgeber auf dem Beschaffungsmarkt auftreten darf. § 3 S. 1 MiLoG ordnet die Unwirksamkeit der Vereinbarung an, die zumindest typischerweise bei Abschluss des Arbeitsvertrages getroffen wird. Bei den Auswirkungen auf den Beschaffungsmarkt handelt es sich damit nicht um bloße Reflexe der Regelung eines

978 *Bosch/Hüttenhoff/Weinkopf/Kocher/Fechner,* S. 42; HK-UWG/*Ebert-Weidenfeller,* § 3a Rn. 68; Köhler/Bornkamm/*Köhler,* 35. Aufl. 2017, § 3a UWG Rn. 1.70; *Löwisch/Rieble,* § 4 TVG Rn. 127 ff.; BeckOK-UWG/*Niebel/Kerl,* § 3a Rn. 23; Ohly/Sosnitza/*Ohly,* § 3a UWG Rn. 17; *Ramstetter,* S. 183; MüKo-UWG/*Schaffert,* § 3a UWG Rn. 71; *Ziegler,* S. 115; wohl auch Büscher/*Hohlweck,* § 3a UWG Rn. 116.

979 *Elskamp,* S. 204.

980 *Elskamp,* S. 204.

981 ErfK/*Franzen,* § 3 MiLoG Rn. 1; Düwell/Schubert/*Schubert,* § 3 MiLoG Rn. 11; Schaub/*Vogelsang,* § 66 Rn. 40.

982 Begr. RegE., BT-Drs. 18/1558, S. 35; *Riechert/Nimmerjahn,* § 3 MiLoG Rn. 1a; Düwell/Schubert/*Trümner,* § 3 MiLoG Rn. 1.

betriebsinternen Verhaltens, sondern die gezielte Beschränkung des Arbeitsvertragsschlusses, der einen wesentlichen Teil des Nachfrageverhaltens ausmacht.

(bbb) Fraglicher Wettbewerbsvorteil durch Vereinbarung niedrigerer Löhne

Auf den ersten Blick könnten sich Bedenken daraus ergeben, dass der Arbeitgeber sich durch die Vereinbarung von Löhnen, die den Mindestlohn unterschreiten, keinen ersichtlichen Vorteil auf dem Beschaffungsmarkt verschafft. Im Vordergrund steht der Vorteil der Kostenersparnis auf dem Absatzmarkt.[983] Vielmehr schreckt der Arbeitgeber durch dieses Verhalten potentielle Arbeitnehmer ab und verschlechtert seine Chancen im Wettbewerb um Arbeitskräfte.[984] Die naheliegenden Vorteile ergeben sich durch die Kostenersparnis. Dieser mittelbare Einfluss auf den Absatzmarkt reicht aber gerade nicht aus.

Immerhin wird auch der Bezug billiger.[985] Der Arbeitgeber kann für denselben Kostenaufwand mehr Dienst- bzw. Arbeitsleistungen beziehen. Sein Verhalten dient damit auch der Bezugsförderung. Ob der Handelnde sich tatsächlich einen Wettbewerbsvorsprung verschafft oder verschaffen will, spielt im Rahmen des § 3a UWG keine Rolle mehr. Die §§ 1, 3 MiLoG begrenzen den Konkurrenzkampf, wobei das beschränkte Marktverhalten jedenfalls Außenwirkung gegenüber den Mitbewerbern i.S.d. § 2 Abs. 1 Nr. 3 UWG, zu denen ein konkretes Wettbewerbsverhältnis auf dem Beschaffungsmarkt besteht, hat.

(ccc) Außenwirkung auf Arbeitnehmer als sonstige Marktteilnehmer i.S.d. § 2 Abs. 1 Nr. 2 UWG

Bei der Nachfrage nach Arbeitskräften wirkt der Arbeitgeber zudem als Unternehmer auf die Arbeitnehmer ein. Arbeitnehmer sind in Bezug auf das Arbeitsverhältnis allerdings keine Verbraucher i.S.d. § 2 Abs. 2 UWG i.V.m. § 13 BGB.[986] Deshalb ist auch hier der Anwendungsbereich der UGP-Richtlinie nicht eröffnet. Arbeitnehmer können allerdings als sonstige Marktteilnehmer i.S.d. § 2 Abs. 1 Nr. 2 UWG zu den Schutzsubjekten des Lauterkeitsrechts zählen, wenn sie als Anbieter ihrer Arbeitskraft auftreten. Das ist bei § 1 Abs. 1 S. 1 AÜG ausnahmsweise der Fall, weil nicht bloß die Durchführung des Arbeitsverhältnisses geregelt wird, sondern bereits der Abschluss des Leiharbeitsvertrages.[987]

---

983 Vgl. zum Bruch von Tarifverträgen KeZa/*Stein*, § 4 TVG Rn. 284.

984 Vgl. zum Bruch von Tarifverträgen im Rahmen des § 1 UWG a.F. *Rieble*, Rn. 499.

985 Vgl. zum Bruch von Tarifverträgen *Zwanziger*, DB 2004, 2318, 2319.

986 S. § 3 B. II. 2.

987 S. § 4 A. V. 2. b) aa) (1) (d) (cc).

Der Regelungsinhalt der §§ 1, 3 MiLoG betrifft ebenfalls den Abschluss des Arbeitsvertrages und dabei sogar die Vereinbarung der Vergütung, die der Arbeitnehmer als Gegenleistung für seine Arbeitskraft erhält. Somit tritt der Arbeitnehmer auch hier als Anbieter von Dienstleistungen nach § 2 Abs. 1 Nr. 2 UWG auf, soweit es um die Anbahnung und den Abschluss des Arbeitsvertrages geht. Die für ein Marktverhalten i.S.d. § 3a UWG notwendige Außenwirkung besteht damit auch gegenüber den Arbeitnehmern als sonstigen Marktteilnehmern i.S.d. § 2 Abs. 1 Nr. 2 UWG.

(bb) Verhalten im laufenden Arbeitsverhältnis

Der Anspruch auf den gesetzlichen Mindestlohn wird erfüllt, wenn die Bruttovergütung für den Kalendermonat wenigstens so hoch ist wie die Zahl der in dem Monat tatsächlich geleisteten Arbeitsstunden, multipliziert mit dem Mindestlohn.[988] Denkbar sind damit auch Verstöße im laufenden Arbeitsverhältnis, beispielsweise wenn der gesetzliche Mindestlohn erst durch eine erhöhte Arbeitszeit ohne entsprechende Anpassung der Vergütung unterschritten wird oder der Arbeitgeber schlicht einen geringeren Lohn auszahlt.

Teilweise wird vertreten, dass der Tarifbruch auch bei der Durchführung des Arbeitsverhältnisses kein rein unternehmensinterner Vorgang ist.[989] Dies würde – ebenso in Bezug auf die §§ 1, 3 MiLoG – bedeuten, dass eine Handlung mit Außenwirkung als Anknüpfungspunkt für ein Marktverhalten zur Verfügung steht. Auf dieser Grundlage ließen sich die Vorschriften des MiLoG auch in Bezug auf das Verhalten im laufenden Arbeitsverhältnis als Regelungen des Marktverhaltens auf dem Beschaffungsmarkt einordnen.[990] Zudem sollen die Interessen der Mitbewerber auch durch die Kosten, zu denen die vereinbarte Arbeitsleistung in Anspruch genommen wird, berührt sein.[991]

(aaa) Außenwirkung der Entlohnung im laufenden Arbeitsverhältnis

Nach Ansicht von *Elskamp* stellt die Entlohnung selbst kein Marktverhalten dar.[992] Dies würde voraussetzen, dass die geregelten Handlungen unmittelbar auf Verbraucher, Mitbewerber oder sonstige Marktteilnehmer einwirken. Auch im laufenden Arbeitsverhältnis ist die Vergütung zwar die Gegenleistung für die

---

988 BAG 25.5.2016, NZA 2016, 1327 Rn. 26; *Preis/Temming*, Rn. 1269.

989 *Löwisch/Rieble*, § 4 TVG Rn. 128.

990 Vgl. *Fechner/Kocher*, NZA 2017, 755, 757.

991 *Fechner/Kocher*, NZA 2017, 755, 757.

992 *Elskamp*, S. 204.

Arbeitskraft des Arbeitnehmers. Gesetzliche Mindestlöhne dienen dem Ausgleich der strukturellen Unterlegenheit bei Abschluss, Durchführung und Beendigung des Arbeitsverhältnisses.[993] Dahinter bleibt der marktbezogene Schutz des Lauterkeitsrechts aber zurück. Verstöße bei der Durchführung des Arbeitsverhältnisses betreffen den Arbeitnehmer nicht mehr als sonstigen Marktteilnehmer i.S.d. § 2 Abs. 1 Nr. 2 UWG, sondern bloß innerbetrieblich. Insbesondere ist weder die Erbringung der Arbeitsleistung darauf gerichtet, diese oder weitere Leistungen anderen potentiellen Arbeitgebern anzubieten, noch findet ein Angebot der Arbeitskraft an den eigenen Arbeitgeber am Markt statt.[994] Damit scheidet eine Außenwirkung gegenüber den Arbeitnehmern aus.

(bbb) Bezug zum Beschaffungsmarkt

Ohnehin ist das Verhalten des Arbeitgebers bei der Entlohnung nicht auf den Bezug von Arbeitsleistungen auf dem Beschaffungsmarkt gerichtet. Zwar ermöglicht auch dieses Verhalten es ihm, mit demselben Kostenaufwand mehr Dienstleistungen zu beziehen. Diese stammen aber aus dem innerbetrieblichen Verhältnis zum Arbeitnehmer, nicht aus einer Nachfrage auf dem Markt. Ein anderes Ergebnis ergibt sich auch nicht aus einem Zusammenhang mit dem Marktverhalten bei Abschluss des Arbeitsvertrages. Unabhängig davon, ob bereits die Vergütungsvereinbarung den Mindestlohn unterschreitet oder nicht, handelt es sich bei späteren Verstößen um selbstständige Handlungen. § 3 S. 1 MiLoG soll zwar die Wirksamkeit des Mindestlohns gewährleisten. Dieser soll tatsächlich gezahlt werden. Primär auf das laufende Arbeitsverhältnis gerichtet ist aber der Teil der Vorschrift, nach dem Vereinbarungen unwirksam sind, soweit sie die Geltendmachung des Mindestlohnanspruchs beschränken oder ausschließen.

Die Situation ist insoweit vergleichbar mit der Erlaubnispflicht des § 1 Abs. 1 S. 1 AÜG, die durch Anknüpfung an die Zuverlässigkeitsprognose nach § 3 Abs. 1 Nr. 1 AÜG die Einhaltung von Arbeitsbedingungen aus dem innerbetrieblichen Verhältnis mittelbar zum Teil des Marktgeschehens macht. Auch dort stellt aber nur der Abschluss des Leiharbeitsvertrages ein Marktverhalten auf dem Beschaffungsmarkt dar, während das spätere Verhalten im laufenden Arbeitsverhältnis zum innerbetrieblichen Bereich gehört.

---

993 *Fischer-Lescano/Preis/Ulber*, S. 84.
994 S. § 3 C. III. 2.

(2) Interesse der Marktteilnehmer

Der allgemeine gesetzliche Mindestlohn war aus Sicht des Gesetzgebers notwendig zum Schutz der Arbeitnehmer.[995] Das MiLoG sollte zudem die Sozialversicherungen vor den Folgen nicht existenzsichernder Arbeitsentgelte infolge eines Lohnunterbietungswettbewerbes zwischen den Unternehmen bewahren.[996] Im Wesentlichen ergeben sich also drei Funktionen: der Arbeitnehmerschutz, die Verhinderung eines Lohnunterbietungswettbewerbes und der Schutz der sozialen Sicherungssysteme.[997]

(a) Interesse der sonstigen Marktteilnehmer i.S.d. § 2 Abs. 1 Nr. 2 UWG

In konsequenter Umsetzung der Rechtsprechung des Bundesgerichtshofs zu § 1 Abs. 1 S. 1 AÜG befasste sich das Kammergericht nicht mit den Interessen der Arbeitnehmer als sonstiger Marktteilnehmer i.S.d. § 2 Abs. 1 Nr. 2 UWG.[998] Der Mindestlohn bietet zwar keinen umfassenden Schutz. Er soll aber einen Mindestschutz der Arbeitnehmer vor unangemessenen Arbeitsentgelten gewährleisten.[999] Das zeigt auch § 9 Abs. 2 S. 1 MiLoG, wonach die Mindestlohnkommission im Rahmen der Gesamtabwägung unter anderem prüft, welche Höhe des Mindestlohns geeignet ist, zu einem angemessenen Mindestschutz der Arbeitnehmer beizutragen. Die §§ 1, 3 MiLoG schützen insofern die Interessen der Arbeitnehmer.

Dem Sinn und Zweck des § 3a UWG entsprechend müssen diese Interessen aber gerade durch die Teilnahme am Marktgeschehen berührt sein. Dafür spricht die Begründung des Regierungsentwurfes. In diesem heißt es wiederholt, der Wettbewerb dürfe „nicht zu Lasten der Arbeitnehmerinnen und Arbeitnehmer durch die Vereinbarung immer niedrigerer Löhne" stattfinden.[1000] Das zeigt, dass der Gesetzgeber nicht nur den Wettbewerb zwischen den Arbeitgebern als Mitbewerbern auf dem Beschaffungsmarkt, sondern auch dessen Auswirkungen

---

995 Begr. RegE., BT-Drs. 18/1558, S. 28; *Fischer-Lescano/Preis/Ulber,* 89; *Preis/Temming,* Rn. 1255; Düwell/Schubert/*Trümner,* § 3 MiLoG Rn. 1.

996 Begr. RegE., BT-Drs. 18/1558, S. 2, 28; *Fischer-Lescano/Preis/Ulber,* S. 84 ff.; ErfK/*Franzen,* § 1 MiLoG Rn. 1; *Preis/Temming,* Rn. 1255; Düwell/Schubert/*Trümner,* Einl. Rn. 46

997 *Riechert/Nimmerjahn,* Einf. Rn. 66.

998 KG 14.2.2017, WRP 2017, 460 Rn. 19 ff.

999 Begr. RegE., BT-Drs. 18/1558, S. 28, 30, 34, 38; *Fischer-Lescano/Preis/Ulber,* S. 84; ErfK/*Franzen,* § 1 MiLoG Rn. 2; *Riechert/Nimmerjahn,* Einf. Rn. 67.

1000 Begr. RegE., BT-Drs. 18/1558, S. 2, 28, vgl. S. 38.

auf die Arbeitnehmer als Marktteilnehmer i.S.d. § 2 Abs. 1 Nr. 2 UWG auf der Marktgegenseite im Blick hatte. Das bestätigt in systematischer Hinsicht § 9 Abs. 2 S. 1 MiLoG, der neben dem Mindestschutz der Arbeitnehmer die Ermöglichung fairer und funktionierender Wettbewerbsbedingungen zum Teil der Gesamtabwägung macht.

Zweifeln ließe sich insofern, als dass die den Mindestlohn unterschreitende Entlohnung, die aus Sicht des Arbeitnehmers die entscheidende Beeinträchtigung ausmacht, erst im laufenden Arbeitsverhältnis geschieht und damit dem Marktauftritt des Arbeitnehmers nachgelagert ist. Auch insofern ist die Situation vergleichbar mit § 1 Abs. 1 S. 1 AÜG. Das spätere Verhalten ist zwar eine selbstständige Handlung ohne Außenwirkung. Liegt bereits die Vergütungsvereinbarung bei Abschluss des Arbeitsvertrages unterhalb des gesetzlichen Mindestlohns, wird aber typischerweise auch die Entlohnung nicht höher ausfallen. Damit verwirklicht sich lediglich die Gefahr, die entsteht, wenn mit dem Arbeitnehmer als Anbieter seiner Arbeitskraft eine Gegenleistung vereinbart wird, die dem vom MiLoG gewährleisteten Interesse an einem Mindestschutz nicht gerecht wird. Folglich sind die geschützten Arbeitnehmerinteressen auch in diesem Fall keine bloßen Allgemeininteressen.

(b) Interesse der Mitbewerber i.S.d. § 2 Abs. 1 Nr. 3 UWG

Das OLG Frankfurt a.M. hielt eine wettbewerbsbezogene Zielrichtung, die auf die Verhinderung von „Schmutzkonkurrenz" gerichtet ist, für denkbar.[1001] Im arbeitsrechtlichen Schrifttum wird ein wettbewerbsbezogener Zweck bejaht.[1002] Der gesetzliche Mindestlohn ist nach seiner Charakteristik flächendeckend und branchenübergreifend.[1003] Er ist nicht darauf gerichtet, allein auf einem bestimmten Markt gleiche Voraussetzungen herzustellen. Das schließt einen Schutzzweck im Interesse der Mitbewerber aber nicht aus, weil die umfassende Regelung des Marktverhaltens beim Bezug von Arbeitskräften im Grundsatz gerade jeden einzelnen relevanten Markt erfassen soll.

1001 OLG Frankfurt a.M. 29.1.2015, GRUR 2015, 401 Rn. 24.

1002 Düwell/Schubert/*Düwell*, § 1 MiLoG Rn. 4 f.; *Fechner/Kocher*, NZA 2017, 755, 758; *Fechner*, AuR 2018, 456, 459; *Preis/Temming*, Rn. 1256; *Riechert/Nimmerjahn*, Einf. Rn. 84 ff., § 21 MiLoG Rn. 108; Düwell/Schubert/*Schubert*, Einl. Rn. 46; generell zu Mindestlohnzahlungspflichten *Ramstetter*, S. 183.

1003 Düwell/Schubert/*Schubert*, Einl. Rn. 30 ff.

(aa) Rechtsprechung des Bundesverfassungsgerichts zum Verdrängungswettbewerb über die Lohnkosten

Nach Ansicht des Bundesverfassungsgerichts ist es grundsätzlich ein legitimes Ziel, einem Verdrängungswettbewerb über die Lohnkosten entgegenzutreten.[1004] In der Entscheidung zur Berliner Tariftreueregelung führte das Gericht an, dass diese Maßnahme die Arbeitslosigkeit im Bausektor bekämpfen, Arbeitnehmer tarifgebundener Unternehmen schützen und die sozialen Sicherheitssysteme entlasten sollte.[1005] Da sich das Gericht nachfolgend mit diesen Zielen auseinandersetzt, ohne weiter auf die Interessen der Mitbewerber einzugehen, liegt es zumindest nicht fern, insofern von einem bloßen Reflex auszugehen.[1006] Daraus lassen sich zwar jedenfalls keine Schlüsse für die Vorschriften des MiLoG ziehen. Es zeigt sich aber die gerade bei der Verbindung einer sozialen Zielsetzung mit dem Mittel der Wettbewerbsbeschränkung wiederkehrende Fragestellung, ob es sich bei der Herstellung von Wettbewerbsgleichheit um eine bloß tatsächliche Folge oder einen Schutzzweck im Interesse der Mitbewerber handelt.

(bb) Begründung des Regierungsentwurfes

Die Annahme, dass die Vorschriften des MiLoG auch dem Schutz der wettbewerblichen Interessen der Arbeitgeber als Unternehmer dienen, wird vor allem auf die Begründung des Regierungsentwurfes gestützt.[1007] Darin heißt es wiederholt, der Wettbewerb müsse „um die besseren Produkte und Dienstleistungen" geführt werden, statt „zu Lasten der Arbeitnehmerinnen und Arbeitnehmer durch die Vereinbarung immer niedrigerer Löhne" zu gehen.[1008] Zudem könne das Fehlen einer Mindestlohnregelung ein Anreiz für einen Lohnunterbietungswettbewerb sein.[1009] Dies zeigt die marktwirtschaftliche Ordnungsfunktion des MiLoG.[1010] Der Gesetzgeber hat sich eindeutig mit den Auswirkungen

---

1004 BVerfG 11.7.2006, NJW 2007, 51, 54; vgl. auch BVerfG 20.3.2007, NZA 2007, 609 Rn. 36.

1005 BVerfG 11.7.2006, NJW 2007, 51, 54 f.

1006 Vgl. *Fischer-Lescano/Preis/Ulber,* S. 127 f., 143 f.; a.A. *Fechner,* AuR 2018, 456, 459.

1007 LG Berlin 1.12.2015, 103 O 67/15 (unveröffentlicht); Düwell/Schubert/*Düwell,* § 1 MiLoG Rn. 4 f.; *Fechner/Kocher,* NZA 2017, 755, 758; *Fechner/Kocher* Stellungnahme, 121, 137; *Fechner,* AuR 2018, 456, 459; *Preis/Temming,* Rn. 1256; *Riechert/Nimmerjahn,* Einf. Rn. 86, § 21 MiLoG Rn. 108; Düwell/Schubert/*Schubert,* Einl. Rn. 46.

1008 Begr. RegE., BT-Drs. 18/1558, S. 2, 28, vgl. S. 38.

1009 Begr. RegE., BT-Drs. 18/1558, S. 2, 28.

1010 Düwell/Schubert/*Düwell,* § 1 MiLoG Rn. 4.

eines gesetzlichen, flächendeckenden und branchenübergreifenden Mindestlohns auf den Wettbewerb auf dem Beschaffungsmarkt beschäftigt und diesen gezielt eingeschränkt. Zumindest in diesem Teil der Begründung werden die Auswirkungen auf die Mitbewerber zwar nicht ausdrücklich benannt. Betont wird aber die Gefahr eines Lohnunterbietungswettbewerbes, der notwendigerweise voraussetzt, dass die in einem Wettbewerbsverhältnis zum Handelnden stehenden Unternehmer dem Druck nicht standhalten konnten oder wollten. Dies spricht als Indiz für eine Regelung des Marktverhaltens auch im Interesse der Mitbewerber.

Allerdings bieten die Begründung zum Regierungsentwurf sowie die darauf gestützte Argumentation auch Ansatzpunkte, die für einen bloßen Reflex sprechen.[1011] Der Schutz der Arbeitgeber wird im Hinblick auf die soziale Zielsetzung als Umweg bezeichnet.[1012] Die Vereinbarung immer niedrigerer Löhne soll nicht zulasten der Arbeitnehmer gehen, deren Interessen das MiLoG primär schützen soll. In Bezug auf den Lohnunterbietungswettbewerb beschäftigt sich die Begründung ausführlich mit den negativen Folgen für die Sozialversicherungen.[1013] Auch die Alterssicherung der Arbeitnehmer wird in diesem Zusammenhang genannt.[1014] Dementsprechend werden die Auswirkungen auf die Arbeitgeber auch in der Literatur in Verbindung mit der sozialpolitischen Zielsetzung gebracht. Beispielsweise wird auf das in Art. 20 Abs. 1 GG verankerte Sozialstaatsprinzip die Annahme gestützt, der Gesetzgeber müsse gegen Geschäftsmodelle vorgehen, die allein auf Lohndumping beruhen.[1015] Besonders deutlich wird die Problematik, wenn die Wettbewerbsfunktion des MiLoG als dem Arbeitnehmerschutz nachgeordnet und auf diesen bezogen bezeichnet wird.[1016]

Der Gesetzgeber hat den Lohnkostenwettbewerb aber nicht allein aus sozialpolitischen Gründen begrenzt, sondern beruft sich mit der Förderung des Wettbewerbs über die Qualität der Produkte und Dienstleistungen auch auf einen wirtschaftspolitischen Gesichtspunkt, der die Wettbewerbsfähigkeit der deutschen Wirtschaft insgesamt betrifft.[1017] Zumindest diese generelle

---

1011 GK-UWG/*Metzger/Eichelberger*, § 3a Rn. 306.
1012 *Fischer-Lescano/Preis/Ulber*, S. 128.
1013 Begr. RegE., BT-Drs. 18/1558, S. 2, 28.
1014 Begr. RegE., BT-Drs. 18/1558, S. 2, 28.
1015 Düwell/Schubert/*Düwell*, § 1 MiLoG Rn. 4.
1016 *Preis/Temming*, Rn. 1256; *Riechert/Nimmerjahn*, Einf. Rn. 84.
1017 *Fischer-Lescano/Preis/Ulber*, S. 171 f.

Wettbewerbsfähigkeit stellt aber kein auf das Marktverhalten bezogenes Interesse der Mitbewerber, sondern ein bloßes Allgemeininteresse dar. Dennoch wird aus den Ausführungen in der Begründung geschlossen, dass das MiLoG gezielt auch das Interesse der lauteren, gesetzeskonform handelnden Arbeitgeber an fairen Wettbewerbsbedingungen schützen soll.[1018] Teilweise wird dies als sekundäre Wettbewerbsfunktion bezeichnet.[1019] Dagegen wird angeführt, der auf die Unterbindung des Lohnunterbietungswettbewerbes bezogene Aspekt trete völlig hinter der sozialpolitischen Zielsetzung im Interesse der Arbeitnehmer zurück.[1020] Zudem sei die Gesetzesbegründung insofern nicht eindeutig.[1021] Tatsächlich lässt sich den bisher genannten Angaben keine eindeutige Zielsetzung entnehmen.

Allerdings findet sich in der Begründung auch der Hinweis, mit dem MiLoG werde, abgesehen vom Mindestschutz der Arbeitnehmer, „zugleich ein Beitrag zu fairen und funktionierenden Wettbewerbsbedingungen sowie zur Stabilität der sozialen Sicherungssysteme" geleistet.[1022] Die Verwendung des Wortes „zugleich" zeigt nach Ansicht des Kammergerichts, dass die Auswirkungen insofern nur reflexartig sind.[1023] Dieser Schluss kann nicht überzeugen. Die Wortbedeutung wird, abgesehen von der zeitlichen Verwendung im Sinne von „gleichzeitig", mit „in gleicher Weise; ebenso; auch" angegeben.[1024] Der Begriff spricht noch nicht einmal für eine wertende Abstufung. Daraus lässt sich erst recht nicht entnehmen, dass eine Funktion völlig zurücktreten soll. Dies zeigt vielmehr, dass die genannte Maßnahme – die Einführung eines allgemeinen Mindestlohns – nicht auf den Arbeitnehmerschutz reduziert werden kann.

Dafür spricht auch die mit einem „sowie" fortgeführte Aufzählung der dritten Funktion im Interesse der sozialen Sicherungssysteme. Die gewählten Formulierungen setzen die Funktionen zwar in Beziehung zueinander. Es liegt auch nahe, dass der Schutz der Arbeitnehmer die primäre Zielsetzung darstellen soll. Zuzugeben ist zudem, dass die Formulierung des Satzes ebenso zu einer bloßen Beschreibung der tatsächlichen Folgen der Regelung passen würde. Zu berücksichtigen ist aber auch der Standort dieser Aufzählung in der Begründung des

---

1018 Düwell/Schubert/*Düwell*, § 1 MiLoG Rn. 4.

1019 *Riechert/Nimmerjahn*, Einf. Rn. 86.

1020 K/B/F/*Köhler*, § 3a UWG Rn. 1.70.

1021 KG 14.2.2017, WRP 2017, 460 Rn. 22; K/B/F/*Köhler*, § 3a UWG Rn. 1.70.

1022 Begr. RegE., BT-Drs. 18/1558, S. 26.

1023 KG 14.2.2017, WRP 2017, 460 Rn. 22.

1024 S. https://www.duden.de/rechtschreibung/zugleich (zuletzt abgerufen am 30.11.2021).

Entwurfes. Sie befindet sich im Allgemeinen Teil unter der Überschrift „Zielsetzung und Notwendigkeit der Regelung“.[1025] Im Ergebnis spricht die Begründung dafür, dem Schutz der wettbewerblichen Interessen der Mitbewerber eine eigenständige Bedeutung einzuräumen.

(cc) Faire und funktionierende Wettbewerbsbedingungen i.S.d. § 9 Abs. 2 S. 1 MiLoG

Auch § 9 Abs. 2 S. 1 MiLoG wird von Vertretern der herrschenden Ansicht in der Literatur angeführt.[1026] Die Mindestlohnkommission prüft im Rahmen der Gesamtabwägung auch, welche Höhe des Mindestlohns geeignet ist, faire und funktionierende Wettbewerbsbedingungen zu ermöglichen. Sie soll damit ausdrücklich auch wettbewerbliche Erwägungen in ihre Entscheidung einfließen lassen.[1027] Diese Norm spricht in systematischer Hinsicht dafür, dass das MiLoG dem Wettbewerb auf dem Beschaffungsmarkt nicht nur zum Schutz der Arbeitnehmer eine Grenze setzt, sondern auch dem Interesse der rechtstreu handelnden Arbeitgeber an einem fairen Wettbewerb dient.

Verstärkt wird dieses Argument wiederum durch die Vorstellungen des Gesetzgebers, die in der Gesetzesbegründung zum Ausdruck kommen. In der Begründung zu § 9 Abs. 2 MiLoG heißt es, der Mindestlohn „gewährleistet faire und funktionierende Wettbewerbsbedingungen dann, wenn er geeignet ist, einem Verdrängungswettbewerb über Lohnkosten, dem insbesondere kleinere und mittlere Unternehmen nicht standhalten können, entgegenzuwirken“.[1028] An dieser Stelle hat der Gesetzgeber sich ausdrücklich mit den Auswirkungen des Wettbewerbs auf die Mitbewerber beschäftigt. Betont wird dies abgesehen vom Hinweis auf die Folgen für die Unternehmen auch durch die Bezeichnung als Verdrängungswettbewerb in Abgrenzung zum bloßen Lohnunterbietungswettbewerb. § 9 Abs. 2 S. 1 MiLoG soll gewährleisten, dass Unternehmer nicht von Mitbewerbern verdrängt werden, die auf unangemessen niedrige Löhne setzen und sich damit Vorteile auf dem Beschaffungsmarkt verschaffen. Als gleichberechtigtes Kriterium soll zudem der Erhalt von Beschäftigung berücksichtigt werden.[1029] Die vorgegebene Gleichberechtigung der Kriterien, die auch in der

---

1025 Begr. RegE., BT-Drs. 18/1558, S. 26.

1026 *Fechner/Kocher,* NZA 2017, 755, 758; *Preis/Temming,* Rn. 1256; *Riechert/Nimmerjahn,* Einf. Rn. 86.

1027 *Riechert/Nimmerjahn,* Einf. Rn. 86.

1028 Begr. RegE., BT-Drs. 18/1558, S. 38.

1029 Begr. RegE., BT-Drs. 18/1558, S. 38.

Norm selbst zum Ausdruck kommt, zeigt auch hier, dass es der Herstellung von Wettbewerbsgleichheit eine eigenständige Bedeutung zukommt.

(dd) Regelungszusammenhang mit dem AEntG

Schließlich wird auf den Regelungszusammenhang mit dem AEntG verwiesen.[1030] Mit dem Tarifautonomiestärkungsgesetz wurde im Bereich der Mindestentgeltregelungen nicht nur das MiLoG geschaffen, zum Konzept des Gesetzgebers gehörten auch Änderungen des TVG und des AEntG.[1031] In dieser gemeinsamen Neuregelung kommt ein innerer Zusammenhang zum Ausdruck.[1032] Auf dieser Grundlage wird als Argument angeführt, dass § 1 AEntG als Zielsetzung des Gesetzes auch die Gewährleistung fairer und funktionierender Wettbewerbsbedingungen nennt.[1033]

Verwiesen wird zudem auf die Rechtsprechung des Europäischen Gerichtshofs zur Arbeitnehmerentsende-Richtlinie 96/71/EG.[1034] Dieser ging in Bezug auf Art. 3 Abs. 1 UAbs. 1 RL 96/71/EG von einer doppelten Zielsetzung aus, zu der auch die Sicherstellung eines lauteren Wettbewerbs zwischen inländischen sowie länderübergreifenden Dienstleistungen erbringenden Unternehmen gehört.[1035] Andererseits geht der Gerichtshof davon aus, dass Beschränkungen der von Art. 46 AEUV gewährleisteten Dienstleistungsfreiheit in diesem Zusammenhang nur dann mit dem Ziel der Verhinderung eines solchen unlauteren Wettbewerbs gerechtfertigt werden können, wenn diese auch dem Schutz der Arbeitnehmer vor Dumpinglöhnen dient.[1036] Dieser scheinbare Widerspruch erklärt sich dadurch, dass zwischen dem Arbeitnehmerschutz und dem Schutz des lauteren Wettbewerbs aus Sicht des Europäischen Gerichtshofs kein grundsätzlicher Widerspruch besteht.[1037] Da die beschränkende Regelung des Beschaffungsmarktes primär dem Schutz der Arbeitnehmer dient, ist die weitere

---

1030 *Fechner/Kocher*, NZA 2017, 755, 758; *Fechner*, AuR 2018, 456, 459; *Riechert/Nimmerjahn*, Einf. Rn. 86 f.

1031 Begr. RegE., BT-Drs. 18/1558, S. 26 ff.

1032 *Fechner/Kocher*, NZA 2017, 755, 758.

1033 *Fechner*, AuR 2018, 456, 459; *Riechert/Nimmerjahn*, Einf. Rn. 87.

1034 *Fechner*, AuR 2018, 456, 459.

1035 EuGH 12.2.2015, NZA 2015, 345 Rn. 30.

1036 EuGH 3.12.2014, NZA 2015, 290 Rn. 65; vgl. EuGH 12.10.2004, NZA 2004, 1211 Rn. 35 ff.

1037 ErfK/*Franzen*, § 1 AEntG Rn. 7; *Riechert/Nimmerjahn*, Einf. Rn. 176; s. dazu EuGH 12.10.2004, NZA 2004, 1211 Rn. 42.

wettbewerbsbezogene Zielsetzung des MiLoG auch in Anbetracht dieser Rechtsprechung jedenfalls mit dem Unionsrecht vereinbar.[1038]

(ee) Zwischenergebnis

Die §§ 1, 3 MiLoG regeln das Marktverhalten auf dem Beschaffungsmarkt beim Abschluss von Arbeitsverträgen im Interesse der Arbeitnehmer als sonstiger Marktteilnehmer i.S.d. § 2 Abs. 1 Nr. 2 UWG, aber auch im Interesse der Mitbewerber i.S.d. § 2 Abs. 1 Nr. 3 UWG. Gleichwohl handelt es sich im Wesentlichen um ein arbeitnehmerschützendes Gesetz – insofern handelt es sich eher um eine „Nuancierung" als einen „Paradigmenwechsel".[1039]

bb) Konkurrenz arbeits- und lauterkeitsrechtlicher Rechtsfolgen

Der Mindestlohnanspruch ist ein Individualanspruch, der durch staatliche Durchsetzungsmöglichkeiten flankiert wird.[1040] In konsequenter Umsetzung der Rechtsprechung des Bundesgerichtshofs im *obiter dictum* zu § 1 Abs. 1 S. 1 AÜG ließ das Kammergericht eine lauterkeitsrechtliche Sanktionierung von Verstößen auch mit Blick auf die Konkurrenz zu den arbeitsrechtlichen Vorschriften scheitern.[1041]

(1) Umgehung des § 13 MiLoG i.V.m. § 14 AEntG

Im Vordergrund muss auch hier die Frage stehen, ob die Anwendung des lauterkeitsrechtlichen Sanktionssystems die speziellen Rechtsfolgen der arbeitsrechtlichen Vorschriften umgeht. Insbesondere dürfte die Auslegung kein abschließendes Rechtsfolgensystem ergeben. Mit der Haftung des Auftraggebers von Werk- oder Dienstleistungen nach § 13 MiLoG i.V.m. § 14 AEntG hat der Gesetzgeber die öffentlich-rechtliche Durchsetzung wie in § 10 Abs. 1 AÜG durch ein weiteres, privatrechtliches Instrument ergänzt.[1042]

Diese Regelung betrifft nicht das Marktverhalten des Arbeitgebers beim Abschluss von Arbeitsverträgen. Die Haftung für den Fall, dass ein Nachunternehmer seinen Arbeitnehmern nicht den Mindestlohn zahlt, kann demnach

---

1038 *Riechert/Nimmerjahn,* Einf. Rn. 87.

1039 Düwell/Schubert/*Düwell,* § 1 MiLoG Rn. 4.

1040 Düwell/Schubert/*Clemens,* § 1 MiLoG Rn. 105.

1041 KG 14.2.2017, WRP 2017, 460 Rn. 19; zust. Büscher/*Hohlweck,* § 3a UWG Rn. 116; K/B/F/*Köhler,* § 3a UWG Rn. 1.70.; a.A. *Ramstetter,* S. 183; *Riechert/Nimmerjahn,* § 21 MiLoG Rn. 110.

1042 *Riechert/Nimmerjahn,* § 13 MiLoG Rn. 8.

nicht mit den lauterkeitsrechtlichen Ansprüchen kollidieren. Die Haftungsregelung schützt neben den Arbeitnehmern auch die zuverlässigen Arbeitgeber vor ihrer unlauteren Konkurrenz und weist damit eine wettbewerbsrechtliche Dimension auf.[1043] Sinn und Zweck der Vorschrift ist es, die tatsächliche Wirksamkeit des Mindestlohns sicherzustellen.[1044] Diesen Zweck würde die Anwendung der §§ 8 ff. UWG gerade fördern.

(2) Umgehung der §§ 14 ff. MiLoG

Die Kontrolle und Durchsetzung durch staatliche Behörden ist in den §§ 14 ff. MiLoG geregelt. Nach § 14 MiLoG sind die Behörden der Zollverwaltung für die Prüfung der Einhaltung der Arbeitgeberpflichten nach § 20 MiLoG zuständig. Die entsprechenden Befugnisse regelt § 15 MiLoG. Dass dem Zoll die öffentlich-rechtliche Überwachungsaufgabe zugewiesen ist, wird teilweise gegen eine Erweiterung des Kollektivrechtsschutzes angeführt.[1045] Es ist aber nicht ersichtlich, inwiefern die genannten Regelungen umgangen würden. Es gibt keine Anhaltspunkte dafür, dass die öffentlich-rechtliche Durchsetzung weitere Sanktionen ausschließen sollte.

§ 21 Abs. 1 Nr. 9 MiLoG knüpft an § 20 MiLoG an und sieht eine Ordnungswidrigkeit für den Fall vor, dass der Arbeitgeber das genannte Entgelt nicht oder nicht rechtzeitig zahlt. Bei Vorsatz ist ggf. sogar der Straftatbestand des § 266a StGB erfüllt.[1046] Allerdings sollen Sanktionen ihrer Natur nach gerade vermieden werden, weshalb präventiv wirkende Maßnahmen dem abschreckenden Zweck nicht widersprechen.[1047] Die Regelungen sollen die Wirksamkeit des Mindestlohns sicherstellen. Die lauterkeitsrechtliche Sanktionierung führt dieses behördliche Konzept konsequent fort.[1048]

Das MiLoG sieht kein austariertes System vor, das durch die Anwendung des UWG gestört würde. Zwar wird zu Recht eingewandt, dass allein behördliche Defizite bei der Verfolgung von Rechtsverstößen keine weite Anwendung des

---

1043 Düwell/Schubert/*Reinfelder,* § 13 MiLoG Rn. 1; *Riechert/Nimmerjahn,* § 13 MiLoG Rn. 4.

1044 Begr. RegE., BT-Drs. 18/1558, S. 40; ErfK/*Franzen,* § 13 MiLoG Rn. 1; BeckOK-ArbR/*Greiner,* § 13 MiLoG Rn. 3; Düwell/Schubert/*Reinfelder,* § 13 MiLoG Rn. 1; *Riechert/Nimmerjahn,* § 13 MiLoG Rn. 4.

1045 *Von Stechow,* S. 155.

1046 Düwell/Schubert/*Ramming,* § 21 MiLoG Rn. 19; *Riechert/Nimmerjahn,* § 21 MiLoG Rn. 100.

1047 S. § 4 A. V. 2. b) cc) (3) (a).

1048 *Ramstetter,* S. 183 mit Verweis auf *Aulmann,* BB 2007, 826, 827 ff.

Lauterkeitsrechts zur Kompensation begründen können und Probleme dort zu beseitigen sind, wo sie auftreten.[1049] Daraus lässt sich aber kein Umkehrschluss ziehen, nach dem die Anwendung der Rechtsfolgen des UWG bei behördlichen Defiziten ausgeschlossen wäre. Die Auswirkungen von Verstößen gegen das MiLoG auf den Wettbewerb spielen bei Klagen der Arbeitnehmer vor den Arbeitsgerichten keine Rolle. Der generelle Verweis auf die Fachgerichtsbarkeit wäre mit Sinn und Zweck des § 3a UWG nicht vereinbar und ließe die wettbewerblichen Interessen der Marktteilnehmer ungeschützt.

(3) Umgehung der Verantwortungszuweisung

Nach Ansicht des Kammergerichts liegt es im Verantwortungsbereich der Arbeitnehmer bzw. ihrer Vereinigungen, ggf. auf Erfüllung der Ansprüche zu klagen und den Mindestlohn durchzusetzen.[1050] Dies sei nicht Sache der Mitbewerber.[1051] Den Fokus auf den Grundsatz des Individualrechtsschutzes betonte auch die Bundesregierung in ihrer Antwort auf eine kleine Anfrage, in der sie die Einführung eines Verbandsklagerechtes zur Durchsetzung von Mindestlohnansprüchen ablehnte.[1052]

Zu berücksichtigen ist zunächst, dass das MiLoG selbst weitere Durchsetzungsmechanismen neben der Leistungsklage des Arbeitnehmers vorsieht. Auch ein lauterkeitsrechtlicher Unterlassungsanspruch würde nur flankierend wirken und hätte nicht die Individualansprüche der Arbeitnehmer zum Gegenstand. Deshalb fehlt einer lauterkeitsrechtlichen Unterlassungsklage auch nicht das Rechtsschutzbedürfnis, weil der einzelne Arbeitnehmer trotz der Vereinbarung einer unter dem Mindestlohn liegenden Vergütung einen gesetzlichen Anspruch gemäß §§ 1, 3 MiLoG hat.[1053]

Der Gesetzgeber hat anerkannt, dass es auch den Tarifvertragsparteien insbesondere im Bereich einfacher Tätigkeiten oft nicht gelingt, die Arbeitnehmer von unangemessen niedrigen Löhnen zu schützen.[1054] Das gilt insbesondere in Branchen mit niedrigem Organisationsgrad.[1055] Hält die strukturelle Unterlegenheit

---

1049 KG 14.2.2017, WRP 2017, 460 Rn. 15 f. mit Verweis auf *Köhler*, GRUR 2010, 657, 658.

1050 KG 14.2.2017, WRP 2017, 460 Rn. 19.

1051 KG 14.2.2017, WRP 2017, 460 Rn. 19; zust. Büscher/*Hohlweck*, § 3a UWG Rn. 116; K/B/F/*Köhler*, § 3a UWG Rn. 1.70.

1052 BT-Drs. 18/3824, S. 7.

1053 LG Berlin 1.12.2015, 103 O 67/15 (unveröffentlicht).

1054 Begr. RegE., BT-Drs. 18/1558, S. 1, 26.

1055 Begr. RegE., BT-Drs. 18/1558, S. 28.

der Arbeitnehmer diese von einer Leistungsklage vor dem zuständigen Arbeitsgericht ab, wäre dem Mitbewerber dennoch der Weg über die ordentliche Gerichtsbarkeit versperrt und der Schutz seiner wettbewerblichen Interessen liefe leer. Dies widerspräche nicht nur Sinn und Zweck des UWG, sondern auch des MiLoG. Dem rechtstreu handelnden Mitbewerber, der seinen Arbeitnehmern den gesetzlichen Mindestlohn zahlt, eine Durchsetzungsmöglichkeit zu versagen, überzeugt im Vergleich mit § 1 Abs. 1 S. 1 AÜG erst recht nicht, weil das MiLoG gerade auch seine wettbewerblichen Interessen schützen soll. Er klagt nicht im Interesse der Arbeitnehmer seines Konkurrenten, sondern weil §§ 3a, 3 Abs. 1, 8 Abs. 1, 3 Nr. 1 UWG ihm bei konsequenter Anwendung einen eigenen Anspruch zuerkennen.

Diese Schwäche muss auch nicht mit Verweis auf die Eigenverantwortung der Arbeitnehmer hingenommen werden. Der gesetzliche Mindestlohn soll die strukturelle Unterlegenheit gerade ausgleichen.[1056] Es gibt keine Anhaltspunkte dafür, dass die Regelungen in Hinsicht auf diese Funktion abschließend sein sollten. Zudem greifen auch hier die grundlegenden Erwägungen der herrschenden Meinung zur parallelen Anwendbarkeit der Rechtsfolgensysteme, die auf den Unterschied in den Schutzzwecken gestützt ist.[1057]

cc) Ergebnis

Die §§ 1, 3 MiLoG stellen in Bezug auf das Verhalten des Arbeitgebers bei Abschluss eines Arbeitsvertrages, der eine unterhalb des gesetzlichen Mindestlohns liegende Vergütungsvereinbarung enthält, eine Regelung des Marktverhaltens i.S.d. § 3a UWG auf dem Beschaffungsmarkt im Interesse der Arbeitnehmer als sonstiger Marktteilnehmer i.S.d. § 2 Abs. 1 Nr. 2 UWG sowie der Mitbewerber i.S.d. § 2 Abs. 1 Nr. 3 UWG dar. Das MiLoG enthält auch kein vorrangiges Rechtsfolgensystem, das eine Sanktionierung auf Grundlage des UWG ausschließen würde.

b) Pflicht zur Leistung von Sozialversicherungsbeiträgen, vgl. § 2 SGB IV

Die Pflicht zur Abführung von Sozialversicherungsbeiträgen steht in einem sachlichen Zusammenhang mit Verstößen gegen das MiLoG. Dies zeigt die Entscheidung des Kammergerichts, das sich dem Vorbringen der Antragstellerin entsprechend mit beiden Regelungen befasst hat.[1058]

1056 *Fischer-Lescano/Preis/Ulber*, S. 84.
1057 *Ramstetter*, S. 183; *Riechert/Nimmerjahn*, § 21 MiLoG Rn. 110.
1058 KG 14.2.2017, WRP 2017, 460 Rn. 2 ff., 18 ff.

aa) Regelung des Marktverhaltens im Interesse der Marktteilnehmer

Das Kammergericht sah in § 2 SGB IV, soweit daraus die Pflicht zur Abführung von Sozialversicherungsbeiträgen abgeleitet wird, keine Regelung des Marktverhaltens im Interesse der Marktteilnehmer.[1059] Dies entspricht der einhelligen Ansicht in der Literatur.[1060] Ebenso wird konsequenterweise § 266a StGB eingeordnet.[1061]

(1) Regelung des Marktverhaltens

In der Tat fehlt es bereits an einer Regelung des Marktverhaltens. Wie die Vorschriften des Gesundheits- oder Arbeitsschutzes fehlt den Regelungen über die Abführung von Sozialversicherungsbeiträgen der notwendige Bezug zum Marktgeschehen.[1062] Das Kammergericht verweist zu Recht darauf, dass die Arbeitnehmer keine Teilnehmer am Absatzmarkt sind.[1063] Da die Entlohnung der Arbeitnehmer schon keine Außenwirkung gegenüber Marktteilnehmern auf dem Absatzmarkt hat, ist dies bei der Abführung der Sozialversicherungsbeiträge erst recht nicht der Fall. Nichts anderes gilt für den Beschaffungsmarkt, weil die Abführung der Beiträge erst im laufenden Arbeitsverhältnis stattfindet. Für den Marktauftritt werden keine Handlungs- oder Unterlassungspflichten aufgestellt. Deshalb wurde das Argument der Berufungsbegründung, wenn die Regelungen des MiLoG § 3a UWG unterfallen, müsste dies auch für die Pflicht zur Abführung der Sozialversicherungsbeiträge gelten, jedenfalls im Ergebnis zu Recht verworfen.[1064]

(2) Interesse der Marktteilnehmer

Jedenfalls besteht die Pflicht zur Abführung der Sozialversicherungsbeiträge nicht im Interesse der Marktteilnehmer. Die Interessen der Verbraucher sind nicht betroffen.[1065] Der Schutz der Mitbewerber ist ein bloßer Reflex der

---

1059 KG 14.2.2017, WRP 2017, 460 Rn. 6 ff.

1060 JurisPK- UWG/*Diekmann*, § 3a Rn. 83; MAH/*Dittert*, § 14 Rn. 56; *Köhler*, GRUR 2004, 381, 384; K/B/F/*Köhler*, § 3a UWG Rn. 1.70; *Lehmler*, § 4 Nr. 11 UWG Rn. 46.

1061 F/B/O/*Götting/Hetmank*, § 3a UWG Rn. 71; *Löwisch/Rieble*, § 4 TVG Rn. 127; MüKo-UWG/*Schaffert*, § 3a Rn. 73.

1062 *Köhler*, GRUR 2004, 381, 384.

1063 KG 14.2.2017, WRP 2017, 460 Rn. 11.

1064 KG 14.2.2017, WRP 2017, 460 Rn. 14.

1065 KG 14.2.2017, WRP 2017, 460 Rn. 10.

primären Zielsetzung, die in der Sicherung des Beitragsaufkommens für die Sozialversicherungen im Interesse der Solidargemeinschaft liegt.[1066]

bb) Ergebnis

Die Voraussetzungen des Rechtsbruchtatbestandes nach § 3a UWG sind nicht erfüllt, wenn der Arbeitgeber gegen seine Pflicht zur Abführung von Sozialversicherungsbeiträgen verstößt.

4. Tarifvertragliche Regelungen

Die Durchsetzung tariflicher Mindestentgelte durch das Lauterkeitsrecht beschäftigte die Gerichte auch nach dem Urteil des Reichsgerichts im Jahr 1927 immer wieder, wobei das Urteil des Bundesgerichtshofs aus dem Jahr 1992, das noch zu § 1 UWG a.F. erging, den vorläufigen Schlusspunkt der Rechtsprechung zu diesem Teil der Schnittstelle von Arbeits- und Lauterkeitsrecht darstellte.[1067]

a) Gesetzliche Vorschriften

Privatrechtliche Verträge sind grundsätzlich keine gesetzlichen Vorschriften i.S.d. § 3a UWG.[1068] Sie sind keine Rechtsnormen i.S.d. Art. 2 EGBGB. Tarifverträge unterscheiden sich von anderen Verträgen durch ihre Doppelnatur – wie § 1 Abs. 1 TVG zeigt, regelt ein Tarifvertrag im schuldrechtlichen Teil die Rechte und Pflichten der Tarifvertragsparteien, während der normative Teil Rechtsnormen enthält, die das Verhältnis zwischen Arbeitgeber und Arbeitnehmer und dabei insbesondere den Inhalt, den Abschluss und die Beendigung von Arbeitsverhältnissen betreffen können.[1069]

aa) Bei Allgemeinverbindlichkeit, § 5 TVG

Wenn die Allgemeinverbindlicherklärung im öffentlichen Interesse geboten erscheint, kann die normative Wirkung eines Tarifvertrages nach § 5 TVG auf die nicht Tarifgebundenen ausgedehnt werden. Schon in der „Tariflohnunterschreitung"-Entscheidung sah der Bundesgerichtshof nach § 5 TVG für

---

1066 KG 14.2.2017, WRP 2017, 460 Rn. 9, 12.

1067 S. § 2 A. III. 2., 3.

1068 OLG Hamm 21.12.2010, GRUR-RR 2011, 218, 219; K/B/F/*Köhler*, § 3a UWG Rn. 1.57; Ohly/Sosnitza/*Ohly*, § 3a UWG Rn. 13; MüKo-UWG/*Schaffert*, § 3a Rn. 61; vgl. Spindler/Schuster/*Micklitz/Schirmbacher*, § 3a UWG Rn. 6.

1069 ErfK/*Franzen*, § 1 TVG Rn. 79; *Löwisch/Rieble*, § 1 TVG Rn. 1134; BeckOK-ArbR/*Waas*, § 1 TVG Rn. 2.

allgemeinverbindlich erklärte Tarifverträge als verbindliche Normen im Sinne der Fallgruppe Rechtsbruch an.[1070] Nach einhelliger Ansicht enthalten für allgemeinverbindlich erklärte Tarifverträge Rechtsnormen i.S.d. Art. 2 EGBGB und damit gesetzliche Vorschriften im Sinne des Rechtsbruchtatbestandes nach § 3a UWG.[1071] Wie § 1 Abs. 1 TVG verwendet das Gesetz selbst in § 5 Abs. 4 S. 1 TVG sowie in § 5 Abs. 7 S. 2 TVG den Begriff der Rechtsnormen des Tarifvertrages. Klarzustellen ist, dass es hier nur um den normativen Teil des Tarifvertrages geht.[1072]

bb) Bei Tarifgebundenheit, § 3 Abs. 1 TVG i.V.m. § 4 Abs. 1 S. 1 TVG

Die Rechtsnormen des Tarifvertrages gelten nach § 4 Abs. 1 S. 1 TVG unmittelbar und zwingend zwischen den beiderseits Tarifgebundenen, die unter den Geltungsbereich fallen. Tarifvertragsnormen gelten damit grundsätzlich nur für die Mitglieder der Tarifvertragsparteien sowie den Arbeitgeber, der selbst Partei des Vertrages ist, s. § 3 Abs. 1 TVG. Anders als bei § 5 Abs. 4 TVG erfasst die normative Wirkung grundsätzlich keine Außenseiter.[1073] Beschränkt ist aber bloß der Anwendungsbereich. In räumlicher Hinsicht ist dies ebenfalls unschädlich.[1074] An der unmittelbaren und zwingenden Geltung, die § 4 Abs. 1 S. 1 TVG für die Tarifgebundenen ausdrücklich anordnet, ändert dies nichts.

Dagegen spricht zwar, dass die Regelung durch autonome Tarifvertragsparteien erfolgt.[1075] Die unmittelbare und zwingende Wirkung beruht aber auf der Anordnung in § 4 Abs. 1 S. 1 TVG. Eine Besonderheit des § 5 TVG stellt im Vergleich die staatliche Mitwirkung im Verfahren der Allgemeinverbindlicherklärung dar.[1076] Ein Unterschied in Bezug auf die Normwirkung lässt sich damit allerdings nicht begründen. Entscheidend ist die Wirkung, nicht das

---

1070 BGH 3.12.1992, BGHZ 120, 320, 324.

1071 *Beater*, Rn. 2495; *Elskamp*, S. 74; *Fechner/Kocher*, NZA 2017, 755, 756; F/B/O/*Götting/Hetmank*, § 3a UWG Rn. 50; Büscher/*Hohlweck*, § 3a UWG Rn. 90; GK-UWG/*Metzger/Eichelberger*, § 3a Rn. 49; *Oetker* FS Bepler, 467, 473; Ohly/Sosnitza/*Ohly*, § 3a UWG Rn. 12; Harte-Bavendamm/Henning-Bodewig/*v. Jagow*, § 3a UWG Rn. 13; *v. Walter*, S. 71 f.; *Ziegler*, S. 116 f.

1072 *Löwisch/Rieble*, § 4 TVG Rn. 129; vgl. *Ziegler*, S. 117.

1073 ErfK/*Franzen*, § 5 TVG Rn. 5; BeckOK-ArbR/*Giesen*, § 5 TVG Rn. 25; *Löwisch/Rieble*, § 5 TVG Rn. 320; Wiedemann/*Wank*, § 5 TVG Rn. 7.

1074 S. § 4 A. V. 1. a) aa).

1075 Vgl. *Alexander*, Rn. 1520; *Löwisch/Rieble*, § 4 TVG Rn. 129.

1076 Vgl. *Oetker* FS Bepler, 467, 473; KeZa/*Seifert*, § 5 TVG Rn. 1.

Zustandekommen.[1077] Es handelt sich deshalb ebenfalls um Rechtsnormen i.S.d. Art. 2 EGBGB und damit um gesetzliche Vorschriften i.S.d. § 3a UWG.[1078]

cc) Bei Erweiterung nach § 3 AEntG

Durch § 3 S. 1 Nr. 1 AEntG wird die Wirkung der Rechtsnormen eines bundesweiten, für allgemeinverbindlich erklärten Tarifvertrages über Arbeitsbedingungen i.S.d. § 5 AEntG, zu denen nach § 5 S. 1 Nr. 1 AEntG unter anderem Mindestentgeltsätze gehören, auf Arbeitsverhältnisse mit einem Arbeitgeber mit Sitz im Ausland erstreckt, wenn der Arbeitnehmer im räumlichen Geltungsbereich des Tarifvertrages beschäftigt wird. Auch hier wird schon im Wortlaut des § 3 S. 1 AEntG anerkannt, dass es sich um Rechtsnormen handelt. Die Erstreckung der Normwirkung ändert nichts an diesem Charakter. Dies gilt erst recht, wenn die in § 3 S. 1 Nr. 2 AEntG benannte Erweiterung auf einer Rechtsverordnung nach § 7 AEntG oder § 7a AEntG beruht. Die Wirkung folgt dann nicht aus einer Tarifbindung, sondern einer zwingenden staatlichen Regelung.[1079]

b) Regelung des Marktverhaltens im Interesse der Marktteilnehmer

Dem Urteil des Bundesgerichtshofs im Jahr 1992 lag noch § 1 UWG a.F. zugrunde, zudem hatte auch der „Paradigmenwechsel“ in der Rechtsprechung mit der „Abgasemissionen“-Entscheidung noch nicht stattgefunden. Das Gericht erkannte zwar Auswirkungen auf den Wettbewerb der Arbeitgeberseite an, sah in der untertariflichen Entlohnung aber nicht nur ein innerbetriebliches Verhalten,[1080] sondern verneinte auch einen bezweckten Schutz von Individualinteressen im Wettbewerb mit Hinweis auf die primär sozialpolitische Zielsetzung der Allgemeinverbindlicherklärung nach § 5 TVG.[1081] Da allein tatsächliche Auswirkungen auf den Wettbewerb nicht ausreichen, um eine Marktverhaltensregelung i.S.d. § 3a UWG zu begründen und der Arbeitnehmerschutz grundsätzlich

---

1077 *V. Walter*, S. 71.

1078 D/H/Z/*Deinert*, § 11 Rn. 55; *Fechner/Kocher*, NZA 2017, 755, 756; ErfK/*Franzen*, § 4 TVG Rn. 4; BeckOK-ArbR/*Giesen*, § 4 TVG Rn. 1; *Klocke*, S. 170; *Oetker* FS Bepler, 467, 473; KeZa/*Stein*, § 4 TVG Rn. 284; offenbar auch *v. Walter*, S. 71 f.; offen GK-UWG/*Metzger/Eichelberger*, § 3a Rn. 49 Fn. 192; a.A. *Alexander*, Rn. 1520; offenbar auch *Elskamp*, S. 74.

1079 *Preis/Greiner*, Rn. 673.

1080 BGH 3.12.1992, BGHZ 120, 320, 322 ff.

1081 BGH 3.12.1992, BGHZ 120, 320, 323 f.

ein bloßes Allgemeininteresse darstellt, hätte das Gericht zum kodifizierten Rechtsbruchtatbestand im Ergebnis wohl nicht anders entschieden.[1082]

aa) Regelung des Marktverhaltens

Der Bundesgerichtshof hat sich – entsprechend der überholten Sichtweise vor Regelung der geschäftlichen Handlung in § 2 Abs. 1 Nr. 1 UWG – allein mit dem Absatzmarkt beschäftigt. Wie beim gesetzlichen Mindestlohn kommt aber auch eine Regelung des Beschaffungsmarktes in Betracht.

(1) Absatzmarkt der Waren oder Dienstleistungen

Teile der Literatur gehen davon aus, dass wegen des Verzichts des kodifizierten Rechtsbruchtatbestandes auf das Kriterium des Wettbewerbsvorsprunges der bloße Tarifbruch ausreicht, weil er die Möglichkeit bietet, mit niedrigeren Preisen auf dem Absatzmarkt aufzutreten.[1083] Tarifverträge schüfen eine Untergrenze für die Arbeitskosten tarifgebundener Arbeitgeber und damit insoweit gleiche Wettbewerbsbedingungen.[1084]

(a) Allgemeine Argumente gegen eine Regelung des Marktverhaltens

Wie das OLG Köln in Bezug auf untertarifliche Lohnzahlungen zu Recht feststellte, begründet das Ausnutzen eines Vorteils, der durch ein vorangegangenes Verhalten ohne Marktbezug erlangt wurde, aber keine Unlauterkeit im Sinne des Rechtsbruchtatbestandes.[1085] Die entsprechenden Argumente wurden oben bereits dargestellt.[1086] Gegen eine Regelung des Marktverhaltens spricht, dass Tarifverträge Mindestarbeitsbedingungen festlegen und damit das Arbeitsverhältnis ausgestalten sollen.[1087] Sie unterscheiden sich damit in der Geltungsrichtung von Mindesthonoraren oder -preisen.[1088]

Der mittelbare Einfluss der untertariflichen Entlohnung als Kostenfaktor auf den Absatzmarkt reicht nicht aus. Es handelt sich um reflexartige Auswirkungen eines innerbetrieblichen Verhaltens, welches dem späteren Marktverhalten

---

1082 Vgl. *Böhler,* S. 202 f.

1083 *Ziegler,* S. 35, 117 f.; vgl. *Däubler,* Rn. 442a; D/H/Z/*Deinert,* § 11 Rn. 58; Däubler/*Lakies,* § 5 TVG Rn. 7; i.E. auch Däubler/*Deinert,* § 4 TVG Rn. 570.

1084 D/H/Z/*Deinert,* § 11 Rn. 58.

1085 OLG Köln 15.7.2005, GRUR 2005, 780, 782.

1086 S. § 4 A. V. 3. a) aa) (1) (a) (aa).

1087 *Oetker* FS Bepler, 467, 473.

1088 Vgl. zu § 1 UWG a.F. *Büttner* FS Erdmann, 545, 556.

vorgelagert ist. Wie die Vorschriften des MiLoG über den allgemeinen gesetzlichen Mindestlohn machen tarifliche Mindestentgelte dem Arbeitgeber lediglich Vorgaben zur Höhe der Vergütung. Tarifliche Regelungen der Arbeitszeit betreffen, wie insbesondere auch die §§ 3 ff. ArbZG,[1089] nur die innerbetriebliche Beschäftigung von Arbeitnehmern und damit kein Marktverhalten i.S.d. § 3a UWG.

Teilweise wird die Bestimmung zur Regelung des Marktverhaltens dem einfachen Tarifvertrag auch mit Verweis auf die begrenzte Wirkung auf den Markt abgesprochen, da nicht tarifgebundene Arbeitgeber ihre Arbeitnehmer zu untertariflichen Bedingungen beschäftigen und Arbeitgeber sich ggf. durch Tarifflucht oder den Abschluss eines Haustarifvertrages lösen können.[1090] Diese Ansicht wird auch in Bezug auf die nach § 5 TVG allgemeinverbindlichen Tarifverträge vertreten. Weil diese keine Auslandsarbeitsverhältnisse erfassen und möglicherweise in der Tarifkonkurrenz verdrängt werden, seien sie ebenfalls schon nicht geeignet, den Wettbewerb zu regulieren.[1091] Ob sich allein mit dieser Begründung die Regelung eines Marktverhaltens i.S.d. § 3a UWG ablehnen lässt, kann aber dahinstehen.[1092]

(b) Bei Allgemeinverbindlichkeit, § 5 TVG

Dass die Allgemeinverbindlicherklärung eines Tarifvertrages nach § 5 TVG den Wettbewerb beschränkt, lässt sich kaum bestreiten.[1093] § 5 TVG selbst gilt dabei branchenunabhängig – der einzelne, für allgemeinverbindlich erklärte Tarifvertrag regelt aber den jeweiligen Markt.[1094] In der Diskussion müssen verschiedene Begriffe getrennt werden. Das arbeitsrechtliche Schrifttum setzt sich vielfach, insbesondere in Bezug auf die mögliche Begründung der Allgemeinverbindlicherklärung, mit einer wettbewerblichen oder wettbewerbsrechtlichen Dimension des § 5 TVG auseinander, die teilweise treffend als wettbewerbseinschränkende Folge bezeichnet wird.[1095] Während faktische Auswirkungen im Rahmen des § 3a UWG nicht ausreichen, hat die Ermittlung des Schutzzwecks

---

1089 S. § 4 A. V. 1. c) aa) (1).

1090 *Löwisch/Rieble*, § 4 TVG Rn. 129; vgl. *Klocke* Latzel/Picker, 145, 152; *Klocke*, S. 172; vgl. zu § 1 UWG a.F. *Rieble*, NZA 2000, 225, 231.

1091 So *Löwisch/Rieble*, § 4 TVG Rn. 129; vgl. ohne Bezug zum UWG *Rieble*, Rn. 303; zust. *Prokop*, S. 200.

1092 *Sittard*, S. 106.

1093 *Hippmann*, S. 14; *Prokop*, S. 198; *Rieble*, Rn. 301; *Sittard*, S. 106.

1094 *Sittard*, S. 106.

1095 *Hippmann*, S. 14.

entscheidende Bedeutung für die Frage, ob eine Marktverhaltensregelung im Interesse der Marktteilnehmer besteht.

Der Auftritt des Arbeitgebers als Unternehmer auf dem Absatzmarkt darf nicht mit dem Verhalten beim Bezug von Arbeitskräften auf dem Beschaffungsmarkt vermischt werden.[1096] Eine Ansicht, die eine Marktverhaltensregelung bejaht, beruht auf der Annahme, dass § 5 TVG wenigstens mittelbar darauf abzielt, den durch die Kostenersparnis verursachten Vorteil auf dem Absatzmarkt zu beschränken, um „Schmutzkonkurrenz“ zu verhindern.[1097] Demgegenüber sieht Sittard in der Beschränkung des Wettbewerbs ein Mittel zur Stärkung des Tarifvertrags durch die Allgemeinverbindlicherklärung zum Schutz der Arbeitnehmer, also einen bloßen Reflex.[1098]

Entscheidend ist, dass tatsächliche Auswirkungen vorgelagerter Faktoren auf den Wettbewerb nicht ausreichen und insbesondere Entgeltregelungen in Tarifverträgen lediglich die Lohnkosten beeinflussen, die sich wiederum erst im Zusammenhang mit weiteren Umständen auf den Marktauftritt auswirken.[1099] Zwar können Tarifverstöße den Zweck haben, das Angebot auf dem Absatzmarkt zu verbessern.[1100] Die Allgemeinverbindlichkeit ändert aber nichts an der Regelungswirkung der Tarifnormen, die bloß auf die innerbetriebliche Entlohnung der Arbeitnehmer gerichtet ist.[1101] Sie sind bloß kalkulatorische Grundlage für die Produktion, die keine Interaktion am Markt beinhaltet.[1102]

Das geregelte Verhalten bleibt im Vor- bzw. Umfeld des Marktgeschehens, ohne selbst die Voraussetzungen eines Marktverhaltens zu erfüllen.[1103] Daran ändert sich auch nichts, wenn die Tätigkeit des betroffenen Arbeitnehmers einen Marktbezug aufweist, z.B. wenn er Dienstleistungen gegenüber

---

1096 vgl. zu § 1 UWG a.F. *Bauer*, S. 41.

1097 *Kocher*, GRUR 2005, 647, 649.

1098 *Sittard*, S. 106 f.; ähnlich *Rieble*, Neue Tarifrechtspolitik?, 67, 110 ohne Bezug zum UWG.

1099 *Prokop*, S. 200 f.; *Sittard*, S. 107.

1100 Vgl. *Sack*, WRP 2004, 1307, 1317 f.; *Sack*, WRP 2005, 531, 540 f.

1101 Vgl. *Sack*, WRP 2004, 1307, 1317 f.; *Sack*, WRP 2005, 531, 540 f.; vgl. zu § 1 UWG a.F. *Bauer*, S. 41.

1102 *V. Walter*, S. 89.

1103 F/B/O/*Birk*, S 17 Rn. 98; *Lehmler*, § 4 Nr. 11 UWG Rn. 46; i.E. auch Büscher/*Hohlweck*, § 3a UWG Rn. 116; *Köhler*, GRUR 2004, 381, 384; Köhler/Bornkamm/*Köhler*, 35. Aufl. 2017, § 3a UWG Rn. 1.70; *Löwisch/Rieble*, § 4 TVG Rn. 129; Harte-Bavendamm/Henning-Bodewig/*v. Jagow*, § 3a UWG Rn. 32; *v. Walter*, S. 89; offenbar auch *Emmerich/Lange*, § 20 Rn. 20; vgl. MAH/*Dittert*, § 14 Rn. 56.

Marktteilnehmern erbringt oder beim Absatz im Einzelhandel tätig ist.[1104] Auch in diesem Fall regeln tarifliche Mindestentgelte oder Arbeitszeitregelungen nicht das Marktverhalten des Unternehmers, der einen Arbeitnehmer einsetzt, sondern dessen Entlohnung oder Beschäftigung durch den Arbeitgeber.

(c) Bei Erweiterung nach § 3 AEntG

Auch im Anwendungsbereich des AEntG wird eine Regelung des Marktverhaltens auf dem Absatzmarkt teilweise bejaht.[1105] Im Unterschied zu den nach § 5 TVG allgemeinverbindlichen Tarifverträgen solle hier auch der Wettbewerb in den in § 4 AEntG aufgeführten Branchen beeinflusst werden.[1106] Dabei beziehe sich die in § 1 S. 1 AEntG angegebene Zielsetzung, die Gewährleistung fairer und funktionierender Wettbewerbsbedingungen, nicht auf den Beschaffungsmarkt für Arbeitsleistungen, sondern auf den Absatzmarkt der produzierten Waren oder angebotenen Dienstleistungen.[1107] Die Erstreckung der Rechtsnormen von Branchentarifverträgen solle verhindern, dass durch die Unterbietung der tariflich festgelegten Arbeitsbedingungen ein Wettbewerbsvorsprung erlangt wird.[1108]

Insbesondere in Anbetracht des § 1 S. 1 AEntG liegt es nahe, dass der Gesetzgeber die Auswirkungen der Arbeitnehmerentsendung ohne festgelegte Mindestarbeitsbedingungen auf den Auftritt der Arbeitgeber als Unternehmer auf dem Absatzmarkt im Blick hatte. Dafür spricht auch der Anwendungsbereich des Gesetzes. In den von § 4 AEntG aufgeführten Branchen werden die Preise der angebotenen Waren und Dienstleistungen in der Regel maßgeblich durch die Höhe der Arbeitskosten geprägt.[1109] Beispielsweise haben tarifliche Mindestentgelte wesentlichen Einfluss auf den Werklohn, für den ein Bauunternehmer seine Leistungen am Absatzmarkt anbieten kann.[1110] Insofern schafft die Tarifnormerstreckung einheitliche Bedingungen auf bestimmten Märkten, wodurch sie sich beispielsweise von den Immissionsschutzvorschriften unterscheidet,

---

1104 A.A. *v. Walter*, S. 89; zur vergleichbaren Ansicht im Rahmen des ArbZG s. § 4 A. V. 1. c) aa) (1).

1105 *Aulmann*, BB 2007, 827, 829; *Löwisch/Rieble*, § 4 TVG Rn. 129; *Oetker* FS Bepler, 467, 474; *Sittard*, S. 317; a.A. Köhler/Bornkamm/*Köhler*, 35. Aufl. 2017, § 3a UWG Rn. 1.70.

1106 *Löwisch/Rieble*, § 4 TVG Rn. 129; *Sittard*, S. 317.

1107 *Oetker* FS Bepler, 467, 474.

1108 *Oetker* FS Bepler, 467, 474 f.

1109 *Oetker* FS Bepler, 467, 477.

1110 *Aulmann*, BB 2007, 827, 829.

die der „Abgasemissionen"-Entscheidung zugrunde lagen[1111]. Dieser Unterschied besteht auch im Vergleich zu den nach § 5 TVG allgemeinverbindlichen Tarifnormen.[1112]

Anders als bei reinen Produktionsvorschriften sollen Verstöße gegen die in § 5 AEntG genannten Mindestarbeitsbedingungen nicht vorgelagert sein, sondern selbst den „Inbegriff des Wettbewerbshandelns" darstellen.[1113] Zudem betreffe die Tarifnormerstreckung durch das AEntG nicht nur tatsächliche Faktoren, die den Wettbewerb erst im Zusammenspiel mit weiteren Umständen beeinflussen.[1114] Dies wird wiederum mit der gezielten Beschränkung der Wettbewerbsvorteile ausländischer Unternehmer durch die Beeinflussung besonders wettbewerbsrelevanter Arbeitsbedingungen, insbesondere der Höhe des Entgelts, begründet.[1115]

Der mittelbare Zusammenhang zwischen den durch Mindestentgelte verursachten Kosten für den Arbeitgeber und seinem Auftritt als Unternehmer auf dem Absatzmarkt ist zwar im Anwendungsbereich des AEntG besonders ausgeprägt, findet sich aber auch bei nach § 5 TVG allgemeinverbindlichen oder sonstigen Tarifverträgen, die entsprechende Rechtsnormen enthalten. Ein Unterschied liegt in der Tat darin, dass dieser Zusammenhang gerade der Zielsetzung der Tarifnormerstreckung durch das AEntG entspricht. Daraus ergibt sich an dieser Stelle aber im Ergebnis kein Unterschied zu den Regelungen des MiLoG oder den auf sonstige Weise geltenden tariflichen Mindestentgelten.

Der kodifizierte Rechtsbruchtatbestand knüpft gezielt an den Begriff des Marktverhaltens an, weil er nicht jede geschäftliche Handlung, die auf einem Verstoß gegen eine gesetzliche Vorschrift beruht und Auswirkungen auf den Wettbewerb hat, erfassen soll.[1116] Die Entlohnung ist zunächst nur auf die Kostenersparnis gerichtet. Ihr fehlt eine Außenwirkung auf die Marktteilnehmer. Im Rahmen des § 3a UWG kann aber nicht die Unlauterkeit eines vorgelagerten Verhaltens begründet werden. Damit würde die Voraussetzung der Regelung eines Marktverhaltens umgangen.

1111 BGH 11.5.2000, BGHZ 144, 255, 269.

1112 S. dazu *Zeppernick*, S. 140.

1113 *Aulmann*, BB 2007, 827, 829.

1114 *Sittard*, S. 317.

1115 *Sittard*, S. 317.

1116 K/B/F/*Köhler*, § 3a UWG Rn. 1.6; MüKo-UWG/*Schaffert*, § 3a Rn. 14; jeweils mit Verweis auf Begr. RegE., BT-Drs. 15/1487, S. 19.

Zum Vergleich bieten sich als Beispiel die Lenkungssteuerregelungen an: diese sollen gezielt das Marktverhalten beeinflussen, mangels Verhaltensvorgabe regeln sie dieses aber nicht im Sinne des Rechtsbruchtatbestandes – dem Marktteilnehmer steht es damit frei, die bezweckten Verhaltensanforderungen zu ignorieren und die steuerlichen Folgen in Kauf zu nehmen.[1117] Zwar liegt ein Unterschied darin, dass in diesem Beispiel überhaupt kein Rechtsbruch vorliegt. Die entscheidende Gemeinsamkeit ist aber, dass die tariflichen Regelungen für den späteren Auftritt am Absatzmarkt, der Wirkung auf die Mitbewerber entfaltet, unabhängig von ihrer Geltungsweise keine Handlungs- oder Unterlassungspflichten vorsehen. Weder das AEntG noch die erstrecken Tarifnormen legen fest, ob bzw. wie ein Unternehmer unter Ausnutzung des innerbetrieblich erlangten Vorteils auf dem Absatzmarkt auftreten darf. Für das Marktverhalten sind keine Rechtsfolgen vorgesehen.

Im Ergebnis betreffen auch tarifliche Mindestentgelte selbst bei Erstreckung nach dem AEntG allein das Verhalten des Regelungsadressaten in seiner Rolle als Arbeitgeber. Ein Marktverhalten auf dem Absatzmarkt wird nicht geregelt. Das zeigt auch § 8 AEntG, der lediglich die Pflichten des Arbeitgebers zur Gewährung von Arbeitsbedingungen zusammenfasst. Es entspricht nicht Sinn und Zweck des § 3a UWG, für solche Vorschriften über vorgelagerte Verhaltensweisen einen zusätzlichen Durchsetzungsweg zu schaffen und Mitbewerbern die Möglichkeit zu geben, auf die Unterlassung eines betriebsinternen Verhaltens zu klagen.

(2) Beschaffungsmarkt der Arbeitsleistungen

Ebenso wie zu §§ 1, 3 MiLoG wird auch für tarifvertragliche Regelungen und insbesondere für tarifliche Mindestentgelte jedenfalls bei Allgemeinverbindlichkeit nach § 5 TVG eine Regelung des Marktverhaltens auf dem Beschaffungsmarkt bejaht.[1118] Soweit die Marktverhaltensregelung mit Hinweis auf die Eigenverantwortung insbesondere der Arbeitnehmer abgelehnt wird,[1119] kann diese Vermischung der Voraussetzungen ebenso wenig wie im Rahmen des § 1 Abs. 1

1117 S. dazu *v. Walter,* S. 92.

1118 HK-UWG/*Ebert-Weidenfeller,* § 3a Rn. 68; *Fechner/Kocher,* NZA 2017, 755, 758; Köhler/Bornkamm/*Köhler,* 35. Aufl. 2017, § 3a UWG Rn. 1.70; Däubler/*Lakies,* § 5 TVG Rn. 7; BeckOK-UWG/*Niebel/Kerl,* § 3a Rn. 23; Ohly/Sosnitza/*Ohly,* § 3a UWG Rn. 17; MüKo-UWG/*Schaffert,* § 3a Rn. 71; *Ziegler,* S. 118; *Zwanziger,* DB 2004, 2316, 2319; offenbar auch *Klocke,* S. 172 f.

1119 Büscher/*Hohlweck,* § 3a UWG Rn. 116.

S. 1 AÜG überzeugen.[1120] Wie beim gesetzlichen Mindestlohn bietet es sich an, zwischen dem Abschluss von Arbeitsverträgen und den denkbaren Anknüpfungspunkten im laufenden Arbeitsverhältnis zu unterscheiden.

(a) Abschluss von Arbeitsverträgen

Die Situation bei Anbahnung und Abschluss von Arbeitsverträgen beinhaltet Verhaltensweisen des Arbeitgebers, die objektiv auf den Bezug von Arbeits- bzw. Dienstleistungen gerichtet sind. Diese haben Außenwirkung auf die Arbeitnehmer, die als Anbieter ihrer Arbeitskraft als sonstige Marktteilnehmer i.S.d. § 2 Abs. 1 Nr. 2 UWG auftreten.[1121] Bei den §§ 1, 3 MiLoG ist die Regelung eines solchen Verhaltens angesichts des § 3 S. 1 MiLoG gegeben.[1122] Eine solche Norm enthalten weder das TVG noch das AEntG.

(aa) Rechtswirkung der Tarifnormen bei Widerspruch zu arbeitsvertraglichen Regelungen

Immerhin sind nach § 1 TVG die Arbeitsverhältnisse Regelungsgegenstand des Tarifvertrages. Nach § 4 Abs. 3 TVG sind abweichende Vereinbarungen, die nicht vom Tarifvertrag gestattet sind, nur zulässig, wenn sie für den Arbeitnehmer günstig sind. *Elskamp* führt an, dass die Tarifnormen infolge der Allgemeinverbindlicherklärung unmittelbar für das Arbeitsverhältnis gelten und damit individualvertragliche Entgeltvereinbarungen, die den Tariflohn unterschreiten, verdrängen.[1123] Allerdings könne die Vereinbarung eines niedrigeren Entgeltes im Arbeitsvertrag auch sachgerecht sein, um für einen etwaigen Wegfall des Tarifvertrags vorzusorgen.[1124]

Die unmittelbare Wirkung des normativen Teils ordnet § 4 Abs. 1 S. 1 TVG für alle Tarifverträge an. Für den Ablauf des Tarifvertrages sieht § 4 Abs. 5 TVG die Nachwirkung der Tarifnormen vor, bis diese durch eine andere Abmachung ersetzt werden. Dies kann durch eine einzelvertragliche Vereinbarung erfolgen.[1125] Trotz des Wortlautes ist eine solche Abmachung auch vor dem Ablauf möglich, allerdings darf ihre Rechtswirkung nur auf den Zeitraum der

---

1120 S. § 4 A. V. 2. b) aa) (1) (d) (cc).

1121 S. § 4 A. V. 3. a) aa) (1) (b) (aa) (ccc).

1122 S. § 4 A. V. 3. a) aa) (1) (b) (aa) (aaa).

1123 *Elskamp*, S. 204.

1124 *Elskamp*, S. 204.

1125 BAG 28.6.1972, AP BAT § 22, 23 Nr. 55; ErfK/*Franzen*, § 4 TVG Rn. 63; BeckOK-ArbR/*Giesen*, § 4 TVG Rn. 66; *Löwisch/Rieble*, § 4 TVG Rn. 854.

Nachwirkung gerichtet sein.[1126] In einem solchen Fall würde es dann ohnehin an einem Verstoß gegen eine gesetzliche Vorschrift fehlen. Sieht ein Arbeitsvertrag untertarifliche Arbeitsbedingungen vor, wird die entsprechende Regelung aber in der Tat nur durch die Rechtsnormen des Tarifvertrages verdrängt, ohne unwirksam zu sein.[1127] Das Bundesarbeitsgericht begründet dies damit, dass der Tarifvertrag wie ein Gesetz von außen auf das Arbeitsverhältnis einwirkt.[1128] Im Ergebnis lässt sich allein mit der Wirkung von Tarifnormen kein Unterschied zum gesetzlichen Mindestlohn nach den §§ 1, 3 MiLoG begründen.

(bb) Regelungsinhalt von Abschluss- und Inhaltsnormen

Entscheidend ist vielmehr der Regelungsinhalt der Tarifnormen. Nach § 1 Abs. 1 TVG können die Rechtsnormen unter anderem den Inhalt, aber auch den Abschluss von Arbeitsverhältnissen ordnen. Denkbar ist damit ein Regelungsinhalt, der § 3 S. 1 MiLoG entspricht. Allerdings werden tarifliche Entgeltregelungen zu den Inhaltsnormen gezählt.[1129] Zwar können Inhaltsnormen auch zeitlich vor dem Abschluss des Arbeitsvertrages eingreifen, beispielsweise bei einem vorvertraglichen Anspruch auf Ersatz von Vorstellungskosten.[1130] In Abgrenzung zu Abschlussnormen sind sie aber Regelungen, die einen bestimmten Inhalt des Arbeitsverhältnisses vorschreiben.[1131]

Die tariflichen Regelungen über Arbeitsbedingungen haben keinen Bezug zum Zustandekommen des Arbeitsvertrages. Sie verbieten es dem Arbeitgeber grundsätzlich nicht, auf dem Beschaffungsmarkt gegenüber potentiellen Arbeitnehmern insbesondere eine untertarifliche Entlohnung anzubieten und eine solche zu vereinbaren. Sie ordnen den Inhalt des Arbeitsverhältnisses mit unmittelbarer und zwingender Wirkung und sind insofern auf die Höhe der Gegenleistung für die Arbeitsleistung des Arbeitnehmers im laufenden

---

1126 BAG 22.10.2008, NZA 2009, 265 Rn. 27 ff.; BAG 1.7.2009, NZA 2010, 53 Rn. 68; ErfK/*Franzen,* § 4 TVG Rn. 3, 64; *Löwisch/Rieble,* § 4 TVG Rn. 35.

1127 BAG 12.12.2007, NZA 2008, 649 Rn. 41 ff.; ErfK/*Franzen,* § 4 TVG Rn. 3; *Löwisch/Rieble,* § 4 TVG Rn. 36, 38 f.; KeZa/*Stein,* § 4 TVG Rn. 15; für den Regelfall auch Wiedemann/*Wank,* § 4 TVG Rn. 398 f., der auf die Auslegung des Tarifvertrags abstellt.

1128 BAG 12.12.2007, NZA 2008, 649 Rn. 41 ff.

1129 BAG 23.8.2016, NZA 2017, 74 Rn. 18; ErfK/*Franzen,* § 1 TVG Rn. 41; *Löwisch/Rieble,* § 1 TVG Rn. 303 ff.; Wiedemann/*Thüsing,* § 1 TVG Rn. 453; BeckOK-ArbR/*Waas,* § 1 TVG Rn. 86.

1130 ErfK/*Franzen,* § 1 TVG Rn. 41.

1131 Wiedemann/*Thüsing,* § 1 TVG Rn. 607.

Arbeitsverhältnis gerichtet. Der Tarifvertrag dient dazu, die strukturelle Unterlegenheit der Arbeitnehmer auszugleichen und verhindert mit seinen Regelungen insbesondere, dass die Verhandlungsposition bei Abschluss des Arbeitsvertrages sich auf die Arbeitsbedingungen auswirkt.

Im Fall der Allgemeinverbindlicherklärung akzeptiert der Staat gerade nicht die Arbeitsbedingungen, über die sich die Arbeitsvertragsparteien geeinigt haben.[1132] Orientieren sich Vereinbarungen bei Vertragsschluss an einem – insbesondere allgemeinverbindlichen – Tarifvertrag, handelt es sich aber nicht um einen Regelungsinhalt der Tarifnorm, sondern um einen Reflex ihrer unmittelbaren und zwingenden Wirkung, die ungünstigere individualvertragliche Arbeitsbedingungen verdrängt. Die Tarifvertragsparteien haben insofern nicht die Anbahnung oder den Abschluss von Arbeitsverhältnissen im Blick. Ist der Tarifvertrag nicht allgemeinverbindlich, kommt hinzu, dass dem Arbeitgeber die Gewerkschaftszugehörigkeit als Grundlage der Tarifbindung nach § 3 Abs. 1 TVG bei Vertragsschluss regelmäßig nicht bekannt ist. Dass der Arbeitgeber ggf. faktisch gezwungen ist, mit dem tariflichen Entgelt und sonstigen tariflichen Arbeitsbedingungen zu kalkulieren, führt nicht zu einer Regelung des Marktverhaltens beim Abschluss des Arbeitsvertrages.

Daran ändert auch nichts, dass Arbeitnehmer bei Anbahnung und Abschluss des Arbeitsvertrages als sonstige Marktteilnehmer i.S.d. § 2 Abs. 1 Nr. 2 UWG auftreten. Im Ergebnis verwehren tarifliche Mindestentgelte es zwar den potentiellen Arbeitnehmern, ihre Arbeitsleistung für eine untertarifliche Vergütung anzubieten.[1133] Die Allgemeinverbindlicherklärung unterbindet so einen Vorteil der nicht tarifgebundenen Arbeitnehmer beim Wettbewerb um Arbeitsplätze.[1134] Die mögliche Abwärtsspirale beim Angebot der Arbeitsleistung wird begrenzt.[1135] Das Verhalten gegenüber den Arbeitnehmern bei diesem Marktauftritt wird aber gerade nicht geregelt.

(b) Verhalten im laufenden Arbeitsverhältnis

Tarifliche Mindestentgelte regeln allein die Entlohnung der Arbeitnehmer im laufenden Arbeitsverhältnis. Hier gibt es keinen Unterschied zum gesetzlichen Mindestlohn.[1136] Nach überzeugender Ansicht von *Elskamp* stellt die Entlohnung

---

1132 *Greiner/Hanau/Preis*, SR Sonderausgabe 2014, 2, 6.

1133 *Greiner/Hanau/Preis*, SR Sonderausgabe 2014, 2, 6 f.; Däubler/*Lakies*, § 5 TVG Rn. 16; KeZa/*Seifert*, § 5 TVG Rn. 2; *Sittard*, S. 111; vgl. *Prokop*, S. 198.

1134 BVerfG 24.5.1977, BVerfGE 44, 322, 323; *Prokop*, S. 198.

1135 *Höpfner*, S. 473.

1136 S. § 4 A. V. 3. a) aa) (1) (b) (bb).

selbst kein Marktverhalten dar.[1137] Das Verhalten des Arbeitgebers ist nicht auf den Bezug von Arbeits- bzw. Dienstleistungen auf dem Beschaffungsmarkt gerichtet. Es handelt sich um ein innerbetriebliches Verhalten ohne Außenwirkung auf Marktteilnehmer. Insbesondere treten die betroffenen Arbeitnehmer nicht als sonstige Marktteilnehmer i.S.d. § 2 Abs. 1 Nr. 2 UWG auf. Dabei macht es keinen Unterschied, ob der Tarifvertrag aufgrund der Tarifbindung nach § 3 Abs. 1 TVG i.V.m. § 4 Abs. 1 TVG, einer Allgemeinverbindlicherklärung nach § 5 TVG oder der Erstreckung nach § 3 AEntG gilt.

bb) Interesse der Marktteilnehmer

Selbst wenn eine Regelung des Marktverhaltens i.S.d. § 3a UWG gegeben wäre, müsste diese den Interessen der Marktteilnehmer dienen. In Bezug auf § 5 TVG wird es teilweise abgelehnt, zwischen Wirkung und Funktion zu unterscheiden, weil dies gekünstelt wirke.[1138] Die Gegenansicht trennt zu Recht zwischen Zweck und faktischen Auswirkungen.[1139] Jedenfalls im Rahmen des § 3a UWG ist eine Unterscheidung notwendig, um von einem bloßen Reflex abzugrenzen.

Auch Vertreter einer wettbewerbsbezogenen Funktion lehnen eine lauterkeitsrechtliche Relevanz von Verstößen gegen allgemeinverbindliche Tarifverträge teilweise ab.[1140] Soweit dies mit dem Fehlen eines spezifisch wettbewerbsrechtlichen Fokus begründet wird,[1141] kann dies in der Begründung nicht überzeugen, da § 3a UWG keinen spezifisch wettbewerbsbezogenen Schutzzweck voraussetzt[1142]. Vorwiegend in Bezug auf die wettbewerbsrechtliche Funktion der Allgemeinverbindlicherklärung nach § 5 TVG wird in der Literatur sowohl der Schutz tarifgebundener Arbeitgeber vor „Schmutzkonkurrenz“ als auch der Schutz der tarifgebundenen Arbeitnehmer vor sie unterbietender „billiger Konkurrenz“ oder „Lohndrückerei“ behandelt.[1143]

1137 *Elskamp*, S. 204.

1138 *Greiner/Hanau/Preis*, SR Sonderausgabe 2014, 2, 7; *Preis/Povedano Peramato*, S. 19 f.

1139 *Prokop*, S. 198.

1140 *Greiner/Hanau/Preis*, SR Sonderausgabe 2014, 2, 7.

1141 *Greiner/Hanau/Preis*, SR Sonderausgabe 2014, 2, 7; vgl. ohne Bezug zum UWG *Rieble*, Neue Tarifrechtspolitik?, 67, 110.

1142 S. § 4 A. III. 2. b).

1143 *Sittard*, S. 99; *Wonneberger*, S. 73 Fn. 183.

(1) Interesse der sonstigen Marktteilnehmer i.S.d. § 2 Abs. 1 Nr. 2 UWG

Einigkeit besteht darüber, dass der Allgemeinverbindlicherklärung – wie dem Tarifvertrag selbst – eine soziale Schutzfunktion zukommt, da sie angemessene Arbeitsbedingungen im Interesse der Arbeitnehmer gewährleisten soll.[1144] Schon das Reichsgericht ging in der „Bewachungsgewerbe"-Entscheidung auf die soziale Funktion zugunsten der wirtschaftlich schwächer gestellten Arbeitnehmer ein.[1145] Auf die Frage, ob allgemeinverbindliche Tarifverträge dem Interesse von Mitbewerbern i.S.d. § 2 Abs. 1 Nr. 3 UWG dienen, kommt es im Ergebnis nicht an, wenn bereits die Arbeitnehmer als sonstige Marktteilnehmer i.S.d. § 2 Abs. 1 Nr. 2 UWG geschützt werden sollen.[1146]

Es trifft zu, dass das UWG nicht grundsätzlich darauf zugeschnitten ist, die Konkurrenzsituation von Arbeitnehmern zu regeln.[1147] Diese Annahme kann aber nicht auf Sachverhalte bezogen werden, in denen die Arbeitnehmer selbst als Marktteilnehmer auftreten. Wie dargelegt ist dies insbesondere im Regelungsbereich tariflicher Mindestentgelte nicht der Fall. Ob die tarifgebundenen Arbeitnehmer vor einem Lohnunterbietungswettbewerb durch „Lohndrückerei" geschützt werden sollen oder sich die soziale Schutzfunktion allein auf den Schutz der Außenseiter bezieht, kann an dieser Stelle dahinstehen.

(2) Interesse der Mitbewerber i.S.d. § 2 Abs. 1 Nr. 3 UWG

Damit liegt der Schwerpunkt bei der Frage, ob den tarifvertraglichen Regelungen eine Zielsetzung im Interesse der tarifgebundenen Arbeitgeber als Mitbewerber i.S.d. § 2 Abs. 1 Nr. 3 UWG zukommt.

(a) Bei Allgemeinverbindlichkeit, § 5 TVG

Dass die Allgemeinverbindlicherklärung nach § 5 TVG faktisch die Kartellwirkung des Tarifvertrags ausweitet und damit die tarifgebundenen Arbeitgeber vor der „Schmutzkonkurrenz" ungebundener Außenseiter schützt, reicht nicht aus, wenn dieser Wirkung kein entsprechender Schutzzweck zugrunde liegt.

1144 BAG 24.1.1979, AP TVG § 5 Nr. 16; ErfK/*Franzen*, § 5 TVG Rn. 1; BeckOK-ArbR/*Giesen*, § 5 TVG Rn. 2; *Greiner/Hanau/Preis*, SR Sonderausgabe 2014, 2, 6; *Höpfner*, S. 468 ff.; Däubler/*Lakies*, § 5 TVG Rn. 18; *Löwisch/Rieble*, § 5 TVG Rn. 17; *Prokop*, S. 197 f.; KeZa/*Seifert*, § 5 TVG Rn. 2 ff.; *Sittard*, S. 93 ff.; Schaub/*Treber*, § 205 Rn. 4; Wiedemann/*Wank*, § 5 TVG Rn. 2 ff.; *Wiedemann*, RdA 1987, 260, 265.

1145 RG 12.4.1927, RGZ 117, 16, 20.

1146 *Zwanziger*, DB 2004, 2318, 2319 f.

1147 *Sittard*, S. 111 f.

Mit einem bloßen Verweis auf die tatsächliche Wirkung als Untergrenze bezüglich der geregelten Arbeitsbedingungen lässt sich eine solche Zielsetzung nicht begründen.[1148]

Dass diese Annahme nicht fernliegend ist, zeigt ein Urteil des Schweizer Bundesgerichts, dem zufolge die Allgemeinverbindlicherklärung einheitliche Mindestarbeitsbedingungen für die auf einem Markt auftretenden Unternehmen festlegen und damit verhindern soll, dass sich Mitbewerber mithilfe schlechterer Arbeitsbedingungen einen als unlauter geltenden Wettbewerbsvorteil verschaffen.[1149] Hierzulande ist diese Frage auch unter verschiedenen Bundesgerichten umstritten. Die wohl überwiegende Ansicht, die unter anderem vom Bundesverwaltungsgericht vertreten wurde, bejaht eine wettbewerbsbezogene Zielsetzung zum Schutz der tarifgebundenen Arbeitgeber vor einem Unterbietungswettbewerb.[1150] Dagegen richtet sich eine ebenfalls weit verbreitete Ansicht, die sich insbesondere auf Urteile des Bundesarbeitsgerichts sowie die „Tariflohnunterschreitung"-Entscheidung des Bundesgerichtshofs stützt.[1151]

(aa) Ansichten in der Rechtsprechung

Einige Vertreter einer wettbewerbsbezogenen Zielsetzung im Interesse der tarifgebundenen Arbeitgeber verweisen auf ein Urteil des

---

1148 So aber offenbar *Greiner/Hanau/Preis,* SR Sonderausgabe 2014, 2, 7; *Preis/Povedano Peramato,* S. 20.

1149 *Oetker* FS Bepler, 467, 467 f. Fn. 3 mit Verweis auf BG 8.11.2007, BGE 134 III, 11, 13.

1150 BVerwG 3.11.1988, NZA 1989, 364, 367; *Bispinck/Kirsch/Schäfer,* S. 130 ff.; *Fechner/Kocher,* NZA 2017, 755, 758; BeckOK-ArbR/*Giesen,* § 5 TVG Rn. 2; *Greiner/Hanau/Preis,* SR Sonderausgabe 2014, 2, 6 f.; *Höpfner,* S. 472 ff.; *Kirsch,* WSI-Mitteilungen 2004, 405, 406; *Kocher,* GRUR 2005, 647, 649; Däubler/*Lakies,* § 5 TVG Rn. 16; *Preis/Povedano Peramato,* S. 18 ff.; *Wiedemann,* RdA 1987, 260, 265; *Witteler,* BB 2007, 1620, 1621; *Wonneberger,* S. 82 ff.; *Ziegler,* S. 118 f.; wohl auch MüKo-UWG/*Schaffert,* § 3a Rn. 71; Wiedemann/*Wank,* § 5 TVG Rn. 8 f.

1151 BAG 24.1.1979, AP TVG § 5 Nr. 16; BAG 12.10.1988, ZTR 1989, 108, 109; BGH 3.12.1992, BGHZ 120, 320, 323 ff.; *Bayreuther,* S. 143 ff., insb. S. 150 ff.; *Etzel,* NZA 1987 Beil. 1, 19, 21; ErfK/*Franzen,* § 5 TVG Rn. 2; *Köhler,* NJW 2002, 2761, 2763 Fn. 20; *Löwisch/Rieble,* § 4 TVG Rn. 129, § 5 TVG Rn. 32 ff.; *Prokop,* S. 198 ff.; *Rieble,* Rn. 499; *Rieble,* NZA 2000, 225, 231 f.; *Rieble,* Neue Tarifrechtspolitik?, 67, 110; *Sittard,* S. 99 ff.; *Sack,* WRP 2005, 531, 540; KeZa/*Stein,* § 4 TVG Rn. 285; Schaub/*Treber,* § 205 Rn. 5; *Zeppernick,* S. 139 f.; wohl auch *Hippmann,* S. 12 ff.; *Jöris,* NZA 2014, 1313, 1316; KeZa/*Seifert,* § 5 TVG Rn. 10.

Bundesverfassungsgerichts.[1152] Das Gericht führte aus, wie die Allgemeinverbindlicherklärung den Wettbewerbsvorteilen der nicht tarifgebundenen Arbeitgeber entgegenwirkt.[1153] Ob diese Wirkung nach Auffassung des Gerichts auch die tarifgebundenen Mitbewerber schützen sollte, geht aus der Entscheidung nicht hervor. Darin unterscheidet sie sich von einem Urteil des Bundesverwaltungsgerichts, das zunächst ebenfalls nur die faktischen Auswirkungen der Allgemeinverbindlichkeit in Bezug auf die „Schmutzkonkurrenz" wiedergibt und sich dabei auf das Bundesverfassungsgericht beruft.[1154] Im Lichte des Art. 9 Abs. 3 GG soll diese Wirkung beabsichtigt sein und keinen bloßen Rechtsreflex darstellen.[1155]

Die tatsächlichen Auswirkungen erkannte auch der Bundesgerichtshof in der „Tariflohnunterschreitung"-Entscheidung an, sah neben der primären sozialpolitischen Zielsetzung aber keinen Raum für einen bezweckten Schutz wettbewerblicher Individualinteressen.[1156] Zu Recht wird demgegenüber darauf hingewiesen, dass eine Vorschrift mehreren Zwecken dienen kann.[1157] Dennoch lehnt ein Teil der Literatur eine Zielsetzung, die über den Arbeitnehmerschutz hinausgeht, mit Hinweis auf diese Entscheidung ab.[1158]

In der Begründung umfassender ist ein Urteil des Bundesarbeitsgerichts, wonach § 1 Abs. 1 TVG zeigen soll, dass das Gesetz nur der Regelung der rechtlichen Beziehungen zwischen Arbeitgeber und Arbeitnehmer dient.[1159] Für das Verhältnis der Unternehmer zueinander gelte das Wettbewerbsrecht, insbesondere das UWG.[1160] Insofern stellt das Bundesarbeitsgericht auf das gesamte Gesetz ab. Im Anschluss wird auch in der Literatur vertreten, dass die Allgemeinverbindlicherklärung zwar faktisch die den Wettbewerb beschränkende Wirkung des Tarifvertrages verstärkt, als arbeitsrechtliches Instrument aber ausschließlich arbeitnehmerschützende Zwecke verfolgt und Verstöße gegen Tarifnormen damit nicht geeignet sind, einen unlauteren Wettbewerb zu

---

1152 *Höpfner*, S. 471 ff.; *Kocher*, GRUR 2005, 647, 649; mit Verweis auf BVerfG 24.5.1977, BVerfGE 44, 322, 323 f.

1153 BVerfG 24.5.1977, BVerfGE 44, 322, 323 f.

1154 BVerwG 3.11.1988, NZA 1989, 364, 367.

1155 BVerwG 3.11.1988, NZA 1989, 364, 367 f.

1156 BGH 3.12.1992, BGHZ 120, 320, 322.

1157 *Sittard*, S. 105.

1158 *Köhler*, NJW 2002, 2761, 2763 Fn. 20; *Löwisch/Rieble*, § 4 TVG Rn. 129; *Rieble*, Rn. 499; *Sack*, WRP 2005, 531, 540.

1159 BAG 24.1.1979, AP TVG § 5 Nr. 16.

1160 BAG 24.1.1979, AP TVG § 5 Nr. 16.

begründen.[1161] Auch hier lässt sich der Einwand erheben, dass eine Vorschrift nicht zwingend nur einem einzigen Zweck dient. Zudem knüpft der Rechtsbruchtatbestand des § 3a UWG gerade an außerwettbewerbliche Normen an, denen keine primär wettbewerbsbezogene Schutzfunktion zukommen muss.

Ein späteres Urteil des Bundesarbeitsgerichts beschäftigte sich ausführlicher mit der Abgrenzung zwischen Schutzzweck und Rechtsreflex.[1162] Die Wettbewerbsbeschränkung in Form der Lohngleichheit sei lediglich eine mittelbare, notwendige Folge der Allgemeinverbindlicherklärung und ihrer sozialpolitischen Zielsetzung, Lohndrückerei und die untertarifliche Entlohnung der nicht tarifgebundenen Arbeitnehmer zu verhindern.[1163] Teilweise wird der Unterschied im Vergleich zum vorherigen Urteil betont.[1164] Das Gericht habe nur formal seine Auffassung bestätigt, keine Konkurrenzerwägungen zur Begründung des öffentlichen Interesses i.S.d. § 5 Abs. 1 S. 1 TVG zuzulassen.[1165] Die Ausführungen seien widersprüchlich und in der Sache eine Abkehr von der zuvor vertretenen Ansicht.[1166] Klarzustellen ist, dass das Bundesarbeitsgericht in keiner der Entscheidungen die faktischen Auswirkungen auf den Wettbewerb bestritten hat. Jedenfalls im Hinblick auf die Frage der Zielsetzung ist kein Widerspruch ersichtlich. Insoweit handelt es sich vielmehr um eine konsequente Fortführung der vorherigen Entscheidung, die allerdings ebenfalls keine zwingenden Argumente liefert.

(bb) Historische Auslegung

Historisch diente die Allgemeinverbindlicherklärung zunächst ausschließlich dem Schutz tarifgebundener Arbeitnehmer und Arbeitgeber vor „Lohndrückerei“ bzw. „Schmutzkonkurrenz“, also insgesamt vor Außenseiterkonkurrenz.[1167] Es handelte sich weniger um ein sozialpolitisches Instrument, vielmehr standen wirtschaftliche Gesichtspunkte im Vordergrund.[1168] Vor allem zur Zeit der Weimarer Republik kam der Allgemeinverbindlicherklärung durch ihren Einfluss

---

1161 ErfK/*Franzen*, § 5 TVG Rn. 2; vgl. *Etzel*, NZA 1987 Beil. 1, 19, 21; *Löwisch/Rieble*, § 5 TVG Rn. 33; Schaub/*Treber*, § 205 Rn. 4 f.

1162 BAG 12.10.1988, ZTR 1989, 108, 109.

1163 BAG 12.10.1988, ZTR 1989, 108, 109.

1164 *Hippmann*, S. 12 Fn. 46; *Höpfner*, S. 473.

1165 *Höpfner*, S. 473 f.

1166 *Wonneberger*, S. 73.

1167 *Höpfner*, S. 466 m.w.N.

1168 *Höpfner*, S. 466; *Sittard*, S. 94 mit Verweis auf den Bericht des Abgeordneten *Richter*, Materialien zum TVG, ZfA 1973, 129, 160.

auf den Wettbewerb auch auf Arbeitgeberseite große praktische Bedeutung im Verhältnis zu den nicht tarifgebundenen Unternehmen zu.[1169] Diese Bedeutung ist seitdem gesunken.[1170] Die Tarifpraxis hat sich vom Einsatz zum Schutz vor Außenseitern in die Richtung des Schutzes der Außenseiter-Arbeitnehmer entwickelt.[1171] Der ursprüngliche Zweck spricht zwar eher für eine wettbewerbsbezogene Zielsetzung. Mit Blick auf einen möglichen Funktionswandel lassen sich der historischen Auslegung aber jedenfalls keine zwingenden Argumente gegen die ablehnende Ansicht entnehmen.[1172]

(cc) Bedeutung der Außenseiterkonkurrenz

Nach § 5 TVG allgemeinverbindliche Tarifnormen beschränken den Unterbietungswettbewerb der Arbeitgeber über die geregelten Arbeitsbedingungen, insbesondere die sogenannte „Schmutzkonkurrenz".[1173] Da aufgrund dieser Wirkung vertreten wird, die Norm solle gleiche Wettbewerbsvoraussetzungen im Interesse der Mitbewerber i.S.d. § 2 Abs. 1 Nr. 3 UWG schaffen,[1174] liegt es nahe, die Bedeutung der Außenseiterkonkurrenz im Tarifvertragsrecht zu berücksichtigen.

Teilweise wird die „Schmutzkonkurrenz" gerade als unlauterer Wettbewerb durch die nicht tarifgebundenen Arbeitgeber definiert.[1175] Demgegenüber wird der negativ wertende Begriff zum Teil grundsätzlich abgelehnt.[1176] Die Außenseiterkonkurrenz sei grundsätzlich sinnvoller Wettbewerb, der die Tarifmacht begrenze.[1177] Die Unterbietung der tariflich festgelegten Arbeitsbedingungen wirke als notwendiges Korrektiv.[1178] Zudem sei das TVG gerade auf den Wettbewerb ausgelegt, was sich in der nach § 3 Abs. 1 TVG i.V.m. § 4 Abs. 1 S. 1 TVG grundsätzlich erforderlichen Tarifbindung zeige.[1179]

Es ist aber zu berücksichtigen, dass die Allgemeinverbindlicherklärung, mit der die Außenseiterkonkurrenz einschränkt wird, die Ausnahme von der

1169 *Sittard*, S. 104; *Zachert*, NZA 2003, 132.
1170 *Prokop*, S. 201; *Zachert*, NZA 2003, 132, 132 f.
1171 *Höpfner*, S. 468 f.
1172 *Prokop*, S. 201; ähnlich *Sittard*, S. 104 ff.; a.A. offenbar *Höpfner*, S. 473.
1173 BeckOK-ArbR/*Giesen*, § 5 TVG Rn. 2; Däubler/*Lakies*, § 5 TVG Rn. 16.
1174 *Ziegler*, S. 118 f.
1175 *Wonneberger*, S. 71.
1176 *Sittard*, S. 100.
1177 *Löwisch/Rieble*, § 5 TVG Rn. 33; *Rieble*, Rn. 304; vgl. *Sittard*, S. 100 f.
1178 *Bayreuther*, S. 149; *Buchner*, ZfA 2004, 229, 234.
1179 *Prokop*, S. 199.

ansonsten fehlenden Wirkung für Außenseiter darstellt. Der Wettbewerb durch Außenseiter ist zwar grundsätzlich systemimmanent, § 5 TVG ermöglicht aber gerade eine Durchbrechung dieses Grundsatzes in engen Grenzen.[1180] Dementsprechend greift auch der Einwand, das TVG solle Mindestarbeitsbedingungen allein im Interesse der Arbeitnehmer schaffen,[1181] zu kurz, da er auf das gesamte Gesetz abstellt, ohne die einzelne Norm zu berücksichtigen.[1182]

(dd) Eignung zur Herstellung von Wettbewerbsgleichheit

Teilweise wird angeführt, die Funktion, „Schmutzkonkurrenz“ und „Lohndrückerei“ zu verhindern, trete vor allem bei der Allgemeinverbindlicherklärung von Lohn- und Gehaltstarifverträgen in den Vordergrund, weil die Außenseiter in diesem Bereich am naheliegendsten einen Vorteil erlangen können.[1183] Eine klare Deutung lässt dies aber nicht zu, weil insbesondere die Entgeltregelungen auch für die betroffenen Außenseiter-Arbeitnehmer regelmäßig von besonderer Bedeutung sind.

Zum Teil wird angenommen, die Allgemeinverbindlichkeit habe ihre wettbewerbslenkende Funktion auf der Arbeitgeberseite verloren oder verliere sie jedenfalls zunehmend aufgrund der Internationalisierung, weil § 5 TVG nur national wirkt und allgemeinverbindliche Tarifverträge nur noch selten alle relevanten Mitbewerber eines Marktes den gleichen Wettbewerbsbedingungen unterwirft.[1184] Neben der fehlenden Bindung ausländischer Arbeitgeber wird auch darauf verwiesen, dass die Eignung zur Regelung des Wettbewerbs wegen des Vorranges speziellerer Tarifverträge eingeschränkt ist.[1185] Das soll erst recht gelten, wenn ein für allgemeinverbindlich erklärter Tarifvertrag nicht bundesweit gilt.[1186] Vor diesem Hintergrund lässt sich zumindest an einer generellen Eignung zur Herstellung von Wettbewerbsgleichheit zweifeln. Es erscheint aber jedenfalls zweifelhaft, ob sich allein auf dieser Grundlage eine wettbewerbsbezogene Zielsetzung ablehnen lässt.[1187] Diese würde nur dann fernliegen, wenn allgemeinverbindliche Tarifverträge insofern vollkommen ungeeignet wären.

1180 KeZa/*Seifert,* § 5 TVG Rn. 3.

1181 *Etzel,* NZA 1987 Beil. 1, 19, 21.

1182 *Sittard,* S. 104.

1183 *Bispinck/Kirsch/Schäfer,* S. 132; *Kirsch,* WSI-Mitteilungen 2004, 405, 406.

1184 KeZa/*Seifert,* § 5 TVG Rn. 10.

1185 *Löwisch/Rieble,* § 4 TVG Rn. 129; *Rieble,* Rn. 303; zust. *Sittard,* S. 102 f.

1186 *Sittard,* S. 102 f.

1187 *Sittard,* S. 103.

(ee) Verfahren der Allgemeinverbindlicherklärung

Gegen eine wettbewerbsbezogene Funktion allgemeinverbindlicher Tarifverträge wurde vorgebracht, dem Bundesarbeitsminister fehle die wettbewerbliche Kompetenz – würde die Allgemeinverbindlicherklärung auch die Interessen der Arbeitgeber im Blick haben, wäre sie jedenfalls an die Zustimmung des Bundeswirtschaftsministers geknüpft worden.[1188] Daraus ergibt sich aber jedenfalls kein zwingendes Argument, weil die Zuständigkeit insofern vom Ressortzuschnitt abhängig ist und diese auch schon einen Bundesminister für Wirtschaft und Arbeit vorsah.[1189]

Für einen Schutzzweck im Interesse der Tarifvertragsparteien sollte sprechen, dass die Allgemeinverbindlicherklärung nur auf Antrag einer der beiden Parteien erfolgen konnte.[1190] Nach Ansicht der Gegenseite wurde damit lediglich gewährleistet, dass der Tarifvertrag nicht gegen den Willen beider Parteien allgemeinverbindlich wird.[1191] Nach Inkrafttreten des Tarifautonomiestärkungsgesetzes ist nach § 5 Abs. 1 S. 1 TVG nunmehr ein gemeinsamer Antrag der Tarifvertragsparteien erforderlich. Die Allgemeinverbindlicherklärung kann nicht einmal gegen den Willen einer Partei erfolgen. Das bedeutet aber auch, dass beide Parteien ihre Interessen erst recht schützen können. Der Gesetzgeber wollte sicherstellen, dass beide Seiten es für notwendig halten, die tarifliche Ordnung abzustützen.[1192] In wessen Interesse dies liegen sollte, lässt sich daraus nicht entnehmen. Der Blick auf das Verfahren der Allgemeinverbindlicherklärung ergibt damit ebenfalls kein eindeutiges Ergebnis.

(ff) Öffentliches Interesse i.S.d. § 5 Abs. 1 S. 1 TVG

Nach § 5 Abs. 1 S. 1 TVG muss die Allgemeinverbindlicherklärung im öffentlichen Interesse geboten erscheinen. Dass an ein „öffentliches" Interesse angeknüpft wird, führt allein nicht weiter, da der Begriff erst mit Inhalt gefüllt werden muss. Im Zusammenhang mit der Frage nach der Zielsetzung wird oft angeführt, die zuständige Behörde dürfe den Schutz wettbewerblicher Interessen der tarifgebundenen Arbeitgeber nicht zur Begründung des öffentlichen Interesses heranziehen.[1193] Nach der ablehnenden Ansicht gibt diese Interessenregelung

---

1188 *Rieble,* Rn. 302.

1189 *Sittard,* S. 102.

1190 BVerwG 3.11.1988, NZA 1989, 364, 368; *Witteler,* BB 2007, 1620, 1621.

1191 *Rieble,* Rn. 1745 f.

1192 Begr. RegE., BT-Drs. 18/1558, S. 1, 27, 48.

1193 BAG 24.1.1979, AP TVG § 5 Nr. 16; BAG 12.10.1988, ZTR 1989, 108, 109; BGH 3.12.1992, BGHZ 120, 320, 324; *Bayreuther,* S. 149; *Buchner,* ZfA 2004, 229, 234;

eine klare Zielrichtung vor.[1194] Dürften Gesichtspunkte des Wettbewerbsverhältnisses zwischen den Arbeitgebern nicht zur Begründung des öffentlichen Interesses angeführt werden, ergebe sich aus einem Erst-Recht-Schluss, dass der Allgemeinverbindlicherklärung kein solcher Zweck zukommt.[1195] Nach der Gegenansicht soll dies einer entsprechenden Zielsetzung nicht widersprechen.[1196] Zutreffend ist jedenfalls, dass der Begriff des öffentlichen Interesses auch teleologisch auszulegen ist.[1197] Diese Erkenntnis allein würde in diesem Zusammenhang aber zu Zirkelschlüssen führen.

Nach Auffassung der Gegenansicht zum Bundesarbeitsgericht, das eine solche Berücksichtigung ablehnt, ist der Schutz tarifgebundener Arbeitgeber und -nehmer nicht trennbar, weil die Wettbewerbsvorteile nicht tarifgebundener Arbeitgeber im Ergebnis auch die tarifgebundenen Arbeitnehmer gefährden.[1198] Lassen sich zwei Schutzwirkungen nicht trennen, spricht dies aber weniger für eine doppelte – beispielsweise primäre und sekundäre – Zielsetzung als für einen einzelnen Zweck, der durch ein Mittel zum Zweck erreicht werden soll. Ob eine solche Verknüpfung im Rahmen des § 5 Abs. 1 S. 1 TVG ausreichen würde, um wettbewerbsbezogene Aspekte zu berücksichtigen, kann dahinstehen, weil bloße Rechtsreflexe im Rahmen des § 3a UWG nicht ausreichen.

(gg) Regelungszusammenhang mit MiLoG und AEntG sowie die Änderungen durch das Tarifautonomiestärkungsgesetz

Jedenfalls im Ergebnis hat der Gesetzgeber mit der erleichterten Anwendung der Allgemeinverbindlichkeit einen Beitrag zur Gewährleistung fairer und funktionierender Wettbewerbsbedingungen geleistet.[1199] Als Argument wird insofern § 5 Abs. 1 S. 2 Nr. 2 TVG herangezogen, der mit dem Tarifautonomiestärkungsgesetz

---

Etzel, NZA 1987 Beil. 1, 19, 21; ErfK/*Franzen*, § 5 TVG Rn. 2; *Hippmann*, S. 14; *Löwisch/Rieble*, § 5 TVG Rn. 35; *Prokop*, S. 199; *Sittard*, S. 109 f.; Schaub/*Treber*, § 205 Rn. 4; nach a.A. muss die zuständige Behörde alle Wirkungen des eingesetzten Instrumentes im Blick haben, s. *Greiner/Hanau/Preis*, SR Sonderausgabe 2014, 2, 7; *Preis/Povedano Peramato*, S. 20.

1194 *Buchner*, ZfA 2004, 229, 234.

1195 BGH 3.12.1992, BGHZ 120, 320, 322.

1196 *Kocher*, GRUR 2005, 647, 649 Fn. 28; Wiedemann/*Wank*, 6. Aufl. 1999, § 5 TVG Rn. 5.

1197 *Wiedemann*, RdA 1987, 262, 265.

1198 *Ansey/Koberski*, AuR 1987, 230, 232 f.; *Höpfner*, S. 473; *Wiedemann*, RdA 1987, 260, 265; vgl. *Wonneberger*, S. 83 f.; a.A. *Bayreuther*, S. 144.

1199 *Klocke*, S. 173.

geschaffen wurde.[1200] Danach erscheint eine Allgemeinverbindlicherklärung in der Regel im öffentlichen Interesse geboten, wenn die Absicherung der Wirksamkeit der tarifvertraglichen Normsetzung gegen die Folgen wirtschaftlicher Fehlentwicklung eine Allgemeinverbindlicherklärung verlangt. Hier stehen die wirtschaftlichen Folgen im Vordergrund.[1201]

Allerdings bieten weder der Wortlaut der Norm noch die Gesetzesbegründung Anhalt für einen Schutzzweck im Interesse der tarifgebundenen Arbeitgeber. Aus Sicht des Gesetzgebers kann eine solche Fehlentwicklung insbesondere vorliegen, wenn der Arbeitsfrieden durch eine Aushöhlung der tariflichen Ordnung gefährdet ist.[1202] Er hat also eher das Verhältnis zwischen Arbeitgeber- und Arbeitnehmerseite im Blick. Die Erhaltung einer funktionsfähigen Tarifordnung liege auch im öffentlichen Interesse.[1203] Die Bedeutung speziell für tarifgebundene Arbeitgeber wird nicht angesprochen. Die Allgemeinverbindlicherklärung ermöglicht eine Abstützung der tariflichen Ordnung.[1204] Mit ihr kann zwar „Tarifmarktordnung“ betrieben werden, allerdings nicht im Interesse der Tarifvertragsparteien selbst.[1205]

Etwas anderes ergibt sich auch nicht aus einem inneren Zusammenhang mit dem MiLoG, das ebenfalls durch das Tarifautonomiestärkungsgesetz eingeführt wurde. Insofern wird zwar vorgebracht, es solle hier ebenfalls der Lohnunterbietungswettbewerb zulasten der Arbeitnehmer verhindert und der Wettbewerb stattdessen über die Qualität der Waren und Dienstleistungen geführt werden.[1206] Diese Gesichtspunkte allein reichten aber jedenfalls schon bei den §§ 1, 3 MiLoG nicht aus, um einen Schutzzweck nicht nur im Interesse der Arbeitnehmer oder der generellen Wettbewerbsfähigkeit, sondern auch im Interesse der Arbeitgeber als Mitbewerber i.S.d. § 2 Abs. 1 Nr. 3 UWG zu begründen.[1207] Die Zielsetzung, faire und funktionierende Wettbewerbsbedingungen herzustellen, findet sich weder im Wortlaut des Gesetzes noch in der Begründung zu den Änderungen des § 5 TVG. Zudem war die teilweise Schwäche der tariflichen Ordnung und der daraus resultierende fehlende Schutz der Arbeitnehmer, insbesondere in Bezug auf die Löhne im Bereich einfacher Tätigkeiten, gerade der

1200 Däubler/*Lakies*, § 5 TVG Rn. 16; Wiedemann/*Wank*, § 5 TVG Rn. 9.
1201 Wiedemann/*Wank*, § 5 TVG Rn. 9.
1202 Begr. RegE., BT-Drs. 18/1558, S. 49.
1203 Begr. RegE., BT-Drs. 18/1558, S. 49.
1204 Begr. RegE., BT-Drs. 18/1558, S. 1, 26, 48.
1205 *Löwisch/Rieble*, § 5 TVG.
1206 *Fechner/Kocher*, NZA 2017, 755, 758.
1207 S. § 4 A. V. 3. a) aa) (2) (b) (bb).

Anlass für die Einführung eines eigenständigen Gesetzes über einen allgemeinen gesetzlichen Mindestlohn.[1208]

Schon zuvor wurde angenommen, dass der Zusammenhang mit dem AEntG die wettbewerbslenkende Funktion der Allgemeinverbindlicherklärung wieder gestärkt hat.[1209] Dies gilt unmittelbar nur für die allgemeinverbindlichen Tarifverträge, deren Wirkung nach § 3 S. 1 Nr. 1 AEntG auf ausländische Arbeitgeber erstreckt wird. Dennoch handelt es sich um getrennte Materien, weil der Gesetzgeber beim AEntG allein den Wettbewerb zwischen in- und ausländischen Unternehmen im Blick hatte.[1210] Teilweise wird sogar ein Umkehrschluss vertreten.[1211] Jedenfalls lässt sich damit kein anderer Zweck der Allgemeinverbindlicherklärung begründen.

Daran ändert im Ergebnis auch die gemeinsame Neuregelung nichts. Neben dem neuen § 5 Abs. 1 S. 2 Nr. 2 TVG wurde insbesondere das feste 50-Prozent-Quorum abgeschafft.[1212] Die Abstützung der tariflichen Ordnung soll aus Sicht des Gesetzgebers gerade in besonders anfälligen Bereichen und Gebieten angemessene Arbeitsbedingungen gewährleisten.[1213] Es handelt sich also um Erleichterungen bei der Anwendung des Instruments im Interesse der Arbeitnehmer, nicht um eine grundlegende Neuausrichtung. Dazu passt auch die grundlegende Zielsetzung des gesamten Tarifautonomiestärkungsgesetzes, das die Tarifautonomie stärken und angemessene Arbeitsbedingungen für die Arbeitnehmer sicherstellen sollte.[1214]

(hh) Zwischenergebnis

Angesichts der starken faktischen Auswirkungen der Allgemeinverbindlicherklärung, sowohl auf dem Beschaffungsmarkt für Arbeitsleistungen als auch auf dem Absatzmarkt, liegt es nahe, dass auch die Interessen der Mitbewerber i.S.d. § 2 Abs. 1 Nr. 3 UWG eine Rolle spielen. Allein damit lässt sich aber kein Schutzzweck begründen. Die Ansicht, die einen solchen Zweck bejaht, begründet ihn oft mit dem Schutz der tarifgebundenen Arbeitnehmer.[1215] Auf diese Weise lässt

---

1208 Begr. RegE., BT-Drs. 18/1558, S. 26.

1209 *Höpfner*, S. 474 f.; *Kocher*, GRUR 2005, 647, 649 Fn. 28 mit Verweis auf *Zachert*, NZA 2003, 132, 133.

1210 *Sittard*, S. 109.

1211 *Löwisch/Rieble*, § 4 TVG Rn. 129; *Rieble*, Rn. 303; KeZa/*Stein*, § 4 TVG Rn. 285.

1212 Begr. RegE., BT-Drs. 18/1558, S. 26 f.

1213 Begr. RegE., BT-Drs. 18/1558, S. 49.

1214 Begr. RegE., BT-Drs. 18/1558, S. 1, 26.

1215 *Sittard*, S. 106 f.

sich aber lediglich ein Mittel zum Zweck, mithin ein Rechtsreflex, aufzeigen. Besonders deutlich wird dies, wenn es beispielsweise um „sozial unfaire Wettbewerbsvorsprünge“[1216] geht oder eingeräumt wird, dass der Wettbewerb der jeweiligen Unternehmer nur den Ausgangspunkt bildet, es aber bei der Unterbindung der „Schmutzkonkurrenz“ letztlich um den Schutz der Arbeitnehmer der tarifgebundenen Arbeitgeber geht[1217].

Auch dass die Wettbewerbsvorteile nicht tarifgebundener Arbeitgeber gezielt unterbunden und damit tarifgebundene Arbeitgeber vor einer Verdrängung geschützt werden, bedeutet nicht, dass es sich dabei zwingend um eine Zielsetzung mit selbstständiger Bedeutung handelt.[1218] Insofern lässt sich eine wettbewerbliche Dimension durchaus bejahen, sofern man diese von einem – ggf. auch sekundären – Schutzzweck unterscheidet.[1219] Im Ergebnis handelt es sich bei dem Schutz der tarifgebundenen, rechtstreu handelnden Arbeitgeber um einen bloßen Rechtsreflex.[1220] Die Allgemeinverbindlicherklärung nach § 5 TVG führt nicht dazu, dass die erfassten Tarifnormen zum Schutz der Interessen von Mitbewerbern i.S.d. § 2 Abs. 1 Nr. 3 UWG bestimmt sind.

(b) Haustarifverträge

Nipperdey sprach sich in seiner Anmerkung zur „Bewachungsgewerbe“-Entscheidung dafür aus, dem Unterschied zwischen sonstigen und allgemeinverbindlichen Tarifverträgen im Rahmen des § 1 UWG a.F. keine Bedeutung beizumessen.[1221] Dies ist konsequent bei Anwendung des Vorsprungsgedankens, dieser spielt aber im Rahmen des § 3a UWG keine Rolle mehr. Sicher verneinen lässt sich ein Schutzzweck im Interesse der Mitbewerber im Fall des Haustarifvertrages. Dieser ist zur Herstellung von Wettbewerbsgleichheit ungeeignet, da er nur einen einzelnen Arbeitgeber bindet. Die Mitbewerber können ihre Arbeitnehmer zu anderen Bedingungen beschäftigen.[1222] Verstößt ein Arbeitgeber gegen den eigenen Haustarifvertrag, begründet § 3a UWG keine Unlauterkeit seines Verhaltens.

1216 *Bispinck/Kirsch/Schäfer,* S. 131; *Kirsch,* WSI-Mitteilungen 2004, 405, 406.
1217 *Wonneberger,* S. 83 f.
1218 Vgl. *Hippmann,* S. 12 ff.
1219 Schaub/*Treber,* § 205 Rn. 5.
1220 ErfK/*Franzen,* § 5 TVG Rn. 2; *Hippmann,* S. 12 ff.; *Löwisch/Rieble,* § 5 TVG Rn. 33; *Sittard,* S. 106 f.; Schaub/*Treber,* § 205 Rn. 5; einen Reflex bejaht auch *Buchner,* ZfA 2004, 229, 234; vgl. *Prokop,* S. 199 ff.
1221 *Nipperdey,* JW 1927, 2367, 2368; zust. *Däubler* Tarifvertragsrecht, Rn. 1394.
1222 *Löwisch/Rieble,* § 4 TVG Rn. 129.

(c) Verbandstarifverträge

Auch Vertreter eines solchen Zweckes bei der Allgemeinverbindlichkeit nach § 5 TVG beschäftigen sich in der Regel nicht mit sonstigen Tarifverträgen.[1223] Es bleibt unklar, ob diese anders eingeordnet werden sollten oder nur mangels praktischer Relevanz nicht angesprochen wurden. Verbandstarifverträge beschränken immerhin faktisch den Wettbewerb, indem sie einzelnen Unternehmern die Möglichkeit nehmen, Arbeitskräfte günstiger zu beziehen als ihre ebenfalls dem Verband angehörigen Mitbewerber.[1224] Insoweit wird in der betroffenen Branche auf Wettbewerbsgleichheit hingewirkt.

Außenseiter sind aber auch an Verbandstarifverträge nicht gebunden. Zudem können Arbeitgeber sich ggf. durch Tarifflucht oder den Abschluss eines Haustarifvertrages lösen.[1225] Dennoch wird ein Schutzzweck im Interesse der Mitbewerber vereinzelt zumindest für möglich gehalten, insbesondere in Anbetracht der historischen Bedeutung der Unterbindung von „Schmutzkonkurrenz" für die Bereitschaft der Arbeitgeberseite, Tarifverträge abzuschließen.[1226] Ebenso wie die Allgemeinverbindlichkeit sollten sie die geregelten Arbeitsbedingungen gerade dem Kostenwettbewerb entziehen.[1227] Allerdings ist hier kein entscheidender Unterschied zu den allgemeinverbindlichen Tarifverträgen ersichtlich, so dass konsequenterweise von einem Rechtsreflex auszugehen ist.[1228]

(d) Bei Erweiterung nach § 3 AEntG

Das AEntG schafft in den betroffenen Branchen gleiche Wettbewerbsvoraussetzungen, dient damit aber auch den Interessen der entsandten Arbeitnehmer an angemessenen Arbeitsbedingungen.[1229] Die Gewährleistung des fairen Wettbewerbs steht spiegelbildlich zu ihrem Schutz, weil die Lohnkosten in vielen Branchen einen erheblichen Teil der wettbewerbsrelevanten Kosten ausmachen.[1230]

1223 S. HK-UWG/*Ebert-Weidenfeller,* § 3a Rn. 68; Köhler/Bornkamm/*Köhler,* 35. Aufl. 2017, § 3a UWG Rn. 1.70; Däubler/*Lakies,* § 5 TVG Rn. 7; Ohly/Sosnitza/*Ohly,* § 3a UWG Rn. 17; MüKo-UWG/*Schaffert,* § 3a Rn. 71.

1224 *Hippmann,* S. 11.

1225 *Löwisch/Rieble,* § 4 TVG Rn. 129; vgl. *Klocke,* S. 172; vgl. zu § 1 UWG a.F. *Rieble,* NZA 2000, 225, 231.

1226 KeZa/*Stein,* § 4 TVG Rn. 284.

1227 *Fechner/Kocher,* NZA 2017, 755, 758.

1228 Vgl. *Löwisch/Rieble,* § 4 TVG Rn. 129.

1229 Thüsing-MiLoG/*Thüsing,* § 1 AEntG Rn. 5 ff.; Wiedemann/*Wank,* § 5 TVG Rn. 31.

1230 ErfK/*Franzen,* § 1 AEntG Rn. 1.

Wiederum sind bloß reflexhafte Auswirkungen von einem Schutzzweck zu unterscheiden. Die herrschende Ansicht bejaht einen solchen Zweck.[1231]

Dafür spricht zunächst die Begründung zum ursprünglichen Regierungsentwurf aus dem Jahr 1995.[1232] Der Gesetzgeber wollte den Wettbewerbsvorteil ausländischer Bauunternehmen unterbinden, um insbesondere kleine und mittelständische Betriebe vor einer Verdrängung zu schützen.[1233] Die fehlende Wettbewerbsgleichheit in Bezug auf die besonders wettbewerbsrelevanten Arbeitsbedingungen sollte überwunden werden.[1234] Den gezielten Schutz vor einem Verdrängungswettbewerb über die Lohnkosten verdeutlichen auch die mit dem Tarifautonomiestärkungsgesetz eingeführten § 4 Abs. 2 AEntG und § 7a Abs. 1 S. 1 AEntG. Dies wird auch in der Begründung des Regierungsentwurfes deutlich.[1235] Ein solcher Verdrängungswettbewerb soll im Interesse der Arbeitnehmer, aber auch der Mitbewerber verhindert werden.[1236]

Mittlerweile kann zudem auf die Angabe der Zielsetzung in § 1 S. 1 AEntG verwiesen werden, wo die Gewährleistung fairer und funktionierender Wettbewerbsbedingungen ausdrücklich benannt ist.[1237] Dafür spricht auch der Geltungsbereich, der nicht nur ausländische Arbeitgeber erfasst, sondern nach § 3 S. 1 AEntG auch notwendig bundesweit sein muss.[1238] Insofern weicht das AEntG gezielt von § 5 TVG ab.[1239] Der Wortlaut des § 1 S. 1 AEntG lässt im Verhältnis zur Schaffung und Durchsetzung angemessener Mindestarbeitsbedingungen für die entsandten Arbeitnehmer auch keine Unterordnung erkennen, die für einen Rechtsreflex sprechen könnte. Die Verwendung des Wortes „sowie" verdeutlicht, dass es sich um einen eigenständigen Zweck handelt. Dem entspricht auch Erwägungsgrund 5 der Richtlinie 96/71/EG, der den fairen Wettbewerb und die

---

1231 *Aulmann,* BB 2007, 826, 828; *Fechner/Kocher,* NZA 2017, 755, 758; *Klocke* Latzel/Picker, 145, 153 ff.; *Klocke,* S. 173; *K/A/E/W,* § 1 AEntG Rn. 12 ff.; *Löwisch/Rieble,* § 4 TVG Rn. 129, § 5 TVG Rn. 39; *Oetker* FS Bepler, 467, 474 f.; MHdB ArbR/*Rieble,* 4. Aufl. 2019, § 221 Rn. 20; *Sittard,* S. 316 ff.; offenbar auch HK-UWG/*Ebert-Weidenfeller,* § 3a Rn. 68; Thüsing-MiLoG/*Thüsing,* § 1 AEntG Rn. 13.

1232 *Aulmann,* BB 2007, 826, 828; *Fechner/Kocher,* NZA 2017, 755, 758; *Oetker* FS Bepler, 467, 475; *Sittard,* S. 316.

1233 Begr. RegE., BT-Drs, 13/2414, S. 6 f.

1234 Begr. RegE., BT-Drs, 13/2414, S. 7.

1235 Begr. RegE., BT-Drs. 18/1558, S. 27.

1236 Thüsing-MiLoG/*Thüsing,* § 1 AEntG Rn. 13.

1237 *Fechner/Kocher,* NZA 2017, 755, 758; *Oetker* FS Bepler, 467, 475.

1238 *Löwisch/Rieble,* § 4 TVG Rn. 129, § 5 TVG Rn. 39 ff.; *Oetker* FS Bepler, 467, 474.

1239 *Löwisch/Rieble,* § 4 TVG Rn. 129, § 5 TVG Rn. 37.

Maßnahmen, die die Wahrung der Arbeitnehmerrechte garantieren, ebenfalls mit einem „sowie“ verbindet.[1240] Dies zeigt, dass beide Zielsetzungen nebeneinander verfolgt werden können.[1241]

Ebenso wie beim MiLoG ist dieser Zweck auch unter Berücksichtigung des Unionsrechts zulässig.[1242] Im Gegensatz zum Arbeitnehmerschutz war der Schutzzweck zugunsten der deutschen Bauindustrie des AEntG in seiner ursprünglichen Fassung nicht mit dem Unionsrecht vereinbar.[1243] Zum Teil wird zwar nach wie vor angenommen, das AEntG bezwecke insbesondere den Schutz kleiner und mittelständischer Unternehmen.[1244] Der bloße Schutz vor Wettbewerb würde aber auch unabhängig vom Unionsrecht kein schutzwürdiges Interesse i.S.d. § 3a UWG ergeben.[1245]

Teilweise wird angenommen, im Lichte der von Art. 46 AEUV gewährleisteten Dienstleistungsfreiheit dürfe das Entsenderecht keine wettbewerblichen Ziele verfolgen.[1246] Der Zweck wäre damit auf den Schutz der entsandten Arbeitnehmer reduziert. Dies entspricht nicht dem Verständnis des Europäischen Gerichtshofs von Art. 3 Abs. 1 UAbs. 1 RL 96/71/EG.[1247] Zwar wäre der Schutz vor ausländischer Konkurrenz kein mit dem Unionsrecht vereinbarer Gesetzeszweck, dies gilt aber nicht für die Herstellung fairer Wettbewerbsbedingungen, die von der Richtlinie und jedenfalls von der aktuellen Fassung des AEntG angestrebt wird.[1248] Diese Auslegung stützt die Begründung des Regierungsentwurfes. Mit der Erstreckung der Tarifnormen auf alle Arbeitgeber will der Gesetzgeber sicherstellen, dass Unternehmen, die zur tariflichen Vergütung ihrer Arbeitnehmer verpflichtet sind, keine Wettbewerbsnachteile erleiden.[1249] Darüber würde der Schutz vor Konkurrenz hinausgehen.[1250]

1240 Vgl. *Sittard,* S. 324.
1241 EuGH 12.10.2004, NZA 2004, 1211 Rn. 42.
1242 S. § 4 A. V. 3. a) aa) (2) (b) (dd).
1243 Wiedemann/*Wank,* § 5 TVG Rn. 30.
1244 *Fechner/Kocher,* NZA 2017, 755, 758.
1245 S. § 4 A. V. 1. a) bb) (2) (c).
1246 *Buchner,* ZfA 204, 229, 237.
1247 EuGH 12.2.2015, NZA 2015, 345 Rn. 30.
1248 *Sittard,* S. 318 f.
1249 Begr. RegE., BT-Drs. 18/1558, S. 27.
1250 *Sittard,* S. 324.

c) *Konkurrenz arbeits- und lauterkeitsrechtlicher Rechtsfolgen*

Im Rahmen der Rechtsfolgenkonkurrenz würde sich im Ergebnis kein Unterschied zu den §§ 1, 3 MiLoG ergeben. In seiner „Tariflohnunterschreitung"-Entscheidung hatte der Bundesgerichtshof klargestellt, dass es nicht Aufgabe des Lauterkeitsrechts ist, Tarifnormen über § 4 Abs. 1 TVG hinaus zur Durchsetzung zu verhelfen, solange nicht die Voraussetzungen eines wettbewerbswidrigen Verhaltens vorliegen.[1251] Dass der Tatbestand der Norm erfüllt sein muss, ist selbstverständlich. Soweit auf eine Umgehung der Verantwortungszuweisung und die Eigenverantwortung von Arbeitnehmern und Gewerkschaften verwiesen wird,[1252] kann dies auch hier keine überzeugenden Gründe liefern, um von der grundsätzlichen parallelen Anwendbarkeit abzuweichen. Ein abschließendes Rechtsfolgensystem ist nicht ersichtlich. Auch Art. 9 Abs. 3 GG rechtfertigt keine ausschließliche Verantwortungszuweisung an die Gewerkschaften und Arbeitnehmer. Die Durchsetzung von Tarifnormen liegt ebenso im Interesse und in der Verantwortung der Arbeitgeberseite.

Die Einwirkungspflicht des Arbeitgeberverbandes, dem in der Regel wenig effektive Mittel der Durchsetzung zur Verfügung stehen und dessen Interesse am Einsatz dieser Mittel oft gering ist, ist unabhängig von der Geltendmachung eines Anspruchs durch die Gewerkschaften.[1253] Dies muss konsequenterweise auch für weitere Möglichkeiten der Durchsetzung gelten. Da eine Mitgliedsklage der tariftreuen Verbandsmitglieder jedenfalls fraglich ist,[1254] müsste dieser Weg auch ihnen offenstehen. Erst recht könnte es ihnen nicht versagt werden, auf Grundlage der Anspruchsberechtigung nach § 8 Abs. 3 Nr. 1 UWG gegen einen Mitbewerber vorzugehen, der kein Verbandsmitglied ist und gegen einen allgemeinverbindlichen Tarifvertrag verstößt.

d) *Ergebnis*

Tarifvertragliche Regelungen der Arbeitsbedingungen dienen nur bei Erstreckung nach § 3 AEntG den Interessen der Mitbewerber i.S.d. § 2 Abs. 1 Nr. 3 UWG. Tarifnormen regeln aber unabhängig von ihrer Geltungsweise weder ein Marktverhalten auf dem Absatzmarkt noch auf dem Beschaffungsmarkt. Eine Sanktionierung insbesondere der untertariflichen Entlohnung auf Grundlage des Rechtsbruchtatbestandes nach § 3a UWG scheidet damit insgesamt aus.

1251 BGH 3.12.1992, BGHZ 120, 320, 327.

1252 Büscher/*Hohlweck*, § 3a UWG Rn. 116.

1253 KeZa/*Stein*, § 4 TVG Rn. 283.

1254 KeZa/*Stein*, § 4 TVG Rn. 283.

5. Unwirksame Klauseln in Formulararbeitsverträgen als Allgemeine Geschäftsbedingungen im Rahmen der Inhaltskontrolle, §§ 307 ff. BGB

Nach § 310 Abs. 4 S. 1 BGB finden die §§ 305 ff. BGB keine Anwendung auf Tarifverträge sowie Betriebs- und Dienstvereinbarungen. Arbeitsverträge sind von dieser Bereichsausnahme nicht erfasst, hier sind aber nach § 310 Abs. 4 S. 2 Hs. 1 BGB die im Arbeitsrecht geltenden Besonderheiten angemessen zu berücksichtigen.[1255] Im Arbeitsrecht ist die Verwendung vorformulierter Vertragsbedingungen durch den Arbeitgeber der Regelfall.[1256] Formulararbeitsverträge enthalten beispielsweise Änderungsvorbehalte, Ausschlussfristen oder Haftungsausschlüsse.[1257]

a) Gesetzliche Vorschriften

Allgemeine Geschäftsbedingungen gelten nur auf vertraglicher Grundlage zwischen den Parteien – auch wenn sie möglicherweise Vorgaben für deren Marktverhalten enthalten, handelt es sich nicht um Rechtsnormen i.S.d. Art. 2 EGBGB und damit nicht um gesetzliche Vorschriften im Sinne des Rechtsbruchtatbestandes.[1258] Davon zu unterscheiden sind die gesetzlichen Vorschriften der §§ 307 ff. BGB.[1259]

b) Regelung des Marktverhaltens im Interesse der Marktteilnehmer

Der in § 1 S. 1 UWG genannte Verbraucherschutz legt zwar den Schluss nahe, dass alle Verbraucherschutzvorschriften zugleich Regelungen des Marktverhaltens jedenfalls im Interesse der Verbraucher sind – die Voraussetzungen des Rechtsbruchtatbestandes müssen aber dennoch für die verschiedenen Vorschriften gesondert ermittelt werden.[1260] Der Bundesgerichtshof hatte eine Regelung

---

1255 S. zu den Unterschieden im Vergleich zur vorherigen Bereichsausnahme in § 23 Abs. 1 AGBG a.F. ErfK/*Preis,* § 310 BGB Rn. 1 ff.; BeckOGK/*Witschen,* (01.10.2021) § 310 BGB Rn. 195 ff.

1256 ErfK/*Preis,* § 310 BGB Rn. 22; BeckOGK/*Witschen,* (01.10.2021) § 310 BGB Rn. 194.

1257 ErfK/*Preis,* § 310 BGB Rn. 51 ff.

1258 OLG Hamm 21.12.2010, WRP 2011, 498, 500; K/B/F/*Köhler,* § 3a UWG Rn. 1.57; i.E. auch GK-UWG/*Metzger/Eichelberger,* § 3a Rn. 38; Spindler/Schuster/*Micklitz/Schirmbacher,* § 3a UWG Rn. 6; Ohly/Sosnitza/*Ohly,* § 3a UWG Rn. 13; MüKo-UWG/*Schaffert,* § 3a Rn. 61.

1259 Ohly/Sosnitza/*Ohly,* § 3a UWG Rn. 13; MüKo-UWG/*Schaffert,* § 3a Rn. 61.

1260 OLG Köln 30.3.2007, GRUR-RR 2007, 285 f.; MAH/*Dittert,* § 14 Rn. 65.

des Marktverhaltens i.S.d. § 4 Nr. 11 UWG a.F. zunächst für die Vorschrift des § 475 Abs. 1 S. 1 BGB a.F. in Bezug auf den Gewährleistungsausschluss eines Verbrauchsgüterkaufvertrages bejaht.[1261] Das Gericht begründete dieses Ergebnis vor allem mit der verbraucherschützenden Zielsetzung der Vorschrift sowie der möglichen Kostenersparnis für den Unternehmer.[1262] Der letztgenannte Ansatz entspricht allerdings dem im Rahmen des kodifizierten Rechtsbruchtatbestandes überholten Vorsprungsgedanken.[1263]

Für die §§ 307 ff. BGB wurde unter Geltung des § 4 Nr. 11 UWG a.F. zunächst insbesondere von einem Teil der Rechtsprechung die Ansicht vertreten, dass es sich nicht um Regelungen des Marktverhaltens im Interesse der Marktteilnehmer handelt – die überwiegende, entgegengesetzte Ansicht entspricht aber jedenfalls nach einem weiteren Urteil des Bundesgerichtshofs nunmehr der wohl ganz herrschenden Meinung.[1264] Zwar betraf dieses Urteil unmittelbar nur die streitgegenständlichen §§ 307, 308 Nr. 1, 309 Nr. 7a BGB, bei denen es sich „jedenfalls" um Regelungen des Marktverhaltens im Interesse der Marktteilnehmer handeln

---

1261 BGH 31.3.2010, GRUR 2010, 1117 Rn. 24 ff.

1262 BGH 31.3.2010, GRUR 2010, 1117 Rn. 29 f.

1263 *Hennigs*, S. 195 f.; Büscher/*Hohlweck*, § 3a UWG Rn. 263.

1264 BGH 31.5.2012, GRUR 2012, 949 Rn. 42 ff.; KG 4.2.2005, MMR 2005, 466; OLG Düsseldorf 11.4.2005, BeckRS 2010, 28465; OLG Hamm 30.3.2006, BeckRS 2007, 17475; KG 3.4.2007, GRUR-RR 2007, 291 f.; OLG Frankfurt 9.5.2007, BeckRS 2007, 9846; OLG Düsseldorf 5.6.2007, BeckRS 2007, 14238; KG 25.1.2008, GRUR-RR 2008, 308 ff.; OLG Schleswig 26.3.2013, MMR 2013, 579, 584; OLG Schleswig 19.3.2015, NJOZ 2015, 1515 Rn. 73; OLG München 16.7.2015, WRP 2015, 1154 Rn. 11; OLG München 7.6.2018, GRUR-RR 2019, 67 Rn. 19; OLG Celle 25.2.2021, BeckRS 2021, 5596 Rn. 34; *Ahrens*, WRP 2012, Editorial Nr. 10; MüKo/*Basedow*, 8. Aufl. 2019, § 306 BGB Rn. 52; *Dembowski* FS Bornkamm, 325, 329; MAH/*Dittert*, § 14 Rn. 65; HK-UWG/*Ebert-Weidenfeller*, § 3a Rn. 69; F/B/O/*Götting/Hetmank*, § 3a UWG Rn. 159; G/L/D/*Hasselblatt/Gregor*, § 48 Rn. 92; *Hennigs*, S. 191 ff.; *Holtz*, S. 130 ff.; *Köhler*, NJW 2008, 177, 181; *Köhler*, GRUR 2010, 1047, 1050; *Köhler*, WRP 2012, 1475 ff.; K/B/F/*Köhler*, § 3a UWG Rn. 1.288; *Mann*, WRP 2007, 1035, 1041 ff.; GK-UWG/*Metzger/Eichelberger*, § 3a Rn. 268; Spindler/Schuster/*Micklitz/Schirmbacher*, § 3a UWG Rn. 19; BeckOK-UWG/*Niebel/Kerl*, § 3a UWG Rn. 45; Harte-Bavendamm/Henning-Bodewig/*v. Jagow*, § 3a UWG Rn. 70; MüKo/*Wurmnest*, 8. Aufl. 2019, § Vor 307 BGB Rn. 12; wohl auch Ohly/Sosnitza/*Ohly*, § 3a UWG Rn. 78; MüKo-UWG/*Schaffert*, § 3a Rn. 528 f.; BeckOK-BGB/*Schmidt*, § 307 Rn. 15; Staudinger/*Wendland*, (2019) § 307 BGB Rn. 47; a.A. noch OLG Hamburg 13.11.2006, GRUR-RR 2007, 287, 288 f.; OLG Köln 30.3.2007, GRUR-RR 2007, 285 ff.; OLG Köln 16.5.2008, MMR 2008, 540; *Armgardt*, WRP 2009, 122 ff.; *Keck*, S. 29; kritisch auch *Beater*, Rn. 2518.

soll.[1265] Weitere Urteile ergingen zu Verstößen gegen § 307 Abs. 1 S. 2 BGB durch die Verwendung intransparenter Allgemeiner Geschäftsbedingungen.[1266] Konsequenterweise muss diese Bewertung aber auf alle Fälle der §§ 307 ff. BGB übertragen werden.[1267]

aa) Regelung des Marktverhaltens

Auf Seiten der früher vertretenen Ansicht, die insbesondere eine Regelung des Marktverhaltens verneinte, wurde zu Recht darauf hingewiesen, dass allein das planmäßige und bewusste Verwenden unwirksamer Allgemeiner Geschäftsbedingungen zur Verschaffung eines Vorteils im Wettbewerb nicht ausreicht, um die Voraussetzungen des kodifizierten Rechtsbruchtatbestandes zu erfüllen.[1268] Im Übrigen stützte sich die Ansicht maßgeblich auf die Annahme, dass die Vorschriften über das Recht der Allgemeinen Geschäftsbedingungen nicht das Marktverhalten, sondern nur die Rechte und Pflichten der Parteien bei der späteren Vertragsabwicklung – und dabei insbesondere nicht den Abschluss des Vertrages selbst – regeln.[1269]

Diese Begründung gegen eine Regelung des Marktverhaltens kann jedenfalls nach aktueller Rechtslage nicht überzeugen. Infolge der Erweiterung des § 2 Abs. 1 Nr. 1 UWG unter dem Einfluss der UGP-Richtlinie gehört auch die Tätigkeit eines Unternehmers auf einem Markt, die objektiv der Durchführung von Verträgen dient, zum Marktverhalten i.S.d. § 3a UWG.[1270] Diese Änderung bestätigte insofern die schon zuvor herrschende Meinung.[1271] Trotz ihrer Unwirksamkeit können Klauseln, die beispielsweise einen gegen § 309 Nr. 7 a) BGB verstoßenden Haftungsausschluss enthalten, den Vertragspartner davon

---

1265 BGH 31.5.2012, GRUR 2012, 949 Rn. 46.

1266 BGH 19.7.2012, GRUR 2013, 42 Rn. 31; BGH 14.12.2017, GRUR 2018, 423 Rn. 41; BGH 31.3.2021, NJW 2021, 2193 Rn. 57.

1267 OLG Schleswig 19.3.2015, NJOZ 2015, 1515 Rn. 75; *Hennigs*, S. 192; Büscher/*Hohlweck*, § 3a UWG Rn. 263; *Köhler*, WRP 2012, 1475; Ohly/Sosnitza/*Ohly*, § 3a UWG Rn. 78; *Steckenborn*, BB 2012, 2324, 2326; MüKo/*Wurmnest*, 8. Aufl. 2019, Vor § 307 BGB Rn. 12; vgl. *Dembowski* FS Bornkamm, 325; offen BeckOGK/*Lehmann-Richter*, (01.09.2021) § 305 BGB Rn. 23.

1268 OLG Köln 30.3.2007, GRUR-RR 2007, 285, 286.

1269 OLG Hamburg 13.11.2006, GRUR-RR 2007, 287, 288 f.; OLG Köln 30.3.2007, GRUR-RR 2007, 285, 286; OLG Köln 16.5.2008, MMR 2008, 540.

1270 S. § 4 A. III. 2. a).

1271 Aus Sicht der h.M. *Hennigs*, S. 193, 195; *Holtz*, S. 149 f.; aus Sicht der Gegenansicht *Armgardt*, WRP 2009, 122, 125.

abhalten seine berechtigten Ansprüche geltend zu machen.[1272] Damit dient ein solches Verhalten des Verwenders objektiv der Durchführung des Vertrags.

Zudem betreffen die § 307 ff. BGB das Angebot und die Nachfrage von Waren und Dienstleistungen und dabei neben den Bedingungen der Leistungserbringung auch den Vertragsschluss.[1273] Sie legen insbesondere Maßstäbe für die Absatzförderung des Verwenders fest und haben damit Außenwirkung.[1274] Zwar wird teilweise eingewandt, die Rechtsfolge der §§ 307 ff. BGB sei nur die Unwirksamkeit der betreffenden Klausel, es bestünde demnach kein Verbot diese zu verwenden und damit sei auch keine Regelung des Marktverhaltens gegeben.[1275] Aus der angeordneten Rechtsfolge der Unwirksamkeit folgt aber gerade, dass die Verwendung entsprechender Klauseln unzulässig ist.[1276] Aus systematischer Sicht zeigt das bereits der in § 1 UKlaG vorgesehene Unterlassungsanspruch.[1277] Dies entspricht zudem der generalpräventiven Zielsetzung der §§ 307 ff. BGB, auch wenn diese nach ihrem Wortlaut kein ausdrückliches Verbot anordnen.[1278] Dass dies nicht der Fall ist, erklärt sich bereits dadurch, dass die Inhaltskontrolle sich gegen Allgemeine Geschäftsbedingungen richtet, die bereits verwendet wurden.[1279] Ohnehin ist § 3a UWG nicht auf gesetzliche Vorschriften, die als Verbote formuliert sind, begrenzt.[1280] So entschied auch der Bundesgerichtshof im Urteil zur Regelung des § 475 Abs. 1 S. 1 BGB a.F., die mit einem Klauselverbot vergleichbar ist und ebenfalls kein ausdrückliches Verbot enthält.[1281]

bb) Interesse der Marktteilnehmer

Bei der Regelung des Marktverhaltens durch die §§ 307 ff. BGB steht der Schutz der Marktgegenseite im Vordergrund.

1272 BGH 31.5.2012, GRUR 2012, 949 Rn. 46; GK-UWG/*Metzger/Eichelberger,* § 3a Rn. 268.

1273 GK-UWG/*Metzger/Eichelberger,* § 3a Rn. 268; vgl. *Hennigs,* S. 195.

1274 *Mann,* WRP 2007, 1035, 1042 f.

1275 *V. Walter,* S. 230; vgl. *Hess,* jurisPR-WettbR 11/2010 Anm. 2, E.; Ohly/Sosnitza/*Ohly,* § 3a UWG Rn. 78a.

1276 OLG Hamm 30.3.2006, BeckRS 2007, 17475; *Hennigs,* S. 197; *Holtz,* S. 141 f.

1277 *Hennigs,* S. 197; vgl. Staudinger/*Wendland,* (2019) § 307 BGB Rn. 47.

1278 *Holtz,* S. 141 f.

1279 OLG Hamm 30.3.2006, BeckRS 2007, 17475; *Holtz,* S. 142.

1280 GK-UWG/*Metzger/Eichelberger,* § 3a Rn. 268.

1281 BGH 31.3.2010, GRUR 2010, 1117 Rn. 25.

(1) Interesse der Verbraucher i.S.d. § 2 Abs. 2 UWG i.V.m. § 13 BGB und unionsrechtlicher Hintergrund

Auf Grundlage der dargestellten Gegenansicht zur Regelung des Marktverhaltens wurde teilweise vertreten, dass die §§ 307 ff. BGB nur dem Schutz der individuellen Interessen des Vertragspartners dienen.[1282] Damit soll eine Regelung im Interesse der Verbraucher i.S.d. § 2 Abs. 2 UWG i.V.m. § 13 BGB ausscheiden.[1283] Da Allgemeine Geschäftsbedingungen aber nach § 305 Abs. 1 BGB gerade für eine Vielzahl von Verträgen vorformulierte Vertragsbedingungen sind, schützen die §§ 307 ff. BGB nicht bloß den einzelnen Vertragspartner, sondern die gesamte Marktgegenseite im Rahmen eines typisierten Interessenschutzes.[1284] Die Regelungen der §§ 307 ff. BGB dienen zwar auch den individuellen Interessen des Vertragspartners des Verwenders, sie haben darüber hinaus aber auch eine präventive Schutzfunktion im Interesse aller potentiellen Verwendungsgegner.[1285]

Das Marktverhalten wird auch im Interesse der Marktteilnehmer geregelt, weil die Vorschriften über Allgemeine Geschäftsbedingungen die Nachteile kompensieren sollen, die dadurch entstehen, dass die vorformulierten Vertragsbedingungen keinem funktionierenden Konditionenwettbewerb unterliegen.[1286] Die §§ 307 ff. BGB wirken also als Marktverhaltensregelungen im Interesse der Verbraucher, soweit sie den Unternehmern Grenzen bei der Risikoabwälzung ziehen.[1287] Sie verhindern, dass Unternehmen die Rechte der Vertragspartner in ihren Allgemeinen Geschäftsbedingungen immer weiter beschneiden und unterbinden zu deren Schutz entsprechende Wettbewerbsvorteile.[1288] Die Inhaltskontrolle bewahrt den Verbrauchern insbesondere die Möglichkeit, gewisse Rechte geltend zu machen und schützt damit ihre Entscheidungsfreiheit.[1289] Demnach sind gerade ihre Interessen als Marktteilnehmer betroffen.[1290]

1282 OLG Hamburg 13.11.2006, GRUR-RR 2007, 287, 288; OLG Köln 30.3.2007, GRUR-RR 2007, 285, 286; i.E. wohl auch *Beater,* Rn. 2518.

1283 So wohl *Beater,* Rn. 2518.

1284 KG 3.4.2007, GRUR-RR 2007, 291; KG 25.1.2008, GRUR-RR 2008, 308 f.; HK-UWG/*Ebert-Weidenfeller,* § 3a Rn. 69; *Holtz,* S. 140; *Mann,* WRP 2007, 1035, 1042.

1285 *Holtz,* S. 140.

1286 MüKo/*Basedow,* 8. Aufl. 2019, § 306 BGB Rn. 52; *Woitkewitsch,* GRUR-RR 2007, 257, 258.

1287 *Mann,* WRP 2007, 1035, 1043.

1288 MüKo/*Basedow,* 8. Aufl. 2019, § 306 BGB Rn. 52.

1289 *Hennigs,* S. 194.

1290 GK-UWG/*Metzger/Eichelberger,* § 3a Rn. 268; vgl. *Holtz,* S. 140, 146.

Eine Regelung des Marktverhaltens im Interesse der Verbraucher i.S.d § 2 Abs. 2 UWG i.V.m. § 13 BGB liegt damit vor. Zur Begründung dieses Ergebnisses wird insbesondere vom Bundesgerichtshof auch eine richtlinienkonforme Auslegung im Lichte der UGP-Richtlinie herangezogen.[1291] Die Verwendung unwirksamer Allgemeiner Geschäftsbedingungen stellt regelmäßig einen Verstoß gegen die Anforderungen an die berufliche Sorgfalt i.S.d. Art. 5 Abs. 2 lit. a) UGP-RL dar.[1292] So entschied der Bundesgerichtshof bereits für § 475 Abs. 1 S. 1 BGB a.F.[1293]

Für die hier behandelten Fälle der Anwendung der §§ 307 ff. BGB auf Allgemeine Geschäftsbedingungen in Formulararbeitsverträgen ist die UGP-Richtlinie allerdings nicht anwendbar, da die entsprechenden Verhaltensweisen den Abschluss des Arbeitsvertrages betreffen und damit in Bezug zum Arbeitsverhältnis stehen. Zwar werden Arbeitnehmer auf Grundlage der ständigen Rechtsprechung des Bundesarbeitsgerichts als Verbraucher i.S.d. § 13 BGB eingeordnet, womit im Grundsatz die Anwendbarkeit der im BGB geregelten Verbraucherschutzvorschriften möglich ist.[1294] Selbst wenn man Arbeitnehmer insofern aber auch als Verbraucher i.S.d. § 2 Abs. 2 UWG i.V.m. § 13 BGB ansehen würde, geht diese Auslegung über den Inhalt der UGP-Richtlinie hinaus und fällt damit aus dem nur auf den B2C-Bereich erstreckten Anwendungsbereich.[1295]

Auch im Anwendungsbereich der UGP-Richtlinie ist eine Anwendung des § 3a UWG in den Fällen der §§ 307 ff. BGB aber nicht ausgeschlossen. Zwar ist nach der Rechtsprechung eine unionsrechtliche Grundlage der nationalen Vorschrift notwendig, um die Unlauterkeit von Verstößen nach § 3a UWG zu begründen.[1296] Der Bundesgerichtshof sieht diese Grundlage aber in der Klausel-Richtlinie 93/13/EWG und dabei insbesondere in der Generalklausel des Art. 3 Abs. 1 Klausel-RL.[1297] Teilweise wird die Anwendbarkeit der UGP-Richtlinie

---

1291 BGH 31.5.2012, GRUR 2012, 949 Rn. 46; s. bereits KG 25.1.2008, GRUR-RR 2008, 309 f.

1292 BGH 31.5.2012, GRUR 2012, 949 Rn. 46; MüKo/*Basedow*, 8. Aufl. 2019, § 306 BGB Rn. 54; *Dembowski* FS Bornkamm, 325, 329; *Köhler*, NJW 2008, 177, 180 f.; *Köhler*, GRUR 2010, 1047, 1050 f.; *Köhler*, WRP 2012, 1475, 1477; K/B/F/*Köhler*, § 3a UWG Rn. 1.290.

1293 BGH 31.3.2010, GRUR 2010, 1117 Rn. 17.

1294 S. § 3 B. I.

1295 S. § 3 B. II. 1.; § 4 A. II.

1296 S. § 4 A. II.

1297 BGH 31.5.2012, GRUR 2012, 949 Rn. 47 f.; ebenso BeckOK-UWG/*Niebel/Kerl*, § 3a Rn. 47.

ohnehin wegen des Art. 3 Abs. 2 UGP-RL, nach dem das Vertragsrecht und insbesondere die Bestimmungen über die Wirksamkeit, das Zustandekommen oder die Wirkungen eines Vertrags unberührt bleiben, abgelehnt.[1298] So hat der Bundesgerichtshof nun in einem Urteil zu § 312d Abs. 1 BGB und Art. 246a § 1 Abs. 2 EGBGB entschieden.[1299]

Eine Ansicht in der Literatur geht davon aus, dass die Klausel-Richtlinie der UGP-Richtlinie wegen Art. 3 Abs. 4 UGP-RL vorgeht und diese einer Anwendung des § 3a UWG schon deshalb nicht entgegenstehen kann.[1300] In den Anwendungsbereich der Klausel-Richtlinie fallen Arbeitsverträge ebenfalls nicht.[1301] Das ergibt sich bereits ausdrücklich aus ihrem Erwägungsgrund 10 S. 3.[1302] Der Ausschluss aus dem Anwendungsbereich wurde zudem durch die Definition des Verbrauchers nach Art. 2 lit. b) Klausel-RL umgesetzt, denn dieser klammert zum Zwecke der beruflichen Tätigkeit abgeschlossene Verträge unabhängig davon aus, ob es sich um eine selbstständige oder eine unselbstständige Tätigkeit handelt.[1303] Dies entspricht der Definition des Art. 2 lit. a) UGP-RL. Damit lässt sich eine Regelung des Marktverhaltens im Interesse der Verbraucher i.S.d. § 2 Abs. 2 UWG i.V.m. § 13 BGB in den hier behandelten Fällen zwar weder mit einer zwingenden unionsrechtskonformen Auslegung im Lichte der UGP-Richtlinie noch der Klausel-Richtlinie begründen, die Richtlinien stehen einer Anwendung des § 3a UWG aber jedenfalls nicht entgegen.

(2) Interesse der sonstigen Marktteilnehmer i.S.d. § 2 Abs. 1 Nr. 2 UWG

Denkbar wäre, dass die Rechtsprechung des Bundesgerichtshofs eine Regelung des Marktverhaltens nur im Interesse der Verbraucher i.S.d. § 2 Abs. 2 UWG i.V.m. § 13 BGB begründet und auf Verträge mit Unternehmern nicht übertragbar ist, da insofern nur Individualinteressen geschützt sein könnten.[1304] Überzeugender ist dagegen die Annahme, dass das Recht der Allgemeinen

---

1298 Büscher/*Hohlweck*, § 3a UWG Rn. 264; K/B/F/*Köhler*, § 3a UWG Rn. 1.286; GK-UWG/*Metzger/Eichelberger*, § 3a Rn. 268; MüKo-UWG/*Schaffert*, § 3a Rn. 528; a.A. *Hennigs*, S. 205 f.

1299 BGH 24.9.2020, GRUR 2021, 84 Rn. 23.

1300 *Dembowski* FS Bornkamm, 325, 333; *Köhler*, NJW 2008, 177, 180; *Köhler*, WRP 2012, 1475, 1476; K/B/F/*Köhler*, § 3a UWG Rn. 1.285 f., 1.288; MüKo-UWG/*Schaffert*, § 3a Rn. 528; kritisch Ohly/Sosnitza/*Ohly*, § 3a UWG Rn. 78a; a.A. *Hennigs*, S. 206 ff.

1301 EuGH 21.3.2019, NJW 2019, 2223 Rn. 32; s. dazu § 3 B. I.

1302 *Oetker*, AcP 212 (2012), 202, 207 Fn. 22.

1303 *Oetker*, AcP 212 (2012), 202, 207, 240.

1304 Büscher/*Hohlweck*, § 3a UWG Rn. 263.

Geschäftsbedingungen dem Schutz der Verwendungsgegner auf der Marktgegenseite dient, unabhängig davon ob es sich um Verbraucher oder Unternehmer handelt.[1305] Dafür spricht, dass sich eine Zielsetzung im Interesse der Verbraucher i.S.d. § 2 Abs. 2 UWG i.V.m. § 13 BGB auch unabhängig von den genannten Richtlinien begründen lässt. Die Argumente betreffen den Schutz der Marktgegenseite in der Situation, die sich aus der Verwendung vorformulierter Vertragsbedingungen ergibt. Sie lassen sich demnach auf Unternehmer, die sich in dieser Situation befinden, übertragen.

Konsequent und überzeugend ist demnach die Annahme, dass die §§ 307 ff. BGB das Marktverhalten im Interesse der Verbraucher i.S.d. § 2 Abs. 2 UWG i.V.m. § 13 BGB und der sonstigen Marktteilnehmer i.S.d. § 2 Abs. 1 Nr. 2 UWG regeln,[1306] denn auch ein solcher kann Verwendungsgegner sein. Zwar fällt die Verwendung unwirksamer Klauseln in Allgemeinen Geschäftsbedingungen gegenüber den im Unionsrecht nicht vorgesehenen sonstigen Marktteilnehmern ebenfalls nicht in den Anwendungsbereich der UGP-Richtlinie, der nationale Gesetzgeber ist insoweit aber auch nicht eingeschränkt.[1307] Es bedarf demnach auch hier keiner Grundlage im Unionsrecht, um die Anwendung des § 3a UWG zu begründen.[1308] Sonstige Marktteilnehmer i.S.d. § 2 Abs. 1 Nr. 2 UWG können in den von den §§ 307 ff. BGB geregelten Fällen unter anderem Arbeitnehmer sein, da es nicht bloß um die Durchführung des Arbeitsverhältnisses geht und sie bei Anbahnung und Abschluss des Arbeitsvertrages als Anbieter ihrer Arbeitskraft auftreten.[1309]

c) *Eignung zur spürbaren Interessenbeeinträchtigung*

Die Verwendung unwirksamer Allgemeiner Geschäftsbedingungen ist in der Regel geeignet, die Interessen der betroffenen Verbraucher spürbar zu beeinträchtigen.[1310] Dieses Ergebnis wird zwar teilweise mit einer richtlinienkonformen

---

1305 *Holtz*, S. 146; *Mann*, WRP 2007, 1035, 1043; i.E. *Steckenborn*, BB 2012, 2324, 2326.

1306 OLG München 7.6.2018, GRUR-RR 2019, 67 Rn. 19; G/L/D/*Hasselblatt/Gregor*, § 48 Rn. 92; *Hennigs*, S. 194; K/B/F/*Köhler*, § 3a UWG Rn. 1.288; offenbar auch GK-UWG/*Metzger/Eichelberger*, § 3a Rn. 268.

1307 K/B/F/*Köhler*, § 3a UWG Rn. 1.288.

1308 K/B/F/*Köhler*, § 3a UWG Rn. 1.288; vgl. BeckOK-UWG/*Niebel/Kerl*, § 3a UWG Rn. 47.

1309 S. dazu § 3 C. III. 1., 2.

1310 BGH 31.5.2012, GRUR 2012, 949 Rn. 46; *Hennigs*, S. 223; Büscher/*Hohlweck*, § 3a UWG Rn. 267; *Holtz*, S. 160 f.; *Köhler*, NJW 2008, 177, 181; K/B/F/*Köhler*, § 3a UWG Rn. 1.289; GK-UWG/*Metzger/Eichelberger*, § 3a Rn. 269; BeckOK-UWG/

Auslegung im Lichte der UGP-Richtlinie[1311] oder der Klausel-Richtlinie[1312] begründet, auf eine solche kommt es aber im Ergebnis nicht an.[1313] Trotz ihrer Unwirksamkeit können die jeweiligen Klauseln den Verbraucher davon abhalten, seine Rechte gegenüber dem Verwender geltend zu machen.[1314] Auch dieses Ergebnis ist konsequenterweise auf die gesamte Marktgegenseite zu übertragen. Es kann demnach nichts anderes gelten, wenn sonstige Marktteilnehmer i.S.d. § 2 Abs. 1 Nr. 2 UWG betroffen sind.[1315] Ausnahmefälle können beispielsweise vorliegen, wenn es sich um eine Benachteiligung im Bagatellbereich handelt oder die Klauseln praktisch von völlig untergeordneter Bedeutung sind, weil sie nur selten zur Anwendung kommen.[1316]

d) *Konkurrenz der lauterkeitsrechtlichen Rechtsfolgen mit den Vorschriften des UKlaG*

Die Vorschriften über Allgemeine Geschäftsbedingungen des BGB schließen eine Anwendung der lauterkeitsrechtlichen Rechtsfolgen schon aufgrund der unterschiedlichen Schutzzwecke nicht aus.[1317] Auch der Unterlassungsanspruch nach § 1 UklaG zeigt, dass es sich nicht um ein abschließendes Rechtsfolgensystem handelt. Die § 307 ff. BGB geben dem Vertragspartner die Möglichkeit, sich auf die Unwirksamkeit von Allgemeinen Geschäftsbedingungen zu berufen – allerdings kann er nicht gegen ihre Verwendung vorgehen, denn diese Möglichkeit hat der Gesetzgeber nur für die anspruchsberechtigten Stellen nach §§ 1, 3 UKlaG vorgesehen.[1318] Ob die Verwendung unwirksamer Allgemeiner Geschäftsbedingungen neben dem UKlaG auch dem Lauterkeitsrecht

---

Niebel/Kerl, § 3a Rn. 45; MüKo-UWG/*Schaffert,* § 3a Rn. 529; *Steckenborn,* BB 2012, 2324, 2325; Harte-Bavendamm/Henning-Bodewig/*v. Jagow,* § 3a UWG Rn. 70.

1311 *Hennigs,* S. 217 ff.; *Köhler,* NJW 2008, 177, 181.

1312 *Köhler,* WRP 2012, 1475, 1477; K/B/F/*Köhler,* § 3a UWG Rn. 1.289.

1313 *Köhler,* WRP 2012, 1475, 1477.

1314 BGH 31.5.2012, GRUR 2012, 949 Rn. 46; *Hennigs,* S. 222 ff.; Büscher/*Hohlweck,* § 3a UWG Rn. 267; *Holtz,* S. 160; *Köhler,* NJW 2008, 177, 181; K/B/F/*Köhler,* § 3a UWG Rn. 1.289; BeckOK-UWG/*Niebel/Kerl,* § 3a Rn. 45; MüKo-UWG/*Schaffert,* § 3a Rn. 529; *Steckenborn,* BB 2012, 2324, 2325.

1315 So i.E. K/B/F/*Köhler,* § 3a UWG Rn. 1.289; MüKo-UWG/*Schaffert,* § 3a Rn. 529; wohl auch GK-UWG/*Metzger/Eichelberger,* § 3a Rn. 269.

1316 *Holtz,* S. 160 f.; *Woitkewitsch,* GRUR-RR 2007, 257, 259.

1317 *Holtz,* S. 65 ff.; Staudinger/*Wendland,* (2019) § 307 BGB Rn. 47; MüKo/*Wurmnest,* 8. Aufl. 2019, Vor § 307 BGB Rn. 12.

1318 K/B/F/*Köhler,* § 3a UWG Rn. 1.284.

unterfällt, ist praktisch vor allem relevant, weil § 8 Abs. 3 Nr. 1 UWG im Gegensatz zum UKlaG eine Mitbewerberklage ermöglicht.[1319]

aa) Sperrwirkung der §§ 1, 3 UKlaG

Für eine Sperrwirkung der §§ 1, 3 UKlaG wird vorgebracht, der Gesetzgeber habe sich bei der Umsetzung der Klausel-Richtlinie entschieden, in § 3 UKlaG keine – von der Richtlinie auch jedenfalls nicht ausdrücklich vorgesehene – Mitbewerberklage zuzulassen, demnach sollen die Vorschriften eine abschließende Regelung darüber enthalten, wer gegen die Verwendung unwirksamer Allgemeiner Geschäftsbedingungen vorgehen darf.[1320] Zudem würden die §§ 1, 3 UKlaG funktionslos, wenn die nach § 3 UKlaG anspruchsberechtigten Stellen immer auch auf Grundlage der §§ 8 Abs. 3 Nr. 2 – 4 UWG vorgehen könnten[1321]

Demgegenüber geht die herrschende Meinung zu Recht davon aus, dass die Anwendung des lauterkeitsrechtlichen Rechtsfolgensystems nicht durch die §§ 1, 3 UKlaG ausgeschlossen wird.[1322] Dafür soll zunächst sprechen, dass beide Gesetze keine ausdrückliche Regelung eines Vorranges enthalten,[1323] zudem habe der Gesetzgeber nicht auf die mittlerweile gefestigte Rechtsprechung, die die Verwendung unwirksamer Allgemeiner Geschäftsbedingungen dem UWG unterwirft, reagiert[1324]. Dies spricht zwar gegen ein abschließendes Rechtsfolgensystem der §§ 1, 3 UKlaG, darüber hinaus ist aber vor allem das Verhältnis zwischen den Vorschriften zu beachten.

1319 MüKo/*Basedow,* 8. Aufl. 2019, § 306 BGB Rn. 52; *Dembowski* FS Bornkamm, 325; *Holtz,* S. 93; K/B/F/*Köhler,* § 3a UWG Rn. 1.285.

1320 Ohly/Sosnitza/*Ohly,* § 3a UWG Rn. 78a.

1321 OLG Köln 30.3.2007, GRUR-RR 2007, 285; vgl. OLG Hamburg 13.11.2006, GRUR-RR 2007, 287, 288.

1322 BGH 31.3.2010, GRUR 2010, 1117 Rn. 31; BGH 14.12.2017, GRUR 2018, 423 Rn. 43 ff.; KG 4.2.2005, MMR 2005, 466 f.; KG 3.4.2007, GRUR-RR 2007, 291, 292; OLG Düsseldorf 5.6.2007, BeckRS 2007, 14238; KG 25.1.2008, GRUR-RR 2008, 308, 309; OLG Köln 19.2.2020, GRUR-RR 2020, 391 Rn. 34; MüKo/*Basedow,* 8. Aufl. 2019, § 306 BGB Rn. 56; MAH/*Dittert,* § 14 Rn. 67; F/B/O/*Götting/Hetmank,* § 3a UWG Rn. 159; *Hennigs,* S. 245 ff.; *Holtz,* S. 98 ff.; *Köhler,* NJW 2008, 177 f.; *Köhler,* GRUR 2010, 1047, 1051; *Köhler,* WRP 2012, 1475, 1477; K/B/F/*Köhler,* § 3a UWG Rn. 1.285; *Mann,* WRP 2007, 1035, 1040 f.; GK-UWG/*Metzger/Eichelberger,* § 3a Rn. 268; BeckOK-UWG/*Niebel/Kerl,* § 3a Rn. 48 f.; MüKo-UWG/*Schaffert,* § 3a Rn. 35, 528; offenbar auch Büscher/*Hohlweck,* § 3a UWG Rn. 265 f.

1323 BeckOK-UWG/*Niebel/Kerl,* § 3a Rn. 48.1.; vgl. Büscher/*Hohlweck,* § 3a UWG Rn. 265.

1324 *Dembowski* FS Bornkamm, 325, 332; *Hennigs,* S. 251 f.

Es bestehen insofern wesentliche Unterschiede, insbesondere in Bezug auf die Tatbestandsvoraussetzungen und die Schutzzwecke, weshalb eine Anwendung der lauterkeitsrechtlichen Rechtsfolgen neben dem UKlaG weder überflüssig noch wegen einer abschließenden Regelung ausgeschlossen ist.[1325] Insbesondere reicht die bloße Verwendung unwirksamer Allgemeiner Geschäftsbedingungen im Rahmen des UWG nicht aus, um einen Anspruch zu begründen.[1326] Dafür sind insbesondere eine geschäftliche Handlung i.S.d. § 2 Abs. 1 Nr. 1 UWG und eine Überschreitung der Spürbarkeitsschwelle notwendig.[1327] Wegen der im Vergleich zum UKlaG zusätzlich bestehenden Voraussetzungen scheidet insbesondere ein Umkehrschluss, wonach die lauterkeitsrechtliche Mitbewerberklage ausgeschlossen sein soll, aus systematischen Gründen aus.[1328] Es ist auch nicht ersichtlich, wieso der Gesetzgeber gerade bei der Verwendung unwirksamer Allgemeiner Geschäftsbedingungen auf dieses wirksame Instrument zu ihrer Verfolgung verzichten sollte.[1329] Die Mitbewerber haben auch ein berechtigtes Interesse daran, gegen die Verwendung unwirksamer Allgemeiner Geschäftsbedingungen durch ihre Konkurrenten vorzugehen.[1330]

Die Kritik an der parallelen Anwendbarkeit stützt sich auch auf den Grundcharakter der Inhaltskontrolle, die ursprünglich allein auf den Schutz des Vertragspartners mit Wirkung *inter partes* gerichtet sein sollte.[1331] Dabei wird allerdings nicht berücksichtigt, dass den §§ 307 ff. BGB auch eine generalpräventive Zielsetzung zukommt.[1332] Da bereits das UKlaG über das Verhältnis zwischen den Vertragsparteien hinausgeht, lässt sich mit dieser Begründung nach aktueller Rechtslage ohnehin keine Sperrwirkung rechtfertigen. Schließlich wird auf Seiten der Gegenansicht eingeräumt, dass hinter der systematischen

---

1325 KG 3.4.2007, GRUR-RR 2007, 291, 292; KG 25.1.2008, GRUR-RR 2008, 308, 309; OLG Köln 19.2.2020, GRUR-RR 2020, 391 Rn. 34; *Dembowski* FS Bornkamm, 325, 329; MAH/*Dittert*, § 14 Rn. 67; *Hennigs*, S. 248 ff.; *Holtz*, S. 94 ff.; *Köhler*, NJW 2008, 177, 178; *Köhler*, WRP 2012, 1475, 1477; *Mann*, WRP 2007, 1035, 1041.

1326 *Holtz*, S. 94; *Köhler*, NJW 2008, 177, 178; *Mann*, WRP 2007, 1035, 1041.

1327 *Hennigs*, S. 248 f.; *Holtz*, S. 94.

1328 *Hennigs*, S. 251; *Köhler*, NJW 2008, 177, 178.

1329 KG 3.4.2007, GRUR-RR 2007, 291, 292; KG 25.1.2008, GRUR-RR 2008, 308, 309; F/B/O/*Götting/Hetmank*, § 3a UWG Rn. 159; *Köhler*, NJW 2008, 177, 178; vgl. MüKo/*Basedow*, 8. Aufl. 2019, § 306 BGB Rn. 56.

1330 *Holtz*, S. 103 ff.; BeckOK-UWG/*Niebel/Kerl*, § 3a Rn. 48.1; vgl. *Mann*, WRP 2007, 1035, 1041.

1331 *Armgardt*, WRP 2009, 122, 126.

1332 *Dembowski* FS Bornkamm, 325, 329 f.; s. dazu § 4 A. V. 5. b) aa); § 4 A. V. 5. b) bb) (1).

Fragestellung das rechtspolitische Problem steht, ob nicht eine Beschränkung auf die im UKlaG geregelte Verbandsklage sinnvoll gewesen wäre.[1333] Noch weiter geht die Kritik, wenn sie der herrschenden Meinung vorwirft, die Zuständigkeit der Wettbewerbsgerichte und die Klagemöglichkeiten der Mitbewerber ohne eine Grundlage zu erweitern, die der Gesetzgeber schaffen müsste.[1334]

Wie dargelegt beruht die Anwendung des UWG aber lediglich auf einer konsequenten Gesetzesanwendung, da es sich bei den §§ 307 ff. BGB insbesondere um Regelungen des Marktverhaltens im Interesse der Marktteilnehmer i.S.d. § 3a UWG handelt. Dass eine Sperrwirkung der §§ 1, 3 UKlaG gegenüber den lauterkeitsrechtlichen Rechtsfolgen ausscheidet, folgt schließlich denknotwendig daraus, dass auch die §§ 307 ff. BGB im Verhältnis zum UWG nicht vorrangig oder abschließend sind.[1335] Insofern müsste umgekehrt der Gesetzgeber tätig werden, um diese Anwendung zu beschränken oder auszuschließen.

bb) Sperrwirkung des § 15 UKlaG

Eine Besonderheit für die hier behandelten Fälle der Verwendung unwirksamer Allgemeiner Geschäftsbedingungen in Formulararbeitsverträgen ergibt sich allerdings aus § 15 UKlaG. Danach findet das UKlaG auf das Arbeitsrecht keine Anwendung. Da § 310 Abs. 4 S. 2 BGB die Anwendung der §§ 305 ff. BGB auf arbeitsvertragliche Klauseln grundsätzlich zulässt, wäre das UKlaG sonst anwendbar. Die Anwendung des lauterkeitsrechtlichen Rechtsfolgensystems würde demnach nicht nur zu einer im UKlaG nicht vorgesehenen Mitbewerberklage führen, sondern auch Rechtsstreitigkeiten über arbeitsvertragliche Klauseln, die im UKlaG einer Bereichsausnahme unterfallen, vor die ordentlichen Gerichte bringen.

Es wurde bereits herausgearbeitet, dass sich § 15 UKlaG kein allgemeiner Rechtsgedanke, der einer parallelen Anwendbarkeit der arbeitsrechtlichen Sanktionsmechanismen, beispielsweise des AÜG, und des lauterkeitsrechtlichen Rechtsfolgensystems generell entgegensteht, entnehmen lässt. Es handelt sich um einen eng auszulegenden Ausnahmetatbestand, der nicht unmittelbar anwendbar ist, einen Sonderfall betrifft und im UWG auch keine Entsprechung findet.[1336] Diese Argumentation lässt sich auf die vorliegende Konstellation aber nicht übertragen. § 15 UKlaG betrifft zwar nach dem klaren Wortlaut nur

---

1333 Ohly/Sosnitza/*Ohly*, § 3a UWG Rn. 78a.
1334 *Ahrens*, WRP 2012, Editorial Nr. 10.
1335 MüKo-UWG/*Schaffert*, § 3a Rn. 35; vgl. *Mann*, WRP 2007, 1035, 1040.
1336 S. § 4 A. V. 2. b) cc) (3) (c) (bb).

das UKlaG selbst. Das UWG trifft auch keine spezielle Regelung für die Anwendung des Rechtsbruchtatbestandes auf die §§ 307 ff. BGB, wenn es sich bei den unwirksamen Allgemeinen Geschäftsbedingungen um Klauseln eines Formulararbeitsvertrages handelt. Dabei geht es aber gerade um die besonderen Sachverhalte, die von dem Ausnahmetatbestand des § 15 UKlaG erfasst sein sollten.

Dass der Bereich des Arbeitsrechts aus dem Anwendungsbereich des UKlaG ausgeschlossen wurde, beruht aus Sicht des Gesetzgebers auf zwei Erwägungen: zum einen ergäbe sich nach § 6 UKlaG eine Zuständigkeit der ordentlichen Gerichte, die dann über die Wirksamkeit von Klauseln in Arbeitsverträgen urteilen müssten, obwohl dieser Bereich typischerweise den Arbeitsgerichten vorbehalten ist.[1337] § 15 UKlaG sollte also verhindern, dass Streitigkeiten über die Wirksamkeit von Klauseln in Formulararbeitsverträgen im Rahmen von Unterlassungsklagen vor den ordentlichen Gerichten ausgetragen werden.[1338] Zudem gab es Zweifel, ob es zweckmäßig wäre, auf Arbeitnehmerseite andere Verbände als die Gewerkschaften für klagebefugt zu erklären.[1339] Mit § 15 UKlaG hat der Gesetzgeber die abstrakte gerichtliche Kontrolle von Formulararbeitsverträgen auf Grundlage einer Unterlassungsklage ausgeschlossen, unabhängig davon, ob sie durch Verbraucherverbände oder Gewerkschaften erfolgt.[1340] Es gibt kein Verbandsklageverfahren, welches Arbeitsverträge betrifft.[1341]

§ 6 UKlaG begründet die sachliche Zuständigkeit der Zivilkammern bei den Landgerichten, nicht der Kammern für Handelssachen.[1342] Das gilt selbst bei Allgemeinen Geschäftsbedingungen des kaufmännischen Verkehrs, bei denen nach § 310 Abs. 1 S. 2 Hs. 2 BGB auf die im Handelsverkehr geltenden Gewohnheiten und Gebräuche angemessen Rücksicht zu nehmen ist.[1343] Für Allgemeine Geschäftsbedingungen in Arbeitsverträgen, bei denen nach § 310 Abs. 4 S. 2 Hs. 1 BGB die im Arbeitsrecht geltenden Besonderheiten angemessen zu

---

1337 Beschlussempfehlung und Bericht des Rechtsausschusses, Entwurf eines Gesetzes zur Modernisierung des Schuldrechts, BT-Drs. 14/7052, S. 189.

1338 K/B/F/*Köhler*, § 15 UKlaG Rn. 1.

1339 Beschlussempfehlung und Bericht des Rechtsausschusses, Entwurf eines Gesetzes zur Modernisierung des Schuldrechts, BT-Drs. 14/7052, S. 190.

1340 BGH 25.5.2005, NJW 2005, 3305, 3308; *Walker*, § 15 UKlaG Rn. 2; vgl. MüKo-ZPO/*Micklitz/Rott*, § 15 UKlaG Rn. 1.

1341 MüKo-ZPO/*Micklitz/Rott*, § 15 UKlaG Rn. 1.

1342 K/B/F/*Köhler*, § 6 UKlaG Rn. 2; MüKo-ZPO/*Micklitz/Rott*, § 6 UKlaG Rn. 6; *Walker*, § 6 UKlaG Rn. 2.

1343 MüKo-ZPO/*Micklitz/Rott*, § 6 UKlaG Rn. 6; vgl. K/B/F/*Köhler*, § 6 UKlaG Rn. 2; *Walker*, § 6 UKlaG Rn. 2.

berücksichtigen sind, hat der Gesetzgeber aber bewusst eine andere Entscheidung getroffen und diesen Bereich aus dem Anwendungsbereich des Gesetzes ausgeschlossen.

Dass die ordentlichen Gerichte über außerwettbewerbliche Normen verschiedener Rechtsgebiete entscheiden, entspricht der Natur des § 3a UWG, selbst wenn in diesen Rechtsgebieten eine eigene Fachgerichtsbarkeit existiert.[1344] Speziell für Streitigkeiten über die Wirksamkeit von Klauseln in Formulararbeitsverträgen hat der Gesetzgeber aber deutlich gemacht, dass diese grundsätzlich durch die Arbeitsgerichte zu entscheiden sind. Dieser klare gesetzgeberische Wille darf nicht durch eine Anwendung des Lauterkeitsrechts umgangen werden. Es lässt sich zwar auf rechtspolitischer Ebene kritisieren, dass Arbeitgeber, die nach den §§ 307 ff. BGB unwirksame Klauseln in ihren Arbeitsverträgen verwenden, im Gegensatz zu den Verwendern Allgemeiner Geschäftsbedingungen im allgemeinen Zivilrecht nicht auf Unterlassung in Anspruch genommen werden können.[1345] Der Gesetzgeber hat auch auf die Möglichkeit der richterlichen Rechtsfortbildung hingewiesen.[1346] Trotz des Ausnahmecharakters des § 15 UKlaG liegt aber vielmehr eine vergleichbare Interessenlage vor, die die Schließung der im UWG bestehenden Lücke durch eine entsprechende Anwendung der Vorschrift rechtfertigt.

Daran ändern auch die dargelegten Unterschiede zwischen UKlaG und UWG, beispielsweise in Form zusätzlicher Voraussetzungen wie der geschäftlichen Handlung i.S.d. § 2 Abs. 1 Nr. 1 UWG, nichts. Die Vergleichbarkeit ergibt sich hier nicht aus den Tatbestandsvoraussetzungen oder dem Kreis der Anspruchsberechtigten und Klagebefugten, sondern aus dem Gegenstand der Rechtsstreitigkeiten, der nicht vor den ordentlichen Gerichten behandelt werden soll. Ein anderes Ergebnis ergibt sich auch nicht aus dem unionsrechtlichen Hintergrund. Selbst wenn die Klausel-Richtlinie neben einer Verbandsklage für Verbraucherverbände auch eine Mitbewerberklage fordern würde,[1347] ist sie auf die Verwendung unwirksamer Allgemeiner Geschäftsbedingungen in Formulararbeitsverträgen nicht anwendbar[1348] und eine entsprechende Erweiterung über

---

1344 S. § 4 A. V. 2. b) cc) (3) (c) (cc).

1345 So z.B. *Reinecke*, NZA 2005, 953, 961.

1346 Beschlussempfehlung und Bericht des Rechtsausschusses, Entwurf eines Gesetzes zur Modernisierung des Schuldrechts, BT-Drs. 14/7052, S. 190.

1347 *Köhler*, WRP 2012, 475, 477; a.A. Ohly/Sosnitza/*Ohly*, § 3a UWG Rn. 78a.

1348 S. § 4 V. 5. b) bb) (1).

den Inhalt der Richtlinie hinaus wäre nicht mit dem in § 15 UKlaG zum Ausdruck gekommenen Willen des Gesetzgebers vereinbar.

e) Ergebnis

Die §§ 307 ff. BGB regeln das Marktverhalten im Interesse der Verbraucher i.S.d. § 2 Abs. 2 UWG i.V.m. § 13 BGB sowie der sonstigen Marktteilnehmer i.S.d. § 2 Abs. 1 Nr. 2 UWG, zu denen in den geregelten Fällen auch die Arbeitnehmer als Anbieter ihrer Arbeitskraft gehören. Da die Verwendung unwirksamer Allgemeiner Geschäftsbedingungen in Formulararbeitsverträgen weder in den Anwendungsbereich der UGP-Richtlinie noch der Klausel-Richtlinie fällt, steht der unionsrechtliche Hintergrund einer Anwendung nicht entgegen. Das gilt auch für die nicht abschließenden §§ 1, 3 UKlaG. Allerdings ist § 15 UKlaG entsprechend anwendbar und schließt damit eine Anwendung des Lauterkeitsrechts aus.

B. Generalklausel des § 3 Abs. 1 UWG

Da im Ergebnis nur wenige gesetzliche Vorschriften über Arbeitsbedingungen die Anforderungen des § 3a UWG erfüllen, stellt sich die Frage, ob Verstöße gegen die übrigen Vorschriften sowie gegen Vorgaben, denen die im Rahmen des § 3a UWG notwendige Rechtsnormqualität fehlt, nicht wenigstens auf Grundlage der Generalklausel des § 3 Abs. 1 UWG als unlauter eingeordnet werden können. Diese hat durch die Beispielstatbestände der §§ 3a ff. UWG im Vergleich zur früheren Generalklausel § 1 UWG a.F. an Bedeutung verloren.[1349] Neben der Funktion als Rechtsfolgenregelung für die Beispielstatbestände und § 3 Abs. 2 UWG stellt § 3 Abs. 1 UWG aber nach wie vor eine eigenständige Generalklausel dar.[1350]

I. Unlauterkeit i.S.d. § 3 Abs. 1 UWG

Über § 3 Abs. 1 UWG kann keine Unlauterkeit begründet werden, wenn der Anwendungsbereich der UGP-Richtlinie eröffnet ist.[1351] Da die im Rahmen des

1349 Büscher/*Büscher,* § 3 UWG Rn. 8; G/L/D/*Lubberger/Weller,* § 43 Rn. 15; vgl. Harte-Bavendamm/Henning-Bodewig/*Podszun,* § 3 UWG Rn. 110.

1350 F/B/O/*Fezer,* § 3 UWG Rn. 18; G/L/D/*Lubberger/Weller,* § 43 Rn. 11; Spindler/Schuster/*Micklitz/Schirmbacher,* § 3 UWG Rn. 3; HK-UWG/*Wirtz,* § 3 Rn. 27, 34.

1351 Büscher/*Büscher,* § 3 UWG Rn. 15; K/B/F/*Köhler,* § 3 UWG Rn. 2.5; G/L/D/*Lubberger/Weller,* § 43 Rn. 23; Harte-Bavendamm/Henning-Bodewig/*Podszun,* § 3 UWG Rn. 116 ff.; HK-UWG/*Wirtz,* § 3 Rn. 83.

§ 3a UWG untersuchten Vorschriften über Arbeitsbedingungen keine Handlungen im B2C-Verhältnis regeln, liegt hier kein Hindernis. Aus diesem Grund spielt auch § 3 Abs. 2 UWG keine Rolle.[1352] Die Verbrauchergeneralklausel erfasst nur geschäftliche Handlungen, die sich an Verbraucher richten oder diese erreichen. Sie wäre in diesem Zusammenhang nur einschlägig, soweit es um Irreführungen gegenüber Verbrauchern geht.[1353]

Der Begriff der Unlauterkeit entzieht sich wegen seiner Vielgestaltigkeit einer umfassenden Definition.[1354] Anders als im Rahmen des § 1 UWG a.F. spielen subjektive Elemente im Grundsatz keine Rolle mehr.[1355] Nach Ansicht der Rechtsprechung setzt die Unlauterkeit nach § 3 Abs. 1 UWG voraus, dass der Unlauterkeitsgehalt der Verhaltensweise dem der Beispielstatbestände in den §§ 3a ff. UWG entspricht, was insbesondere dann in Betracht kommt, wenn diese keine umfassende Bewertung der Interessen der betroffenen Marktteilnehmer ermöglichen, sondern nur einzelne Gesichtspunkte erfassen.[1356]

Die Konkretisierung des § 3 Abs. 1 UWG muss sich insbesondere an den Schutzzwecken des Lauterkeitsrechts orientieren – grundsätzlich kann eine Anwendung der Generalklausel deshalb auch mit dem in § 1 S. 2 UWG genannten Interesse der Allgemeinheit an einem unverfälschten Wettbewerb gerechtfertigt werden, sonstige Allgemeininteressen wie der Arbeitnehmerschutz scheiden aber aus.[1357] Sind Arbeitnehmer als Anbieter ihrer Arbeitsleistungen nicht ausnahmsweise Marktteilnehmer i.S.d. § 2 Abs. 1 Nr. 2 UWG, können ihre Interessen an der Gewährleistung von Mindestarbeitsbedingungen also auch nicht über den „Umweg" des § 3 Abs. 1 UWG die Unlauterkeit von Rechtsbrüchen der Arbeitgeber begründen.

1352 S. *Löwisch/Rieble,* § 4 TVG Rn. 128 zum Tarifbruch.

1353 Hilty/Henning-Bodewig/*Ohly/Liebenau,* 197, 204.

1354 Büscher/*Büscher,* § 3 UWG Rn. 25; K/B/F/*Köhler,* § 3 UWG Rn. 2.9.

1355 BGH 22.4.2009, GRUR 2009, 1080 Rn. 21; Büscher/*Büscher,* § 3 UWG Rn. 29; F/B/O/*Fezer,* § 3 UWG Rn. 365; *Groner,* S. 82 ff.; K/B/F/*Köhler,* § 3 UWG Rn. 2.16 ff.; Spindler/Schuster/*Micklitz/Schirmbacher,* § 3 UWG Rn. 9; Ohly/Sosnitza/*Sosnitza,* § 3 UWG Rn. 39 ff.; HK-UWG/*Wirtz,* § 3 Rn. 116.

1356 BGH 22.4.2009, GRUR 2009, 1080 Rn. 13; BGH 12.7.2012, GRUR 2013, 301 Rn. 26; BGH 16.11.2017, GRUR 2018, 535 Rn. 27; BGH 16.11.2017, GRUR 2018, 541 Rn. 24, 26.

1357 K/B/F/*Köhler,* § 3 UWG Rn. 2.23; MüKo-UWG/*Sosnitza,* § 3 Rn. 36; Ohly/Sosnitza/*Sosnitza,* § 3 UWG Rn. 21; HK-UWG/*Wirtz,* § 3 Rn. 93; vgl. MAH/*Ebert-Weidenfeller,* § 12 Rn. 50; G/L/D/*Lubberger/Weller,* § 43 Rn. 23; Spindler/Schuster/*Micklitz/Schirmbacher,* § 3 UWG Rn. 8.

II. Verhältnis des § 3a UWG zu § 3 Abs. 1 UWG

§ 3 Abs. 1 UWG kommt unter anderem die Funktion eines Auffangtatbestands zu.[1358] Diese Funktion wird insbesondere durch die gesetzliche Systematik begrenzt. Vor allem die Wertungen der Beispielstatbestände in den §§ 3a ff. UWG müssen berücksichtigt werden.[1359] Das Verhältnis der Generalklausel zu den Beispielstatbeständen, insbesondere zum Rechtsbruchtatbestand nach § 3a UWG, ist durch Auslegung zu ermitteln.[1360]

1. Ergänzende Anwendung der Generalklausel bei fehlender Bestimmung zur Regelung des Marktverhaltens im Interesse der Marktteilnehmer i.S.d. § 3a UWG

Den Ausgangspunkt bildet die Frage, ob Verstöße gegen gesetzliche Vorschriften, die den Tatbestand des § 3a UWG nicht erfüllen, lauterkeitsrechtlich tatsächlich unbeachtlich sein sollen.

a) Argumente für die Zulässigkeit eines Rückgriffs

Eine in der Literatur vertretene Ansicht geht davon aus, dass ein Rückgriff trotz des kodifizierten Rechtsbruchtatbestandes möglich ist.[1361] Im Gesetzeswortlaut finde sich keine Stütze dafür, dass die Anwendung der Generalklausel in solchen Fällen ausgeschlossen sein sollte.[1362] Als Beispielstatbestand enthalte § 3a UWG keine abschließende Regelung.[1363] Der Rechtsbruchtatbestand regele nur den

---

1358 Begr. RegE., BT-Drs. 15/1487, S. 14, 16 f.; Beschlussempfehlung und Bericht des Ausschusses für Recht und Verbraucherschutz, BT-Drs. 18/6571, S. 13; Büscher/*Büscher*, § 3 UWG Rn. 8; MAH/*Ebert-Weidenfeller*, § 12 Rn. 56; K/B/F/*Köhler*, § 3 UWG Rn. 2.4, 2.21; G/L/D/*Lubberger/Weller*, § 43 Rn. 23; Spindler/Schuster/*Micklitz/Schirmbacher*, § 3 UWG Rn. 1; GK-UWG/*Peukert*, § 3 Rn. 46, 93; Harte-Bavendamm/Henning-Bodewig/*Podszun*, § 3 UWG Rn. 107 ff.; MüKo-UWG/*Sosnitza*, § 3 Rn. 19; Ohly/Sosnitza/*Sosnitza*, § 3 UWG Rn. 12; HK-UWG/*Wirtz*, § 3 Rn. 43.

1359 Büscher/*Büscher*, § 3 UWG Rn. 8; G/L/D/*Lubberger/Weller*, § 43 Rn. 23.

1360 K/B/F/*Köhler*, § 3 UWG Rn. 2.5; G/L/D/*Lubberger/Weller*, § 43 Rn. 23; Ohly/Sosnitza/*Sosnitza*, § 3 UWG Rn. 13.

1361 *Elskamp*, S. 216 f.; *Fleischer*, S. 203 f.; *Glöckner*, GRUR 2008, 960, 965 ff.; *Glöckner*, GRUR 2013, 568, 576; F/B/O/*Götting/Hetmank*, § 3a UWG Rn. 47a; *Keck*, S. 83 ff.; *Klocke*, S. 107; GK-UWG/*Metzger/Eichelberger*, § 3a Rn. 22 f.; Piper/Ohly/*Piper*, 4. Aufl. 2006, § 4 UWG Rn. 11/6, 11/317 ff.; *Sack*, WRP 2004, 1307, 1315 f.; *Sack*, WRP 2005, 531, 539 ff.; HK-UWG/*Wirtz*, § 3 Rn. 110.

1362 *Glöckner*, GRUR 2008, 960, 965.

1363 *Fleischer*, S. 203; F/B/O/*Götting/Hetmank*, § 3a UWG Rn. 47a.

Fall, dass ein Verstoß allein wegen des Regelungsgehaltes der außerwettbewerblichen Vorschrift unlauter ist.[1364] Die Verletzung nicht wettbewerbsbezogener Vorschriften sei hingegen nicht von seinem Anwendungsbereich erfasst, insofern könne er also nicht abschließend sein.[1365]

Dieser Ansicht nach würde nicht die Anwendung der Generalklausel den Rechtsbruchtatbestand unterlaufen, vielmehr soll ein Ausschluss des Rückgriffes die Grenzen des Rechtsbruchtatbestandes überschreiten.[1366] In ihrer Gesamtheit sollten die Beispielstatbestände der Unlauterkeit nach dem Willen des Gesetzgebers nicht abschließend sein.[1367] Auch dass eine Verhaltensweise mehrere der Beispielstatbestände erfüllen kann, soll zeigen, dass eine zusätzliche Anwendung des § 3 Abs. 1 UWG ebenfalls nicht ausgeschlossen ist.[1368] Nach ihrem Sinn und Zweck sollten die Beispielstatbestände die Generalklausel lediglich präzisieren und transparenter machen.[1369] Es sei aber sinnvoll, Schutzlücken auch dann zu schließen, wenn gesetzliche Vorschriften die Voraussetzungen des Rechtsbruchtatbestandes nicht erfüllen.[1370]

Der Gesetzgeber hat an der lauterkeitsrechtlichen Generalklausel festgehalten, weil er nicht alle denkbaren Fälle unlauteren Verhaltens regeln kann.[1371] Teilweise wird daraus eine umfassende, lückenfüllende Funktion geschlossen.[1372] Der Gesetzgeber habe mit der Kodifizierung der Beispielstatbestände zwar Rechtssicherheit schaffen, aber nicht die Vorteile der Generalklausel aufgeben wollen.[1373] Im Übrigen ließe sich den Gesetzgebungsmaterialien zu dieser Fragestellung nichts entnehmen, weil die Ausführungen zur Unlauterkeit von Rechtsbrüchen sich nur im Rahmen des § 4 Nr. 11 UWG a.F. finden.[1374] Jedenfalls schließen die Materialien eine ergänzende Anwendung der Generalklausel nicht ausdrücklich aus.[1375] Ein Ausschluss des Rückgriffes biete den

---

1364 *Elskamp*, S. 217; *Fleischer*, S. 203.
1365 Piper/Ohly/*Piper*, 4. Aufl. 2006, § 4 UWG Rn. 11/322.
1366 Piper/Ohly/*Piper*, 4. Aufl. 2006, § 4 UWG Rn. 11/322.
1367 Piper/Ohly/*Piper*, 4. Aufl. 2006, § 4 UWG Rn. 11/322 mit Verweis auf Begr. RegE., BT-Drs. 15/1487, S. 13 ff.
1368 *Elskamp*, S. 217; *Fleischer*, S. 203.
1369 *Fleischer*, S. 203; *Keck*, S. 84.
1370 *Glöckner*, GRUR 2013, 568, 576.
1371 Begr. RegE., BT-Drs. 15/1487, S. 16.
1372 *Sack*, WRP 2005, 531, 532; vgl. *Fleischer*, S. 203.
1373 F/B/O/*Götting/Hetmank*, § 3a UWG Rn. 47a.
1374 *Elskamp*, S. 216 f.; *Glöckner*, GRUR 2008, 960, 965.
1375 *Elskamp*, S. 216; *Fleischer*, S. 203; GK-UWG/*Metzger/Eichelberger*, § 3a Rn. 22 f.

Mitbewerbern einen Anreiz zur Suche von Gesetzeslücken und höhle damit den Sinn und Zweck der Generalklausel aus.[1376] Hätte der Gesetzgeber den Rechtsbruchtatbestand abschließend gestalten wollen, hätte er seinen Willen dieser Ansicht nach entsprechend deutlich gemacht.[1377]

b) Argumente gegen die Zulässigkeit eines Rückgriffs

Demgegenüber lehnen die Rechtsprechung und die herrschende Ansicht in der Literatur es grundsätzlich ab, die Unlauterkeit von Verstößen gegen außerwettbewerbliche Normen, die keine Regelung des Marktverhaltens im Interesse der Marktteilnehmer nach § 3a UWG enthalten, durch einen Rückgriff auf die Generalklausel nach § 3 Abs. 1 UWG zu begründen.[1378] Dies soll insbesondere für gesetzliche Vorschriften über Arbeitsbedingungen gelten.[1379] Der Bundesgerichtshof hat die Frage zunächst für steuerrechtliche Vorschriften entschieden.[1380] Fortgeführt wurde diese Rechtsprechung in einem Urteil zum Verbot der Mitwirkung an Eizellspenden,[1381] auf das auch in der „Arbeitnehmerüberlassung“-Entscheidung verwiesen wurde.[1382] Schon die Instanzgerichte hatten einen Rückgriff auf die Generalklausel bei Verstößen gegen § 1 Abs. 1 S. 1 AÜG abgelehnt.[1383]

1376 F/B/O/*Götting/Hetmank*, § 3a UWG Rn. 47a.

1377 *Keck*, S. 86 f.

1378 BGH 2.12.2009, GRUR 2010, 654 Rn. 25; BGH 8.10.2015, GRUR 2016, 513 Rn. 35; BGH 23.6.2016, GRUR 2017, 95 Rn. 45; OLG Frankfurt a.M. 29.1.2015, GRUR 2015, 401 Rn. 26; LG Frankfurt a.M. 27.2.2014, GRUR-RS 2016, 19850; *Böhler*, S. 200; Büscher/*Büscher*, § 3 UWG Rn. 32; MAH/*Ebert-Weidenfeller*, § 12 Rn. 58; *Gärtner/Heil*, WRP 2005, 20, 23 f.; *Groner*, S. 172 ff., 253 ff.; Büscher/*Hohlweck*, § 3a UWG Rn. 45; *Köhler*, GRUR 2010, 657, 658; K/B/F/*Köhler*, § 3 UWG Rn. 2.29; G/L/D/*Lubberger/Weller*, § 43 Rn, 31; Staudinger/*Oetker*, (2016) § 618 BGB Rn. 402; Ohly/Sosnitza/*Ohly*, § 3a UWG Rn. 8; GK-UWG/*Peukert*, § 3 Rn. 389; *Schaffert* FS Ullmann, 845, 849; MüKo-UWG/*Schaffert*, § 3a Rn. 37; *Schlieper*, S. 198 ff.; Ohly/Sosnitza/*Sosnitza*, § 3 UWG Rn. 66; *v. Walter*, S. 151 ff.; *Ziegler*, S. 116; offenbar auch *Böhler*, S. 212.

1379 *Oetker* FS Bepler, 467, 477; Staudinger/*Oetker*, (2016) § 618 BGB Rn. 402; *Schaffert* FS Ullmann, 845, 849; *Ziegler*, S. 116.

1380 BGH 2.12.2009, GRUR 2010, 654 Rn. 25.

1381 BGH 8.10.2015, GRUR 2016, 513 Rn. 35.

1382 BGH 23.6.2016, GRUR 2017, 95 Rn. 45.

1383 OLG Frankfurt a.M. 29.1.2015, GRUR 2015, 401 Rn. 26; LG Frankfurt a.M. 27.2.2014, GRUR-RS 2016, 19850.

Die Auslegung nach dem Wortlaut der Normen bietet keine wesentlichen Erkenntnisse. Auf Seiten der herrschenden Meinung wird darauf verwiesen, dass ein Verstoß gegen eine gesetzliche Vorschrift immerhin nicht nur „insbesondere" unlauter ist, wenn eine Marktverhaltensregelung im Interesse der Marktteilnehmer nach § 3a UWG vorliegt.[1384] Der Wortlaut lässt damit auch den Ausschluss eines Rückgriffs auf § 3 Abs. 1 UWG zu.

Dass es sich bei § 3a UWG bloß um einen Beispielstatbestand handelt, bedeute nicht, dass ein Rückgriff ohne Einschränkungen möglich sein soll, wenn der Tatbestand nicht erfüllt ist.[1385] Daran soll auch nichts ändern, dass die Beispielstatbestände in ihrer Gesamtheit nicht abschließend sind.[1386] Wäre ein Rückgriff in solchen Fällen möglich, dann wären die Beispielstatbestände letztlich ohne Bedeutung und würden dem Rechtsanwender nur den wesentlichen Stand der Rechtsprechung vor der Kodifizierung der Fallgruppen aufzeigen.[1387] Eine Erweiterung des Rechtsbruchtatbestandes über die Generalklausel soll damit ausscheiden.[1388] Teilweise wird dieses Ergebnis als Sperrwirkung des Rechtsbruchtatbestandes bezeichnet.[1389]

Zudem entspreche es insbesondere in Anbetracht der jüngeren Rechtsprechung vor der Kodifizierung der Fallgruppen im UWG 2004 nicht Sinn und Zweck der Generalklausel, Fälle zu erfassen, die der Gesetzgeber nicht in die Gesetzesfassung übernommen hat, obwohl sie ihm bekannt waren.[1390] Dies würde vor allem betriebsinterne Regelungen vorgelagerter Verhaltensweisen betreffen, zu denen nach hier vertretener Auffassung neben Arbeitsschutz- oder Arbeitszeitregelungen auch tarifliche Mindestentgeltbestimmungen gehören. Die mit dem UWG 2004 eingeführte Struktur des Gesetzes sollte das Gesetz transparenter machen, mit der Generalklausel des § 3 Abs. 1 UWG aber dennoch ein Instrument für die Bewältigung neuer Problemfälle bieten.[1391] Um solche Fälle geht es hier nicht. Die angestrebte Transparenz ginge wieder verloren, wenn man die Begründung der Unlauterkeit von Rechtsbrüchen im Rahmen der

1384 *Keck,* S. 85.
1385 *Böhler,* S. 212; *Gärtner/Heil,* WRP 2005, 20, 23.
1386 *Gärtner/Heil,* WRP 2005, 20, 23.
1387 *Gärtner/Heil,* WRP 2005, 20, 23; MüKo-UWG/*Schaffert,* § 3a Rn. 37 Fn. 141.
1388 G/L/D/*Lubberger/Weller,* § 43 Rn, 31.
1389 GK-UWG/*Peukert,* § 3 Rn. 389.
1390 *Gärtner/Heil,* WRP 2005, 20, 23; MüKo-UWG/*Schaffert,* § 3a Rn. 37.
1391 Begr. RegE., BT-Drs. 15/1487, S. 19.

Generalklausel zulässt, ohne dass die verletzte Rechtsnorm die Voraussetzungen des Rechtsbruchtatbestandes erfüllt.[1392]

Die Generalklausel würde über die für sie vorgesehene Rolle hinausgehen. Ihre Auffangfunktion sollte auf neue Fallgestaltungen in der Zukunft gerichtet sein und nicht auf Konstellationen, die der Gesetzgeber aus der langen Rechtsprechungsgeschichte kannte und nicht erfassen wollte.[1393] Zudem war die Kodifizierung des Rechtsbruchtatbestandes im § 4 Nr. 11 UWG a.F. einer der besonders kontroversen, im Gesetzgebungsverfahren intensiv behandelten Punkte der Novelle, was für eine bewusste gesetzgeberische Entscheidung für einen engen, klar umrissenen Tatbestand, gegen bloße Leitlinien für eine Wertung und damit gegen eine extensive Anwendung der Generalklausel im Verhältnis zum Rechtsbruchtatbestand spricht.[1394]

Die herrschende Meinung stützt sich vor allem auf den Willen des Gesetzgebers, der die Unlauterkeit von Verstößen gegen außerwettbewerbliche Normen nur noch unter den besonderen Voraussetzungen des Rechtsbruchtatbestandes begründen wollte.[1395] Denn es sei nicht Aufgabe des Lauterkeitsrechts, für alle denkbaren Gesetzesverstöße im Zusammenhang mit geschäftlichen Handlungen, die Auswirkungen auf das Marktverhalten haben, eine generelle Sanktionsmöglichkeit zu schaffen.[1396] Die eingeführten Beschränkungen dürften nicht durch einen Umweg über die Generalklausel revidiert werden.[1397] Ansonsten würde der Rechtsbruchtatbestand im Ergebnis seine Konturen verlieren.[1398]

1392 *Schlieper,* S. 201.

1393 *V. Walter,* S. 154.

1394 *V. Walter,* S. 153 f.

1395 BGH 2.12.2009, GRUR 2010, 654 Rn. 25; BGH 8.10.2015, GRUR 2016, 513 Rn. 35; *Böhler,* S. 200; Büscher/*Hohlweck,* § 3a UWG Rn. 45; K/B/F/*Köhler,* § 3 UWG Rn. 2.29; Ohly/Sosnitza/*Ohly,* § 3a UWG Rn. 8; MüKo-UWG/*Schaffert,* § 3a Rn. 37; *v. Walter,* S. 153.

1396 Begr. RegE., BT-Drs. 15/1487, S. 19; BGH 2.12.2009, GRUR 2010, 654 Rn. 25; BGH 8.10.2015, GRUR 2016, 513 Rn. 35; LG Frankfurt a.M. 27.2.2014, GRUR-RS 2016, 19850; *Groner,* S. 154; Büscher/*Hohlweck,* § 3a UWG Rn. 45; K/B/F/*Köhler,* § 3 UWG Rn. 2.29; G/L/D/*Lubberger/Weller,* § 43 Rn. 31; *Oetker* FS Bepler, 467, 477; MüKo-UWG/*Schaffert,* § 3a Rn. 37; vgl. GK-UWG/*Peukert,* § 3 Rn. 389.

1397 *Oetker* FS Bepler, 467, 477; Ohly/Sosnitza/*Ohly,* § 3a UWG Rn. 8.

1398 OLG Frankfurt a.M. 29.1.2015, GRUR 2015, 401 Rn. 26; vgl. *Keck,* S. 85.

c) Rolle des Vorsprungsgedankens

Jedenfalls für die praktischen Auswirkungen der Streitfrage ist es notwendig, die Rolle des Vorsprungsgedankens als Kriterium der Unlauterkeit nach § 3 Abs. 1 UWG zu berücksichtigen.

aa) Argumente gegen die Anwendung des Vorsprungsgedankens im Rahmen des § 3 Abs. 1 UWG

Die herrschende Meinung zum Verhältnis des § 3a UWG zu § 3 Abs. 1 UWG geht davon aus, dass der Vorsprungsgedanke nicht nur im Rahmen des Rechtsbruchtatbestandes, sondern auch im Rahmen der Generalklausel keine Anwendung mehr findet.[1399] Teilweise wird dies auch innerhalb der Ansicht, die einen Rückgriff für zulässig erachtet, vertreten.[1400] Die Ablehnung des Vorsprungsgedankens stützt sich vor allem darauf, dass der Gesetzgeber ihn bei der Kodifizierung des Rechtsbruchtatbestandes bewusst nicht aus der Fallgruppe Vorsprung durch Rechtsbruch übernommen hat.[1401] Eine Anwendung würde die einschränkende Zielsetzung der Kodifizierung unterlaufen.[1402]

Gegen den Willen des Gesetzgebers wäre damit eine generelle Rückgriffsmöglichkeit eröffnet, die eine Wiederbelebung und Ausuferung der Fallgruppe Vorsprung durch Rechtsbruch im Rahmen der Generalklausel des § 3 Abs. 1 UWG zur Folge hätte.[1403] Die Zumutbarkeit rechtstreuen Verhaltens ist kein Kriterium des Rechtsbruchtatbestandes und soll deshalb auch bei der Beurteilung von Rechtsbrüchen im Rahmen des § 3 Abs. 1 UWG keine Rolle spielen.[1404] Die Unlauterkeit nach § 3 Abs. 1 UWG wird rein objektiv bestimmt, während dem Vorsprungsgedanken auch subjektive Elemente beigemessen wurden.[1405] Zudem wird gegen die Einordnung des Vorsprungsgedankens als grundlegendes Kriterium im Lauterkeitsrecht vorgebracht, dass er allein auf das Verhältnis zwischen den Mitbewerbern bezogen ist und die Marktgegenseite ausblendet.[1406]

1399 BGH 2.12.2009, GRUR 2010, 654 Rn. 25; MAH/*Ebert-Weidenfeller,* § 12 Rn. 58; *Groner,* S. 172 ff., 253 ff.; Büscher/*Hohlweck,* § 3a UWG Rn. 45; Ohly/Sosnitza/*Ohly,* § 3a UWG Rn. 8; GK-UWG/*Peukert,* § 3 Rn. 390; *Schaffert* FS Ullmann, 845, 849; MüKo-UWG/*Schaffert,* § 3a Rn. 37; Ohly/Sosnitza/*Sosnitza,* § 3 UWG Rn. 66.

1400 *Keck,* S. 87; offenbar auch HK-UWG/*Wirtz,* § 3 Rn. 110.

1401 *Keck,* S. 87; *Schaffert* FS Ullmann, 845, 849.

1402 GK-UWG/*Metzger,* 2. Aufl. 2013, § 4 Nr. 11 Rn. 16.

1403 *Schlieper,* S. 199 ff.

1404 *Keck,* S. 93.

1405 *Keck,* S. 88.

1406 *V. Walter,* S. 150 f.; vgl. *Keck,* S. 88.

bb) Argumente für die Anwendung des Vorsprungsgedankens im Rahmen des § 3 Abs. 1 UWG

Demgegenüber greift die Ansicht, die einen Rückgriff grundsätzlich für zulässig erachtet, zur Begründung der Unlauterkeit nach § 3 Abs. 1 UWG überwiegend auf den Vorsprungsgedanken zurück.[1407] Es wird zwar anerkannt, dass dessen Anwendungsbereich durch die Kodifizierung des Rechtsbruchtatbestandes gesunken ist, dieser decke die vom Vorsprungsgedanken erfassten Fälle aber nicht vollständig ab.[1408] Gegen die grundlegende Kritik an diesem Kriterium wird insbesondere angeführt, dass nicht jede Fallgruppe des Lauterkeitsrechts zwingend auch dem Schutz der Verbraucher dienen müsse.[1409]

Der Vorsprungsgedanke bezweckt unabhängig vom Schutzzweck der verletzten gesetzlichen Vorschrift immer den Schutz der Mitbewerber vor der Dilemmasituation, sich entweder ebenfalls nicht rechtstreu zu verhalten oder wirtschaftliche Nachteile in Kauf nehmen zu müssen und soll damit stets dem Schutzzweck des UWG entsprechen, obwohl sonstige Allgemeininteressen gerade nicht erfasst sind.[1410] Jedenfalls falle der Vorsprungsgedanke unter § 1 S. 2 UWG, weil der Wettbewerb durch Rechtsbrüche verfälscht wird.[1411] Für die gleiche Ausgangslage der Mitbewerber (*par conditio concurrentium*) sei die Qualität der verletzten Vorschrift unerheblich – jeder Verstoß gegen eine Rechtsnorm greife in diese Ausgangslage ein und berge zumindest die Gefahr einer Wettbewerbsverfälschung in sich.[1412]

Sack will den Vorsprungsgedanken insbesondere anwenden, wenn eine gesetzliche Vorschrift dazu bestimmt ist, das Marktverhalten zu regeln, ohne den Interessen der Marktteilnehmer zu dienen – als Beispiel nennt er vor allem Verstöße gegen das LadSchlG, das seiner Ansicht nach allein dem Arbeitnehmerschutz als Allgemeininteresse dient.[1413] Dies gelte ebenso bei Verstößen gegen

---

1407 *Elskamp,* S. 223 ff.; *Glöckner,* GRUR 2008, 960, 964 ff.; *Glöckner,* GRUR 2013, 568, 576; Piper/Ohly/*Piper,* 4. Aufl. 2006, § 4 UWG Rn. 11/6; *Sack,* WRP 2004, 1307, 1315; *Sack,* WRP 2005, 531, 539 ff.; a.A. *Keck,* S. 87; offenbar auch HK-UWG/*Wirtz,* § 3 Rn. 110.

1408 *Sack,* WRP 2004, 1307, 1315.

1409 F/B/O/*Götting/Hetmank,* § 3a UWG Rn. 46k.

1410 *Elskamp,* S. 225 f.; *Sack,* WRP 2004, 1307, 1316.

1411 *Elskamp,* S. 226; *Sack,* WRP 2004, 1307, 1316; vgl. im Rahmen des § 3a UWG F/B/O/*Götting/Hetmank,* § 3a UWG Rn. 46h ff.

1412 *Glöckner,* GRUR 2008, 960, 964 f.

1413 *Sack,* WRP 2004, 1307, 1315 f.; *Sack,* WRP 2005, 531, 540; zust. *Elskamp,* S. 230; umfassend zur Anwendung des Vorsprungsgedankens bei Verstößen gegen betriebsinterne Vorschriften wie tarifliche Mindestentgeltbestimmungen, wobei sich die Unlauterkeit hier jedenfalls durch die dem Verstoß nachfolgende Preisunterbietung ergeben soll.[1414] Auch andere Vertreter dieser Ansicht nennen die untertarifliche Vergütung als Anwendungsfall des Vorsprungsgedankens.[1415] *Glöckner* kommt auf Grundlage des Vorsprungsgedankens zu dem Ergebnis, dass ein Verstoß gegen eine Vorschrift, die zumindest auch den Schutz des Wettbewerbs bezweckt, stets unlauter ist.[1416] Angesichts des § 1 S. 1 AEntG wäre dies insbesondere bei tariflichen Bestimmungen im Anwendungsbereich des AEntG der Fall. Der Vorsprungsgedanke soll nicht angewendet werden bei reinen Marktzutrittsregelungen oder einer behördlichen Duldung des Verstoßes, weil die zugrundeliegende Dilemmasituation hier nicht vorliegt.[1417]

d) Stellungnahme

Auch ohne Anwendung des Vorsprungsgedankens werden Verstöße gegen betriebsinterne Vorschriften wie die Rechtsnormen allgemeinverbindlicher Tarifverträge oder das LadSchlG, welches das Marktverhalten entgegen der herrschenden und hier vertretenen Ansicht nicht im Interesse der Marktteilnehmer regeln soll, als Beispielsfälle für den Rückgriff auf § 3 Abs. 1 UWG genannt.[1418] Dazu passt das grundlegende Argument dieser Ansicht, wonach der Rechtsbruchtatbestand keine Privilegierung unlauterer, aber beispielsweise vorgelagerter Verhaltensweisen bewirken soll.[1419] Im Ergebnis kann ein Rückgriff auf die Generalklausel aber insbesondere bei betriebsinternen Vorschriften nicht überzeugen. Es geht gerade nicht um die Privilegierung unlauterer Verhaltensweisen, weil der Gesetzgeber die Unlauterkeit von Rechtsbrüchen insbesondere mit Blick auf die jüngere Rechtsprechung vor der Kodifizierung des Rechtsbruchtatbestandes bewusst an die Regelung des Marktverhaltens geknüpft hat.

---

gesetzliche Vorschriften über Arbeitsbedingungen im Rahmen des § 1 UWG a.F. *Sack*, WRP 1998, 682, 683 ff.

1414 *Sack*, WRP 2005, 531, 540 ff.

1415 *Elskamp*, S. 235; *Glöckner*, GRUR 2008, 960, 965.

1416 *Glöckner*, GRUR 2008, 960, 965.

1417 *Sack*, WRP 2004, 1307, 1315 f.; vgl. *Sack*, WRP 2005, 531, 539 f.; vgl. im Rahmen des § 3a UWG F/B/O/*Götting/Hetmank*, § 3a UWG Rn. 46l ff.; vgl. schon zu § 1 UWG a.F. *Sack*, WRP 1998, 682, 685; a.A. *Glöckner*, GRUR 2008, 960, 967.

1418 HK-UWG/*Wirtz*, § 3 Rn. 110.

1419 *Elskamp*, S. 217; *Fleischer*, S. 204; Piper/Ohly/*Piper*, 4. Aufl. 2006, § 4 UWG Rn. 11/321 f.

Dies gilt auch, wenn eine Regelung des Marktverhaltens nicht den Interessen der Marktteilnehmer dient. Auch damit würde eine gezielte Einschränkung unterlaufen und der lauterkeitsrechtliche Schutz sonstiger Allgemeininteressen ermöglicht.[1420] Der Gesetzgeber hat beim Rechtsbruchtatbestand bewusst allein auf die Interessen der Marktteilnehmer abgestellt.[1421] Dass der Wille des Gesetzgebers nur im Rahmen des § 4 Nr. 11 UWG a.F. deutlich wurde, spielt keine Rolle, weil er die gesamte Problematik gerade an dieser Stelle verortet hat. Die Begründung des Regierungsentwurfes spricht von einer Beschränkung.[1422] Eine solche kann keine Wirkung entfalten, wenn sie durch den Rückgriff auf eine andere Norm umgangen wird.

Keck weist darauf hin, dass gesetzliche Vorschriften eine starke Kongruenz mit den Voraussetzungen des Rechtsbruchtatbestandes aufweisen und damit ein Rückgriff am ehesten in Frage kommt, wenn sie zwar nicht das Marktverhalten regeln, aber immerhin den Schutz von Marktteilnehmern bezwecken.[1423] Dabei soll es darauf ankommen, ob der Schutz der Marktteilnehmer nach dem Willen des Gesetzgebers allein im Vorfeld oder auch im Rahmen des Marktauftritts greifen sollte – letzteres sei bei einer Schutzfunktion zugunsten der Marktteilnehmer grundsätzlich zu vermuten.[1424] Auf Grundlage dieser Auffassung kommt ein Rückgriff auf die Generalklausel des § 3 Abs. 1 UWG insbesondere bei Verstößen gegen tarifliche Mindestentgeltbestimmungen im Anwendungsbereich des AEntG in Frage. Nach hier vertretener Auffassung fehlt es zwar an der für § 3a UWG notwendigen Regelung eines Marktverhaltens, im Lichte des § 1 S. 1 AEntG ist aber dennoch von einem gezielten Schutz der Marktteilnehmer auszugehen.[1425]

Diese Ansicht unterstellt dem jeweiligen Gesetzgeber im Grundsatz, dass er die Regelung des Marktverhaltens planwidrig versäumt hat.[1426] Ihr ist zuzugeben, dass diese Fälle der Erfüllung der Tatbestandsvoraussetzungen des § 3a UWG am nächsten kommen. Die Voraussetzungen sind aber gerade nicht erfüllt, weil der Rechtsbruchtatbestand den bezweckten Schutz der Marktteilnehmer auf der Regelung des Marktverhaltens aufbaut. Es handelt sich um eindeutige

---

1420 *Böhler*, S. 200; *Gärtner/Heil*, WRP 2005, 20, 23; *Groner*, S. 173; *Keck*, S. 103 f.; vgl. MüKo-UWG/*Schaffert*, § 3a Rn. 37.

1421 *Groner*, S. 154.

1422 Begr. RegE., BT-Drs. 15/1487, S. 19.

1423 *Keck*, S. 97.

1424 *Keck*, S. 98 ff.

1425 S. § 4 A. V. 4. b) bb) (2) (d).

1426 *Keck*, S. 99.

Tatbestandsmerkmale, die wesensbestimmend für den Rechtsbruchtatbestand sind.[1427] Lässt man die teilweise Erfüllung des Tatbestandes ausreichen, missachtet man die vom Gesetzgeber aufgestellten Kriterien, die dadurch im Ergebnis regelmäßig keine Wirkung entfalten können.[1428] Ein umfassender Rückgriff auf die Generalklausel lässt sich auch nicht mit der Gefahr von Schutzlücken begründen. Der Gesetzgeber hat deutlich gemacht hat, dass es nicht Aufgabe des Lauterkeitsrechts ist, für alle denkbaren Gesetzesverstöße im Zusammenhang mit geschäftlichen Handlungen eine zusätzliche Sanktionsmöglichkeit zu schaffen.

Konsequenterweise darf dieses Ergebnis nicht revidiert werden, indem auf Grundlage des Vorsprungsgedankens eine generelle Rückgriffsmöglichkeit im Rahmen des § 3 Abs. 1 UWG geschaffen wird. Dieses Kriterium wurde im Rechtsbruchtatbestand bewusst nicht kodifiziert. Im Ergebnis würde seine Anwendung zu einer allgemeinen lauterkeitsrechtlichen Rechtmäßigkeitskontrolle führen, die der funktionalen Ausrichtung des UWG widerspricht.[1429] Auch wenn der Vorsprungsgedanke selbst dem Schutz der Mitbewerber oder dem Interesse der Allgemeinheit an einem unverfälschten Wettbewerb nach § 1 S. 2 UWG dient, hat er keinen Bezug zu den Tatbestandsvoraussetzungen des § 3a UWG. Die generelle Umgehungsmöglichkeit mithilfe des Vorsprungsgedankens lässt sich weder mit der gesetzlichen Systematik noch mit dem Willen des Gesetzgebers, der die Unlauterkeit von Rechtsbrüchen bewusst eingeschränkt hat, vereinbaren.

e) Ergebnis

Im Ergebnis scheidet ein Rückgriff auf die Generalklausel des § 3 Abs. 1 UWG aus, wenn eine Verhaltensweise gegen eine gesetzliche Vorschrift über Arbeitsbedingungen, die die Voraussetzungen des § 3a UWG nicht erfüllt, verstößt. Der Bundesgerichtshof betont zu Recht, dass allein der Rechtsbruch die Anwendung des § 3 Abs. 1 UWG nicht begründen kann, ohne dass andere Gründe die Unlauterkeit tragen.[1430] Weil der Normverstoß selbst die Unlauterkeit nicht trägt, ist ein weiterer Aspekt notwendig, der unabhängig von der Verbotsnorm die Unlauterkeit begründet.[1431] Im Ergebnis ist der Unterschied zwischen den beiden Ansichten gering, soweit die Gegenansicht den Rückgriff ebenfalls an das

1427 *V. Walter*, S. 153 f.
1428 *Elskamp*, S. 221.
1429 Hilty/Henning-Bodewig/*Ohly/Liebenau*, 197, 207.
1430 BGH 8.10.2015, GRUR 2016, 513 Rn. 35; vgl. BGH 23.6.2016, GRUR 2017, 95 Rn. 45.
1431 Büscher/*Büscher*, § 3 UWG Rn. 32; *Schlieper*, S. 201.

Vorliegen weiterer Kriterien knüpft[1432]. Der Gesetzgeber hat mit der Generalklausel die Möglichkeit für weitere Fälle der Unlauterkeit geschaffen, die nicht völlig ausgeschlossen werden darf – sie darf aber auch nicht gegen den Willen des Gesetzgebers genutzt werden.[1433] Sind die Voraussetzungen des Rechtsbruchtatbestands erfüllt, ist ein Rückgriff ohnehin nicht erforderlich.[1434]

2. *Fortwirkung vorgelagerter Verstöße und Rückwirkung nachgelagerter Verstöße*

Ein weiterer Ansatz liegt darin, vorgelagerte Handlungen bei der Bestimmung der Unlauterkeit einer späteren geschäftlichen Handlung zu berücksichtigen. Dabei scheidet eine unmittelbare Durchsetzung von Arbeitsbedingungen auf diese Weise von vornherein aus. Lauterkeitsrechtliche Ansprüche könnten sich nur gegen die spätere geschäftliche Handlung richten, wobei insbesondere der Vertrieb von Waren als Anknüpfungspunkt in Frage kommt. Dieser dient nach seinem Hauptzweck dem Absatz, so dass auch ein objektiver Zusammenhang i.S.d. § 2 Abs. 1 Nr. 1 UWG vorliegen würde.[1435] Es geht an dieser Stelle aber nicht um eine Ausdehnung des Anwendungsbereiches, sondern um die Begründung der Unlauterkeit.

a) *Keine „Rückschau" oder Unzumutbarkeit*

Für die Sittenwidrigkeit i.S.d. § 1 UWG a.F. wurde verbreitet eine „Rückschau" im Sinne einer Gesamtwürdigung auch der vorangegangenen Handlungen vorgenommen, die aber jedenfalls seit der Neufassung im Jahr 2004, die stattdessen marktverhaltensbezogene Unlauterkeitskriterien vorsieht, ausscheiden muss.[1436] Auch für Kriterien wie die Zumutbarkeit für die Mitbewerber, auf die es bei Anwendung des Vorsprungsgedankens ankommen sollte, bleibt damit kein Raum.[1437]

1432 *Fleischer*, S. 203; GK-UWG/*Metzger/Eichelberger*, § 3a Rn. 22 f.

1433 *Keck*, S. 87 ff.

1434 *Groner*, S. 256.

1435 S. z.B. *Herrnberger*, S. 224, 226; *Zimmer*, S. 255.

1436 Ohly/Sosnitza/*Sosnitza*, § 3 UWG Rn. 36; ausführlich dazu Harte-Bavendamm/Henning-Bodewig/*Schünemann*, 2. Aufl. 2009, § 3 UWG Rn. 326; Ohly/Sosnitza/*Sosnitza*, 6. Aufl. 2014, § 3 UWG Rn. 36; dagegen schon *J. Kohler*, S. 30 f.

1437 MüKo-UWG/*Schaffert*, § 3a Rn. 63 Fn. 331; a.A. *Sack*, WRP 2004, 1307, 1320.; zustimmend *Elskamp*, S. 236.

b) Kein Rechtsbruch ohne weitere gesetzliche Regelung

Der bloße Vertrieb von Waren, auch wenn er auf einem gesetzeswidrigen Vorverhalten beruht, stellt jedenfalls im Grundsatz keinen Rechtsbruch i.S.d. § 3a UWG dar.[1438] Der Gesetzgeber wäre frei darin, auch das Verbreiten der „am verbotenen Baum gewachsenen Früchte“ zu verbieten.[1439] So haben Verstöße gegen gesetzliche Vorschriften im Arznei- oder Lebensmittelrecht regelmäßig zur Folge, dass auch das spätere Inverkehrbringen einen Rechtsbruch, z.B. nach § 6 Abs. 1 Nr. 2 LFGB, darstellt.[1440] Dabei handelt es sich um Marktverhaltensregelungen i.S.d. § 3a UWG im Interesse von Mitbewerbern und Verbrauchern.[1441] Es geht um Handlungen, die typischerweise bei der Produktion im betriebsinternen Bereich stattfinden. Der Gesetzgeber geht offenbar davon aus, dass der vorgelagerte Verstoß sich ohne weitere Regelung nicht auf die Bewertung des Vertriebs ausgewirkt hätte.

Vergleichbare Normen gibt es im Bereich der Arbeitsbedingungen nicht. Das ändert zwar nichts an der Gesetzeswidrigkeit des vorgelagerten Verhaltens. Es ist aber nicht Sinn und Zweck des Lauterkeitsrechts, eine zusätzliche Sanktion für alle Gesetzesverstöße vorzusehen, weil nahezu jede Nichtbeachtung von Rechtsnormen sich in irgendeiner Weise auf spätere geschäftliche Handlungen auswirken kann.[1442] Angesichts der Unterschiede zwischen den Sachverhalten erscheint dies auch sachgerecht. Bei § 6 Abs. 1 Nr. 2 LFGB ergibt sich der für § 3a UWG notwendige Marktbezug aus dem Schutz der Gesundheit.[1443] Ein solches Interesse der Marktteilnehmer, insbesondere der Verbraucher, ist bei Arbeitsbedingungen nicht in vergleichbarer Weise ersichtlich. Immerhin denkbar ist dies beispielsweise bei Regelungen über die Arbeitszeiten von Arbeitnehmern, die Produkte herstellen und dabei ohne ausreichende Ruhezeiten ggf. mit höherer Wahrscheinlichkeit sicherheitsrelevante Fehler begehen. Der Umkehrschluss zu den gesetzlich geregelten Ausnahmen zeigt aber jedenfalls, dass insofern der Gesetzgeber gefragt wäre.

1438 *Sack,* WRP 2004, 1307, 1319.

1439 *Elskamp,* S. 202; MüKo-UWG/*Schaffert,* § 3a Rn. 63.

1440 *Elskamp,* S. 202; MüKo-UWG/*Schaffert,* § 3a Rn. 74.

1441 Zu § 4 Nr. 11 UWG a.F. i.V.m. § 11 Abs. 1 Nr. 2 LMBG a.F. BGH 22.7.2004, GRUR 1037, 1038; BGH 15.7.2010, GRUR 2011, 355 Rn. 12.

1442 *Sack,* WRP 2004, 1307, 1319.

1443 F/B/O/*Götting/Hetmank,* § 3a UWG Rn. 141.

c) *Kein Rückgriff auf die Generalklausel*

Durch einen Rückgriff auf die Generalklausel des § 3 Abs. 1 UWG könnte vorgelagertes Verhalten, das aus dem Anwendungsbereich des § 3a UWG fällt, doch zur Unlauterkeit der späteren geschäftlichen Handlung führen. Als Argument dafür wird angeführt, dass es Normen wie § 6 Abs. 1 Nr. 2 LFGB gibt.[1444] Daraus wird offenbar geschlossen, dass die Auswirkungen vorgelagerter Verstöße mittelbar die Unlauterkeit begründen können. Naheliegender erscheint wiederum der Umkehrschluss, wonach solche Auswirkungen grundsätzlich ausscheiden, wenn eine solche Norm als Anknüpfungspunkt fehlt. Auch der Wortlaut des § 3 Abs. 1 UWG legt nahe, dass die Basis für die Beurteilung der Unlauterkeit allein die geschäftliche Handlung selbst ist. Die Unlauterkeit auf Grundlage betriebsinterner Handlungen ohne Außenwirkung für den Wettbewerb zu begründen würde diese gesetzlichen Wertungen umgehen.

Bereits in der „Abgasemissionen"-Entscheidung wurde dieser Weg zur Begründung der Sittenwidrigkeit i.S.d. § 1 UWG a.F. abgelehnt.[1445] Zu Recht geht insbesondere der Bundesgerichtshof auch im Rahmen des § 3 Abs. 1 UWG davon aus, dass allein die „Fruchtziehung" aus einem vorherigen wettbewerbswidrigen Verhalten die Unlauterkeit eines isoliert betrachtet rechtmäßigen Verhaltens nicht begründen kann.[1446] Das Verhalten müsse eine unmittelbare Störung des lauteren Wettbewerbs begründen oder unmittelbar mit dem vorgelagerten Verstoß zusammenhängen und damit selbst die Voraussetzungen einer unlauteren geschäftlichen Handlung i.S.d. § 3 Abs. 1 UWG erfüllen.[1447] Das Kriterium der Unmittelbarkeit soll insbesondere im Interesse der Rechtssicherheit verhindern, dass auf Grundlage der Generalklausel für sich genommen lautere Verhaltensweisen verboten werden.[1448] Ein bloß mittelbarer Zusammenhang liegt beispielsweise vor, wenn Produkte vertrieben werden, die zwar Nachfolgeprodukte von unter Verletzung von Geschäftsgeheimnissen hergestellten

1444 *Elskamp*, S. 236.

1445 BGH 11.5.2000, BGHZ 144, 255, 268 mit Verweis auf *Sack*, WRP 1998, 682, 687 ff.

1446 BGH 16.11.2017, GRUR 2018, 535 Rn. 23; BGH 16.11.2017, GRUR 2018, 541 Rn. 21; K/B/F/*Köhler*, § 3 UWG Rn. 2.38a; G/L/D/*Lubberger/Weller*, § 43 Rn. 31; vgl. *Ernst*, WRP 2004, 1133, 1135; *Sack*, WRP 2004, 1307, 1318.

1447 BGH 16.11.2017, GRUR 2018, 535 Rn. 23; BGH 16.11.2017, GRUR 2018, 541 Rn. 21; K/B/F/*Köhler*, § 3 UWG Rn. 2.38a; G/L/D/*Lubberger/Weller*, § 43 Rn. 31.

1448 BGH 16.11.2017, GRUR 2018, 535 Rn. 23; BGH 16.11.2017, GRUR 2018, 541 Rn. 21; K/B/F/*Köhler*, § 3 UWG Rn. 2.38a.

Produkten sind, selbst allerdings nicht unter Verletzung solcher Geheimnisse hergestellt wurden.[1449]

Wendet man dieses Kriterium auf den Vertrieb von Produkten, die unter Verletzung von Vorschriften über die Arbeitsbedingungen bei der Produktion hergestellt wurden, an, ist die Unlauterkeit erst recht abzulehnen. Die Verletzung dieser Vorschriften wirkt sich durch die Kostenersparnis allein auf die mögliche Preisgestaltung aus und steht in keinem Zusammenhang mit dem Produkt selbst. Damit scheidet eine Fortwirkung der vorgelagerten Verstöße aus. Die – allerdings praktisch weniger relevanten –[1450] Fälle der Rückwirkung nachgelagerter Verstöße müssen konsequenterweise entsprechend behandelt werden.[1451]

3. *Ergänzende Anwendung der Generalklausel bei fehlender Rechtsnormqualität (insbesondere CSR-Standards und Verhaltenskodizes i.S.d. § 2 Abs. 1 Nr. 5 UWG)*

Des Weiteren stellt sich die Frage, ob ein Rückgriff auf die Generalklausel des § 3 Abs. 1 UWG möglich ist, wenn die Anwendung des § 3a UWG an der fehlenden Rechtsnormqualität einer Regelung über Arbeitsbedingungen scheitert. Dies ist insbesondere bei Verhaltenskodizes i.S.d. § 2 Abs. 1 Nr. 5 UWG und bei CSR-Standards der Fall.[1452]

a) Rechtsprechung des Bundesgerichtshofs

In konsequenter Anwendung seiner Rechtsprechung zum Verhältnis von Generalklausel und Rechtsbruchtatbestand urteilte der Bundesgerichtshof in der „FSA-Kodex"-Entscheidung, dass ein Verstoß gegen den Verhaltenskodex eines Unternehmensverbandes nicht ohne weiteres unlauter i.S.d. § 3 Abs. 1 UWG ist und weitere Aspekte dem Unlauterkeitsgehalt der Beispielstatbestände entsprechen müssen, um einen Rückgriff zu begründen.[1453] Solche Regelwerke könnten zwar unter Umständen eine tatsächliche Übung aufzeigen, allein daraus ergebe sich aber noch nicht die Unlauterkeit, denn „der Wettbewerb würde in bedenklicher Weise beschränkt, wenn das Übliche zur Norm erhoben würde".[1454]

1449 BGH 16.11.2017, GRUR 2018, 535 Rn. 24; BGH 16.11.2017, GRUR 2018, 541 Rn. 22; vgl. K/B/F/*Köhler*, § 3 UWG Rn. 2.38a; G/L/D/*Lubberger/Weller*, § 43 Rn. 31.

1450 Vgl. für Umweltvorschriften *Ziegler*, Vorsprung durch Rechtsbruch, S. 71.

1451 Vgl. zu § 1 UWG a.F. *Zeppernick*, WRP 2000, 1069, 1072.

1452 S. § 4 A. III. 1. b) bb); § 4 A. III. 1. d).

1453 BGH 9.9.2010, GRUR 2011, 431 Rn. 11.

1454 BGH 9.9.2010, GRUR 2011, 431 Rn. 13.

Deshalb könne ihnen allenfalls eine indizielle Bedeutung zukommen, die aber eine abschließende Beurteilung anhand der gesetzlichen Wertungen des UWG nicht ersetzen soll.[1455]

So hatte der Bundesgerichtshof auch schon zu Wettbewerbsregeln i.S.d. § 24 ff. GWB entschieden und dabei angesichts des Eingriffes in die von Art. 12 GG geschützte Berufsausübungsfreiheit insbesondere auf verfassungsrechtliche Bedenken dagegen verwiesen, solche Richtlinien ohne gesetzliche Grundlage zur Ausfüllung der Generalklausel heranzuziehen.[1456] An diesem Ergebnis soll die UGP-Richtlinie nichts ändern, weil diese nur einzelne Regelungen über die Unlauterkeit des Nichteinhaltens von Verhaltenskodizes vorsieht.[1457] Auch in diesem Zusammenhang verweist der Bundesgerichtshof darauf, dass die Regelwidrigkeit wettbewerbsbezogen, also von den in § 1 UWG angegebenen Schutzzwecken erfasst sein muss, weil es nicht Aufgabe des Lauterkeitsrechts ist, alle denkbaren Regelverstöße im Zusammenhang mit geschäftlichen Handlungen zu sanktionieren.[1458]

b) Befürwortende Ansichten in der Literatur

In Teilen zeigt sich die Literatur zumindest offen für eine Diskussion in diesem Bereich.[1459] Weil die Auffangfunktion der Generalklausel gerade auch neuartige Sachverhalte erfassen sollte und die Bedeutung neuer Regulierungsformen zunimmt, wird die Begründung der Unlauterkeit im Einzelfall nicht ausgeschlossen – gleichzeitig aber klargestellt, dass nicht bei allen Verhaltensweisen, die nicht unter die Spezialnorm subsumiert werden können, ein Rückgriff auf die Generalklausel möglich sein kann.[1460]

Teilweise wird ein solcher Rückgriff noch deutlicher befürwortet. Verhaltenskodizes und CSR-Standards sollten als Indikatoren eines lauteren Geschäftsverkehrs herangezogen werden.[1461] § 3a UWG ist nach seinem klaren Wortlaut nur auf gesetzliche Vorschriften anwendbar und könne im Umkehrschluss keine Sperrwirkung für den Rückgriff auf die Generalklausel entfalten, wenn

---

1455 BGH 9.9.2010, GRUR 2011, 431 Rn. 13.

1456 BGH 7.2.2006, GRUR 2006, 773 Rn. 19 ff.; zust. BGH 9.9.2010, GRUR 2011, 431 Rn. 14.

1457 BGH 9.9.2010, GRUR 2011, 431 Rn. 15.

1458 BGH 9.9.2010, GRUR 2011, 431 Rn. 14.

1459 *Henning-Bodewig*, WRP 2010, 1094, 1103 f.; Harte-Bavendamm/Henning-Bodewig/*Podszun*, § 3 UWG Rn. 129 ff.; Hilty/Henning-Bodewig/*Podszun*, 51, 76.

1460 Hilty/Henning-Bodewig/*Podszun*, 51, 76.

1461 F/B/O/*Fezer*, § 3 UWG Rn. 354.

untergesetzliche Vorschriften verletzt werden.[1462] Diesen komme unter Umständen eine wettbewerbsrechtliche Relevanz wie entsprechenden gesetzlichen Normen zu.[1463] Untergesetzliche Vorschriften sollten nicht völlig unberücksichtigt bleiben, weil die gesetzliche Kodifizierung teilweise zufällig erscheine.[1464] Auch hier wird aber in Zustimmung zur Rechtsprechung des Bundesgerichtshofs gefordert, dass der Unlauterkeitsgehalt den Beispielstatbeständen entsprechen muss.[1465]

c) Zurückhaltende Ansichten in der Literatur

Überwiegend wird in Übereinstimmung mit der Rechtsprechung angenommen, dass Regelwidrigkeiten bei fehlender Rechtsnormqualität nicht ohne weiteres unlauter i.S.d. § 3 Abs. 1 UWG sind und allenfalls eine indizielle Wirkung in Frage kommt.[1466] Teilweise wird selbst diese zurückhaltende Annahme noch kritisch gesehen.[1467] Im Ergebnis ist die Bedeutung zwar nicht völlig ausgeschlossen, aber ohnehin gering.[1468] Das liegt insbesondere daran, dass die zwingende, autonome lauterkeitsrechtliche Bewertung im Rahmen des § 3 Abs. 1 UWG entscheidend ist und nicht der Inhalt des Verhaltenskodex.[1469]

Zur Begründung wird zunächst auf die praktischen Gefahren verwiesen, die eine Orientierung an untergesetzlichen Regelwerken birgt. Diese hätten oft eine wettbewerbsbeschränkende Wirkung, insbesondere gegenüber neuen Unternehmen auf dem Markt.[1470] Privat gesetzte Standards dienten häufig nicht den Interessen aller Marktteilnehmer.[1471] Nicht selten sollen sie gezielt

---

1462 F/B/O/*Götting/Hetmank,* § 3a UWG Rn. 48.

1463 F/B/O/*Götting/Hetmank,* § 3a UWG Rn. 48.

1464 F/B/O/*Götting/Hetmank,* § 3a UWG Rn. 48; so auch noch G/L/E/*Hasselblatt,* 4. Aufl. 2010, § 58 Rn. 116.

1465 F/B/O/*Götting/Hetmank,* § 3a UWG Rn. 48.

1466 F/B/O/*Birk,* S 17 Rn. 131 f.; MAH/*Ebert/Weidenfeller,* § 12 Rn. 58; G/L/D/*Hasselblatt/Gregor,* § 48 Rn. 24 ff.; Büscher/*Hohlweck,* § 3a UWG Rn. 45; K/B/F/*Köhler,* § 3 UWG Rn. 2.31; G/L/D/*Lubberger,* § 44 Rn. 10; G/L/D/*Lubberger/Weller,* § 43 Rn. 31; *Nemeczek,* GRUR 2011, 432, 433; Hilty/Henning-Bodewig/*Ohly/Liebenau,* 197, 202 ff.; Ohly/Sosnitza/*Ohly,* § 3a UWG Rn. 13; MüKo-UWG/*Sosnitza,* § 3 Rn. 63; Ohly/Sosnitza/*Sosnitza,* § 3 UWG Rn. 29; *v. Walter,* S. 154 f., 164 ff.; offenbar auch *Zimmer,* S. 256.

1467 *Alexander,* GRUR Int. 2012, 965, 971 f.; *Beater,* Rn. 1043.

1468 G/L/D/*Hasselblatt/Gregor,* § 48 Rn. 26; vgl. G/L/D/*Lubberger,* § 44 Rn. 10.

1469 Hilty/Henning-Bodewig/*Ohly/Liebenau,* 197, 206.

1470 Harte-Bavendamm/Henning-Bodewig/*Podszun,* § 3 UWG Rn. 133.

1471 Hilty/Henning-Bodewig/*Ohly/Liebenau,* 197, 206.

die lauterkeitsrechtliche Rechtsprechung beeinflussen.[1472] Zudem werden mit Blick auf § 3a UWG Einwände in systematischer Hinsicht erhoben. Auch wenn eine Tatbestandsvoraussetzung nicht vorliegt, könne dies eine Wertung ausdrücken.[1473] Der Rechtsbruchtatbestand würde durch die Umgehung der Voraussetzungen seine Konturen verlieren.[1474] Bloße Allgemeininteressen könnten durch die „Hintertür" geschützt werden.[1475]

Bedenken ergeben sich vor allem aus dem Vergleich mit den gesetzlichen Vorschriften, die § 3a UWG voraussetzt. Außerhalb von dafür vorgesehenen Sonderbereichen wie dem kollektiven Arbeitsrecht sei die Ausdehnung der Wirkung privatautonomer Regelungen wie Kodizes, die auf vertraglichen Verpflichtungen beruhen, problematisch.[1476] Private Regelwerke könnten die Unlauterkeit insbesondere im Verhältnis zu Außenseitern nicht rechtfertigen.[1477] Ihnen fehle die demokratische Legitimation, die im Rahmen des § 3a UWG durch die jeweilige gesetzgeberische Entscheidung für die gesetzliche Vorschrift erfolgt – insofern sei zweifelhaft, ob der Unlauterkeitsgehalt von Verstößen gegen untergesetzliche Regelungen mit dem von Verstößen gegen gesetzliche Vorschriften vergleichbar ist.[1478] Aus einer tatsächlichen Übung folge noch keine normative Verbindlichkeit.[1479]

Das UWG basiere nicht auf einer Selbstregulierung in der Form, dass der Wirtschaft selbst die Kompetenz zustünde, die Maßstäbe für zulässiges, lauteres Verhalten festzulegen.[1480] Dies soll auch nicht der Rolle widersprechen, die der Gesetzgeber Verhaltenskodizes im UWG zuerkannt hat. Tatbestände wie § 5 Abs. 1 S. 2 Nr. 6 UWG oder § 3 Abs. 3 UWG i.V.m. Nr. 1, 3 des Anhanges sollen eine Sperrwirkung gegenüber der Generalklausel entfalten, weshalb ein Verstoß auch dann nicht unlauter sei, wenn ein Unternehmen sich vertraglich oder über eine Mitgliedschaft zur Einhaltung des Kodex verpflichtet hat.[1481] Die

---

1472 MüKo-UWG/*Sosnitza*, § 3 Rn. 63; Ohly/Sosnitza/*Sosnitza*, § 3 UWG Rn. 29.

1473 *Nemeczek*, GRUR 2011, 432, 433.

1474 *V. Walter*, S. 164 ff.

1475 Hilty/Henning-Bodewig/*Ohly/Liebenau*, 197, 207 f.; Ohly/Sosnitza/*Ohly*, § 3a UWG Rn. 13.

1476 Hilty/Henning-Bodewig/*Ohly/Liebenau*, 197, 206.

1477 *Nemeczek*, GRUR 2011, 432, 433; Hilty/Henning-Bodewig/*Ohly/Liebenau*, 197, 205 f.; Ohly/Sosnitza/*Ohly*, § 3a UWG Rn. 13.

1478 Hilty/Henning-Bodewig/*Ohly/Liebenau*, 197, 206.

1479 Hilty/Henning-Bodewig/*Ohly/Liebenau*, 197, 205.

1480 *Beater*, Rn. 1048.

1481 F/B/O/*Birk*, S 17 Rn. 131 f.; vgl. *Beater*, Rn. 1048.

Unlauterkeit dieser Zuwiderhandlung entgegen der Verpflichtung und ggf. trotz der eigenen Mitwirkung am Inhalt des Kodex über den Verband auf die Treuwidrigkeit zu stützen, würde nicht zur marktfunktionalen Perspektive des UWG passen.[1482]

Auch im Anwendungsbereich der UGP-Richtlinie sind Verstöße gegen Verhaltenskodizes nur unter den besonderen Voraussetzungen beispielsweise des Art. 6 Abs. 2 lit. b) UGP-RL unzulässig.[1483] Für einen Rückgriff wird zwar Art. 10 UAbs. 1 UGP-RL angeführt, wonach die Richtlinie die Kontrolle unlauterer Geschäftspraktiken durch die Urheber von Kodizes nicht ausschließt, wenn bestimmte verfahrensrechtliche Voraussetzungen gegeben sind.[1484] Auf der anderen Seite zeigt Art. 11 Abs. 1 UAbs. 4 lit b) UGP-RL, dass der Richtliniengeber es sogar für möglich hielt, dass ein Kodex „der Nichteinhaltung rechtlicher Vorschriften Vorschub" leistet.[1485] Jedenfalls fällt insbesondere der Bereich der CSR-Standards außerhalb des Irreführungsverbotes und der Informationspflichten nicht in den Anwendungsbereich der UGP-Richtlinie.[1486]

d) Stellungnahme

Es lässt sich durchaus bezweifeln, dass der Beschränkung des Rechtsbruchtatbestandes auf gesetzliche Vorschriften im gesetzgeberischen Konzept eine ebenso große Bedeutung zukommt wie derjenigen auf die Regelung des Marktverhaltens im Interesse der Marktteilnehmer. Andererseits sind auch die Fallgestaltungen um untergesetzliche Regelungen nicht völlig neu. § 3a UWG knüpft gezielt an die Rechtsnormqualität an. Verneint man diese bei CSR-Standards und Kodizes i.S.d. § 2 Abs. 1 Nr. 5 UWG, darf diese Beschränkung nach geltendem Recht wiederum nicht durch eine umfassende Rückgriffsmöglichkeit auf Grundlage der Generalklausel des § 3 Abs. 1 UWG umgangen werden. Der Bundesgerichtshof hat seine Grundsätze zum Verhältnis von § 3a UWG zu § 3 Abs. 1 UWG konsequent angewandt. Dagegen kann der teilweise vertretene Umkehrschluss zu § 3a UWG, der nach seinem klaren Wortlaut eine gesetzliche Vorschrift und nicht bloß eine untergesetzliche Regelung fordert, nicht überzeugen.[1487]

1482 *V. Walter*, S. 165 f.

1483 K/B/F/*Köhler*, § 3 UWG Rn. 2.31.

1484 F/B/O/*Götting/Hetmank*, § 3a UWG Rn. 48; vgl. *Herrnberger*, S. 164 f.

1485 K/B/F/*Köhler*, § 3 UWG Rn. 2.31.

1486 Hilty/Henning-Bodewig/*Ohly/Liebenau*, 197, 200 ff.

1487 G/L/D/*Hasselblatt/Gregor*, § 48 Rn. 24.

Es läge in der Verantwortung des Gesetzgebers, die Rolle dieser Regelwerke weiter aufzuwerten und ggf. eine Anknüpfung an die Nichteinhaltung selbst zu ermöglichen. Dies gilt insbesondere in Anbetracht der Bedenken aufgrund der fehlenden demokratischen Legitimation privater Regelwerke. Insofern ist auch eine einheitliche Beurteilung von CSR-Standards mit Verhaltenskodizes i.S.d. § 2 Abs. 1 Nr. 5 UWG geboten.[1488] Dieses Ergebnis darf wiederum nicht durch die Anwendung des Vorsprungsgedankens revidiert werden.[1489] Dieser würde eine grundsätzliche Rückgriffsmöglichkeit eröffnen.

Orientiert man sich an der überzeugenden Rechtsprechung, spielt der Verstoß gegen untergesetzliche Regelungen im Ergebnis keine wesentliche Rolle.[1490] Verstößt der Arbeitgeber gegen eine solche Regelung im Bereich der Arbeitsbedingungen, kann dies ohne weiteres keine Unlauterkeit nach § 3 Abs. 1 UWG begründen. Dadurch werden diese Regelwerke auch nicht bedeutungslos im Wettbewerb, vielmehr wird die soziale Verantwortlichkeit zum Wettbewerbsparameter.[1491] Dafür, dass dieser zur Geltung kommen kann, sorgt das UWG insbesondere mit § 5 Abs. 1 S. 2 Nr. 6 UWG oder § 3 Abs. 3 UWG i.V.m. Nr. 1, 3 des Anhanges.

4. *Ergänzende Anwendung der Generalklausel bei Ausnutzung internationaler Rechtsgefälle bzw. bei Verstößen gegen sittliche Grundanforderungen o.ä.*

Einen weiteren möglichen Anwendungsfall für den Rückgriff auf die Generalklausel des § 3 Abs. 1 UWG stellt der inländische Vertrieb von im Ausland unter Ausnutzung internationaler Rechtsgefälle hergestellter Waren dar. Dieser Sonderfall ist in Bezug auf arbeits- und insbesondere arbeitsschutzrechtliche Standards, die sich im internationalen Vergleich zum Teil deutlich unterscheiden, besonders relevant. Dahinter steht die schon seit Jahrzehnten auftretende Erscheinung, dass Unternehmen ihre Produktion insgesamt oder teilweise in andere Länder verlagern.[1492] Es geht dabei um eine eigenständige lauterkeitsrechtliche Beurteilung der Ausnutzung des internationalen Rechtsgefälles, weil

---

1488 Vgl. F/B/O/*Birk*, S 17 Rn. 128 ff.; Hilty/Henning-Bodewig/*Ohly/Liebenau*, 197, 204 ff.; Ohly/Sosnitza/*Ohly*, § 3a UWG Rn. 13; Harte-Bavendamm/Henning-Bodewig/*Podszun*, § 3 UWG Rn. 129 ff.

1489 Hilty/Henning-Bodewig/*Ohly/Liebenau*, 197, 207.

1490 S. § 4 B. II. 3. c).

1491 Hilty/Henning-Bodewig/*Ohly/Liebenau*, 197, 207 ff.

1492 F/B/O/*Birk*, S 17 Rn. 220; *Franke*, S. 93 f.

das deutsche Lauterkeitsrecht auf die Handlungen vor Ort in der Regel keine Anwendung findet.[1493] Diese Konstellation ist von der Verletzung ausländischer Rechtsnormen zu unterscheiden.[1494]

a) Historischer Hintergrund der Fallgruppe

Die Diskussion geht auf eine alte Fallgruppe zurück, die von der Rechtsprechung im Rahmen des § 1 UWG a.F. geschaffen wurde. Der Bundesgerichtshof entschied im Jahr 1977 in der „Weltweit-Club"-Entscheidung, dass es gegen das Anstandsgefühl des Kaufmanns verstoße, „unter Ausnutzung des internationalen Rechtsgefälles seinen eigenen Wettbewerb zu Lasten Dritter in einer Weise zu fördern, bei der jene Dritten aus rechtlichen Gründen keine gleichen Chancen beim Angebot ihrer Leistungen haben" und begründete damit die Sittenwidrigkeit i.S.d. § 1 UWG a.F.[1495] Dieses Urteil wurde schon damals als zu weitgehend kritisiert, weil die Sittenwidrigkeit normgerechten Verhaltens nicht allein dadurch begründet werden könne, dass das inländische Recht einen anderen Inhalt hat.[1496]

Drei Jahre später schränkte der Bundesgerichtshof die Fallgruppe in der grundlegenden „Asbestimporte"-Entscheidung ein. Der Sachverhalt der Entscheidung betraf aus Südkorea importierte Waren, die zwar den damaligen gesetzlichen Regelungen im Herstellungsland entsprechend, nicht aber im Rahmen der in Deutschland geltenden, strengeren Schutzvorschriften vor Asbestose hergestellt wurden.[1497] Diese Sicherheitsvorschriften erfassten aber nur die Produktion in Deutschland selbst und auch das einschlägige ILO-Übereinkommen Nr. 139 vom 24.06.1974 hatte Südkorea nicht ratifiziert.[1498]

Der Bundesgerichtshof sah die Ausnutzung des internationalen Rechtsgefälles jedenfalls in diesem Fall nicht als sittenwidrig an und verneinte eine Anwendung der Fallgruppe ausdrücklich, da die Waren in Südkorea vorschriftsmäßig hergestellt und hier als Importwarte vertrieben wurden.[1499] Er erwog zwar eine Wettbewerbswidrigkeit im Hinblick auf sittliche Grundanforderungen, deren Verletzung so schwer wiegt, dass auch der Handel mit den produzierten Waren

---

1493 *Franke,* S. 94; *Sack,* WRP 1998, 682, 690; *Zimmer,* S. 255.
1494 Vgl. *Weber/Weber,* GRUR Int 2008, 899, 904.
1495 BGH 13.5.1977, GRUR 1977, 672, 674.
1496 *Schricker,* GRUR 1977, 646, 648.
1497 BGH 9.5.1980, GRUR 1980, 858, 858.
1498 BGH 9.5.1980, GRUR 1980, 858, 860.
1499 BGH 9.5.1980, GRUR 1980, 858, 860.

sittenwidrig sein könne.[1500] Im Ergebnis wurde ein Sittenverstoß aber verneint, weil auch bezüglich des Schutzniveaus bei der Produktion der Entwicklungsstand im jeweiligen Produktionsland sowie der Gestaltungsspielraum des dortigen Gesetzgebers berücksichtigt werden müsse.[1501] Die in der Bundesrepublik Deutschland und vergleichbaren Industrienationen anerkannten Standards im Arbeitsschutz ließen sich nicht ohne weiteres zur weltweit geltenden sittlichen Grundanforderung erheben.[1502]

Die Ausnutzung internationaler Rechtsgefälle im Bereich der Arbeitsbedingungen war demnach nicht grundsätzlich sittenwidrig i.S.d. § 1 UWG a.F. Angesichts der Gefahren bei der Asbestproduktion hat der Bundesgerichtshof die Anforderungen für einen Verstoß gegen sittliche Grundanforderungen, der eine Anwendung der lauterkeitsrechtlichen Generalklausel begründen könnte, sehr hoch angesetzt.[1503]

b) Argumente für eine Übertragbarkeit auf die heutige Rechtslage

Die in der „Asbestimporte"-Entscheidung im Rahmen des § 1 UWG a.F. entwickelten Grundsätze können nach teilweise vertretener Ansicht jedenfalls grundsätzlich auf die Generalklausel des § 3 Abs. 1 UWG übertragen werden.[1504] Obwohl § 3 Abs. 1 UWG zu Recht nicht mehr an den Maßstab der Sittenwidrigkeit anknüpfe, könne die Entscheidung jedenfalls zur Orientierung herangezogen werden.[1505] Dabei soll das Ausnutzen eines internationalen Rechtsgefälles ohne weiteres nicht zur Unlauterkeit führen, weil es den Grundsätzen des Wettbewerbs in einer marktwirtschaftlichen Ordnung entspricht.[1506]

Zudem könne die Ausnutzung eines solchen Gefälles, das in irgendeiner Form zwischen allen Ländern existiert, auch deshalb nicht ohne weiteres unlauter sein, weil § 3 Abs. 1 UWG sonst zu einem mit dem GATT (General Agreement on

---

1500 BGH 9.5.1980, GRUR 1980, 858, 860.

1501 BGH 9.5.1980, GRUR 1980, 858, 860 f.

1502 BGH 9.5.1980, GRUR 1980, 858, 860 f.

1503 Kritisch zur Entscheidung insofern *Herrnberger*, S. 237 ff.; vgl. *Däubler* FS 25 Jahre ARGE Arbeitsrecht im DAV, 1183, 1203.

1504 *Däubler* FS 25 Jahre ARGE Arbeitsrecht im DAV, 1183, 1203 ff.; *Herrnberger*, S. 236 f.; *Kocher*, GRUR 2005, 647, 649; *Sack*, WRP 2016, 1314, 1317; *Zimmer*, S. 257; offenbar auch *Weber/Weber*, GRUR Int 2008, 899, 904; i.E. auch *Buck-Heeb/Dieckmann*, § 14 C II 2.

1505 *Kocher*, GRUR 2005, 647, 649 ff.

1506 *Zimmer*, S. 257; vgl. *Weber/Weber*, GRUR Int 2008, 899, 904; i.E. auch *Kocher*, GRUR 2005, 647, 648.

Tariffs and Trade) unvereinbaren Instrument des Protektionismus würde.[1507] Abgesehen von dieser – jedenfalls im Ergebnis auch in der „Asbestimporte“-Entscheidung vertretenen – Einschränkung sei dem Bundesgerichtshof insoweit zuzustimmen, als dass die Ausnutzung eines internationalen Rechtsgefälles die Unlauterkeit des inländischen Handels mit im Ausland produzierter Ware nur bei einer erheblichen Verletzung sittlicher Grundanforderungen begründen könne.[1508] *Sack* vertritt darüber hinaus eine weitere Einschränkung in Form einer Abwägung der sittlichen Grundanforderungen mit den wirtschaftlichen und sozialen Folgen einer lauterkeitsrechtlichen Durchsetzung für die Situation in den Herkunftsländern.[1509]

In Anpassung an die neuere Rechtslage wird zum Teil nicht mehr auf sittliche Grundanforderungen, sondern auf die Einhaltung menschen- und arbeitsrechtlicher Mindeststandards, die Geltung für jede staatliche und menschliche Ordnung besitzen, abgestellt.[1510] Nach Auffassung des Gesetzgebers zum UWG 2004 sollten Handlungen unlauter sein, die „den anständigen Gepflogenheiten in Handel, Gewerbe, Handwerk oder selbständiger beruflicher Tätigkeit zuwiderlaufen“.[1511] Dazu sollen auch international anerkannte Menschenrechts- und Sozialstandards zählen.[1512] Das Lauterkeitsrecht beruhe auch auf einer ethischen Grundlage, die ein wesentliches Element des fairen Wettbewerbs darstelle.[1513] Die elementaren Grundvorstellungen des fairen Wettbewerbs sollen sich in Arbeitsschutzbestimmungen zeigen können.[1514] Auf diese Weise kommt diese Ansicht auch im Rahmen des § 3 Abs. 1 UWG jedenfalls im Ergebnis zur Anwendung der Grundsätze der „Asbestimporte“-Entscheidung.[1515]

1507 *Sack,* WRP 2016, 1314, 1317; vgl. schon zu § 1 UWG a.F. *Sack,* WRP 1998, 682, 691; zust. *Zimmer,* S. 257; ausführlich zur Vereinbarkeit mit dem GATT *Weber/Weber,* GRUR Int 2008, 899, 905 f., die eine Rechtfertigung eines Importverbotes zum Schutz der Gesundheit der Arbeitnehmer im Herstellungsland oder der öffentlichen Moral für möglich halten; a.A. wiederum F/B/O/*Birk,* S 17 Rn. 230.

1508 *Sack,* WRP 2016, 1314, 1317; vgl. schon zu § 1 UWG a.F. *Sack,* WRP 1998, 682, 691 f.

1509 *Sack,* WRP 2016, 1314, 1317; vgl. schon zu § 1 UWG a.F. *Sack,* WRP 1998, 682, 692.

1510 *Zimmer,* S. 257; offenbar auch *Kocher,* GRUR 2005, 647, 649; ähnlich *Däubler* FS 25 Jahre ARGE Arbeitsrecht im DAV, 1183, 1204 mit Verweis auf BVerfG 13.12.1977, BVerfGE 46, 342, 362.

1511 Begr. RegE., BT-Drs. 15/1487, S. 16.

1512 *Herrnberger,* S. 230, 236 f.; *Kocher,* GRUR 2005, 647, 649; *Zimmer,* S. 256.

1513 *Herrnberger,* S. 229, 236.

1514 *Kocher,* GRUR 2005, 647, 649.

1515 *Herrnberger,* S. 236 f.; *Kocher,* GRUR 2005, 647, 648 ff.; *Zimmer,* S. 256 f.

Eine gewisse Uneinigkeit besteht im Hinblick auf die Frage, welche Verhaltensweisen die Unlauterkeit i.S.d. § 3 Abs. 1 UWG begründen sollen. *Herrnberger* zählt dazu ausbeuterische und menschenverachtende Formen der Kinderarbeit, die insbesondere Gegenstand der ILO-Übereinkommen Nr. 138 und Nr. 182 sind.[1516] Insoweit dürfte innerhalb der Ansicht Einigkeit bestehen. *Kocher* will an die ILO-Kernarbeitsnormen anknüpfen, weil diese durch ihre faktische Bedeutung als Grundlage für verbreitete Verhaltenskodizes und Siegel den kleinsten gemeinsamen Nenner weltweit anerkannter Grundvorstellungen in Bezug auf menschenwürdige Arbeitsbedingungen darstellten.[1517] *Zimmer* knüpft im Ausgangspunkt ebenfalls an die Kernarbeitsnormen, die beispielsweise die Vereinigungsfreiheit einschließlich des Rechtes auf Kollektivverhandlungen enthalten, an – darüber hinaus sollen aber auch weitere Regelungen erfasst sein, beispielsweise über offensichtlich gesundheitsschädliche Arbeit oder einen Mindestlohn, der das Überleben ermöglicht.[1518]

Auch *Däubler* will nicht nur den „harten Kern" der ILO-Übereinkommen erfassen, sondern neben der Vereinigungsfreiheit oder dem Verbot der Sklaverei auch einen Mindestschutz unter anderem in Bezug auf die Gesundheit am Arbeitsplatz etablieren, der überall gelten müsse.[1519] Einen engeren Anwendungsbereich befürwortet *Sack,* der insbesondere die von den ILO-Kernarbeitsnormen erfasste Koalitions- und Tarifvertragsfreiheit ausklammert, deren mittelbare Durchsetzung seiner Ansicht nach mit dem GATT unvereinbarer Protektionismus wäre.[1520] Unternehmen seien nicht generell dafür verantwortlich, dass ausländische Zulieferer international anerkannte Standards einhalten.[1521] Auch *Sack* zählt zu den sittlichen Grundanforderungen aber insbesondere das Verbot von Zwangs- und unangemessener Kinderarbeit.[1522]

c) Argumente gegen eine Übertragbarkeit auf die heutige Rechtslage

Demgegenüber lehnt es die überwiegende Ansicht jedenfalls ab, die zu § 1 UWG a.F. entwickelten Grundsätze der „Asbestimporte"-Entscheidung im Rahmen

1516 *Herrnberger,* S. 239 ff.

1517 *Kocher,* GRUR 2005, 647, 650, Fn. 40; zu den ILO-Kernarbeitsnormen s. § 4 A. III. 1. c) aa) (1).

1518 *Zimmer,* S. 258.

1519 *Däubler* FS 25 Jahre ARGE Arbeitsrecht im DAV, 1183, 1204 f.

1520 *Sack,* WRP 2016, 1314, 1317; i.E. auch F/B/O/*Birk,* S 17 Rn. 224 auf Grundlage der Grundsätze aus der „Asbestimporte"-Entscheidung.

1521 *Sack,* WRP 2016, 1314, 1317.

1522 *Sack,* WRP 2016, 1314, 1317.

des § 3 Abs. 1 UWG anzuwenden.[1523] Die Gerichte könnten inländische Sozialstandards nicht einfach zur globalen Norm erheben.[1524]

Bedenken bestehen zunächst in Hinsicht auf das Welthandels- und Unionsrecht.[1525] Die Möglichkeit, zwischen den Mitgliedstaaten der Europäischen Union bestehende Rechtsgefälle auszunutzen, entspreche der Wertung des Unionsrechts, weil die in den Art. 49 ff. AEUV gewährleistete Niederlassungsfreiheit es auch den inländischen Unternehmen ermöglicht, von günstigeren Anforderungen im Ausland Gebrauch zu machen.[1526] Zudem würde die Anwendung der Generalklausel zu einem faktischen Importverbot führen und damit als warenbezogenes Handelshemmnis gegen Art. 34 AEUV verstoßen.[1527] Zwar lässt die Cassis-de-Dijon-Rechtsprechung des Europäischen Gerichtshofs eine Rechtfertigung zum Schutz der in Art. 36 AEUV nicht genannten Lauterkeit des Handelsverkehrs und des Verbraucherschutzes zu.[1528] Beide Gründe überschneiden sich in der Anwendung oft, weil nationale Gesetze häufig den Schutz der Verbraucher vor Irreführungen betreffen, seien hier aber nicht einschlägig.[1529]

Es entspreche auch nicht dem Zweck des UWG, durch die Verpflichtung von Unternehmen zur Beachtung transnationaler Arbeits- und Sozialstandards eine extraterritoriale Wirkung moralischer Vorstellungen herzustellen.[1530] Ob eine Handlung nach ausländischem Recht zulässig ist oder nicht, spiele für die Auslegung des deutschen Lauterkeitsrechts keine Rolle.[1531] Zudem fehle beim Begriff der Unlauterkeit des § 3 Abs. 1 UWG im Unterschied zu § 1 UWG a.F. der Ansatzpunkt dafür, die Unterschreitung inländischer Arbeitsschutzstandards lauterkeitsrechtlich allein aufgrund eines Verstoß gegen „gute kaufmännische Sitten“ zu erfassen.[1532] Das System sittlich fundierter, insbesondere wertbezogener sowie wertneutraler Normen, das die Rechtsprechung im Rahmen des

---

1523 *Beater*, Rn. 760 ff.; F/B/O/*Birk*, S 17 Rn. 228 ff.; Staudinger/*Oetker*, (2016) § 618 BGB Rn. 405; Hilty/Henning-Bodewig/*Ohly/Liebenau*, 197, 203; GK-UWG/*Peukert*, § 3 Rn. 400; MüKo-UWG/*Sosnitza*, § 3 Rn. 106; *v. Walter*, S. 155; G/L/D/*Wilde/Lindner*, § 10 Rn. 64.

1524 GK-UWG/*Peukert*, § 3 Rn. 400; vgl. schon zu § 1 UWG a.F. *Franke*, S. 101.

1525 F/B/O/*Birk*, S 17 Rn. 230; GK-UWG/*Peukert*, § 3 Rn. 400.

1526 *Beater*, Rn. 762.

1527 F/B/O/*Birk*, S 17 Rn. 230.

1528 EuGH 20.2.1979, GRUR Int 1979, 468, 471 f.

1529 F/B/O/*Birk*, S 17 Rn. 230.

1530 F/B/O/*Birk*, S 17 Rn. 227.

1531 *Beater*, Rn. 760.

1532 Staudinger/*Oetker*, (2016) § 618 BGB Rn. 405; vgl. F/B/O/*Birk*, S 17 Rn. 226.

§ 1 UWG a.F. lange verwendet hatte, wurde bewusst nicht in den Rechtsbruchtatbestand übernommen und dürfe nicht auf diese Weise wiederbelebt werden.[1533]

Zudem gehe es auch hier um sonstige Allgemeininteressen, die nicht unter das in § 1 S. 2 UWG genannte Interesse der Allgemeinheit an einem unverfälschten Wettbewerb fielen.[1534] Auch wenn die Kostenersparnis durch die Produktion unter schlechteren Arbeitsbedingungen im Ausland zu einem Wettbewerbsvorteil führt, würde die Anwendung der Generalklausel die Voraussetzungen des § 3a UWG, insbesondere die Bestimmung zur Regelung des Marktverhaltens im Interesse der Marktteilnehmer, umgehen.[1535] Aus dem Rechtsbruchtatbestand ließe sich ableiten, dass die Verletzung ausländischer Rechtsnormen die Unlauterkeit ebenso wenig begründen kann wie ein Verhalten im Vorfeld des Marktgeschehens.[1536] Insofern kann an die grundsätzlichen Argumente gegen einen Rückgriff auf § 3 Abs. 1 UWG im Verhältnis zu § 3a UWG angeknüpft werden. Zudem zeige sich gerade beim Rechtsbruchtatbestand die Abwendung des UWG von einer sittlich moralisierenden Perspektive zugunsten eines marktfunktionalen Verständnisses.[1537]

d) Stellungnahme

Teilweise wird auf Grundlage der „Asbestimporte"-Entscheidung vertreten, dass die Unlauterkeit i.S.d. § 3 Abs. 1 UWG vorliegt, wenn der verletzte Arbeitsschutzstandard im Herkunftsland ebenso geregelt ist wie im Inland.[1538] Allerdings kommen die systematischen Bedenken in Hinsicht auf das Verhältnis zu § 3a UWG bei einem solchen Verstoß gegen ausländische gesetzliche Vorschriften noch deutlicher zum Tragen. Auch innerhalb der Ansicht, die eine Anwendung der Generalklausel grundsätzlich für möglich hält, wird zu Recht darauf verwiesen, dass es nicht Aufgabe des Lauterkeitsrechts ist, alle Rechtsbrüche lauterkeitsrechtlich zu sanktionieren, die in irgendeiner Form Auswirkungen auf den Wettbewerb bzw. nachfolgende Wettbewerbshandlungen haben können.[1539] Auch insofern bliebe zur Begründung nur der Rückgriff auf

---

1533 MüKo-UWG/*Sosnitza,* § 3 Rn. 106.
1534 MüKo-UWG/*Sosnitza,* § 3 Rn. 106.
1535 F/B/O/*Birk,* S 17 Rn. 229; Hilty/Henning-Bodewig/*Ohly/Liebenau,* 197, 203.
1536 Hilty/Henning-Bodewig/*Ohly/Liebenau,* 197, 203.
1537 *V. Walter,* S. 155.
1538 *Däubler* FS 25 Jahre ARGE Arbeitsrecht im DAV, 1183, 1204.
1539 *Zimmer,* S. 257 f.

„Fundamentalnormen" bei Gesetzen, die auf allgemein anerkannten Menschen- und Arbeitsrechtsstandards basieren.[1540]

Gegen einen solchen Begründungsweg dafür, Verhaltensweisen bei der Produktion von Waren im Ausland durch die Anknüpfung an den Vertrieb mittelbar dem deutschen Lauterkeitsrecht zu unterwerfen, sprechen insbesondere die systematischen Erwägungen. Die Problematik im Verhältnis zum Rechtsbruchtatbestand wird vor allem bei Arbeitsschutznormen deutlich, die im deutschen Recht nicht die Voraussetzungen des § 3a UWG erfüllen[1541]. Zutreffend wird darauf hingewiesen, dass sittliche Grundvorstellungen in Gesetzen ausgedrückt sein können, aber nicht müssen.[1542] Die Unlauterkeit auf Grundlage dieser Vorstellungen zu begründen, würde im Ergebnis wiederum außergesetzliche Standards über die Generalklausel des § 3 Abs. 1 UWG verrechtlichen.[1543] Dies wird insbesondere durch die verbreitete Anknüpfung an die ILO-Übereinkommen deutlich, auch wenn diese nur der Orientierung dienen sollen. Die Uneinigkeit innerhalb der Ansicht bei der Frage, welche Verhaltensweisen die Unlauterkeit i.S.d. § 3 Abs. 1 UWG begründen können, zeigt ein typisches Problem bei der Anknüpfung an außergesetzliche Standards.

Auch hier darf das zutreffende Ergebnis nicht durch die Anwendung des Vorsprungsgedankens umgangen werden.[1544] Dieser würde eine generelle Rückgriffsmöglichkeit eröffnen. Ohnehin wurde die Fallgruppe der Ausnutzung internationaler Rechtsgefälle ursprünglich als Weiterentwicklung des Vorsprungsgedankens verstanden.[1545] Die Verlagerung der Produktion in eine andere Rechtsordnung, die eine Kostenersparnis ermöglicht, steht jedenfalls rechtlich allen Mitbewerbern offen.[1546] Weil damit die grundsätzliche Chancengleichheit gewahrt ist, blieben zur Begründung der Sittenwidrigkeit i.S.d. § 1 UWG a.F. nur sozialpolitische Erwägungen.[1547] Die „Asbestimporte"-Entscheidung brachte insoweit einen Funktionswandel von der bloßen Gewährleistung der *par conditio concurrentium,* also der gleichen Ausgangslage im Interesse der Mitbewerber,

---

1540 *Zimmer,* S. 257 f.

1541 S. insbesondere § 4 A. V. 2. a) aa).

1542 *Herrnberger,* S. 237, 242.

1543 F/B/O/*Birk,* S 17 Rn. 229.

1544 So aber *Weber/Weber,* GRUR Int 2008, 899, 902 f.; offenbar auch *Buck-Heeb/Dieckmann,* § 14 C II 2.

1545 *Franke,* S. 99.

1546 *Schricker,* GRUR 1977, 646, 649.

1547 *Franke,* S. 99 f.; vgl. *Oppenhoff,* GRUR 1980, 861, 861 f.; *Sack,* WRP 1998, 682, 690 f.

zu einer Durchsetzung von Fundamentalnormen im Interesse der jeweils durch diese geschützten Personen.[1548]

Diese Durchsetzung lässt sich nach heutiger Rechtslage nicht auf die Generalklausel des § 3 Abs. 1 UWG stützen. Die Begründung über die Verletzung sittlicher Grundanforderungen passt nicht zum UWG.[1549] Soweit die Begrifflichkeiten an die Änderung der Rechtslage angepasst wurden, hat sich dadurch in der Sache nichts geändert. Selbst wenn ein gewisser Grundkonsens gegeben wäre, kann die Unlauterkeit nicht auf dessen Verletzung gestützt werden.[1550] Das bedeutet wiederum nicht, dass diesen Standards im Lauterkeitsrecht keine Bedeutung zukommt. Auch wenn die Produktion selbst im Herkunftsland gesetzeskonform abläuft, können inländische Verhaltensweisen im Bereich der Irreführung ggf. in den Anwendungsbereich des UWG fallen.[1551]

1548 *Sack*, WRP 1998, 682, 692.

1549 *V. Walter*, S. 155.

1550 *V. Walter*, S. 155.

1551 GK-UWG/*Peukert*, § 3 Rn. 400, Fn. 732 mit Verweis auf *Henning-Bodewig*, WRP 2010, 1094, 1103.

§ 5 Geschäftliche Handlung i.S.d. § 2 Abs. 1 Nr. 1 UWG

Das Lauterkeitsrecht kann nur zur Durchsetzung von Arbeitsbedingungen geeignet sein, soweit es anwendbar ist. Dabei stellen sich für Verhaltensweisen in diesem Bereich einige typisierbare Probleme in Bezug auf die geschäftliche Handlung i.S.d. § 2 Abs. 1 Nr. 1 UWG.

A. Geschäftliche Handlung i.S.d. § 2 Abs. 1 Nr. 1 UWG als „Zentralbegriff des UWG"

Nach § 1 S. 1 UWG dient das Gesetz nur dem Schutz vor unlauteren geschäftlichen Handlungen. Auch die Tatbestände erfordern jeweils eine geschäftliche Handlung, was diese zum „Zentralbegriff des UWG" macht.[1552] Sie bestimmt den Anwendungsbereich in Abgrenzung zum allgemeinen Deliktsrecht.[1553] Nach der Legaldefinition in § 2 Abs. 1 Nr. 1 UWG ist eine geschäftliche Handlung jedes Verhalten einer Person zugunsten des eigenen oder eines fremden Unternehmens, das vor, bei oder nach einem Geschäftsabschluss erfolgt und mit der Förderung des Absatzes oder des Bezugs von Waren oder Dienstleistungen oder mit dem Abschluss oder der Durchführung eines Vertrags über Waren oder Dienstleistungen objektiv zusammenhängt.

Der Begriff der geschäftlichen Handlung geht damit in mehrfacher Hinsicht über die Vorgaben der UGP-Richtlinie hinaus – insbesondere in Bezug auf Maßnahmen, die sich im Vertikalverhältnis an sonstige Marktteilnehmer oder unmittelbar gegen Mitbewerber richten.[1554] Ebenfalls über den Anwendungsbereich der UGP-Richtlinie hinaus erfasst § 2 Abs. 1 Nr. 1 UWG neben dem Absatz auch den Bezug von Waren oder Dienstleistungen und stellt damit klar, dass neben dem Angebots- auch der Nachfragewettbewerb geregelt ist, wobei die

---

1552 *Emmerich/Lange*, § 4 Rn. 2; K/B/F/*Köhler*, § 2 UWG Rn. 3; vgl. Begr. RegE., BT-Drs. 16/10145, S. 20 zur Wettbewerbshandlung im UWG 2004 („zentraler Begriff").

1553 BGH 10.1.2013, GRUR 2013, 945 Rn. 17; *Emmerich/Lange*, § 4 Rn. 2; G/L/D/*Erdmann/Pommerening*, § 2 Rn. 2; Büscher/*Franzke*, § 2 Abs. 1 Nr. 1 UWG Rn. 1; Harte-Bavendamm/Henning-Bodewig/*Keller*, § 2 UWG Rn. 2; K/B/F/*Köhler*, § 2 UWG Rn. 3.

1554 Dazu und zu den übrigen Unterschieden s. K/B/F/*Köhler*, § 2 UWG Rn. 8; GK-UWG/*Peukert*, § 2 Rn. 32 ff.

Nachfrage nach Arbeitsleistungen eine Nachfrage nach Dienstleistungen i.S.d. § 2 Abs. 1 Nr. 1 UWG darstellt.[1555]

B. Objektiver Zusammenhang i.S.d. § 2 Abs. 1 Nr. 1 UWG

Wegen der im Übrigen weiten Regelung und Auslegung der in § 2 Abs. 1 Nr. 1 UWG geregelten Voraussetzungen stellt der objektive Zusammenhang regelmäßig die entscheidende Hürde dar. Ein subjektives Element ist nach heutiger Rechtslage nicht mehr erforderlich.[1556] Der bedeutendste Fall der geschäftlichen Handlung i.S.d. § 2 Abs. 1 Nr. 1 UWG ist ein Verhalten, das objektiv mit der Absatz- oder Bezugsförderung zusammenhängt.[1557] Anders als die UGP-Richtlinie fordert § 2 Abs. 1 Nr. 1 UWG nur einen objektiven und keinen unmittelbaren Zusammenhang, weil Handlungen im Horizontalverhältnis selten unmittelbaren Einfluss auf das Marktgeschehen haben.[1558] Deshalb ist im Rahmen des § 2 Abs. 1 Nr. 1 UWG zwischen Handlungen im Vertikal- und im Horizontalverhältnis zu unterscheiden.

I. Objektiver Zusammenhang bei geschäftlichen Handlungen gegenüber Verbrauchern und sonstigen Marktteilnehmern (Vertikalverhältnis)

Der objektive Zusammenhang ist dem Wortlaut des § 2 Abs. 1 Nr. 1 UWG entsprechend sowie nach Sinn und Zweck des Verbraucherschutzes nicht davon abhängig, dass sich das Verhalten nachteilig auf Mitbewerber auswirkt.[1559] Selbst wenn ein Unternehmer keine Mitbewerber hat, kommen Verbraucher und sonstige Marktteilnehmer in Betracht.[1560] Mit Blick auf den Sinn und Zweck der Abgrenzung vom allgemeinen Deliktsrecht, also nach objektiv-funktionalem Verständnis, kann der erforderliche Zusammenhang nur bejaht werden, wenn das Verhalten objektiv darauf gerichtet ist, die geschäftlichen Entscheidungen

---

1555 S. § 3 C. I.

1556 OLG Hamm 27.10.2016, GRUR-RR 2017, 234 Rn. 41; *Emmerich/Lange,* § 4 Rn. 12; Büscher/*Franzke,* § 2 Abs. 1 Nr. 1 UWG Rn. 24; GK-UWG/*Peukert,* § 2 Rn. 160 ff.; Ohly/Sosnitza/*Sosnitza,* § 2 UWG Rn. 27; vgl. Begr. RegE., BT-Drs. 16/10145, S. 20 f.

1557 K/B/F/*Köhler,* § 2 UWG Rn. 34.

1558 Begr. RegE., BT-Drs. 16/10145, S. 21; K/B/F/*Köhler,* § 2 UWG Rn. 53; Ohly/Sosnitza/*Sosnitza,* § 2 UWG Rn. 27.

1559 MüKo-UWG/*Bähr,* § 2 Rn. 101; G/L/D/*Erdmann/Pommerening,* § 31 Rn. 51; K/B/F/*Köhler,* § 2 UWG Rn. 44.

1560 K/B/F/*Köhler,* § 2 UWG Rn. 44.

von Verbrauchern oder ggf. anderen Marktteilnehmern zu beeinflussen.[1561] Damit kommt dem Begriff der geschäftlichen Entscheidung eine zentrale Rolle zu.[1562] Für den Anwendungsbereich der UGP-Richtlinie stellt deren Erwägungsgrund 7 S. 2 klar, dass sie sich nicht auf Geschäftspraktiken bezieht, die „vorrangig anderen Zielen dienen".[1563] Gemeint ist die Abgrenzung zu den in Erwägungsgrund 7 S. 1 genannten Geschäftspraktiken, die „in unmittelbarem Zusammenhang mit der Beeinflussung der geschäftlichen Entscheidung des Verbrauchers stehen". Damit reichen bloße Reflexwirkungen auf die Absatz- oder Bezugsförderung nicht aus.[1564]

II. Objektiver Zusammenhang bei geschäftlichen Handlungen gegenüber Mitbewerbern (Horizontalverhältnis)

Der Begriff des objektiven Zusammenhangs wird einheitlich ausgelegt, auch Handlungen gegenüber Mitbewerbern müssen also grundsätzlich einen funktionalen Bezug zur Beeinflussung der geschäftlichen Entscheidungen von Verbrauchern oder anderen Marktteilnehmern haben.[1565] Eine zeitlich mittelbare Absatz- oder Bezugsförderung genügt.[1566] Handlungen gegenüber Mitbewerbern wirken sich in der Regel nicht unmittelbar, sondern nur mit zeitlicher Verzögerung zugunsten des unlauter Handelnden auf den Absatz oder Bezug aus.[1567]

1561 BGH 10.1.2013, GRUR 2013, 945 Rn. 17 f.; BGH 11.12.2014, GRUR 2015, 694 Rn. 22; BGH 31.3.2016, WRP 2016, 843 Rn. 12; *Emmerich/Lange*, § 4 Rn. 11 f.; Büscher/*Franzke*, § 2 Abs. 1 Nr. 1 UWG Rn. 24; K/B/F/*Köhler*, § 2 UWG Rn. 48.

1562 GK-UWG/*Peukert*, § 2 Rn. 147 f.

1563 BGH 10.1.2013, GRUR 2013, 945 Rn. 18 f.; BGH 11.12.2014, GRUR 2015, 694 Rn. 22; *Emmerich/Lange*, § 4 Rn. 2; K/B/F/*Köhler*, § 2 UWG Rn. 48; GK-UWG/*Peukert*, § 2 Rn. 166 f.

1564 BGH 10.1.2013, GRUR 2013, 945 Rn. 29; BGH 11.12.2014, GRUR 2015, 694 Rn. 22; BGH 31.3.2016, GRUR 2016, 710 Rn. 12; Büscher/*Franzke*, § 2 Abs. 1 Nr. 1 UWG Rn. 25.

1565 BGH 10.1.2013, GRUR 2013, 945 Rn. 19; BGH 31.3.2016, GRUR 2016, 710 Rn. 13; K/B/F/*Köhler*, § 2 UWG Rn. 53; GK-UWG/*Peukert*, § 2 Rn. 152.

1566 Harte-Bavendamm/Henning-Bodewig/*Keller*, § 2 UWG Rn. 69.

1567 Begr. RegE., BT-Drs. 16/10145, S. 21.

III. Bedeutung des Marktbezuges

In Abgrenzung zu innerbetrieblichen Verhaltensweisen ohne Außenwirkung ist ein Marktbezug erforderlich.[1568] Es handelt sich nicht um ein zusätzliches, ungeschriebenes Tatbestandsmerkmal, sondern eine begriffliche Zusammenfassung des Regelungsinhaltes des § 2 Abs. 1 Nr. 1 UWG und damit des Anwendungsbereiches des UWG.[1569] Der Marktbezug ist gegeben, wenn die Handlung ihrer Art nach auf die Marktteilnehmer einwirken und damit das Marktgeschehen beeinflussen kann.[1570] Ohne eine solche Außenwirkung kommt eine Absatz- oder Bezugsförderung nicht in Frage.[1571]

Damit fallen unternehmensinterne Vorgänge grundsätzlich in die wirtschaftliche Handlungsfreiheit der Unternehmer und aus dem Anwendungsbereich des UWG, das auf die Regelung der Beziehungen zwischen den Marktteilnehmern gerichtet ist.[1572] An eine vorgelagerte Handlung im Bereich der Arbeitsbedingungen lässt sich also nur anknüpfen, wenn diese ihrer Art nach objektiv darauf gerichtet ist, auf die Marktteilnehmer einzuwirken und damit das Marktgeschehen zu beeinflussen. Dieser Punkt ist zu unterscheiden von der Spürbarkeitsschwelle, wie sie z.B. in § 3a UWG vorgesehen ist. Der objektive Zusammenhang ist nur zu verneinen, wenn überhaupt nur die rein theoretische Möglichkeit besteht, dass die geschäftliche Entscheidung eines Marktteilnehmers beeinflusst wird.[1573] Die erforderliche Eignung ist gegeben, wenn der Unternehmer auf irgendeine Weise die Stellung am Markt und damit die Absatz- oder Bezugsmöglichkeiten verbessern kann.[1574]

1568 OLG Frankfurt a.M. 22.9.2016, WRP 2016, 1544 Rn. 2; MüKo-UWG/*Bähr*, § 2 Rn. 111 ff.; *Emmerich/Lange*, § 4 Rn. 11 f.; K/B/F/*Köhler*, § 2 UWG Rn. 35; *Sack*, WRP 2005, 531, 541; *Ziegler*, S. 34.

1569 Büscher/*Franzke*, § 2 Abs. 1 Nr. 1 UWG Rn. 56 Fn. 111; GK-UWG/*Peukert*, § 2 Rn. 51.

1570 OLG Köln 14.10.2011, WRP 2013, 656, 657; LG Düsseldorf 22.2.2012, WRP 2012, 1162 Rn. 23; OLG Frankfurt a.M. 22.9.2016, WRP 2016, 1544 Rn. 2; K/B/F/*Köhler*, § 2 UWG Rn. 35.

1571 Zur alten Rechtslage vgl. BGH 25.9.1970, GRUR 1971, 119 f.; OLG Frankfurt a.M. 22.9.2016, WRP 2016, 1544 Rn. 2; MüKo-UWG/*Bähr*, § 2 Rn. 112; Büscher/*Franzke*, § 2 Abs. 1 Nr. 1 UWG Rn. 56.

1572 Büscher/*Franzke*, § 2 Abs. 1 Nr. 1 UWG Rn. 56; GK-UWG/*Peukert*, § 2 Rn. 187.

1573 GK-UWG/*Peukert*, § 2 Rn. 157.

1574 Harte-Bavendamm/Henning-Bodewig/*Keller*, § 2 UWG Rn. 57; GK-UWG/*Peukert*, § 2 Rn. 177.

Zu § 1 UWG a.F. wurde gegen eine Anknüpfung an Handlungen im Vorfeld der Preisunterbietung eingewandt, dass zu diesem Zeitpunkt nicht feststeht, ob tatsächlich Auswirkungen auf das Marktgeschehen eintreten, weil der Unternehmer seinen Preisvorteil wenigstens teilweise an seine Abnehmer weitergibt oder auf sonstige Weise für die Verbesserung seiner Position im Wettbewerb verwendet, statt damit nur seinen eigenen Gewinn zu erhöhen.[1575] Damit verbunden ist der Einwand, die rechtliche Einordnung könne nicht vom späteren Verhalten abhängen.[1576] Im Gegensatz zur früheren Rechtsprechung spielt es nach aktueller Rechtslage aber gerade keine Rolle, ob ein Vorteil tatsächlich ausgenutzt wird.[1577] Dass eine Preisunterbietung ggf. eine geschäftliche Handlung darstellt, ändert nichts daran, dass grundsätzlich auch vorhergehende Verhaltensweisen die Anforderungen des § 2 Abs. 1 Nr. 1 UWG erfüllen können.

C. Objektiver Zusammenhang i.S.d. § 2 Abs. 1 Nr. 1 UWG bei Nichteinhaltung von Arbeitsbedingungen

Im Bereich der Arbeitsbedingungen ist die entscheidende Handlung, beispielsweise der Verstoß gegen eine arbeitsrechtliche Vorschrift, der späteren Absatzhandlung in der Regel zeitlich vorgelagert. Nach dem klaren Wortlaut des § 2 Abs. 1 Nr. 1 UWG können Handlungen vor, bei oder nach einem Geschäftsabschluss als Anknüpfungspunkt für eine geschäftliche Handlung dienen. Gerade die Nichteinhaltung gesetzlich oder tariflich festgelegter Arbeitsbedingungen dient regelmäßig der Kostenersparnis, um jedenfalls auch die Preise senken zu können und damit den Absatz der Produkte zu fördern.[1578] Eine Handlung ist objektiv zur Absatzförderung geeignet, wenn sie es dem Unternehmer ermöglicht, Kosten zu sparen und damit günstigere Preise zu kalkulieren.[1579] Für Arbeitsbedingungen bedeutet das, dass ein objektiver Zusammenhang unter diesem Gesichtspunkt nur denkbar ist, wenn sich der Inhalt der Vorschrift unmittelbar in den Arbeitskosten niederschlägt und die Arbeitskosten auch für die Preisbildung am jeweiligen Markt einen prägenden Faktor darstellen.[1580]

1575 *Bauer*, S. 41 ff.; vgl. *Franke*, S. 43; *Rieble*, Rn. 499 f.

1576 *Bauer*, S. 41; vgl. *Elskamp*, S. 117.

1577 *Däubler*, Rn. 442a; *Löwisch/Rieble*, § 4 TVG Rn. 128; *Oetker* FS Bepler, 467, 477; *Ziegler*, S. 35.

1578 *Sack*, WRP 2004, 1307, 1317 f.

1579 BGH 31.3.2010, GRUR 2010, 1117 Rn. 18; *Fechner/Kocher*, NZA 2017, 755, 759; *Oetker* FS Bepler, 467, 476 f.

1580 S. für Tarifbestimmungen *Oetker* FS Bepler, 467, 476 f.

Letzteres ist beispielsweise bei den in § 4 AEntG genannten Branchen regelmäßig der Fall.[1581]

Allein die bezweckte Kostenersparnis stellt aber keinen Marktbezug her.[1582] Gerade bei Verstößen gegen arbeitsrechtliche Regelungen im Rahmen der Produktion treten Unternehmer regelmäßig nur im innerbetrieblichen, dem Marktverhalten vorgelagerten Bereich auf. Es bietet sich an dieser Stelle an, verschiedene Konstellationen zu trennen. Vom Anwendungsbereich des UWG erfasst sind Fälle, in denen das vorgelagerte Verhalten selbst einen Marktbezug aufweist und die Voraussetzungen des § 2 Abs. 1 Nr. 1 UWG erfüllt. Denkbar ist zudem eine Anknüpfung an spätere, ggf. auch nachgelagerte geschäftliche Handlungen.

I. Objektiver Zusammenhang bei Handlungen gegenüber Mitbewerbern i.S.d. § 2 Abs. 1 Nr. 3 UWG

Auch weil Arbeitnehmer im Hinblick auf das Arbeitsverhältnis nicht als Verbraucher i.S.d. § 2 Abs. 2 UWG i.V.m. § 13 BGB anerkannt sind, standen auf die Absatzförderung gerichtete geschäftliche Handlungen, die sich primär auf das Verhältnis des Unternehmers zu seinen Mitbewerbern beziehen, klassischerweise im Mittelpunkt der Diskussion um die Eröffnung des Anwendungsbereiches des UWG für Handlungen bei der Nichteinhaltung von Arbeitsbedingungen.

1. Verhältnis zur Regelung des Marktverhaltens i.S.d. § 3a UWG

Schon in der „Bewachungsgewerbe"-Entscheidung des Reichsgerichts richtete sich die Unterlassungsklage ursprünglich gegen die untertarifliche Entlohnung selbst und entsprechend hatten die Vorinstanzen die Beklagte auch verurteilt, während das Reichsgericht die sittenwidrige Wettbewerbshandlung i.S.d. § 1 UWG a.F. erst im Unterbieten der Konkurrenz sah.[1583] Gerade diese Entscheidung zeigt, dass der Mitbewerber im Fokus der früheren Rechtsprechung stand.[1584]

1581 *Oetker* FS Bepler, 467, 477.

1582 Vgl. *Fechner/Kocher*, NZA 2017, 755, 759.

1583 RG 12.4.1927, RGZ 117, 16, 17, 22. Auch das Urteil des OLG Hamburg 27.11.1986, GRUR 1987, 546, 548, das auf die „innige" Verbindung von Tarifverstoß und wettbewerblicher Tätigkeit hinweist, zeigt aber, dass man dies auch nach alter Rechtslage anders sehen konnte.

1584 *Fechner/Kocher*, NZA 2017, 755, 758; allgemeiner Ohly/Sosnitza/*Sosnitza*, § 2 UWG Rn. 26.

Der Bundesgerichtshof bestätigte Verbote betriebsinterner Handlungen erstmals in den Entscheidungen zum Sonntagsarbeits-[1585] und zum Nachtbackverbot[1586].[1587] Auch in der „Tariflohnunterschreitung"-Entscheidung ordneten die Richter diese als „zunächst innerbetriebliche Maßnahme" ein,[1588] wobei die weiteren Ausführungen dafür sprechen, dass es sich dabei um den ersten Teilakt einer Wettbewerbshandlung und damit um den Gegenstand des Verbotes handeln sollte.[1589] Die genannten Urteile ergingen noch zu § 1 UWG a.F. In seiner Entscheidung zu § 1 Abs. 1 S. 1 AÜG ist der Bundesgerichtshof nicht auf die Voraussetzungen der geschäftlichen Handlung i.S.d. § 2 Abs. 1 Nr. 1 UWG eingegangen, weil er die Voraussetzungen der Unlauterkeit weder nach § 3a UWG noch nach § 3 Abs. 1 UWG als gegeben ansah[1590].

Im *obiter dictum* der Entscheidung wird zwar die insgesamt ablehnende Ansicht deutlich, wonach die Durchsetzung aller Arbeitnehmerschutzrechte primär im Verantwortungsbereich der betroffenen Arbeitnehmer liegen soll.[1591] Diese Begründung bezieht sich aber nur auf die Anwendung des § 3a UWG. Die Voraussetzungen von Unlauterkeit und Anwendungsbereich wurden im Gesetz getrennt, sodass ein Schluss von der Verbotswürdigkeit auf das Vorliegen einer geschäftlichen Handlung ein unzulässiger Zirkelschluss wäre.[1592] Das zeigt, dass die Bewertung sich nicht generell übertragen lässt.

Entscheidend ist, ob die jeweilige Handlung die Voraussetzungen des § 2 Abs. 1 Nr. 1 UWG erfüllt. Dabei muss berücksichtigt werden, dass die Definition des Marktverhaltens, das eine zentrale Rolle im Tatbestand des § 3a UWG einnimmt, an die Definition der geschäftlichen Handlung in § 2 Abs. 1 Nr. 1 UWG anknüpft[1593]. Wird eine Regelung des Marktverhaltens im Rahmen des § 3a UWG verneint, weil die von der Vorschrift geregelten Handlungen bloß innerbetrieblich ohne Außenwirkung auf Marktteilnehmer stattfinden, können diese aufgrund des fehlenden Marktbezuges auch keine geschäftlichen Handlungen i.S.d. § 2 Abs. 1 Nr. 1 UWG sein. Damit ginge es auch hier zu weit, jeglichen

1585 BGH 26.11.1987, GRUR 1988, 310.

1586 BGH 3.11.1988, GRUR 1989, 116, 117.

1587 *Bauer*, S. 44; *Elskamp*, S. 111; *Sack*, WRP 1998, 682 Fn. 43.

1588 BGH 3.12.1992, GRUR 1993, 980, 982.

1589 *Elskamp*, S. 113 f.

1590 BGH 23.6.2016, GRUR 2017, 95 Rn. 13 ff.

1591 BGH 23.6.2016, GRUR 2017, 95 Rn. 44.

1592 GK-UWG/*Peukert*, § 2 Rn. 137.

1593 F/B/O/*Birk*, S 17 Rn. 98; HK-UWG/*Ebert-Weidenfeller*, § 3a Rn. 43; *Elskamp*, S. 118 f.; MüKo-UWG/*Schaffert*, § 3a Rn. 62; vgl. K/B/F/*Köhler*, § 3a UWG Rn. 1.62.

Arbeitsschutznormen aufgrund ihrer Auswirkungen auf die vom Unternehmer zu kalkulierenden Kosten einen Marktbezug zuzusprechen.[1594]

2. Handlungen ohne Marktbezug

Für Waren lässt sich im Ausgangspunkt festhalten, dass regelmäßig nicht bereits ihre Produktion, sondern erst der spätere Vertrieb das Marktgeschehen beeinflussen kann.[1595] Dieser Gedanke lag bereits der „Abgasemissionen"-Entscheidung zugrunde, die allerdings noch das Merkmal des Handelns im geschäftlichen Verkehr betraf.[1596]

a) Handlungen in Bezug auf Arbeits- und Arbeitszeitschutz

Dementsprechend fallen insbesondere betriebsinterne Handlungen bei Verstößen gegen Arbeitsschutznormen aus dem Anwendungsbereich des UWG.[1597] Selbst wenn die Beschäftigten nicht bloß bei der Produktion tätig werden, richten sich die Handlungen des Arbeitgebers hier allein gegen ihren Schutz.[1598] Ebenso ist der Einsatz von Arbeitnehmern über die zulässigen Arbeitszeiten hinaus oder ohne die vorgeschriebenen Ruhepausen und -zeiten zu behandeln. Selbst wenn die Arbeitnehmer nach außen hin auftreten, beispielsweise bei Verkaufstätigkeiten im Einzelhandel, richtet sich das Verhalten des Arbeitgebers allein auf ihre Beschäftigung im Rahmen der innerbetrieblichen Organisation und nicht auf den Marktauftritt.[1599] Davon sind die Fälle zu unterscheiden, in der nicht die zulässige Arbeitszeit, sondern insbesondere die zulässige Ladenöffnungszeit überschritten wird.

b) Entlohnung unterhalb gesetzlicher oder tariflicher Mindestentgelte

Dass die bloße Kostenersparnis durch die Nichteinhaltung von Arbeitsbedingungen nicht ausreicht, zeigt sich besonders deutlich bei der Entlohnung, die insbesondere die Vorgaben des MiLoG oder tariflicher Mindestentgelte unterbieten kann. Je nach Beschaffenheit des jeweiligen Marktes kann der daraus

---

1594 So aber *Däubler,* Rn. 442a.

1595 MüKo-UWG/*Bähr,* § 2 Rn. 112; Harte-Bavendamm/Henning-Bodewig/*Keller,* § 2 UWG Rn. 39; K/B/F/*Köhler,* § 2 UWG Rn. 36; Ohly/Sosnitza/*Sosnitza,* § 2 UWG Rn. 15.

1596 BGH 11.5.2000, BGHZ 144, 255, 262.

1597 *Sack,* WRP 2004, 1307, 1309; MüKo-UWG/*Schaffert,* § 3a Rn. 71.

1598 S. § 4 A. V. 2. a) aa) (1).

1599 S. § 4 A. V. 1. c) aa) (1); § 4 A. V. 1. d) aa) (1).

resultierende Vorteil z.T. deutlichen Einfluss auf den Wettbewerb haben. Teilweise wird vertreten, dass ein Tarifbruch bei der Durchführung des Arbeitsverhältnisses kein unternehmensinternes Verhalten ist, sondern einen Marktbezug aufweist.[1600] Auch das LG Berlin untersagte es dem Antragsgegner bzw. verurteilte ihn dazu, es zu unterlassen, ein „Arbeitsentgelt zu bezahlen, welches unterhalb des gesetzlichen Mindestlohns" liegt.[1601]

Allerdings richten sich die Handlungen des Arbeitgebers nur auf die Vergütung der Arbeitnehmer, die keine Außenwirkung auf die Marktteilnehmer hat.[1602] Zutreffend ist, dass die Zahlung unterhalb eines gesetzlichen oder tarifvertraglichen Mindestentgeltes typischerweise auf die Absatzförderung gerichtet und dazu angesichts der Kostenersparnis häufig auch geeignet ist.[1603] Die bloße Entlohnung ist aber nicht darauf gerichtet, die geschäftlichen Entscheidungen von Marktteilnehmern zu beeinflussen.[1604] Der weite Wortlaut des § 2 Abs. 1 Nr. 1 UWG würde insbesondere Tarifverstöße, die auf die Verbesserung des Leistungsangebotes gerichtet sind, erfassen, weil sie die Absatzförderung bezwecken – sie finden aber sowohl bei Betrachtung des Absatz- als auch des Beschaffungsmarktes bloß im betriebsinternen Bereich statt.[1605] Anders als die Anbahnung und der Abschluss von Arbeitsverträgen hat die bloße Entlohnung im Rahmen des laufenden Arbeitsverhältnisses keinen Marktbezug, der auch nicht durch den mittelbaren Zusammenhang mit der Preisgestaltung hergestellt wird.[1606]

3. *Handlungen mit Marktbezug*

Zu den Handlungen mit Marktbezug gehören insbesondere Verstöße gegen die Ladenschluss- bzw. Ladenöffnungszeitengesetze, die Sonn- und Feiertagsgesetze der Länder oder die Vorschriften über die Beschränkungen der Lenkzeit. Diese betreffen nicht bloß die betriebsinterne Beschäftigung von Arbeitnehmern,

---

1600 *Löwisch/Rieble,* § 4 TVG Rn. 128; *Ziegler,* S. 35; offenbar auch *Zwanziger,* DB 2004, 1318, 1320.

1601 LG Berlin 18.6.2015, 101 O 60/15 (unveröffentlicht); LG Berlin 1.12.2015, 103 O 67/15 (unveröffentlicht); i.E. offenbar auch Düwell/Schubert/*Düwell,* § 1 MiLoG Rn. 5; *Riechert/Nimmerjahn,* § 21 MiLoG Rn. 109.

1602 S. § 4 A. V. 3. a) aa) (1); § 4 A. V. 4. b) aa).

1603 *Fechner/Kocher,* NZA 2017, 755, 759.

1604 *Fechner/Kocher,* NZA 2017, 755, 759.

1605 *Sack,* WRP 2004, 1307, 1317 f.; *Sack,* WRP 2005, 531, 541.

1606 *Elskamp,* S. 203 f.

sondern die Absatzhandlungen bzw. die Handlungen, mit denen der Unternehmer am Markt auftritt, selbst.[1607] Diese vertriebsbezogenen Handlungen sind objektiv darauf gerichtet, die geschäftlichen Entscheidungen von Marktteilnehmern zu beeinflussen. Der Begriff nach § 2 Abs. 1 Nr. 9 UWG wird weit ausgelegt und erfasst beispielsweise schon die Entscheidung, ein Geschäft zu betreten.[1608] Damit liegt jeweils ein objektiver Zusammenhang mit der Absatzförderung vor.

II. Objektiver Zusammenhang bei Handlungen gegenüber Arbeitnehmern als sonstigen Marktteilnehmern i.S.d. § 2 Abs. 1 Nr. 2 UWG

Handlungen gegenüber Arbeitnehmern finden nicht im B2C-Verhältnis statt, weil Arbeitnehmer in Bezug auf das Arbeitsverhältnis keine Verbraucher i.S.d. § 2 Abs. 2 UWG i.V.m. § 13 BGB sind. Anders wäre dies ggf. bei CSR-Mitteilungen über entsprechende Aktivitäten.[1609] Arbeitnehmer beim Anbieten ihrer Arbeitsleistungen als sonstige Marktteilnehmer i.S.d. § 2 Abs. 1 Nr. 2 UWG anzuerkennen eröffnet aber die Möglichkeit geschäftlicher Handlungen auf dem entsprechenden Beschaffungsmarkt.

1. Entlohnung unterhalb gesetzlicher oder tariflicher Mindestentgelte

Eine „Breitenwirkung" ist für einen Marktbezug nicht notwendig.[1610] Insofern kommen auch Handlungen gegenüber einzelnen Arbeitnehmern in Betracht. In Bezug auf die bloße Entlohnung im laufenden Arbeitsverhältnis ergibt sich ein von der Betrachtung im Horizontalverhältnis abweichendes Ergebnis aber nicht daraus, dass § 2 Abs. 1 Nr. 1 UWG es neben der Förderung des Absatzes oder des Bezuges von Waren oder Dienstleistungen ausreichen lässt, wenn ein objektiver Zusammenhang mit dem Abschluss oder der Durchführung eines Vertrags über Waren oder Dienstleistungen vorliegt.[1611] Auch ein solches Verhalten muss

---

1607 S. § 4 A. V. 1. a) bb) (1); § 4 A. V. 1. b) bb) (1); § 4 A. V. 1. e) bb) (1).

1608 BGH 18.12.2014, GRUR 2015, 698 Rn. 20; Büscher/*Franzke*, § 2 Abs. 1 Nr. 1 UWG Rn. 58; *Köhler*, WRP 2014, 259, 260.

1609 Umfassend zur Einordnung von CSR-Mitteilungen als geschäftliche Handlung i.S.d. § 2 Abs. 1 Nr. 1 Hilty/Henning-Bodewig/*Köhler*, 161 ff.

1610 K/B/F/*Köhler*, § 2 UWG Rn. 35.

1611 Vgl. *Fechner/Kocher*, NZA 2017, 755, 759; *Klocke*, S. 165.

objektiv darauf gerichtet sein, die geschäftliche Entscheidung wenigstens eines Marktteilnehmers zu beeinflussen.[1612]

Nach der Legaldefinition der geschäftlichen Entscheidung in § 2 Abs. 1 Nr. 9 UWG gehört dazu die Entscheidung eines Verbrauchers oder sonstigen Marktteilnehmers darüber, ob er ein vertragliches Recht im Zusammenhang mit dem Produkt ausüben will. Das zeigt auch Nr. 27 der „Schwarzen Liste" im Anhang zu § 3 Abs. 3 UWG, wonach bestimmte Maßnahmen, durch die ein Verbraucher von der Durchsetzung seiner vertraglichen Rechte aus einem Versicherungsverhältnis abgehalten werden soll, generell unlauter sind. Dieser Weg scheitert auch nicht daran, dass Art. 2 lit. k) der zugrundeliegenden UGP-Richtlinie nur den Zusammenhang mit einem Produkt nennt. Produkte im Sinne der UGP-Richtlinie sind nach ihrem Art. 2 lit. c) neben Waren auch Dienstleistungen. Entsprechend weit sind die §§ 2 Abs. 1 Nr. 1, Nr. 9 UWG gefasst.

Allerdings fehlt bei Erfüllungshandlungen und Pflichtverletzungen regelmäßig der objektive Zusammenhang, weil sie üblicherweise nur auf vorherige geschäftliche Entscheidungen bezogen sind, ohne Auswirkungen auf weitere Entscheidungen des Vertragspartners zu haben.[1613] Zudem kann nicht jede Vertragsverletzung eine geschäftliche Handlung i.S.d. § 2 Abs. 1 Nr. 1 UWG sein, weil weder die UGP-Richtlinie noch das UWG einen kompletten Gleichlauf von Lauterkeits- und Vertragsrecht bezwecken.[1614] Auch eine Nicht- oder Schlechtleistung kann zwar unter Umständen auf die Willensbildung des Vertragspartners einwirken und damit objektiv darauf gerichtet sein, die geschäftliche Entscheidung, ob dieser einen vertraglichen Rechtsbehelf geltend macht, zu beeinflussen.[1615] Denkbar ist dies vor allem bei Dauerschuldverhältnissen, bei denen auch weiterhin ein Austausch von Leistungen stattfinden wird.[1616]

Überträgt man diese Erwägungen auf das Arbeitsverhältnis, so eröffnet sich das Feld der Handlungen, die geschäftliche Entscheidungen von Arbeitnehmern betreffen.[1617] Dies ändert aber nichts daran, dass Arbeitnehmer bei der Entlohnung, die zur Durchführung des Arbeitsverhältnisses gehört, keine sonstigen Marktteilnehmer i.S.d. § 2 Abs. 1 Nr. 2 UWG sind. Damit fehlt es in dieser

---

1612 BGH 10.1.2013, GRUR 2013, 945 Rn. 26; G/L/D/*Erdmann/Pommerening*, § 31 Rn. 84; Harte-Bavendamm/Henning-Bodewig/*Keller*, § 2 UWG Rn. 97; K/B/F/*Köhler*, § 2 UWG Rn. 80; GK-UWG/*Peukert*, § 2 Rn. 304.

1613 K/B/F/*Köhler*, § 2 UWG Rn. 81; GK-UWG/*Peukert*, § 2 Rn. 310 ff.

1614 GK-UWG/*Peukert*, § 2 Rn. 313.

1615 K/B/F/*Köhler*, § 2 UWG Rn. 81a; *Scherer*, WRP 2009, 761, 767.

1616 GK-UWG/*Peukert*, § 2 Rn. 315.

1617 *Fechner/Kocher*, NZA 2017, 755, 759; vgl. *Klocke*, S. 164 ff.

Situation an einem Marktteilnehmer, dessen geschäftliche Entscheidung beeinflusst werden könnte. Die bloße Entlohnung fällt, auch wenn sie beispielsweise den gesetzlichen Mindestlohn unterschreitet, nicht in den Anwendungsbereich des Lauterkeitsrechts.

2. *Abschluss von Arbeitsverträgen*

Von der Entlohnung im bestehenden Arbeitsverhältnis zu unterscheiden sind Handlungen, die auf den Bezug von Arbeitskräften auf dem Beschaffungsmarkt gerichtet sind. Auch für die geschäftliche Handlung i.S.d. § 2 Abs. 1 Nr. 1 UWG lässt sich an das Verhalten beim Abschluss von Arbeitsverträgen, der zum Kern des Nachfrageverhaltens gehört, anknüpfen.[1618] Daraus, dass die Auswirkungen der Kostenersparnis auf dem Absatzmarkt im Vordergrund stehen und beispielsweise die Vereinbarung einer Vergütung, die den gesetzlichen Mindestlohn unterschreitet, auch Nachteile beim Bezug von Arbeitskräften mit sich bringen kann, entstehen schon im Rahmen des Marktverhaltens i.S.d. § 3a UWG keine durchgreifenden Bedenken.[1619] Auf einen Wettbewerbsvorteil kommt es auch hier nicht an. Die objektive Eignung zur Förderung des Bezugs kann unter anderem durch die Steigerung der Bezugsmenge begründet werden.[1620] Dies ist der Fall, wenn arbeitsvertragliche Regelungen hinsichtlich der Vergütung negativ von den gesetzlichen Vorgaben abweichen. Weil der Arbeitgeber mit demselben Kostenaufwand mehr Dienstleistungen i.S.d. § 2 Abs. 1 Nr. 1 UWG beziehen kann, ist sein Verhalten regelmäßig auf die Bezugsförderung gerichtet.[1621]

Zu den relevanten Anwendungsfällen zählt neben dem Abschluss eines Leiharbeitsvertrages ohne die nach § 1 Abs. 1 S. 1 AÜG erforderliche Erlaubnis insbesondere das Verhalten des Arbeitgebers bei Abschluss eines Arbeitsvertrages, der eine unterhalb des gesetzlichen Mindestlohns liegende Vergütungsvereinbarung enthält. Im Unterschied zur Entlohnung im bestehenden Arbeitsverhältnis tritt der Arbeitnehmer hier als Anbieter seiner Arbeitskraft und damit als sonstiger Marktteilnehmer i.S.d. § 2 Abs. 1 Nr. 2 UWG auf. Angesichts des Grundsatzes der Vertragstreue, *pacta sunt servanda,* folgt die Eignung zur Verhaltensbeeinflussung gegenüber den Arbeitnehmern, die ggf. auf die Durchsetzung ihrer

---

1618 Vgl. *Klocke,* S. 166.
1619 S. § 4 A. V. 3. a) aa) (1) (b) (aa) (bbb).
1620 OLG Hamm 27.10.2016, GRUR-RR 2017, 234 Rn. 40; K/B/F/*Köhler,* § 2 UWG Rn. 37.
1621 Vgl. zum Bruch von Tarifverträgen *Zwanziger,* DB 2004, 2318, 2319.

Rechte verzichten sollen, schon aus dem Abschluss des Arbeitsvertrages und damit der Existenz einer vertraglichen Regelung selbst.[1622]

Aus Sicht des Arbeitgebers erfüllt eine solche Vergütungsvereinbarung für sich genommen keinen kostensparenden Zweck und kann nur darauf gerichtet sein, das weitere Verhalten des Arbeitnehmers zu beeinflussen. Dieses Verhalten findet zwar im betriebsinternen Bereich statt. Zu berücksichtigen ist aber, dass spätere Weisungen des Arbeitgebers ihre Grundlage im Arbeitsvertrag haben und den Vertragsschluss auch dann faktisch aufwerten, wenn sie unberechtigt sind.[1623] Der Bundesgerichtshof hat Weisungen als solche zwar im Rahmen des § 1 UWG a.F. als betriebsinterne Vorgänge angesehen.[1624] Dass er dabei allein die Mitbewerber betrachten und den Arbeitsmarkt unberücksichtigt lassen konnte, erklärt sich aber durch die frühere Rechtslage.[1625] Der objektive Zusammenhang wird auch nicht dadurch ausgeschlossen, dass das Durchsetzungsdefizit der Arbeitnehmerrechte noch andere Ursachen hat.[1626]

III. Vorgelagerte Handlungen als unselbstständige Teile späterer geschäftlicher Handlungen i.S.d. § 2 Abs. 1 Nr. 1 UWG

Erfüllt die vorgelagerte Handlung nicht die Voraussetzungen einer geschäftlichen Handlung nach § 2 Abs. 1 Nr. 1 UWG, stellt sich die Frage, ob sie dennoch in den Anwendungsbereich einbezogen werden kann. Der Wortlaut von § 3 Abs. 1 UWG, auf den auch der Rechtsbruchtatbestand Bezug nimmt, sieht eindeutig nur die Unzulässigkeit unlauterer geschäftlicher Handlungen vor.[1627] Der vorgelagerte Rechtsbruch fällt damit aus dem Anwendungsbereich des Lauterkeitsrechts, wenn er selbst keine geschäftliche Handlung darstellt.[1628]Auch die übrigen Tatbestände des UWG sind jeweils so aufgebaut, dass die einzelne Norm die Anforderungen an die Unlauterkeit einer geschäftlichen Handlung beschreibt.

Nach der aktuellen Rechtslage müssen Lösungsansätze also berücksichtigen, dass eine Aufspaltung nicht möglich ist. Insofern wird offenbar nach wie vor vertreten, dass die rein betriebsinterne Produktion von Waren und deren späterer

1622 *Klocke,* S. 165.
1623 *Klocke,* S. 165 f.
1624 BGH 25.9.1970, GRUR 1971, 119, 119 f.
1625 *Klocke,* S. 165.
1626 *Klocke,* S. 166.
1627 *Elskamp,* S. 109.
1628 Vgl. *Sack,* WRP 2004, 1307, 1319.

Vertrieb regelmäßig nur (unselbstständige) Teilakte einer einheitlichen geschäftlichen Handlung sind.[1629] In diese Richtung ging auch das Urteil des OLG Hamburg aus dem Jahr 1986, das auf die „innige“ Verbindung von Tarifverstoß und wettbewerblicher Tätigkeit hinweist.[1630] Dabei soll eine innere sachliche Beziehung, die auch durch einen entfernten Zusammenhang hergestellt werden kann, ausreichen.[1631] Anders entschied der Bundesgerichtshof im „Abgasemissionen“-Urteil.[1632] Dagegen wurde vorgebracht, diese Entscheidung verkürze den eigentlichen Sachverhalt und verhindere so eine sachgerechte Bewertung.[1633] Die Frage nach der Reichweite der „Handlung“, damals noch i.S.d. § 1 UWG a.F., sei nicht rechtlicher, sondern tatsächlicher Art.[1634]

Damit könnten Gesetzesverstöße bei der Beschäftigung oder Entlohnung von Arbeitnehmern erfasst werden, die für sich genommen nicht die Anforderungen des § 2 Abs. 1 Nr. 1 UWG erfüllen.[1635] Dabei stellt sich zunächst das Problem, dass ein Verbot des vorgelagerten Verhaltens auch dann greifen würde, wenn es gar nicht zum späteren Teilakt kommt.[1636] In diesem Fall gibt es keine zusammengesetzte geschäftliche Handlung. Zudem sollte der spätere Teilakt in dieser Konstruktion regelmäßig den notwendigen Marktbezug beinhalten.

Insgesamt basiert die Argumentation auf dem offenen Wortlaut des § 1 UWG a.F. und der Erwägung, dass der Schutzzweck der Norm die Bildung eines Gesamttatbestandes als Bewertungsgrundlage für die Sittenwidrigkeit erforderte.[1637] Vom Anwendungsbereich gemäß § 1 UWG a.F. wurde erfasst, „wer im geschäftlichen Verkehr zu Zwecken des Wettbewerbs Handlungen“ vornahm. Mit dem UWG 2004 wurde dieser weite Wortlaut eingegrenzt und das Kriterium der Sittenwidrigkeit aufgegeben. Es kann daher nicht der Vorstellung des Gesetzgebers, der mit der geschäftlichen Handlung einen „Zentralbegriff“ etablieren wollte,[1638] entsprechen, die Voraussetzungen dieses Begriffs durch die Einbeziehung vorheriger Handlungen zu umgehen. Zwar lässt § 2 Abs. 1 Nr. 1 UWG auch

---

1629 Ohly/Sosnitza/*Sosnitza*, § 2 UWG Rn. 15.

1630 OLG Hamburg 27.11.1986, GRUR 1987, 546, 548.

1631 *Piper* FS Erdmann, 679, 687.

1632 BGH 11.5.2000, BGHZ 144, 255, 262.

1633 *Piper* FS Erdmann, 679, 688 f.

1634 *Piper* FS Erdmann, 679, 690.

1635 *Elskamp*, S. 109.

1636 *Elskamp*, S. 117.

1637 *Piper* FS Erdmann, 679, 687 f.

1638 S. § 5 A.

Verhalten vor einem Geschäftsabschluss ausreichen – auch diese müssen aber die übrigen Voraussetzungen der Norm erfüllen.

IV. Nachgelagerte Verstöße als geschäftliche Handlungen i.S.d. § 2 Abs. 1 Nr. 1 UWG

Eine geschäftliche Handlung kann nach der Definition in § 2 Abs. 1 Nr. 1 UWG auch nach einem Geschäftsabschluss stattfinden. Dies setzt voraus, dass es nachgelagerte Handlungen gibt, die objektiv darauf gerichtet sind, die Arbeitnehmer bei der Entscheidung darüber, ob sie ihre Rechte geltend machen, zu beeinflussen.

1. Anknüpfungspunkte bei Mindestentgeltverstößen

Dieser Ansatz wird bei Mindestentgeltverstößen vertreten, wobei neben der Vorenthaltung des Mindestlohns bei der Auszahlung auch die fehlerhafte Abrechnung des Arbeitsentgelts nach § 108 Abs. 1 GewO und ggf. die Aufforderung zur Unterzeichnung eines fehlerhaften Stundenzettels, der durch die Nichtbeachtung von Überstunden o.ä. zu einer Unterschreitung des Mindestentgeltes führt, als Anknüpfungspunkte in Frage kommen sollen.[1639] Jedenfalls die beiden letztgenannten Handlungen sollen typischerweise darauf abzielen, den Vertragspartner von der ggf. gerichtlichen Geltendmachung seiner Ansprüche abzuhalten, weil nur wenige Arbeitnehmer dafür ihr Arbeitsverhältnis gefährden würden.[1640] Dafür spricht, dass das Arbeitsverhältnis ein Dauerschuldverhältnis ist, in dem die Vertragspartner regelmäßig und wiederholt Entscheidungen in Bezug auf ihre Rechte und Pflichten treffen. Zudem gehören zu den vertraglichen Rechten i.S.d. Art. 2 lit. k) UGP-RL auch Rechte auf Erfüllung.[1641]

2. Beschränkung auf vertragliche Rechte

Dabei fordern Richtlinie und UWG im Wortlaut zwar ein vertragliches Recht. Dagegen ist insbesondere § 1 Abs. 1 MiLoG nach herrschender Ansicht die Grundlage eines gesetzlichen Anspruches, der selbstständig neben sonstigen Entgeltansprüchen steht.[1642] Der Begriff der geschäftlichen Entscheidung muss aber

---

1639 *Fechner/Kocher*, NZA 2017, 755, 759 ff.

1640 *Fechner/Kocher*, NZA 2017, 755, 760.

1641 K/B/F/*Köhler*, § 2 UWG Rn. 85.

1642 BAG 25.5.2016, NZA 2016, 1327 Rn. 22; BAG 29.6.2016, NZA 2016, 1332 Rn. 18; BAG 21.12.2016, NZA 2017, 378 Rn. 16; Thüsing-MiLoG/*Bayreuther*, § 1 Rn. 4; BeckOK-ArbR/*Greiner*, § 1 MiLoG Rn. 22; *Riechert/Nimmerjahn*, § 1 MiLoG Rn. 2 f.

im Lichte des Schutzzweckes der UGP-Richtlinie ggf. weit ausgelegt werden,[1643] wobei im Sinne der Rechtssicherheit wiederum eine einheitliche Auslegung geboten ist.[1644] Nach Erwägungsgrund 8 S. 1 UGP-RL schützt die Richtlinie die wirtschaftlichen Interessen der Verbraucher vor unlauteren Geschäftspraktiken im Geschäftsverkehr. Aus der Rechtsnatur des § 1 Abs. 1 MiLoG ergeben sich keine relevanten Unterschiede für die wirtschaftlichen Interessen des Arbeitnehmers. Zudem setzt der Anspruch gerade einen Arbeitsvertrag zwischen den beiden Parteien voraus.

3. *Übertragbarkeit auf weitere Arbeitsbedingungen*

Auf Tariflohnunterschreitungen lassen sich diese Ansätze ohne weiteres übertragen, weil die unvollständige Abrechnung nach § 108 Abs. 1 GewO oder ein entsprechend angepasster Stundenzettel dem Arbeitnehmer auch hier einen Verzicht auf die Geltendmachung nahelegen können. Solche Anknüpfungspunkte gibt es auch für andere Arbeitsbedingungen, über die der Arbeitnehmer keine Abrechnung erhält. Ein Stundenzettel – sofern ein solcher erstellt wird, was insbesondere außerhalb des Anwendungsbereiches der Dokumentationspflicht nach § 17 Abs. 1 S. 1 MiLoG nicht zwingend der Fall sein wird – würde regelmäßig auch Beginn, Ende und Dauer der täglichen Arbeitszeit wiedergeben. Anders als beim Entgeltanspruch entscheidet sich der Arbeitnehmer insofern allerdings nicht für oder gegen die Geltendmachung eines vertraglichen Rechts.

Durch die Erweiterung des UWG auf den Nachfragewettbewerb kann der objektive Zusammenhang aber auch zu einer Entscheidung darüber bestehen, ob der Vertragspartner eine Dienstleistung liefern will.[1645] Erfasst sind damit Entscheidungen bezüglich der weiteren Vertragsdurchführung, wozu insbesondere die Erfüllung der Leistungspflichten zählt.[1646] Art. 2 lit. k) UGP-RL entsprechend kommt es wiederum nicht darauf an, ob der Marktteilnehmer tatsächlich tätig wird oder dies unterlässt.[1647] Entscheidet in der Folge also ein Arbeitnehmer beispielsweise darüber, ob er auch zukünftig trotz der Sonn- und Feiertagsruhe gemäß § 9 Abs. 1 ArbZG an solchen Tagen für seinen Arbeitgeber tätig wird, dann handelt es sich um eine weitere Entscheidung im Rahmen des andauernden Arbeitsverhältnisses.

1643 F/B/O/*Fezer*, § 2 Abs. 1 Nr. 9 UWG Rn. 6; vgl. K/B/F/*Köhler*, § 2 UWG Rn. 149.
1644 Harte-Bavendamm/Henning-Bodewig/*Keller*, § 2 UWG Rn. 220.
1645 GK-UWG/*Peukert*, § 2 Rn. 306 Fn. 567.
1646 GK-UWG/*Peukert*, § 2 Rn. 307.
1647 GK-UWG/*Peukert*, § 2 Rn. 306.

Über andere Arbeitsbedingungen, z.B. den Arbeitsschutz, wird der Arbeitnehmer regelmäßig keine entsprechende Aufzeichnung vom Arbeitgeber erhalten. Immerhin kann in der Zurückweisung eines Anspruches mit – ggf. fehlerhaften – Informationen zur Rechts- oder Sachlage eine geschäftliche Handlung liegen, wobei die mögliche Unlauterkeit sich dann in der Regel aus § 5 Abs. 1 UWG ergeben würde.[1648] Auch das Bestreiten einer Pflichtverletzung oder die Weigerung, einer vertraglichen Pflicht nachzukommen, kann objektiv darauf gerichtet sein, den Vertragspartner von der Geltendmachung seiner Ansprüche abzubringen.[1649]

Nach herrschender Meinung besteht ein Anspruch auf Erfüllung der Fürsorgepflicht nach §§ 618 Abs. 1, 2 BGB.[1650] Übertragen auf das Arbeitsverhältnis wäre also denkbar, dass der Arbeitgeber vorgibt, die vorgeschriebenen Arbeitsschutzmaßnahmen einzuhalten oder sich aktiv weigert, dies zu tun. Zudem können auch Einreden in Bezug auf das abgeschlossene Geschäft vertragliche Rechte i.S.d. § 2 Abs. 1 Nr. 9 UWG sein.[1651] Erfüllt ein Arbeitgeber seine Pflichten nach §§ 618 Abs. 1, 2 BGB nicht, steht dem Arbeitnehmer nach herrschender Meinung ein Leistungsverweigerungsrecht aus § 273 Abs. 1 BGB zu.[1652] Jedenfalls die falsche Behauptung, die Pflichten zu erfüllen, kann objektiv darauf gerichtet sein, den Arbeitnehmer von der Ausübung dieses Rechts abzuhalten und damit eine Entscheidung zu beeinflussen.

4. *Stellungnahme*

Eine Abrechnung oder ähnliche Handlung durch den Arbeitgeber stellt typischerweise den Abschluss einer Angelegenheit dar. Insofern überzeugt die Annahme, dass dem Arbeitnehmer – jedenfalls im Regelfall – mit der systematisch fehlerhaften Abrechnung oder Dokumentation nahegelegt wird, auf eine Geltendmachung zu verzichten. Auch eine Handlung, die zugleich der Erfüllung

---

1648 *Köhler,* WRP 2009, 898, 901 f., 906 f.; vgl. GK-UWG/*Peukert,* § 2 Rn. 325.

1649 *Köhler,* WRP 2009, 898, 902.

1650 BAG 10.3.1976, AP BGB § 618 Nr. 17; BAG 17.2.1998, AP BGB § 618 Nr. 27; MüKo/*Henssler,* 8. Aufl. 2020, § 618 BGB Rn. 87; Staudinger/*Oetker,* (2016) § 618 BGB Rn. 248; ErfK/*Roloff,* § 618 BGB Rn. 15.

1651 MüKo-UWG/*Bähr,* § 2 UWG Rn. 384; Harte-Bavendamm/Henning-Bodewig/*Keller,* § 2 UWG Rn. 230; K/B/F/*Köhler,* § 2 UWG Rn. 155.

1652 BAG 8.5.1996, AP BGB § 618 Rn. 23; BAG 17.2.1998, AP BGB § 618 Nr. 27; MüKo/*Henssler,* 8. Aufl. 2020, § 618 BGB Rn. 92; Staudinger/*Oetker,* (2016) § 618 BGB Rn. 257 ff. m.w.N.; ErfK/*Roloff,* § 618 BGB Rn. 16.

gesetzlicher Pflichten dient, kann den objektiven Zusammenhang aufweisen und damit eine geschäftliche Handlung i.S.d. § 2 Abs. 1 Nr. 1 UWG darstellen.[1653] Es muss also nicht der einzige objektive Zweck einer solchen Verhaltensweise sein, eine Entscheidung des Arbeitnehmers zu beeinflussen.

Dennoch bieten nachgelagerte Handlungen keinen Weg, um den Anwendungsbereich des UWG im Bereich der Arbeitsbedingungen generell zu eröffnen. Das die Unlauterkeit begründende Verhalten und die geschäftliche Handlung können auch hier nicht auseinanderfallen. Dies zeigt sich beispielhaft an der Möglichkeit, an die Zurückweisung eines Anspruchs anzuknüpfen, weil die Unlauterkeit sich dann nicht aus der Verletzung der arbeitsrechtlichen Vorschrift, sondern aus der Irreführung ergeben kann. Falsche Angaben gegenüber Vertragspartnern können in den Anwendungsbereich des UWG fallen – dies hat aber keine Auswirkungen auf die völlig anders gelagerte Frage, ob die Vorschrift, gegen die verstoßen wird, die Voraussetzungen des § 3a UWG erfüllt.[1654] Dementsprechend müsste beispielsweise die fehlerhafte Abrechnung nach § 108 Abs. 1 GewO selbst die Voraussetzungen des Rechtsbruchtatbestandes erfüllen, ohne dass sich auf die Argumentation im Rahmen der §§ 1, 3 MiLoG zurückgreifen ließe.

Dass solchen Verhaltensweisen bei der Durchführung des Arbeitsverhältnisses regelmäßig die Außenwirkung fehlen wird, zeigt ein weiteres Problem. In allen genannten Konstellationen geht es um die Entscheidungen von Arbeitnehmern. Weil § 2 Abs. 1 Nr. 9 UWG in seinem Regelungsinhalt über den B2C-Bereich hinausgeht, kommen zwar neben den geschäftlichen Entscheidungen von Verbrauchern insbesondere auch solche von sonstigen Marktteilnehmern in Frage.[1655] Bei der Durchführung des Arbeitsverhältnisses sind Arbeitnehmer aber keine Marktteilnehmer.[1656] Selbst wenn es beispielsweise um die Zurückbehaltung ihrer Arbeitsleistung geht, treten sie nur im innerbetrieblichen Bereich gegenüber dem Arbeitgeber auf. Die Einwirkung auf ihre Entscheidungen kann damit keinen objektiven Zusammenhang i.S.d. § 2 Abs. 1 Nr. 1 UWG begründen.

1653 K/B/F/*Köhler*, § 2 UWG Rn. 49; GK-UWG/*Peukert*, § 2 Rn. 178; vgl. Büscher/*Franzke*, § 2 Abs. 1 Nr. 1 UWG Rn. 27.

1654 Vgl. OLG Frankfurt a.M. 29.1.2015, GRUR 2015, 401 Rn. 30.

1655 F/B/O/*Fezer*, § 2 Abs. 1 Nr. 9 UWG Rn. 5; Harte-Bavendamm/Henning-Bodewig/*Keller*, § 2 UWG Rn. 221; K/B/F/*Köhler*, § 2 UWG Rn. 150; GK-UWG/*Peukert*, § 2 Rn. 305; Büscher/*Schilling*, § 2 Abs. 1 Nr. 9 UWG Rn. 2.

1656 S. § 3 C. III. 2.

§ 6 Gläubiger der Abwehransprüche, § 8 Abs. 3 UWG

Nach § 8 Abs. 3 UWG stehen die Ansprüche aus § 8 Abs. 1 UWG, also insbesondere der Anspruch auf Unterlassung, den in den § 8 Abs. 3 Nr. 1 - 4 UWG genannten Gläubigern zu. Weil es in der Regel um die Geltendmachung eigener Ansprüche geht, fallen die Anspruchsberechtigung und die Klagebefugnis grundsätzlich zusammen.[1657] Nach der herrschenden Lehre von der Doppelnatur regeln die § 8 Abs. 3 Nr. 2 - 3 UWG nicht nur die materiell-rechtliche Anspruchsberechtigung, sondern auch die prozessuale Klagebefugnis.[1658]

A. Keine Anspruchsberechtigung des einzelnen Arbeitnehmers

Dem einzelnen Arbeitnehmer räumt § 8 Abs. 3 UWG in keinem Fall die Möglichkeit ein, gegen lauterkeitsrechtlich relevante Verstöße selbst vorzugehen. Die Regelung des § 8 Abs. 3 UWG ist abschließend und erfasst insbesondere einzelne Verbraucher auch dann nicht, wenn sie unmittelbar betroffen sind.[1659] Ihr Schutz wird im UWG durch die anspruchsberechtigten Kollektive gewährleistet, an die sie sich ggf. wenden können.[1660] Selbst wenn Arbeitnehmer unter den lauterkeitsrechtlichen Verbraucherbegriff des § 2 Abs. 2 UWG i.V.m. § 13 BGB

1657 K/B/F/*Köhler/Feddersen*, § 8 UWG Rn. 3.8.

1658 Vgl. BGH 23.2.2006, GRUR 2006, 517 Rn. 15; BGH 16.11.2006, GRUR 2007, 610 Rn. 14; BGH 7.5. 2015, GRUR 2015, 1240 Rn. 13; G/L/D/*Fritzsche*, § 79 Rn. 166 ff.; Harte-Bavendamm/Henning-Bodewig/*Goldmann*, § 8 UWG Rn. 326; Büscher/*Hohlweck*, § 8 UWG Rn. 276; K/B/F/*Köhler/Feddersen*, § 8 UWG Rn. 3.10 ff.; Ohly/Sosnitza/*Ohly*, § 8 UWG Rn. 86; GK-UWG/*Paal*, 2. Aufl. 2014, § 8 Rn. 196.

1659 Begr. RegE., BT-Drs. 15/1487, S. 22; BGH 14.3.2017, GRUR 2017, 748 Rn. 13; BGH 10.7.2018, GRUR 2018, 1178 Rn. 12; F/B/O/*Büscher*, § 8 UWG Rn. 230 ff.; G/L/D/*Fritzsche*, § 79 Rn. 164; Harte-Bavendamm/Henning-Bodewig/*Goldmann*, § 8 UWG Rn. 317; Büscher/*Hohlweck*, § 8 UWG Rn. 277; K/B/F/*Köhler/Feddersen*, § 8 UWG Rn. 3.4; MüKo-UWG/*Ottofülling*, 2. Aufl. 2014, § 8 Rn. 319; GK-UWG/*Paal*, 2. Aufl. 2014, § 8 Rn. 193; HK-UWG/*Schmitz-Fohrmann/Schwab*, § 8 Rn. 119.

1660 BGH 10.7.2018, GRUR 2018, 1178 Rn. 12; K/B/F/*Köhler/Feddersen*, § 8 UWG Rn. 3.4; MüKo-UWG/*Ottofülling*, 2. Aufl. 2014, § 8 Rn. 319; GK-UWG/*Paal*, 2. Aufl. 2014, § 8 Rn. 193.

fallen würden, stünde ihnen damit kein eigener Anspruch zu. Dies gilt ebenso, wenn sie als sonstige Marktteilnehmer i.S.d. § 2 Abs. 1 Nr. 2 UWG auftreten.

Der ab dem 28.05.2022 geltende § 9 Abs. 2 S. 1 UWG n.F., der durch das Gesetz zur Stärkung des Verbraucherschutzes im Wettbewerbs- und Gewerberecht vom 10.08.2021 ins UWG eingefügt wurde, sieht erstmals den Schadensersatzanspruch eines Verbrauchers vor. Dieser ist anspruchsberechtigt, wenn der Unternehmer vorsätzlich oder fahrlässig eine nach § 3 UWG unzulässige geschäftliche Handlung vornimmt und den geschädigten Verbraucher hierdurch zu einer geschäftlichen Handlung veranlasst, die er andernfalls nicht getroffen hätte. § 9 Abs. 2 S. 2 UWG n.F. nimmt insbesondere unlautere geschäftliche Handlungen nach § 3a UWG aus. Dies beruht auf dem unionsrechtlichen Hintergrund der Regelung. Sie setzt den neu in die UGP-Richtlinie eingefügten Art. 11a UGP-RL um.[1661] Die Richtlinie kennt keinen Rechtsbruchtatbestand.[1662] Der individuelle Schadensersatzanspruch erfasst aber nur Verstöße gegen Vorschriften, die die UGP-Richtlinie umsetzen.[1663] Angesichts dieser engen Umsetzung, die ohnehin nur den lauterkeitsrechtlichen Schadensersatzanspruch betrifft, ergeben sich für die Anspruchsberechtigung der Arbeitnehmer – selbst wenn sie als sonstige Marktteilnehmer i.S.d. § 2 Abs. 1 Nr. 2 UWG auftreten – in Hinblick auf Verstöße gegen gesetzliche Vorschriften über Arbeitsbedingungen, die nicht in den Anwendungsbereich der UGP-Richtlinie fallen, keine Unterschiede.

B. Mitbewerber i.S.d. § 8 Abs. 3 Nr. 1 UWG

§ 8 Abs. 3 Nr. 1 UWG nennt die Mitbewerber und nimmt damit Bezug auf die Definition des § 2 Abs. 1 Nr. 3 UWG, die insbesondere ein konkretes Wettbewerbsverhältnis fordert. Im Gegensatz zur Vorgängernorm des § 13 Abs. 2 Nr. 1 UWG a.F. geht es grundsätzlich nur um die Anspruchsberechtigung des unmittelbar Verletzten.[1664] Das konkrete Wettbewerbsverhältnis kann auf dem Absatzmarkt bestehen, beispielsweise wenn einer der Unternehmer seine Dienstleistungen auch an Sonn- und Feiertagen anbietet.[1665]

1661 Begr. RegE., BT-Drs. 19/27873, S. 20, 39 ff.

1662 S. § 4 A. II.

1663 Begr. RegE., BT-Drs. 19/27873, S. 41.

1664 Begr. RegE., BT-Drs. 15/1487, S. 22; Harte-Bavendamm/Henning-Bodewig/*Goldmann*, § 8 UWG Rn. 341; K/B/F/*Köhler/Feddersen*, § 8 UWG Rn. 3.26; MüKo-UWG/*Ottofülling*, 2. Aufl. 2014, § 8 Rn. 339, 348; GK-UWG/*Paal*, 2. Aufl. 2014, § 8 Rn. 204; HK-UWG/*Schmitz-Fohrmann/Schwab*, § 8 Rn. 123.

1665 OLG Karlsruhe 26.9.2007, BeckRS 2008, 8343 Rn. 11.

Zudem können die Voraussetzungen im Nachfragewettbewerb und dabei insbesondere beim Wettbewerb um Arbeitskräfte vorliegen.[1666] Ein gleichzeitiges Wettbewerbsverhältnis auf dem Absatzmarkt ist nicht notwendig.[1667] Allerdings müssen angebotene Stellen aus Sicht des Arbeitnehmers vergleichbar sein, während die bloße Konkurrenz um die Arbeitskraft als solche nicht ausreicht.[1668] Der jeweilige Mitbewerber muss ebenfalls ein Interesse an der Arbeitskraft des Arbeitnehmers haben.[1669] Soweit es nicht um Stellenanzeigen geht, wird es an einem solchen Wettbewerbsverhältnis oft fehlen.[1670]

In der „Arbeitnehmerüberlassung"-Entscheidung machte der Bundesgerichtshof deutlich, dass der Unterlassungsanspruch des Mitbewerbers nicht daran scheitert, dass die verletzte Marktverhaltensregelung nur den Interessen anderer Marktteilnehmer dient.[1671] Die Befugnis nach § 8 Abs. 3 Nr. 1 UWG besteht auch dann, wenn der jeweilige Unlauterkeitstatbestand nur geschäftliche Handlungen gegenüber Verbrauchern oder sonstigen Marktteilnehmern erfasst.[1672] Das Klagerecht ist nicht an den Mitbewerberschutz als Schutzzweck gebunden.[1673] Dafür spricht bereits der Wortlaut, der keine Einschränkung erkennen lässt.[1674] Dies bestätigt ein Vergleich mit § 8 Abs. 3 Nr. 2 UWG, nach dem die Zuwiderhandlung die Interessen der Verbandsmitglieder berühren muss.[1675] Eine solche Beschränkung fehlt dem § 8 Abs. 3 Nr. 1 UWG. Dies gilt

---

1666 MüKo-UWG/*Bähr,* § 2 Rn. 271; Harte-Bavendamm/Henning-Bodewig/*Keller,* § 2 UWG Rn. 150; K/B/F/*Köhler,* § 2 UWG Rn. 106; vgl. zu § 13 Abs. 2 UWG a.F. *Schlosser,* WRP 2004, 145, 151.

1667 K/B/F/*Köhler,* § 2 UWG Rn. 106.

1668 MüKo-UWG/*Bähr,* § 2 Rn. 271.

1669 *Klocke* Latzel/Picker, 145, 159.

1670 Vgl. *Klocke* Latzel/Picker, 145, 159; vgl. zum Tarifbruch *Löwisch/Rieble,* § 4 TVG Rn. 130; bei Tarifbrüchen wäre zudem fraglich, ob man auch Arbeitgeber, die nicht Mitglied des Verbandes sind, unter § 8 Abs. 3 Nr. 1 UWG fallen lässt oder die Norm nur mitgliederschützend anwendet und damit die allgemeine lauterkeitsrechtliche Ebene verlässt, s. KeZa/*Stein,* § 4 TVG Rn. 284.

1671 BGH 23.6.2016, GRUR 2017, 95 Rn. 28.

1672 *Alexander,* Rn. 1629; G/L/D/*Fritzsche,* § 79 Rn. 173; Harte-Bavendamm/Henning-Bodewig/*Goldmann,* § 8 UWG Rn. 345 f.; K/B/F/*Köhler/Feddersen,* § 8 UWG Rn. 3.28; MüKo-UWG/*Ottofülling,* 2. Aufl. 2014, § 8 Rn. 348; *Schaffert* FS Ullmann, 845, 846.

1673 *Beater,* Rn. 2619.

1674 Vgl. K/B/F/*Köhler/Feddersen,* § 8 UWG Rn. 3.5.

1675 *Schaffert* FS Ullmann, 845 f.

auch im Rahmen des Rechtsbruchtatbestandes, insbesondere wenn Marktverhaltensregelungen nur den Interessen der Verbraucher dienen.[1676]

Die Voraussetzungen für eine teleologische Reduktion des § 8 Abs. 3 Nr. 1 UWG liegen vor, wenn allein die Interessen eines bestimmten Mitbewerbers betroffen sind, weil diesem die Entscheidung über die Geltendmachung des Anspruches vorbehalten sein soll.[1677] Beim Rechtsbruchtatbestand kommt es insofern auf den Schutzzweck der jeweiligen Primärnorm an.[1678] Vorschriften über Arbeitsbedingungen, die allein den Schutz bestimmter Mitbewerber bezwecken, ohne den Interessen weiterer Mitbewerber oder anderer Marktteilnehmer zu dienen, sind nicht ersichtlich.

Eine teleologische Reduktion wird zwar auch befürwortet, wenn nur die Interessen bestimmter unternehmerischer sonstiger Marktteilnehmer geschützt werden.[1679] Arbeitnehmer sind aber auch dann keine Unternehmer, wenn sie als Anbieter ihrer Arbeitskraft als sonstige Marktteilnehmer i.S.d. § 2 Abs. 1 Nr. 2 UWG auftreten.[1680] Zudem kann ihnen die Entscheidung über die Geltendmachung nicht vorbehalten sein, weil sie ohnehin nicht anspruchsberechtigt sind. Soll eine Marktverhaltensregelung nur die Interessen von Verbrauchern oder sonstigen Marktteilnehmern schützen, ist ein Unternehmer allerdings nur aktivlegitimiert, wenn er auf demselben Markt wie der Verletzer tätig ist, weil nur auf diesem der Wettbewerb verfälscht wird und Unternehmer auf anderen Märkten nicht unmittelbar betroffen sind.[1681]

C. Verbände i.S.d. § 8 Abs. 3 Nr. 2 UWG

Nach § 8 Abs. 3 Nr. 2 UWG stehen die Ansprüche aus § 8 Abs. 1 UWG auch rechtsfähigen Verbänden zur Förderung gewerblicher oder selbstständiger beruflicher Interessen zu. Durch das Gesetz zur Stärkung des fairen Wettbewerbs

---

1676 G/L/D/*Fritzsche,* § 79 Rn. 173; GK-UWG/*Peukert,* § 2 Rn. 487.

1677 BGH 2.10.2008, GRUR 2009, 416 Rn. 22; *Alexander,* Rn. 1646; *Beater,* Rn. 2593; Harte-Bavendamm/Henning-Bodewig/*Goldmann,* § 8 UWG Rn. 352; Büscher/*Hohlweck,* § 8 UWG Rn. 279; K/B/F/*Köhler/Feddersen,* § 8 UWG Rn. 3.5a; MüKo-UWG/*Ottofülling,* 2. Aufl. 2014, § 8 Rn. 318; GK-UWG/*Paal,* 2. Aufl. 2014, § 8 Rn. 204.

1678 Harte-Bavendamm/Henning-Bodewig/*Goldmann,* § 8 UWG Rn. 354; Büscher/*Hohlweck,* § 8 UWG Rn. 279; K/B/F/*Köhler/Feddersen,* § 8 UWG Rn. 3.6; MüKo-UWG/*Ottofülling,* 2. Aufl. 2014, § 8 Rn. 328; GK-UWG/*Peukert,* § 2 Rn. 487.

1679 *Beater,* Rn. 2636.

1680 S. § 3 C. II.

1681 GK-UWG/*Peukert,* § 2 Rn. 487.

vom 26.11.2020 wird § 8 Abs. 3 Nr. 2 UWG n.F. ab dem 01.12.2021 die Eintragung in die Liste der qualifizierten Wirtschaftsverbände nach § 8b UWG voraussetzen.[1682]

I. Hintergrund der Regelung

Der Erweiterung auf die Verbände i.S.d. § 8 Abs. 3 Nr. 2 UWG liegt die Erwägung zugrunde, dass die Mitbewerber oft keine Wettbewerbsprozesse führen wollen.[1683] Beispielsweise werden sie durch die Kostenrisiken abgeschreckt oder fürchten eine Revanche des verklagten Mitbewerbers.[1684] Dies gilt insbesondere, wenn sie selbst Missstände hinnehmen oder die wirtschaftlichen Auswirkungen der unlauteren Handlung für sie nicht deutlich spürbar sind.[1685] Allein die Mitbewerber könnten also keinen Schutz des lauteren Wettbewerbs gewährleisten. Bei der Nichteinhaltung von Arbeitsbedingungen stellt sich bei der Beweisführung zudem das Problem, dass der klagende Mitbewerber regelmäßig auf die Mitwirkung der Arbeitnehmer seines Konkurrenten angewiesen ist.[1686] Die Betroffenen werden es in der Regel nicht riskieren, der Klage eines Mitbewerbers gegen ihren eigenen Arbeitgeber zum Erfolg zu verhelfen oder sich gar initiativ an diesen zu wenden.

Deshalb kommt gerade bei der Nichteinhaltung von Arbeitsbedingungen die Durchsetzung durch Kollektive in Betracht. Neben den Gewerkschaften, die den Schutz von Arbeitnehmerinteressen verfolgen, können insbesondere Arbeitgeberverbände ein Interesse daran haben, gestützt auf lauterkeitsrechtliche Ansprüche gleiche Wettbewerbsbedingungen herzustellen.[1687] Als Vorbild kann wiederum die Rechtslage in Österreich und der Schweiz dienen.[1688] In Österreich steht der Unterlassungsanspruch nicht nur den Vereinigungen zur Förderung wirtschaftlicher Interessen von Unternehmern nach § 14 Abs. 1 S. 1 Alt. 2

1682 BGBl. 2020 Teil I, S. 2568.

1683 F/B/O/*Büscher,* § 8 UWG Rn. 242; G/L/D/*Fritzsche,* § 79 Rn. 175; Büscher/*Hohlweck,* § 8 UWG Rn. 287; MüKo-UWG/*Ottofülling,* 2. Aufl. 2014, § 8 Rn. 351; GK-UWG/*Paal,* 2. Aufl. 2014, § 8 Rn. 208; HK-UWG/*Schmitz-Fohrmann/Schwab,* § 8 Rn. 128.

1684 G/L/D/*Fritzsche,* § 79 Rn. 175; MüKo-UWG/*Ottofülling,* 2. Aufl. 2014, § 8 Rn. 351.

1685 *Herrnberger,* S. 281.

1686 *Bosch/Hüttenhoff/Weinkopf/Kocher/Fechner,* S. 43; *Fechner/Kocher,* NZA 2017, 755, 760; vgl. dazu bereits *J. Kohler,* S. 31.

1687 *Franke,* S. 105.

1688 *Fechner/Kocher* Stellungnahme, 121, 137; *Oetker* FS Smid, 1, 3; vgl. *Oetker* FS Bepler, 467, 468 f., 478; für § 14 ö UWG auch *Franke,* S. 118.

öUWG zu, sondern kann nach § 14 Abs. 1 S. 2 öUWG unter anderem auch von der Bundeskammer für Arbeiter und Angestellte, der Wirtschaftskammer Österreich und dem Österreichischen Gewerkschaftsbund geltend gemacht werden. Nach Art. 10 Abs. 2 lit. a schwUWG können Berufs- und Wirtschaftsverbände klagen, wenn sie nach den Statuten zur Wahrung der wirtschaftlichen Interessen ihrer Mitbewerber befugt sind. Diese Voraussetzungen können beispielsweise Arbeitgeberverbände und Gewerkschaften erfüllen, während Arbeitnehmer auch bei der Nichteinhaltung von Arbeitsbedingungen nach Art. 7 schwUWG selbst nicht klageberechtigt sind.[1689]

II. Arbeitgeberverbände als Verbände i.S.d. § 8 Abs. 3 Nr. 2 UWG

Insbesondere Fachverbände können Verbände i.S.d. § 8 Abs. 3 Nr. 2 UWG sein.[1690] Die wesentliche Hürde stellt an dieser Stelle die Begrenzung auf die Förderung gewerblicher oder selbstständiger beruflicher Interessen dar. Damit scheiden Arbeitgeberverbände aus, wenn sie allein arbeits- und sozialrechtlichen Belangen dienen.[1691] Dies ist insbesondere bei nach § 2 Abs. 1 TVG tariffähigen Vereinigungen von Arbeitgebern, deren Zweck der Abschluss von Tarifverträgen ist, der Fall.[1692] Allerdings können Arbeitgeberverbände die Anforderungen jedenfalls durch eine entsprechende Satzungsänderung erfüllen.[1693] Ihre Zielsetzung muss die Wahrnehmung der wirtschaftlichen Interessen der angehörigen Arbeitgeber erfassen.[1694]

III. Gewerkschaften als Verbände i.S.d. § 8 Abs. 3 Nr. 2 UWG

Vor der ausdrücklichen Einräumung eines Klagerechtes durch § 8 Abs. 3 Nr. 4 UWG n.F. war § 8 Abs. 3 Nr. 2 UWG der naheliegendste Anknüpfungspunkt

1689 *Leibinger*, S. 97, 119.

1690 F/B/O/*Büscher*, § 8 UWG Rn. 251; G/L/D/*Fritzsche*, § 79 Rn. 178; Büscher/*Hohlweck*, § 8 UWG Rn. 289; Ohly/Sosnitza/*Ohly*, § 8 UWG Rn. 96; MüKo-UWG/*Ottofülling*, 2. Aufl. 2014, § 8 Rn. 357; HK-UWG/*Schmitz-Fohrmann/Schwab*, § 8 Rn. 130.

1691 *Fechner/Kocher*, NZA 2017, 755, 760; *Oetker* FS Bepler, 467, 478; i.E. auch Düwell/Schubert/*Düwell*, § 1 MiLoG Rn. 7; weiter zu § 13 Abs. 2 Nr. 2 UWG a.F. *Däubler* Tarifvertragsrecht, Rn. 1403.

1692 *Oetker* FS Bepler, 467, 478.

1693 *Fechner/Kocher*, NZA 2017, 755, 760; *Löwisch/Rieble*, § 4 TVG Rn. 130.

1694 *Oetker* FS Bepler, 467, 478.

für eine Anspruchsberechtigung und Klagebefugnis der Gewerkschaften bei unlauteren Handlungen im Bereich der Arbeitsbedingungen.

1. *Rechtsfähige Verbände i.S.d. § 8 Abs. 3 Nr. 2 UWG*

In der lauterkeitsrechtlichen Literatur wird dem nicht eingetragenen Verein i.S.d. § 54 BGB die für § 8 Abs. 3 Nr. 2 UWG notwendige Rechtsfähigkeit abgesprochen.[1695] Bei Arbeitgeberverbänden stellt sich an dieser Stelle kein Problem, da sie regelmäßig eingetragene Vereine i.S.d. § 21 ff. BGB sind – demgegenüber sind Gewerkschaften klassischerweise als nicht eingetragene Vereine organisiert.[1696] In Anlehnung an die Rechtsprechung des Bundesgerichtshofs zur Parteifähigkeit von Gewerkschaften nach § 50 Abs. 1 ZPO[1697], der ebenfalls an die Rechtsfähigkeit anknüpft, soll sich diese Hürde aber überwinden lassen.[1698] Jedenfalls nach Anerkennung der Rechtsfähigkeit der Außen-GbR durch den Bundesgerichtshof erkennt die herrschende Ansicht in der Literatur ohnehin die Rechtsfähigkeit des nicht eingetragenen Vereins an.[1699] Dies ergibt sich bereits aus einer konsequenten Anwendung des Verweises nach § 54 S. 1 BGB.[1700] Damit können Gewerkschaften, die nicht im Vereinsregister eingetragen sind, trotz der amtlichen Überschrift des § 54 BGB nicht auf diesem Weg aus dem Anwendungsbereich des § 8 Abs. 3 Nr. 2 UWG a.F. ausgeschlossen werden.[1701]

Davon unterscheidet sich die Rechtslage ab Geltung des § 8 Abs. 3 Nr. 2 UWG n.F. Der Regierungsentwurf sah eine Begrenzung auf eingetragene Vereine vor, um eine gewisse Kontinuität und Ernsthaftigkeit sowie die Verfolgung ideeller Zwecke sicherzustellen.[1702] Zwar können auch Gewerkschaften, die als nicht eingetragene Vereine organisiert sind, diesen Vorstellungen entsprechen.[1703] Zudem wurde die strikte Anknüpfung an die Eintragung im Vereinsregister nicht in den

---

1695 G/L/D/*Fritzsche*, § 79 Rn. 177; K/B/F/*Köhler/Feddersen*, § 8 UWG Rn. 3.76; MüKo-UWG/*Ottofülling*, 2. Aufl. 2014, § 8 Rn. 367; HK-UWG/*Schmitz-Fohrmann/Schwab*, § 8 Rn. 130.

1696 *Franke*, S. 109, 112; *Klocke*, S. 150.

1697 BGH 6.10.1964, BGHZ 42, 210, 211 ff.; BGH 11.7.1968, BGHZ 50, 325, 333 f.

1698 *Franke*, S. 109, 112; *Klocke*, S. 150.

1699 MüKo/*Leuschner*, § 54 BGB Rn. 18 ff.; *Schmidt*, NJW 2001, 993, 1002 f.; Staudinger/*Schwennicke*, (2019) § 54 BGB Rn. 71 ff.

1700 *Jauernig*, NJW 2001, 2231, 2232.

1701 *Oetker* FS Smid, 1, 4.

1702 Begr. RegE., BT-Drs. 19/12084, S. 28.

1703 Aus Sicht des Gesetzgebers ist bei Gewerkschaften kein Missbrauch ersichtlich, s. Begr. RegE., BT-Drs. 19/12084, S. 27.

§ 8 Abs. 3 Nr. 2 UWG n.F. übernommen. Dies lag aber allein daran, dass diese Voraussetzung die durch Art. 49 AEUV gewährleistete Niederlassungsfreiheit von Verbänden aus anderen Mitgliedstaaten beeinträchtigt hätte.[1704] Im Ergebnis spielt dies keine Rolle, da der Gesetzgeber die Regelung für Gewerkschaften im § 8 Abs. 3 Nr. 4 UWG n.F. nicht hinsichtlich der Rechtsfähigkeit oder der Eintragung ins Vereinsregister begrenzt hat. Diese Regelung erklärt sich aus Sicht des Gesetzgebers gerade dadurch, dass Gewerkschaften als nicht eingetragene Vereine nicht unter § 8 Abs. 3 Nr. 2 UWG n.F. fallen sollten.[1705]

2. Zur Förderung gewerblicher oder selbstständiger beruflicher Interessen i.S.d. § 8 Abs. 3 Nr. 2 UWG

Auch nach § 8 Abs. 3 Nr. 2 UWG n.F. kommen nur Verbände zur Förderung gewerblicher oder selbstständiger beruflicher Interessen ihrer Mitglieder in Frage. Demgegenüber liegt die primäre Zielsetzung der Gewerkschaften darin, die Interessen abhängig Beschäftigter zu fördern.[1706] Im Unterschied zur weiten Regelung des Art. 10 Abs. 2 lit. a schwUWG, der allgemein auf die Förderung wirtschaftlicher Interessen abstellt, schließt die engere Fassung des § 8 Abs. 3 Nr. 2 UWG Vereinigungen von Arbeitnehmern aus.[1707] Ein anderes Ergebnis wäre mit dem klaren Wortlaut nicht vereinbar.

Anders als Arbeitgeberverbände können Gewerkschaften die Anforderungen der Norm grundsätzlich nicht durch eine Satzungsänderung erfüllen.[1708] Allerdings haben einzelne Gewerkschaften, beispielsweise die Gewerkschaft ver.di nach §§ 6 Nr. 1 lit b), 65 ihrer Satzung, ihre Mitgliedschaft für in ihrem Organisationsbereich tätige Selbstständige geöffnet und die Wahrnehmung ihrer Interessen in die Satzung aufgenommen, um insbesondere sogenannte Solo-Selbstständige vertreten zu können.[1709]

Selbst wenn eine Gewerkschaft neben den Interessen abhängig Beschäftigter auch die Belange Selbstständiger fördert, sprechen die übrige Mitgliederstruktur

1704 K/B/F/*Feddersen*, § 8b UWG Rn. 2 mit Verweis auf Beschlussempfehlung und Bericht des Ausschusses für Recht und Verbraucherschutz, BT-Drs. 19/22238, S. 17.

1705 Begr. RegE., BT-Drs. 19/12084, S. 27.

1706 *Oetker* FS Smid, 1, 4.

1707 *Oetker* FS Bepler, 467, 468 f., 478; i.E. auch *Bosch/Hüttenhoff/Weinkopf/Kocher/Fechner*, S. 43; Düwell/Schubert/*Düwell*, § 1 MiLoG Rn. 7; vgl. zu § 13 Abs. 2 Nr. 2 UWG a.F. *Däubler* Tarifvertragsrecht, Rn. 1403; *Franke*, S. 115 f.

1708 *Fechner/Kocher*, NZA 2017, 755, 760; *Löwisch/Rieble*, § 4 TVG Rn. 130.

1709 S. *Oetker* FS Smid, 1, 4 mit weiteren Beispielen.

und der entsprechende Verbandszweck im Regelfall dagegen, diese Gewerkschaften in den Anwendungsbereich des § 8 Abs. 3 Nr. 2 UWG einzubeziehen. Zwar müssen die Verbandsmitglieder nicht ausnahmslos Unternehmer sein, diese müssen aber den wesentlichen Anteil ausmachen.[1710] Zudem darf ein Verband die Interessen der angehörigen Verbraucher nicht gleichrangig mit denen der Unternehmer wahrnehmen und ihnen darf kein maßgeblicher Einfluss auf die Interessenwahrnehmung des Verbands eingeräumt werden, um Interessenkonflikte zu verhindern.[1711]

In den klassischen Gewerkschaften, beispielhaft in der genannten Gewerkschaft ver.di., werden trotz der Erweiterung des Organisationsbereiches auf Selbstständige die abhängig Beschäftigten den wesentlichen Anteil der Mitglieder ausmachen. Sollte dieses Verhältnis im Einzelfall tatsächlich umgekehrt werden, ist zu berücksichtigen, dass Arbeitnehmer im Regelfall keine Verbraucher i.S.d. § 2 Abs. 2 UWG i.V.m. § 13 BGB sind.[1712] Die Grundsätze zum „Mischverband" werden zwar auf die Mitgliedschaft sonstiger Marktteilnehmer i.S.d. § 2 Abs. 1 Nr. 2 UWG übertragen – auch diese können dem Verband grundsätzlich angehören, solange die Funktionsfähigkeit und der Charakter als Verband zur Förderung gewerblicher oder selbstständiger beruflicher Interessen i.S.d. § 8 Abs. 3 Nr. 2 UWG gewährleistet bleibt und Interessenkollisionen ausgeschlossen sind.[1713] Auch sonstige Marktteilnehmer sind Arbeitnehmer aber nur im Ausnahmefall.[1714]

An dieser Stelle bietet sich ein Blick auf die Rechtsprechung zu Fachverbänden an, die beispielsweise die Interessen von selbstständigen, aber auch von angestellten Journalisten, Psychologen oder Hebammen vertreten.[1715] Bei einem solchen Berufsverband für angestellte und freie Journalisten hatten der Bundesgerichtshof und mehrere Instanzgerichte die Voraussetzungen des § 3 Abs. 1

1710 BGH 12.7.1984, GRUR 1985, 58, 59; G/L/D/*Fritzsche*, § 79 Rn. 191; Ohly/Sosnitza/*Ohly*, § 8 UWG Rn. 105; MüKo-UWG/*Ottofülling*, 2. Aufl. 2014, § 8 Rn. 407; GK-UWG/*Paal*, 2. Aufl. 2014, § 8 Rn. 220; vgl. HK-UWG/*Schmitz-Fohrmann/Schwab*, § 8 Rn. 131.

1711 BGH 14.10.1982, GRUR 1983, 129, 130; F/B/O/*Büscher*, § 8 UWG Rn. 259; G/L/D/*Fritzsche*, § 79 Rn. 183; MüKo-UWG/*Ottofülling*, 2. Aufl. 2014, § 8 Rn. 355, 407; vgl. Ohly/Sosnitza/*Ohly*, § 8 UWG Rn. 105; GK-UWG/*Paal*, 2. Aufl. 2014, § 8 Rn. 220; HK-UWG/*Schmitz-Fohrmann/Schwab*, § 8 Rn. 131.

1712 S. § 3 B. II. 2. b).

1713 Ohly/Sosnitza/*Ohly*, § 8 UWG Rn. 105.

1714 S. § 3 C. III.

1715 *Oetker* FS Smid, 1, 4 f. mit weiteren Beispielen.

Nr. 2 UKlaG ohne eingehende Begründung als erfüllt angesehen.[1716] Die Rechtsprechung zum § 3 Abs. 1 Nr. 2 UKlaG ist im Grundsatz auf die Parallelnorm des § 8 Abs. 3 Nr. 2 UWG übertragbar.[1717] Dementsprechend berief sich der Verband in einem ähnlichen Verfahren vor dem LG Hamburg und nachfolgend dem OLG Hamburg erfolgreich allein auf § 8 Abs. 3 Nr. 2 UWG a.F.[1718] Auch von einem Teil der genannten Instanzgerichte wurde die Klagebefugnis zugleich auf § 8 Abs. 3 Nr. 2 UWG a.F. gestützt.[1719]

Bejaht wurde § 3 Abs. 1 Nr. 2 UKlaG zudem bei einem Fachverband für Synchronschauspieler.[1720] Dieser sei kein Mischverband im Sinne der Rechtsprechung des Bundesgerichtshofs, sondern ein berufsständischer Verband, bei dem es keine Anzeichen für einen Interessenkonflikt zwischen arbeitnehmerähnlichen Personen und Selbstständigen gebe.[1721] Dies soll selbst dann gelten, wenn der Verband diese Interessen gleichberechtigt vertritt, weil dabei einheitliche Anliegen wie die Interessen an angemessener Entlohnung oder angemessenen Vertragsbedingungen verfolgt würden.[1722] Demgegenüber verfolgten Gewerbetreibende und Verbraucher in Mischverbänden typischerweise unterschiedliche Zielsetzungen.[1723] Selbst wenn die Fachverbände ähnlich einer Gewerkschaft Arbeitnehmerinteressen verfolgen würden, z.B. hinsichtlich der Anerkennung

---

1716 BGH 31.5.2012, BGHZ 193, 268 Rn. 11; KG 26.3.2010, BeckRS 2010, 12966; OLG Jena 9.5.2012, BeckRS 2012, 11880; OLG Rostock 9.5.2012, BeckRS 2012, 17376; OLG München 27.6.2013, BeckRS 2014, 9818; LG Rostock 31.7.2009, BeckRS 2010, 25104 Rn. 18; LG Hamburg 6.9.2011, BeckRS 2011, 23452; LG München I 26.4.2012, BeckRS 2012, 23415; LG Mannheim 5.12.2011, NJW-RR 2012, 564, 565; LG Erfurt 21.12.2011, BeckRS 2012, 6439.

1717 G/L/D/*Fritzsche*, § 79 Rn. 191.

1718 OLG Hamburg 1.6.2011, GRUR-RR 2011, 293, 294; LG Hamburg 22.9.2009, BeckRS 2011, 22573.

1719 OLG Jena 9.5.2012, BeckRS 2012, 11880; OLG Rostock 9.5.2012, BeckRS 2012, 17376; LG Rostock 31.7.2009, BeckRS 2010, 25104 Rn. 18; LG Hamburg 6.9.2011, BeckRS 2011, 23452; offenbar auch LG Mannheim 5.12.2011, NJW-RR 2012, 564, 565; andere Entscheidungen ließen die Frage dahinstehen, s. OLG München 27.6.2013, BeckRS 2014, 9818; LG München I 26.4.2012, BeckRS 2012, 23415.

1720 KG 9.2.2012, BeckRS 2012, 13157; LG Berlin 25.6.2008, BeckRS 2010, 10890.

1721 LG Berlin 25.6.2008, BeckRS 2010, 10890; ebenso für einen Berufsverband von Autoren, Regisseuren und Produzenten OLG Dresden 12.3.2013, BeckRS 2013, 6064.

1722 KG 9.2.2012, BeckRS 2012, 13157.

1723 KG 9.2.2012, BeckRS 2012, 13157.

Selbstständiger als Arbeitnehmer, könne dies allein im Interesse dieser Selbstständigen liegen und damit unschädlich sein.[1724]

Diese Argumentation grenzt die Mitgliederstruktur der Fachverbände und ihre Interessen überzeugend von den Mischverbänden ab. Konsequenterweise ist sie auf andere Verbände, welche die Belange Selbstständiger und abhängig Beschäftigter fördern, zu übertragen. Ist dies bei einer Gewerkschaft der Fall, wird sie typischerweise einheitliche, zumindest aber keine gegenläufigen Anliegen im Interesse der verschiedenen Mitglieder verfolgen. Auf dieser Grundlage ist demnach eine Gestaltung von Gewerkschaften möglich, die die Voraussetzungen des § 8 Abs. 3 Nr. 2 UWG erfüllt. Die Interessen der abhängig Beschäftigten können sie mithilfe des lauterkeitsrechtlichen Unterlassungsanspruches aber nur dann mittelbar durchsetzen, wenn im Einzelfall tatsächlich ein einheitliches Interesse mit dem der verbandsangehörigen Unternehmer vorliegt.

IV. Gemeinsame Einrichtungen der Tarifvertragsparteien als Verbände i.S.d. § 8 Abs. 3 Nr. 2 UWG

Zur effektiven Durchsetzung tarifvertraglicher Regelungen wird die Errichtung gemeinsamer Einrichtungen der Tarifvertragsparteien vorgeschlagen, die als Verbände i.S.d. § 8 Abs. 3 Nr. 2 UWG vorgehen sollen.[1725] Die Tarifvertragsparteien hätten ein gemeinsames Interesse daran, die durch die Unterbietung der vereinbarten Mindeststandards hervorgerufenen Wettbewerbsverzerrungen zu verhindern.[1726]

Die gemeinsamen Einrichtungen der Tarifvertragsparteien nach § 4 Abs. 2 TVG werden im Rahmen der von Art. 9 Abs. 3 GG geschützten Tarifautonomie geschaffen und müssen demnach primär darauf gerichtet sein, die Arbeits- und Wirtschaftsbedingungen zu fördern – dies ist nicht der Fall, wenn die Einrichtung vor allem gewerblichen Zwecken dient.[1727] Wie bei Gewerkschaften als Vereinigungen von Arbeitnehmern und nach § 2 Abs. 1 TVG tariffähigen Arbeitgeberverbänden, die den Abschluss von Tarifverträgen bezwecken, liegt der Verbandszweck nicht in der Förderung gewerblicher oder selbstständiger beruflicher Interessen. Die gemeinsamen Einrichtungen sollen Individualansprüche zusammenfassen und dabei ein versicherndes Element haben, ein

1724 KG 9.2.2012, BeckRS 2012, 13157.

1725 *Bepler*, SR Sonderausgabe 2019, 12, 16.

1726 *Bepler* Gutachten 70. DJT, B 35.

1727 BeckOK-ArbR/*Giesen*, § 4 TVG Rn. 11.

bloßes Durchsetzungsinstrument zur Verfolgung von Tarifbrüchen ist deshalb nicht von der Tarifmacht nach § 4 Abs. 2 TVG gedeckt.[1728]

V. Wettbewerbsvereinigungen als Verbände i.S.d. § 8 Abs. 3 Nr. 2 UWG

Die bekannteste Wettbewerbsvereinigung ist die Zentrale zur Bekämpfung unlauteren Wettbewerbs (Wettbewerbszentrale), die aufgrund ihrer Mitgliederstruktur über eine sachlich und örtlich uneingeschränkte Prozessführungsbefugnis verfügt.[1729] Sie erfüllt die Voraussetzungen des § 8 Abs. 3 Nr. 2 UWG und ist im Bereich der Arbeitsbedingungen beispielsweise bei Verstößen gegen Ladenschluss- bzw. Ladenöffnungszeitenregelungen und die Sonn- und Feiertagsgesetze der Länder aktiv.[1730] Die Bekämpfung des unlauteren Wettbewerbs dient dabei der Förderung gewerblicher Interessen und reicht als Satzungszweck und alleinige Tätigkeit aus.[1731] Dazu können Arbeitgeber auch branchenbezogene Vereine gründen.[1732] Beispielsweise fördert der Verein zur Bekämpfung unlauteren Wettbewerbs in der Nahrungsmittel- und Gastronomiebranche (VBuW) seiner Satzung nach die gewerblichen Interessen seiner Mitglieder, indem er den unlauteren Wettbewerb in der Branche bekämpft.[1733] Dazu ging er als Verband i.S.d. § 8 Abs. 3 Nr. 2 UWG bisher unter anderem gegen Mindestlohnverstöße von Pizza-Lieferdiensten vor.[1734]

D. Gewerkschaften als qualifizierte Einrichtungen zum Schutz von Verbraucherinteressen i.S.d. § 8 Abs. 3 Nr. 3 UWG

§ 8 Abs. 3 Nr. 3 UWG nimmt Bezug auf die Liste der qualifizierten Einrichtungen nach § 4 UKlaG. Auch zur Fassung des § 4 Abs. 2 S. 1 UKlaG a.F., die einen

---

1728 *Löwisch/Rieble*, § 4 TVG Rn. 83, 388.

1729 MüKo-UWG/*Ottofülling*, 2. Aufl. 2014, § 8 Rn. 361.

1730 S. z.B. OLG Stuttgart 24.4.2008, WRP 2008, 977; OLG Hamm 26.3.2013, GRUR-RR 2013, 297; LG Nürnberg-Fürth 25.6.2012, WRP 2012, 1469.

1731 F/B/O/*Büscher*, § 8 UWG Rn. 252; G/L/D/*Fritzsche*, § 79 Rn. 182; K/B/F/*Köhler/Feddersen*, § 8 UWG Rn. 3.78; Ohly/Sosnitza/*Ohly*, § 8 UWG Rn. 98; MüKo-UWG/*Ottofülling*, 2. Aufl. 2014, § 8 Rn. 374.

1732 Düwell/Schubert/*Düwell*, § 1 MiLoG Rn. 6.

1733 LG Berlin 18.6.2015, 101 O 60/15 (unveröffentlicht).

1734 LG Berlin 18.6.2015, 101 O 60/15 (unveröffentlicht).

rechtsfähigen Verein forderte, wurde erwogen, diese Voraussetzung in Anlehnung an die Rechtsprechung des Bundesgerichtshofs zur Parteifähigkeit von Gewerkschaften nach § 50 Abs. 1 ZPO zu bejahen.[1735] § 4 Abs. 2 S. 1 UKlaG n.F. ist nun ausdrücklich auf eingetragene Vereine beschränkt.[1736] Der klare Wortlaut lässt es nicht zu Gewerkschaften, die als nicht eingetragene Vereine organisiert sind, zu erfassen.

Unabhängig davon könnten Gewerkschaften unlautere geschäftliche Handlungen nicht auf Grundlage des § 8 Abs. 3 Nr. 3 UWG zur Durchsetzung der Interessen ihrer abhängig beschäftigten oder selbstständig tätigen Mitglieder verfolgen. § 8 Abs. 3 Nr. 3 UWG dient dem kollektiven Verbraucherschutz, im Lichte dieses Zwecks dürfen die qualifizierten Einrichtungen nur zum Schutz von Verbraucherinteressen tätig werden.[1737] Zudem müssen über die Interessen der Mitglieder hinaus auch allgemeine Verbraucherinteressen verfolgt werden.[1738] Gewerkschaften können zwar jedenfalls durch eine Satzungsänderung die Voraussetzungen des § 8 Abs. 3 Nr. 3 UWG i.V.m. § 4 Abs. 2 UKlaG erfüllen.[1739] Grundsätzlich bestehen die erforderlichen Verbraucherinteressen der Arbeitnehmer.[1740] Weil sie in Bezug auf das Arbeitsverhältnis aber keine Verbraucher i.S.d. § 2 Abs. 2 UWG i.V.m. § 13 BGB sind, können Gewerkschaften insofern nicht als Einrichtungen zum Schutz von Verbraucherinteressen nach § 8 Abs. 3 Nr. 3 UWG tätig werden.[1741] Zwar haben viele Verbraucher ein Interesse an der

---

1735 *Klocke* Latzel/Picker, 145, 157; *Klocke,* S. 150; vgl. zu § 13 Abs. 2 Nr. 2 UWG a.F. bereits *Franke,* S. 109.

1736 K/B/F/*Köhler/Feddersen,* § 8 UWG Rn. 3.54.

1737 Begr. RegE., BT-Drs. 15/1487, S. 23; G/L/D/*Fritzsche,* § 79 Rn. 218; Harte-Bavendamm/Henning-Bodewig/*Goldmann,* § 8 UWG Rn. 413; Büscher/*Hohlweck,* § 8 UWG Rn. 300; K/B/F/*Köhler/Feddersen,* § 8 UWG Rn. 3.51; MüKo-UWG/*Ottofülling,* 2. Aufl. 2014, § 8 Rn. 420 f.; GK-UWG/*Paal,* 2. Aufl. 2014, § 8 Rn. 229.

1738 F/B/O/*Büscher,* § 8 UWG Rn. 273; MüKo-UWG/*Ottofülling,* 2. Aufl. 2014, § 8 Rn. 427; GK-UWG/*Paal,* 2. Aufl. 2014, § 8 Rn. 235.

1739 *Fechner/Kocher,* NZA 2017, 755, 760; *Löwisch/Rieble,* § 4 TVG Rn. 130; kritisch zu § 13 Abs. 2 Nr. 3 UWG a.F. *Franke,* S. 123 ff.; vgl. nur zu § 4 Abs. 2 UKlaG *Klocke* Latzel/Picker, 145, 157 f.; *Klocke,* S. 150 f.; in der Praxis lehnen die Gewerkschaften aber insbesondere die aus § 4b UKlaG folgenden Berichtspflichten für qualifizierte Einrichtungen ab, s. Stellungnahme zum Referentenentwurf eines Gesetzes zur Stärkung des fairen Wettbewerbs der Gewerkschaft ver.di vom 5.10.2018, S. 4.

1740 *Fechner/Kocher,* NZA 2017, 755, 760.

1741 Vgl. zu § 13 Abs. 2 Nr. 3 UWG a.F. *Schlosser,* WRP 2004, 145, 151 f.; i.E. zu § 13 Abs. 2 Nr. 3 UWG a.F. auch *Däubler* Tarifvertragsrecht, Rn. 1404; a.A. nur zu § 4 Abs. 2 UKlaG *Klocke* Latzel/Picker, 145, 157 f., der Arbeitnehmer auch im Hinblick

Einhaltung von Mindestarbeitsbedingungen, berührt ist dieses Interesse aber nur bei entsprechenden Werbemaßnahmen des Unternehmens.[1742] Auch wenn die Interessen von Arbeitnehmern als sonstigen Marktteilnehmern i.S.d. § 2 Abs. 1 Nr. 2 UWG betroffen sind, kann sich daraus keine Anspruchsberechtigung oder Klagebefugnis einer Gewerkschaft nach § 8 Abs. 3 Nr. 3 UWG ergeben.[1743]

E. Gewerkschaften i.S.d. § 8 Abs. 3 Nr. 4 UWG n.F.

Mit Wirkung vom 01.12.2021 erfasst § 8 Abs. 3 Nr. 4 UWG n.F. auch Gewerkschaften im Rahmen der Erfüllung ihrer Aufgaben bei der Vertretung selbstständiger beruflicher Interessen.

I. Schutzlücke insbesondere für sonstige Marktteilnehmer i.S.d. § 2 Abs. 1 Nr. 2 UWG

Insgesamt können die Interessen der sonstigen Marktteilnehmer i.S.d. § 2 Abs. 1 Nr. 2 UWG im Vertikalverhältnis nicht unmittelbar von den in den §§ 8 Abs. 3 Nr. 2, 3 UWG genannten Verbänden und Einrichtungen wahrgenommen werden, insofern ergibt sich eine Schutzlücke.[1744] Die Konstruktion eines ungeschriebenen Klagerechts für unmittelbar verletzte sonstige Marktteilnehmer[1745] hat sich bisher nicht durchgesetzt und passt nicht in die differenzierte Regelung, die der Gesetzgeber im § 8 Abs. 3 UWG geschaffen hat. Aus diesem Grund scheidet auch eine generelle Klagebefugnis der Gewerkschaften im Wege der Analogie zu den §§ 8 Abs. 3 Nr. 2, 3 UWG oder über den Begründungsansatz eines allgemeinen Rechtsprinzips aus.[1746] Der Schwerpunkt auf den kollektiven Interessen der Mitbewerber erklärt sich durch die Historie des Lauterkeitsrechts, während die Erweiterung auf den kollektiven Verbraucherschutz nicht zuletzt unter dem Einfluss der UGP-Richtlinie eine bedeutende Rolle spielt.[1747]

---

auf das Arbeitsverhältnis als solches als Verbraucher i.S.d. § 2 Abs. 2 UWG i.V.m. § 13 BGB ansieht.

1742 *Fechner/Kocher,* NZA 2017, 755, 760.

1743 *Fechner/Kocher,* NZA 2017, 755, 760.

1744 *Göckler,* WRP 2016, 434, 436; *Köhler,* WRP 2007, 602, 603 f.; K/B/F/*Köhler/Feddersen,* § 8 UWG Rn. 3.4; vgl. *Beater,* Rn. 2626.

1745 *Beater,* Rn. 2628 ff.

1746 Vgl. zu § 13 Abs. 2 UWG a.F. *Franke,* S. 118 ff.

1747 *Göckler,* WRP 2016, 434, 436 f.

II. Regelung des § 8 Abs. 3 Nr. 4 UWG n.F. zu Gewerkschaften

Auch angesichts dieser Schutzlücke wurde auf rechtspolitischer Ebene ein „Verbandsklagerecht light“ für Gewerkschaften im Rahmen des § 8 Abs. 3 UWG gefordert.[1748] Den Gewerkschaften solle ein Unterlassungs- und Beseitigungsanspruch zustehen, soweit Rechtspositionen von Arbeitnehmern als Marktteilnehmern betroffen sind.[1749] Zwar sieht § 8 Abs. 3 Nr. 4 UWG n.F. nun ausdrücklich eine Regelung für Gewerkschaften vor, angesichts der mit ihr verbundenen Einschränkungen handelt es sich aber nicht um die Umsetzung eines solchen Vorschlags.

1. Entstehungsgeschichte des § 8 Abs. 3 Nr. 4 UWG n.F.

Dieser Teil des § 8 Abs. 3 Nr. 4 UWG n.F. beruht auf einer Stellungnahme der Gewerkschaft ver.di.[1750] In der Begründung des Regierungsentwurfs findet sich insbesondere der kurze Hinweis, die Klagebefugnis der Gewerkschaften ergebe sich bisher aus § 8 Abs. 3 Nr. 2 UWG und da kein Missbrauch ersichtlich sei, solle diese nicht eingeschränkt werden.[1751] Es folgt immerhin die Erklärung, die Gewerkschaften sollten auch weiterhin „im Rahmen der Erfüllung ihrer Aufgaben bei der Vertretung selbständiger beruflicher Interessen“ klagebefugt sein.[1752] In dieser Beschränkung, die sich auch im Wortlaut des § 8 Abs. 3 Nr. 4 UWG n.F. findet, zeigt sich die gesetzgeberische Intention. Dennoch stellt die Regelung bei Betrachtung des bisherigen Standes von Literatur und Rechtsprechung nicht bloß eine Fortschreibung der bestehenden Rechtslage dar.[1753]

Die einzige für die Fragestellung relevante Entscheidung des Bundesgerichtshofs behandelte nicht § 8 Abs. 3 Nr. 2 UWG, sondern § 3 Abs. 1 Nr. 2 UKlaG.[1754]

1748 *Bosch/Hüttenhoff/Weinkopf/Kocher/Fechner,* S. 43; *Fechner/Kocher,* NZA 2017, 755, 760 f.

1749 *Bosch/Hüttenhoff/Weinkopf/Kocher/Fechner,* S. 43; *Fechner/Kocher,* NZA 2017, 755, 760 f.

1750 Stellungnahme zum Referentenentwurf eines Gesetzes zur Stärkung des fairen Wettbewerbs der Gewerkschaft ver.di vom 5.10.2018, S. 4; s. dazu *Köhler,* WRP 2019, 1550, 1553; *Oetker* FS Smid, 1, 6.

1751 Begr. RegE., BT-Drs. 19/12084, S. 27.

1752 Begr. RegE., BT-Drs. 19/12084, S. 27.

1753 *Köhler,* WRP 2019, 1550, 1554; K/B/F/*Köhler/Feddersen,* § 8 UWG Rn. 3.65; vgl. *Oetker* FS Smid, 1, 7; a.A. offenbar Büscher/*Hohlweck,* § 8 UWG Rn. 319.

1754 *Köhler,* WRP 2019, 1550, 1554.; K/B/F/*Köhler/Feddersen,* § 8 UWG Rn. 3.65; *Oetker* FS Smid, 1, 7; anders war dies zumindest bei einigen instanzgerichtlichen Urteilen,

Der betreffende Berufsverband für angestellte und freie Journalisten wurde im Urteil auch nicht als Gewerkschaft bezeichnet.[1755] Immerhin tat der Verband dies selbst in seiner Satzung, war aber andererseits im Vereinsregister eingetragen und könnte damit eine Eintragung in die Liste der qualifizierten Wirtschaftsverbände nach § 8 Abs. 3 Nr. 2 UWG n.F. i.V.m. § 8b UWG anstreben.[1756] Zudem wurde der gegenständliche Unterlassungsanspruch nicht auf § 8 Abs. 1 UWG gestützt, sondern auf § 1 UKlaG aufgrund der Verwendung unwirksamer Allgemeiner Geschäftsbedingungen gegenüber freien Journalisten durch einen Verlag.[1757]

Auf dieser Grundlage kritisierte *Köhler* bereits den entsprechenden Gesetzentwurf – zudem sei selbst bei Gewerkschaften, die neben abhängig Beschäftigten auch Selbstständige vertreten, kein Interesse erkennbar, Wettbewerbsverstöße von Unternehmen zu verfolgen.[1758] Es bestehe ein deutlicher Unterschied zu den übrigen von § 8 Abs. 3 Nr. 4 UWG n.F. erfassten Organisationen und Körperschaften des öffentlichen Rechts, die zudem staatlicher Kontrolle unterliegen und damit nicht mit Gewerkschaften vergleichbar seien.[1759] Diesen gehe es ersichtlich darum, ihre selbstständigen Mitglieder angesichts der wirtschaftlichen Abhängigkeit im Vertikalverhältnis zu ihren Auftraggebern ebenso zu schützen, wie sie es mit den Arbeitnehmern gegenüber dem Arbeitgeber tun.[1760] Ob dies zulässig sein soll, ist vor allem eine rechtspolitische Frage. Jedenfalls erhielt § 8 Abs. 3 Nr. 4 UWG n.F. in Bezug auf die Gewerkschaften keine zusätzlichen Einschränkungen in Reaktion auf die vorgebrachte Kritik.

2. *Beschränkung auf die Erfüllung ihrer Aufgaben bei der Vertretung selbstständiger beruflicher Interessen nach § 8 Abs. 3 Nr. 4 UWG n.F.*

Ohnehin sorgt die bereits im Regierungsentwurf vorgesehene Beschränkung auf die Erfüllung der Aufgaben bei der Vertretung selbstständiger beruflicher Interessen für eine wesentliche Einschränkung des Anwendungsbereiches der

---

s. *Oetker* FS Smid, 1, 7; zu den Entscheidungen des Bundesgerichtshofs und der Instanzgerichte s. § 6 C. III. 2.

1755 *Köhler,* WRP 2019, 1550, 1554.

1756 *Oetker* FS Smid, 1, 7.

1757 *Köhler,* WRP 2019, 1550, 1553 f.; K/B/F/*Köhler/Feddersen,* § 8 UWG Rn. 3.65.

1758 *Köhler,* WRP 2019, 1550, 1554; K/B/F/*Köhler/Feddersen,* § 8 UWG Rn. 3.65.

1759 *Köhler,* WRP 2019, 1550, 1554.

1760 *Köhler,* WRP 2019, 1550, 1554; vgl. K/B/F/*Köhler/Feddersen,* § 8 UWG Rn. 3.65.

Regelung. Sie beruht konsequent auf der gesetzgeberischen Annahme, eine auf Grundlage des § 8 Abs. 3 Nr. 2 UWG a.F. bestehende Rechtslage fortzuschreiben.[1761] Demgegenüber hatte der Vorschlag der Gewerkschaft ver.di eine wesentlich weitere Fassung vorgesehen, die generell auf die Erfüllung der satzungsgemäßen Aufgaben abstellte.[1762]

Aus § 8 Abs. 3 Nr. 4 UWG n.F. folgt, dass die Gewerkschaft gerade durch die Geltendmachung des Unterlassungsanspruches die Interessen ihrer selbstständigen Mitglieder vertreten muss – es handelt sich also nicht um eine generelle Regelung der Anspruchsberechtigung und Klagebefugnis für Gewerkschaften, die neben Arbeitnehmern auch Selbstständige in ihrem Organisationsbereich haben.[1763] Das hat zur Folge, dass auch § 8 Abs. 3 Nr. 4 UWG n.F. es den Gewerkschaften nicht erlaubt, gegen unlautere Verhaltensweisen vorzugehen, die sich gegen die von ihr vertretenen Arbeitnehmer richten.[1764] Dies gilt konsequenterweise selbst dann, wenn diese als sonstige Marktteilnehmer i.S.d. § 2 Abs. 1 Nr. 2 UWG betroffen sind. Die bestehende Schutzlücke wurde damit nicht geschlossen.

Auf der anderen Seite hat der Gesetzgeber in § 8 Abs. 3 Nr. 4 UWG n.F. auf weitere Einschränkungen verzichtet, die auch nicht dem § 8 Abs. 3 Nr. 2 UWG entsprechend in die Norm hineingelesen werden dürfen.[1765] Insbesondere muss der Gewerkschaft i.S.d. § 8 Abs. 3 Nr. 4 UWG n.F. weder eine erhebliche Zahl von Unternehmern, die Waren oder Dienstleistungen gleicher oder verwandter Art auf demselben Markt vertreiben, angehören, noch muss die Wahrnehmung der Interessen der Selbstständigen ihre ausschließliche oder vorrangige Zielsetzung sein.[1766] In Anbetracht der gesetzgeberischen Vorstellungen ist dies konsequent. Zum einen hatte die Rechtsprechung bei den behandelten Berufsverbänden gerade keinen Anlass für Interessenkonflikte gesehen.[1767] Zum anderen sah der Gesetzgeber keine Anzeichen für Missbrauch durch die Gewerkschaften.[1768]

1761 *Oetker* FS Smid, 1, 10.

1762 Stellungnahme zum Referentenentwurf eines Gesetzes zur Stärkung des fairen Wettbewerbs der Gewerkschaft ver.di vom 5.10.2018, S. 4; s. dazu *Oetker* FS Smid, 1, 10.

1763 *Oetker* FS Smid, 1, 10; vgl. Harte-Bavendamm/Henning-Bodewig/*Goldmann*, § 8 UWG Rn. 438.

1764 Harte-Bavendamm/Henning-Bodewig/*Goldmann*, § 8 UWG Rn. 438; *Oetker* FS Smid, 1, 10.

1765 Büscher/*Hohlweck*, § 8 UWG Rn. 320; *Oetker* FS Smid, 1, 9.

1766 *Oetker* FS Smid, 1, 9 f.

1767 S. § 6 C. III. 2.

1768 Begr. RegE., BT-Drs. 19/12084, S. 27.

3. *Begriff der Gewerkschaften i.S.d. § 8 Abs. 3 Nr. 4 UWG n.F.*

Die arbeitsrechtliche Rechtsprechung geht von einem einheitlichen Gewerkschaftsbegriff aus, der an die Voraussetzungen der Tariffähigkeit nach § 2 Abs. 1 TVG anknüpft.[1769] Dieser Begriff kann jedenfalls im Rahmen des § 8 Abs. 3 Nr. 4 UWG n.F. nicht übernommen werden, weil beispielsweise die Durchsetzungsfähigkeit gegenüber der Arbeitgeberseite eine entscheidende Rolle für die Funktion der Tarifautonomie spielt, bei der Vertretung selbstständiger beruflicher Interessen im Lauterkeitsrecht aber in der Form nicht relevant ist.[1770] Der Wortlaut stellt zwar auf Gewerkschaften, die klassischerweise als Vereinigungen von Arbeitnehmern angesehen werden, ab – die folgende Beschränkung auf die Erfüllung der Aufgaben bei der Vertretung selbstständiger beruflicher Interessen zeigt aber, dass ein derart enges Verständnis im Rahmen des § 8 Abs. 3 Nr. 4 UWG n.F. nicht überzeugen kann und satzungsgemäß auch Selbstständige zu den Mitgliedern gehören müssen.[1771] Unvereinbar mit dem Wortlaut wäre es hingegen, eine Vereinigung, die sich allein auf die Vertretung Selbstständiger beschränkt und Arbeitnehmer in ihrer Satzung von der Mitgliedschaft ausschließt, zu erfassen.[1772]

Unter § 8 Abs. 3 Nr. 4 UWG n.F. fallen neben den Gewerkschaften im klassischen Sinn, die ihren Organisationsbereich auf Selbstständige erweitert haben, auch die Berufsverbände, die selbstständige und abhängig beschäftigte Angehörige ihrer Branche ohne Differenzierung vertreten.[1773] Dagegen spricht zwar neben dem Wortlaut, dass die § 8 Abs. 3 Nr. 4 UWG n.F. zugrundeliegende Erwägung, wonach die Gewerkschaften mangels Eintragung ins Vereinsregister regelmäßig nicht von § 8 Abs. 3 Nr. 2 UWG n.F. erfasst sein könnten,[1774] auf sie nicht grundsätzlich übertragbar ist. Insgesamt ließe sich an einer ausreichenden Begründung für die Privilegierung dieser Berufsverbände gegenüber anderen Verbänden, die beispielsweise allein selbstständige berufliche Interessen fördern und deshalb die umfassenderen Anforderungen des § 8 Abs. 3 Nr. 2 UWG n.F. erfüllen müssen, zweifeln.

Ein derart enges Verständnis widerspräche allerdings dem gesetzgeberischen Willen. Soweit ersichtlich sind Gewerkschaften im klassischen Sinn, die

1769 BAG 19.9.2006, NZA 2007, 518 Rn. 27 ff.; BAG 15.5.2019, NZA 2019, 1595 Rn. 23.
1770 *Oetker* FS Smid, 1, 8.
1771 *Oetker* FS Smid, 1, 9.
1772 *Oetker* FS Smid, 1, 9.
1773 *Oetker* FS Smid, 1, 9.
1774 Begr. RegE., BT-Drs. 19/12084, S. 27.

ihren Organisationsbereich auf Selbstständige erweitert haben, bisher nicht auf Grundlage des § 8 Abs. 3 Nr. 2 UWG a.F. in Erscheinung getreten. Die Entstehungsgeschichte zeigt aber, dass es aus Sicht des Gesetzgebers nur um die Fortschreibung der aktuellen Rechtslage ging, womit er insbesondere die Rechtsprechung zu den dargestellten Berufsverbänden eingeschlossen hat.[1775] Ob deren Privilegierung rechtspolitisch gerechtfertigt ist, spielt insofern keine Rolle.

F. Pflicht zur Schaffung einer umfassenden Anspruchsberechtigung und Klagebefugnis der Gewerkschaften im Rahmen des § 8 Abs. 3 UWG aus Art. 9 Abs. 3 GG

Angesichts der dargestellten Beschränkung des § 8 Abs. 3 Nr. 4 UWG n.F. stellt sich abschließend die Frage, ob der Gesetzgeber durch die von Art. 9 Abs. 3 GG gewährleistete Koalitionsfreiheit verpflichtet wird, eine darüber hinausgehende, beispielsweise generell auf die Erfüllung der satzungsgemäßen Aufgaben gerichtete Anspruchsberechtigung und Klagebefugnis der Gewerkschaften im UWG vorzusehen, wie sie die Gewerkschaft ver.di gefordert hatte[1776].

I. Abgrenzung zur allgemeinen arbeitsrechtlichen Verbandsklage

Eine allgemeine arbeitsrechtliche Verbandsklage könnte nur der Gesetzgeber einführen.[1777] *Kocher* hat einen umfassenden Vorschlag für eine entsprechende Regelung im ArbGG erarbeitet.[1778] Eine solche arbeitsrechtliche Verbandsklage würde an die Verletzung arbeitsrechtlicher Vorschriften anknüpfen, nicht an unlautere geschäftliche Handlungen im Sinne des UWG. Darin liegt ein wesentlicher Unterschied, auch wenn die Unlauterkeit sich vereinzelt aus der Verletzung arbeitsrechtlicher Normen ergeben kann. Demgegenüber bezog sich die Forderung der Gewerkschaft ver.di gerade auf eine Regelung im Rahmen des § 8 Abs. 3 UWG.[1779] Auch hat unter anderem *Kocher* in Anknüpfung an ihren

---

1775 S. § 6 E. II. 1.

1776 Stellungnahme zum Referentenentwurf eines Gesetzes zur Stärkung des fairen Wettbewerbs der Gewerkschaft ver.di vom 5.10.2018, S. 4; s. dazu *Oetker* FS Smid, 1, 10.

1777 *Löwisch/Rieble,* § 4 TVG Rn. 132.

1778 *Kocher,* Gesetzentwurf, S. 13 ff; s. bereits *Pfarr/Kocher,* S. 236 f.

1779 Stellungnahme zum Referentenentwurf eines Gesetzes zur Stärkung des fairen Wettbewerbs der Gewerkschaft ver.di vom 5.10.2018, S. 4.

Gesetzentwurf für eine Verbandsklage im Arbeitsrecht später vorgeschlagen, wenigstens im § 8 Abs. 3 UWG ein „Verbandsklagerecht light" zu verankern.[1780] Dieses soll nur eingreifen, wenn die Arbeitnehmer in ihrer Eigenschaft als Marktteilnehmer beeinträchtigt sind.[1781] Da die entsprechenden Anknüpfungspunkte im Lauterkeitsrecht begrenzt sind, wäre der Anwendungsbereich im Vergleich zu einer allgemeinen arbeitsrechtlichen Verbandsklage wesentlich geringer.

II. Gewährleistung der kollektiven Koalitionsfreiheit durch Art. 9 Abs. 3 GG

In ihrem Gesetzentwurf für eine Verbandsklage im Arbeitsrecht verweist *Kocher* auf die verfassungsrechtliche Seite des prozessualen Umsetzungsdefizites, da das Bundesverfassungsgericht aus dem Schutzcharakter der Grundrechte einen Anspruch auf effektiven Rechtsschutz herleitet.[1782] Der Schutzbereich des Art. 9 Abs. 3 GG erfasst neben der individuellen auch die kollektive Koalitionsfreiheit einschließlich der koalitionsspezifischen Betätigung.[1783] Dazu gehört auch die Wahl der Mittel, um die in Art. 9 Abs. 3 S. 1 GG genannten Zwecke zu verfolgen.[1784] Dabei ist der Schutzbereich nicht auf die für die Koalition unerlässlichen Tätigkeiten beschränkt, seit die Kernbereichstheorie aufgegeben wurde.[1785] Die von Art. 9 Abs. 3 GG gewährleistete kollektive Koalitionsfreiheit bedarf allerdings der Ausgestaltung.[1786] Dabei hat der Gesetzgeber einen weiten Handlungsspielraum.[1787] Wegen der Vielzahl und Bedeutung der von der Koalitionsbetätigung

---

1780 *Bosch/Hüttenhoff/Weinkopf/Kocher/Fechner,* S. 43; *Fechner/Kocher,* NZA 2017, 755, 760 f.

1781 *Bosch/Hüttenhoff/Weinkopf/Kocher/Fechner,* S. 43; *Fechner/Kocher,* NZA 2017, 755, 760 f.

1782 *Kocher,* Gesetzentwurf, S. 18 mit Verweis auf BVerfG 23.4.1974, BVerfGE 37, 132, 148; BVerfG 9.4.1975, BVerfGE 39, 276, 294; BVerfG 8.2.1983, BVerfGE 63, 131, 143.

1783 BVerfG 26.6.1991, BVerfGE 84, 212, 224; BVerfG 4.7.1995, NZA 1995, 754, 755; BVerfG 27.4.1999, BVerfGE 100, 271, 282; BVerfG 26.3.2014, NZA 2014, 493 Rn. 23; BVerfG 11.7.2017, BVerfGE 146, 71 Rn. 130; ErfK/*Linsenmaier,* Art. 9 GG Rn. 39.

1784 BVerfG 26.6.1991, BVerfGE 84, 212, 224; BVerfG 4.7.1995, NZA 1995, 754, 755; BVerfG 27.4.1999, BVerfGE 100, 271, 282; BVerfG 26.3.2014, NZA 2014, 493 Rn. 23; BVerfG 11.7.2017, BVerfGE 146, 71 Rn. 130; ErfK/*Linsenmaier,* Art. 9 GG Rn. 40.

1785 S. dazu BVerfG 14.11.1995, BVerfGE 93, 352, 357 ff.

1786 BVerfG 1.3.1979, BVerfGE 50, 290, 368 ff.; BVerfG 11.7.2017, BVerfGE 146, 71 Rn. 144; BVerfG 19.6.2020, NZA 2020, 1186 Rn. 18; ErfK/*Linsenmaier,* Art. 9 GG Rn. 42.

1787 BVerfG 19.6.2020, NZA 2020, 1186 Rn. 19.

im Rahmen des Art. 9 Abs. 3 GG erfassten Belange sind zur Ausgestaltung der Koalitionsfreiheit auch vielfältige gesetzliche Regelungen notwendig.[1788]

III. „Burda-Beschluss" des Bundesarbeitsgerichts

Bei der rechtsdogmatischen oder -politischen Begründung einer arbeitsrechtlichen Verbandsklage wird immer wieder der „Burda-Beschluss" des Bundesarbeitsgerichts behandelt.[1789] In diesem Fall nahm das Gericht einen Anspruch der Gewerkschaft in analoger Anwendung des § 1004 Abs. 1 S. 2 BGB i.V.m. § 823 Abs. 1 BGB wegen einer bevorstehenden Verletzung der von Art. 9 Abs. 3 GG gewährleisteten kollektiven Koalitionsfreiheit an, weil geltende Tarifnormen durch eine betriebseinheitliche tarifwidrige Regelung als kollektive Ordnung verdrängt werden sollten.[1790]

Dagegen wurde eingewandt, dass aus der Befugnis zur Rechtsetzung nicht selbstverständlich eine Befugnis zur Durchsetzung folgt.[1791] Nach Ansicht des Bundesarbeitsgerichts muss die Koalition aber nicht daran gehindert werden, Tarifrecht zu schaffen, damit die von Art. 9 Abs. 3 GG geschützte Regelungsbefugnis beeinträchtigt wird.[1792] Allerdings müsse die Tarifnorm als kollektive Ordnung verdrängt und damit ihrer zentralen Funktion beraubt werden, wofür insbesondere einzelne tarifnormwidrige Regelungen in Individualarbeitsverträgen nicht ausreichen sollen.[1793]

Eine Gemeinsamkeit mit der vorliegenden Fragestellung liegt darin, dass es ebenfalls nicht um Individualansprüche der Mitglieder geht,[1794] da § 8 Abs. 3 UWG den einzelnen Arbeitnehmern keinesfalls einen eigenen Anspruch einräumt. Immerhin geht es jeweils um die Reichweite der kollektiven Koalitionsfreiheit in Bezug auf die Durchsetzung von Rechten. Für die von ihm vertretene Anwendung des § 1 UKlaG i.V.m. Art. 9 Abs. 3 GG hat *Klocke* herausgearbeitet, dass es im Unterschied zur Konstellation der „Burda-Rechtsprechung" nicht um die Sicherung des Art. 9 Abs. 3 GG, sondern um die Wahrung von Arbeitsbedingungen i.S.d. Art. 9 Abs. 3 GG geht.[1795] Eine solche könnte auch auf Grundlage

---

1788 BVerfG 1.3.1979, BVerfGE 50, 290, 368.

1789 S. *Klocke*, S. 215 ff.; *Kocher*, Gesetzentwurf, S. 21 f.

1790 BAG 20.4.1999, NZA 1999, 887, 890 ff.

1791 *Walker*, ZfA 2000, 29, 40.

1792 BAG 20.4.1999, NZA 1999, 887, 891.

1793 BAG 20.4.1999, NZA 1999, 887, 892.

1794 BAG 20.4.1999, NZA 1999, 887, 892.

1795 *Klocke*, S. 263, s. auch S. 225.

des Lauterkeitsrechts erfolgen. Ausgehend von der Annahme, dass der Gesetzgeber nicht gehindert wäre, eine entsprechende Anspruchsberechtigung und Klagebefugnis im Rahmen des § 8 Abs. 3 UWG vorzusehen,[1796] fehlt aber dennoch ein wesentlicher Schritt zur Begründung einer entsprechenden Pflicht.

IV. Begründung einer verfassungsrechtlichen Pflicht aus Art. 9 Abs. 3 GG

Die Stellungnahme der Gewerkschaft ver.di verweist auf eine verfassungsrechtliche Problematik der im Referentenentwurf geplanten Regelung.[1797] Die Beschränkung auf eingetragene Vereine bewirke faktisch ein Betätigungsverbot für Gewerkschaften bei Klagen gegen rechtswidrige Geschäftsbedingungen.[1798] Es liegt zwar nahe, dass sich dieser Einwand auf die ebenfalls behandelte Regelung des § 4 Abs. 2 UKlaG bezieht. Die geplante Fassung des § 8 Abs. 3 UWG wird aber ebenso als verfassungswidrig angesehen.[1799]

1. Ausgestaltungsbedürftigkeit des Art. 9 Abs. 3 GG

Demgegenüber ging *Kocher* davon aus, dass die Koalitionsfreiheit den Koalitionen nur zur Durchsetzung tarifvertraglicher Ansprüche sowie des Geltungsanspruchs der Tarifautonomie selbst einen eigenen Anspruch gibt, während Art. 9 Abs. 3 GG die von ihr vorgeschlagene arbeitsrechtliche Verbandsklage nicht erzwinge.[1800] Während der der „Burda-Rechtsprechung" zugrundeliegende Unterlassungsanspruch auf den Schutz der Tarifautonomie und damit auf Art. 9 Abs. 3 GG gestützt ist, müsse für die effektive Durchsetzung gesetzlicher Rechte rechtspolitisch angesetzt werden.[1801] Zwar lässt sich dies nicht unmittelbar auf die vorliegende Fragestellung übertragen. Dass es sich bei dem vorgeschlagenen „Verbandsklagerecht light" im Rahmen des § 8 Abs. 3 UWG offenbar ebenfalls

---

1796 Vgl. zur Verfassungsmäßigkeit einer allgemeinen arbeitsrechtlichen Verbandsklage *Kocher*, Gesetzentwurf, S. 25 ff.

1797 Stellungnahme zum Referentenentwurf eines Gesetzes zur Stärkung des fairen Wettbewerbs der Gewerkschaft ver.di vom 5.10.2018, S. 4.

1798 Stellungnahme zum Referentenentwurf eines Gesetzes zur Stärkung des fairen Wettbewerbs der Gewerkschaft ver.di vom 5.10.2018, S. 4.

1799 Stellungnahme zum Referentenentwurf eines Gesetzes zur Stärkung des fairen Wettbewerbs der Gewerkschaft ver.di vom 5.10.2018, S. 4.

1800 *Kocher*, Gesetzentwurf, S. 31 f.

1801 *Kocher*, Gesetzentwurf, S. 22 f.

um einen rechtspolitischen Vorschlag handelt,[1802] zeigt aber, dass die Autoren nicht von einer entsprechenden Pflicht des Gesetzgebers ausgingen.

Kocher verweist darauf, dass nur die Tarifautonomie, nicht aber die allgemeine Vertretung von Arbeitnehmerinteressen ausschließlich den Koalitionen zugewiesen ist.[1803] Die Wahrung der Arbeits- und Wirtschaftsbedingungen i.S.d. Art. 9 Abs. 3 GG erfasst zwar nicht nur die von den Koalitionen geschaffenen, sondern auch vertragliche und gesetzliche Arbeitsbedingungen – wie die Koalitionen diese Rechte durchsetzen dürfen, ist aber eine Frage der Ausgestaltung durch die Rechtsordnung.[1804] Diese Ausgestaltung kann nicht ohne weiteres durch eine Verpflichtung des Gesetzgebers vorgegeben werden.

Ausgestaltungsbedürftig sind insbesondere die Regelung von Arbeitsbedingungen durch Tarifverträge und die Erzwingung dieser Tarifverträge durch Arbeitskämpfe.[1805] Bei der Ausgestaltung geht es darum, die funktionellen und organisatorischen Voraussetzungen und Handlungsmöglichkeiten der Koalitionen im Rahmen der allgemeinen Rechtsordnung so zu gestalten, dass sie auf einer tragfähigen und funktionsgerechten Grundlage stehen.[1806] Sie muss sich am Normziel des Art. 9 Abs. 3 GG orientieren.[1807] Der Gesetzgeber hat zwar einen weiten Handlungsspielraum, die Funktionsfähigkeit der Tarifautonomie darf aber nicht gefährdet werden.[1808] Zu berücksichtigen ist, dass Art. 9 Abs. 3 GG nur eine unfertige Garantie enthält und der Gesetzgeber zu entscheiden hat, welche Befugnisse die Koalitionen im Einzelnen haben.[1809] Dabei ist nicht jede wünschenswerte Ausgestaltung verfassungsrechtlich zwingend geboten – solange die Regelung im Lichte der Koalitionsfreiheit noch verfassungsgemäß ist, muss der Gesetzgeber also nicht die für die Freiheitsgewährleistung bestmögliche Alternative wählen.[1810]

1802 S. *Bosch/Hüttenhoff/Weinkopf/Kocher/Fechner,* S. 43 ff.; *Fechner/Kocher,* NZA 2017, 755, 760 f.

1803 *Kocher,* Gesetzentwurf, S. 31 mit Verweis auf BVerfG 18.12.1974, BVerfGE 38, 281, 303 ff.; vgl. *Pfarr/Kocher,* S. 40.

1804 MHdB ArbR/*Rieble,* 4. Aufl. 2019, § 218 Rn. 27; s. dazu auch *Klocke,* S. 252.

1805 Löwisch/Rieble/*Löwisch/Rieble,* Grundlagen Rn. 120.

1806 Dürig/Herzog/Scholz/*Scholz,* Art. 9 GG Rn. 167.

1807 BVerfG 10.1.1995, BVerfGE 92, 26, 41.

1808 BVerfG 4.7.1995, BVerfGE 92, 365, 394 f.

1809 *Annuß,* RdA 2000, 287.

1810 *Oetker,* SAE 1992, 158, 162.

2. *Keine verfassungswidrige Beeinträchtigung*

Ein derart schwerwiegendes Versäumnis des Gesetzgebers liegt nicht vor. Insbesondere wird die Funktionsfähigkeit der Tarifautonomie durch die begrenzte Anspruchsberechtigung und Klagebefugnis der Gewerkschaften im Rahmen des § 8 Abs. 3 UWG nicht gefährdet. Die Arbeitnehmer haben zwar ein Interesse an der Durchsetzung von Vorschriften über Arbeitsbedingungen. Es ist aber nicht ersichtlich wie das Lauterkeitsrecht, insbesondere der Rechtsbruchtatbestand des § 3a UWG, diese näher an die Tarifautonomie heranrücken sollte als der zugrundeliegende Verstoß gegen die Vorschrift selbst. Die lauterkeitsrechtlichen Ansprüche betreffen nicht die Schaffung von Tarifnormen, nach hier vertretener Ansicht[1811] auch nicht deren Durchsetzung. Ohnehin erlaubt § 3a UWG die Durchsetzung der Primärnorm nicht um ihrer selbst willen, sondern um negative Einflüsse von Verstößen gegen Marktverhaltensregelungen auf den Wettbewerb zu verhindern.[1812] Wie sich im Laufe der Untersuchung gezeigt hat, ist dies bei Vorschriften über Arbeitsbedingungen ohnehin nur ausnahmsweise der Fall.

Als Argument für eine Anspruchsberechtigung und Klagebefugnis der Gewerkschaften wird die Gleichstellung mit den Verbraucherverbänden angeführt.[1813] Dagegen spricht, dass Arbeitnehmer nur ausnahmsweise als Verbraucher i.S.d. § 2 Abs. 2 UWG i.V.m. § 13 BGB oder als sonstige Marktteilnehmer i.S.d. § 2 Abs. 1 Nr. 2 UWG auftreten. Dementsprechend gibt es nur wenige Fälle, in denen eine Gewerkschaft in Bezug auf ihre abhängig beschäftigten Mitglieder die Interessen von Schutzsubjekten des Lauterkeitsrechts vertreten würde. Insofern besteht zwar eine gewisse Schutzlücke. Diese betrifft Verstöße gegen § 1 Abs. 1 S. 1 AÜG und die Unterschreitung des durch §§ 1, 3 MiLoG gewährleisteten Mindestlohnanspruchs durch eine entsprechende Vereinbarung bei Abschluss des Arbeitsvertrags. Die Urteile zu diesen beiden Bereichen zeigen aber, dass die Mitbewerber sowie von ihnen gegründete Vereine durchaus auf Grundlage der §§ 8 Abs. 1 Nr. 1, 2 UWG gegen den aus ihrer Sicht unlauteren Wettbewerb vorgehen.[1814] Andererseits geht es um so spezielle Konstellationen, dass diese Mitbewerber und Verbände die Gewerkschaften keinesfalls aus ihrer von Art. 9 Abs. 3 GG geschützten Rolle verdrängen könnten.

1811 S. § 4 A. V. 4. b).

1812 S. § 1 B.

1813 Vgl. *Bosch/Hüttenhoff/Weinkopf/Kocher/Fechner*, S. 43; *Fechner/Kocher*, NZA 2017, 755, 760 f.; *Rieble*, Rn. 1175.

1814 S. § 4 A. V. 2. b) aa); § 4 A. V. 3. a) aa); vgl. zu § 13 Abs. 2 UWG a.F. *Däubler* Tarifvertragsrecht, Rn. 1405.

Obwohl für einen Rückgriff auf den Sachverstand und die Ressourcen der Gewerkschaften in diesem Zusammenhang rechtspolitisch gute Gründe sprechen, ist ihre Anspruchsberechtigung und Klagebefugnis im gesamten Bereich der satzungsgemäßen Aufgaben nicht zwingend geboten. Dies gilt auch für die Durchsetzung von Vorschriften, die das Marktverhalten allein im Interesse der Mitbewerber i.S.d. § 2 Abs. 1 Nr. 3 UWG regeln und die Arbeitnehmer nicht in einer Rolle als Marktteilnehmer betreffen, also beispielsweise der gesetzlichen Vorschriften über Lenkzeiten, Fahrtunterbrechungen und Ruhezeiten. Hier zeigt ein Blick nach Österreich, dass die Arbeiterkammern als gesetzliche Interessenvertretungen der Arbeitnehmer mit Wettbewerbsklagen gegen Speditionsunternehmer vorgehen, die gegen arbeitsrechtliche Vorgaben verstoßen.[1815]

Andererseits wird dabei noch deutlicher, dass die fehlende Anspruchsberechtigung und Klagebefugnis der Gewerkschaften bei der Vertretung der Interessen ihrer abhängig beschäftigten Mitglieder sie nicht in verfassungswidriger Weise beeinträchtigt. Der Gesetzgeber durfte die Durchsetzung der lauterkeitsrechtlichen Ansprüche insofern den anerkannten, in § 8 Abs. 3 UWG vorgesehenen Kollektiven und den Mitbewerbern, in deren Interesse das Marktverhalten geregelt wurde, überlassen. Er hat sich mit der Rolle der Gewerkschaften im UWG beschäftigt und entschieden, die Regelung im Vergleich zum weiter gefassten Vorschlag der Gewerkschaft ver.di zu beschränken. Dabei wurde den Gewerkschaften nur ein Randbereich der Wahrung der Arbeits- und Wirtschaftsbedingungen i.S.d. Art. 9 Abs. 3 GG vorenthalten. Dies kann nicht ausreichen, um den Gesetzgeber zu einer entsprechenden Gestaltung zu verpflichten.

3. *Vergleich mit der Verbandsklage im Umweltrecht*

Dieses Ergebnis lässt sich durch einen Vergleich mit der Verbandsklage im Umweltrecht bestätigen.

a) *Beschränkungen der Verbandsklage als Grundlage der Vergleichbarkeit*

Diese wird insbesondere durch das Umwelt-Rechtsbehelfsgesetz (UmwRG) geregelt. Eine Verbandsklage sieht zudem § 64 BNatSchG für das Naturschutzrecht vor. Bevor die naturschutzrechtliche Verbandsklage mit § 64 BNatSchG 2002 eingeführt wurde, existierten bereits landesrechtliche Verbandsklageregelungen.[1816]

1815 S. § 4 A. V. 1. e).

1816 Landmann/Rohmer/*Gellermann*, § 64 BNatSchG Rn. 3.

Auch diese Regelungen stellen Voraussetzungen auf, beispielsweise durch die Anerkennung inländischer oder ausländischer Vereinigungen nach § 3 UmwRG, ohne die keine Klagebefugnis nach § 2 Abs. 1 S. 1 UmwRG besteht.[1817] In der Folge ergibt sich die vergleichbare Fragestellung, ob die bestehenden Verbandsklagemöglichkeiten aus verfassungsrechtlichen Gründen über die gesetzlich vorgesehenen Beschränkungen hinaus zu erweitern sind.

b) Versuche der verfassungsrechtlichen Begründung

Abgesehen von der Staatszielbestimmung des Art. 20a GG werden in diesem Zusammenhang die Rechtsweggarantie des Art. 19 Abs. 4 S. 1 GG, die Vereinigungsfreiheit nach Art. 9 Abs. 1 GG und der allgemeine Gleichheitssatz nach Art. 3 Abs. 1 GG behandelt.

aa) Rechtsweggarantie, Art. 19 Abs. 4 S. 1 GG

In einem Beschluss zu § 41 Abs. 2 Nr. 1 HbgNatSchG a.F. verwies das Bundesverfassungsgericht darauf, dass Art. 19 Abs. 4 S. 1 GG zwar den Rechtsweg garantiert, wenn jemand behauptet, durch die öffentliche Gewalt in seinen Rechten verletzt zu sein.[1818] Die Rechtsweggarantie gewährleistet aber nicht den sachlichen Bestand oder den Inhalt der behaupteten Rechtsstellung, die sich nach der übrigen Rechtsordnung richtet.[1819] Solange unter anderem der von Art. 19 Abs. 4 S. 1 GG vorrangig vorgesehene Individualrechtsschutz durch die Gerichte nicht bedroht wird, hindert die Vorschrift den Gesetzgeber aber nicht daran, Verbandsklagerechte gesetzlich zu regeln.[1820] Bestehende Verbandsklagebefugnisse sind zwar einer richterrechtlichen Erweiterung zugänglich, aus der Rechtsweggarantie des Art. 19 Abs. 4 S. 1 GG lässt sich die Zulassung oder eine Pflicht zur gesetzlichen Einführung von Verbandsklagen aber nicht herleiten.[1821] Insofern sind Verbandsklagerechte verfassungsrechtlich weder geboten noch geschützt.[1822]

1817 Landmann/Rohmer/*Fellenberg/Schille*, § 3 UmwRG Rn. 2.

1818 BVerfG 10.5.2001, NVwZ 2001, 1148, 1149 mit Verweis auf BVerfG 3.10.1961, BVerfGE 13, 132, 151.

1819 BVerfG 10.5.2001, NVwZ 2001, 1148, 1149 mit Verweis auf BVerfG 8.7.1982, BVerfGE 61, 82, 110.

1820 Dürig/Herzog/Scholz/*Schmidt-Aßmann*, Art. 19 Abs. 4 GG Rn. 271.

1821 Dürig/Herzog/Scholz/*Schmidt-Aßmann*, Art. 19 Abs. 4 GG Rn. 270.

1822 Landmann/Rohmer/*Fellenberg/Schille*, UmwRG Vorbem. Rn. 76.

Im Zusammenhang mit Art. 19 Abs. 4 S. 1 GG wird auch darauf hingewiesen, dass der Verband das einzelne Verbandsmitglied, das seine Rechte selbst geltend macht, in diesem Rechtsstreit unterstützen könne.[1823] Im Lauterkeitsrecht sieht § 8 Abs. 3 UWG ohnehin keine Anspruchsberechtigung und Klagebefugnis des einzelnen Arbeitnehmers vor. Die insbesondere angesichts ihrer strukturellen Unterlegenheit oft fehlende Bereitschaft der Arbeitnehmer, vor den Arbeitsgerichten zu klagen, hat gerade einen maßgeblichen Anteil am bestehenden Durchsetzungsdefizit.[1824] Im Ergebnis spielen diese Erwägungen aber für die vorliegende Fragestellung im Rahmen des Art. 19 Abs. 4 S. 1 GG keine Rolle. Aus der Vorschrift kann kein allgemeines Verbandsklagerecht im Umweltrecht hergeleitet werden, weil sie ein durch den Gesetzgeber eingeräumtes subjektives Recht des Verbandes voraussetzt.[1825] Ein solches, generell auf die Erfüllung der satzungsgemäßen Aufgaben gerichtetes Recht hat der Gesetzgeber für die Gewerkschaften im Lauterkeitsrecht nicht vorgesehen. Da ihnen nur ein Randbereich der Wahrung der Arbeits- und Wirtschaftsbedingungen i.S.d. Art. 9 Abs. 3 GG vorenthalten wird und sie insbesondere nicht in ihrer von Art. 9 Abs. 3 GG geschützten Regelungsbefugnis beeinträchtigt werden, kommt auch die kollektive Koalitionsfreiheit insofern nicht in Frage.

bb) Vereinigungsfreiheit, Art. 9 Abs. 1 GG

Aus diesen Gründen scheidet auch eine entsprechende Begründung über die von Art. 9 Abs. 1 GG bzw. Art. 9 Abs. 3 GG gewährleisteten Grundrechte aus. Für Art. 9 Abs. 1 GG führte das Bundesverfassungsgericht in Bezug auf die Verbandsklage von Naturschutzverbänden aus, dass dieser zwar neben der Gewährleistung der Vereinigungsfreiheit des Einzelnen ein Grundrecht der Vereinigung selbst enthält.[1826] Dieses begründet aber kein Recht des Vereins, nur objektivrechtlich geschützte Interessen gerichtlich geltend zu machen, selbst wenn die Verfolgung dieser Interessen dem jeweiligen Vereinszweck entspricht.[1827]

Ein Unterschied zur kollektiven Koalitionsfreiheit liegt darin, dass die Wahrung und Förderung der Arbeits- und Wirtschaftsbedingungen nicht bloß

1823 Dürig/Herzog/Scholz/*Schmidt-Aßmann,* Art. 19 Abs. 4 GG Rn. 270.

1824 S. § 1 A.

1825 BVerwG 18.4.1996, NVwZ 1996, 901, 904; VG Berlin 6.5.2004, BeckRS 2004, 31130388; Landmann/Rohmer/*Fellenberg/Schille,* UmwRG Vorbem. Rn. 76.

1826 BVerfG 10.5.2001, NVwZ 2001, 1148, 1149.

1827 BVerfG 10.5.2001, NVwZ 2001, 1148, 1149; VG Berlin 6.5.2004, BeckRS 2004, 31130388; Landmann/Rohmer/*Fellenberg/Schille,* UmwRG Vorbem. Rn. 77.

ein autonom bestimmter Vereinszweck, hinter dem ggf. noch die Staatszielbestimmung des Art. 20a GG steht, sondern eine von Art. 9 Abs. 3 GG selbst vorgesehene Zielsetzung ist. Allerdings zeigen die Ausführungen des Bundesverfassungsgerichts, dass das Grundrecht der Vereinigung aus Art. 9 Abs. 1 GG keine Verbandsklage in ihrem gesamten Tätigkeitsbereich erforderlich macht. Dies entspricht der dargestellten Ausgestaltungsbedürftigkeit des Art. 9 Abs. 3 GG – soweit die Koalitionen nicht in verfassungswidriger Weise beeinträchtigt werden, hat der Gesetzgeber zu entscheiden, welche Befugnisse die Koalitionen im Einzelnen haben sollen.

cc) Allgemeiner Gleichheitssatz, Art. 3 Abs. 1 GG

Die Zulassung der umweltrechtlichen Verbandsklage bleibt damit dem Gesetzgeber vorbehalten, ihre Einführung ist auch nicht aus verfassungsrechtlichen Gründen ausgeschlossen – bei ihrer Ausgestaltung muss der Gesetzgeber allerdings den allgemeinen Gleichheitssatz des Art. 3 Abs. 1 GG beachten.[1828] Da weder aus Art. 19 Abs. 4 S. 1 GG noch aus Art. 9 Abs. 1 GG oder Art. 20a GG unmittelbar ein Verbandsklagerecht folgt, steht es dem Gesetzgeber frei, ein solches gesetzlich zu regeln und dabei durch sachgerechte Kriterien zu begrenzen.[1829] Es geht dabei nicht um eine personen-, sondern um eine sachbezogene Ungleichbehandlung, bei der dem Gesetzgeber ein größerer inhaltlicher Gestaltungsspielraum zukommt.[1830]

Wie dargelegt sprechen zwar rechtspolitisch gute Gründe für eine umfassendere Anspruchsberechtigung und Klagebefugnis der Gewerkschaften im Lauterkeitsrecht. Das bedeutet aber nicht, dass die im Rahmen des § 8 Abs. 3 Nr. 4 UWG n.F. vorgesehene Beschränkung auf die Erfüllung der Aufgaben bei der Vertretung selbstständiger beruflicher Interessen nicht sachgerecht ist. § 8 Abs. 3 Nr. 4 UWG n.F. erlaubt es den Gewerkschaften zwar nicht, gegen unlautere Verhaltensweisen vorzugehen, die sich gegen die von ihr vertretenen Arbeitnehmer richten. Diese treten aber auch nur ausnahmsweise als Verbraucher i.S.d. § 2 Abs. 2 UWG i.V.m. § 13 BGB oder als sonstige Marktteilnehmer i.S.d. § 2 Abs. 1 Nr. 2 UWG auf. Damit ist die Beschränkung auf Gewerkschaften i.S.d. § 8 Abs. 3 Nr. 4 UWG n.F., die neben abhängig Beschäftigten auch Selbstständige

1828 Landmann/Rohmer/*Fellenberg/Schille,* UmwRG Vorbem. Rn. 77 ff.

1829 BVerfG 10.5.2001, NVwZ 2001, 1148, 1149; vgl. BVerwG 18.4.1996, NVwZ 1996, 901, 904.

1830 BVerfG 10.5.2001, NVwZ 2001, 1148, 1149 mit Verweis auf BVerfG 10.4.1997, BVerfGE 96, 1, 6; Landmann/Rohmer/*Fellenberg/Schille,* UmwRG Vorbem. Rn. 79.

vertreten, sowie auf die Wahrnehmung deren beruflicher Interessen, nicht sachfremd. Da diese regelmäßig als Mitbewerber i.S.d. § 2 Abs. 1 Nr. 3 UWG oder als sonstige Marktteilnehmer i.S.d. § 2 Abs. 1 Nr. 2 UWG auftreten, orientiert sich die Ungleichbehandlung insbesondere an der Einordnung als Schutzsubjekt des Lauterkeitsrechts und ist damit sachlich vertretbar.

§ 7 Zusammenfassung der wesentlichen Ergebnisse

1. Die Frage nach der Durchsetzung von Arbeitsbedingungen auf Grundlage des Lauterkeitsrechts geht zurück auf Ansätze im frühen 20. Jahrhundert, wobei insbesondere die „Bewachungsgewerbe"- Entscheidung im Jahr 1927 zu nennen ist. Wie die Rechtsprechung in den folgenden Jahrzehnten bis zum „Paradigmenwechsel" des Bundesgerichtshofs war diese geprägt durch den Vorsprungsgedanken.
2. Der Anwendungsbereich der vollharmonisierten UGP-Richtlinie beschränkt sich auf den B2C-Bereich und spielt damit keine wesentliche Rolle bei den lauterkeitsrechtlichen Fragestellungen bezüglich der Nichteinhaltung von Arbeitsbedingungen. Auch der Nachfragewettbewerb ist nicht von der Richtlinie erfasst. Zudem enthält sie keinen Rechtsbruchtatbestand, steht aber jedenfalls solchen Regelungen nicht entgegen, die Handlungen gegenüber Mitbewerbern oder sonstigen Marktteilnehmern betreffen.
3. Zu Recht werden Arbeitnehmer grundsätzlich als Verbraucher i.S.d § 13 BGB eingeordnet. Allerdings lässt sich dieses Ergebnis aufgrund des nur entsprechenden Verweises in § 2 Abs. 2 UWG nicht ohne weiteres übertragen. Zwar stünde Art. 2 lit. a) UGP-RL dem nicht entgegen. Im Rahmen des Arbeitsverhältnisses weichen die Interessenlage und die Schutzbedürftigkeit des Arbeitnehmers aber vom Regelfall des Verbrauchers im Lauterkeitsrecht ab. Anders als auf Seiten der herrschenden Meinung überwiegend angenommen ist in methodischer Hinsicht wegen des nur entsprechenden Verweises in § 2 Abs. 2 UWG auch keine teleologische Reduktion notwendig.
4. Der Nachfragewettbewerb um Arbeitsleistungen unterfällt grundsätzlich § 2 Abs. 1 Nr. 1 UWG und damit dem Anwendungsbereich des UWG. Die historische Auslegung sowie der systematische Zusammenhang zur geschäftlichen Handlung i.S.d. § 2 Abs. 1 Nr. 1 UWG ergeben, dass sonstige Marktteilnehmer i.S.d. § 2 Abs. 1 Nr. 2 UWG keine Unternehmer sein müssen. Arbeitnehmer sind zwar selbst keine Teilnehmer am Absatzmarkt der Waren oder Dienstleistungen, die sie herstellen bzw. erbringen. Im bestehenden Arbeitsverhältnis sind sie Leistungserbringer, treten aber nicht als Anbieter am Markt auf. Allerdings sind Arbeitnehmer sonstige Marktteilnehmer i.S.d. § 2 Abs. 1 Nr. 2 UWG, soweit es um die Anbahnung und den Abschluss des Arbeitsvertrags geht.

5. Einige Regelwerke im Bereich der Arbeitsbedingungen sind bereits keine gesetzlichen Vorschriften i.S.d. § 3a UWG. Das betrifft zunächst ausländische Rechtsnormen. Auch CSR-Standards sind keine gesetzlichen Vorschriften, weil sie durch einen privatautonomen Akt entstehen und ihnen die erforderliche Bindungswirkung für die Marktteilnehmer fehlt. Das bestätigen in systematischer Hinsicht die Regelungen zu Verhaltenskodizes i.S.d. § 2 Abs. 1 Nr. 5 UWG, die ebenfalls keine gesetzlichen Vorschriften i.S.d. § 3a UWG sind. Auch internationalem Recht wie den ILO-Übereinkommen oder den rechtlich unverbindlichen Erklärungen fehlt die erforderliche Bindungswirkung für die handelnden Unternehmer.
6. Nach § 3a UWG muss die Vorschrift auch dazu bestimmt sein, im Interesse der Marktteilnehmer das Marktverhalten zu regeln. Gesetzliche Vorschriften über Arbeitsbedingungen sind oft einem späteren Marktverhalten vorgelagert, weil sie beispielsweise Verhaltensweisen bei der Produktion von Waren regeln. Aufgrund der Erweiterung auf den Nachfragewettbewerb, die in § 2 Abs. 1 Nr. 1 UWG zum Ausdruck kommt, kommen auch Vorschriften in Betracht, die das Marktverhalten auf dem Beschaffungsmarkt für Arbeitsleistungen in den Blick nehmen. Regelmäßig stellt die Frage, ob der Schutzzweck der gesetzlichen Vorschrift neben dem sozialen Arbeitnehmerschutz auch die Interessen von Marktteilnehmern erfasst. Eine einheitliche Einordnung lässt sich nicht vornehmen.
7. Die Ladenschluss- bzw. Ladenöffnungszeitengesetze regeln keine vorgelagerten Produktionsbedingungen, sondern Tätigkeiten beim Absatz selbst. Die Wettbewerbsbedingungen werden in zeitlicher Hinsicht einheitlich festgelegt. Dabei handelt es sich nicht bloß um einen Reflex des Schutzes der Beschäftigten im Einzelhandel. Die jeweiligen Vorschriften regeln das Marktverhalten auch im Interesse der Mitbewerber i.S.d. § 2 Abs. 1 Nr. 3 UWG.
8. Auch die landesrechtlichen Sonn- und Feiertagsgesetze schaffen einheitliche Wettbewerbsbedingungen für den Absatz von Waren und Dienstleistungen und regeln damit gezielt das Marktverhalten. Wie bei den Ladenschluss- bzw. Ladenöffnungszeitengesetzen geschieht dies auch im Interesse der Mitbewerber i.S.d. § 2 Abs. 1 Nr. 3 UWG, sodass Verstöße grundsätzlich § 3a UWG unterfallen.
9. Zwischen den Vorgaben der §§ 3 ff. ArbZG, die allein auf die Beschäftigung von Arbeitnehmern gerichtet sind, und einem Marktverhalten steht mit der betriebsinternen Organisation durch den Arbeitgeber ein wesentlicher Zwischenschritt. Unabhängig von der Art der erfassten Tätigkeit greifen die §§ 3 ff. ArbZG nur im Vorfeld des Marktverhaltens ein. Jedenfalls lässt sich insbesondere § 1 Nr. 1 ArbZG kein auf die Interessen der Marktteilnehmer gerichteter Schutzzweck entnehmen.

10. § 9 Abs. 1 ArbZG regelt ebenfalls nur die Beschäftigung von Arbeitnehmern und damit kein Marktverhalten. Die abweichende Ansicht in Bezug auf die §§ 2 Abs. 3, 9 Abs. 1, 10 Abs. 3 ArbZG kann nicht überzeugen, weil § 10 Abs. 3 ArbZG im Gegensatz zum früheren § 5 Abs. 5 BAZG kein Ausfahrverbot vorsieht. Zudem fehlt auch § 9 Abs. 1 ArbZG ein Schutzzweck im Interesse der Marktteilnehmer, da die Vorschrift sich in ihrem Regelungsgehalt von den landesrechtlichen Sonn- und Feiertagsgesetzen unterscheidet.
11. Die gesetzlichen Vorschriften über Lenkzeiten, Fahrtunterbrechungen und Ruhezeiten regeln nicht bloß die Beschäftigung von Arbeitnehmern und sind Marktverhaltensregelungen i.S.d. § 3a UWG. Dies gilt nicht für die Aufzeichnungspflicht des § 1 Abs. 6 FPersV, die lediglich ein dem Marktverhalten nachgelagertes Verhalten ohne Außenwirkung betrifft. Im Lichte der Verordnung (EG) Nr. 561/2006 ergibt sich auch ein Schutzzweck im Interesse der Mitbewerber i.S.d. § 2 Abs. 1 Nr. 3 UWG.
12. Unabhängig von der erfassten Tätigkeit fehlt den §§ 3 ff. ArbSchG der für § 3a UWG erforderliche Bezug zum Marktgeschehen. Ohnehin stellt die in § 1 Abs. 1 ArbSchG normierte Zielsetzung allein auf sozialpolitische Anliegen ab.
13. Während die meisten Arbeitnehmerschutzvorschriften nur die Beschäftigung von Arbeitnehmern regeln, betrifft § 1 Abs. 1 S. 1 AÜG die Absatzhandlung gegenüber dem Entleiher als sonstigem Marktteilnehmer i.S.d. § 2 Abs. 1 Nr. 2 UWG selbst. Die Erlaubnis ist nach § 3 Abs. 1 Nr. 1 AÜG an die Zuverlässigkeit des Verleihers geknüpft. Angesichts der möglichen Rechtsfolgen liegt darin ein Qualitätsmerkmal in rechtlicher Hinsicht, auf dessen Grundlage eine Regelung des Marktverhaltens i.S.d. § 3a UWG angenommen werden kann. Allerdings geben Wortlaut, Systematik und Historie der Vorschrift keinen ausreichenden Anhalt für einen Schutzzweck im Interesse der Verleiher.
14. Aus § 9 Abs. 1 Nr. 1 AÜG ergibt sich, dass der Verleiher ohne die erforderliche Erlaubnis keine Leiharbeitsverhältnisse eingehen darf. Damit wird der Abschluss entsprechender Arbeitsverträge als Kern des Marktauftritts auf dem Beschaffungsmarkt geregelt. In dieser Situation tritt der Leiharbeitnehmer als Anbieter seiner Arbeitskraft und damit als sonstiger Marktteilnehmer i.S.d. § 2 Abs. 1 Nr. 2 UWG auf. Obwohl tatsächliche Beeinträchtigungen erst später eintreten, schützt die Erlaubnispflicht des § 1 Abs. 1 S. 1 AÜG die Leiharbeitnehmer auch in dieser Rolle.
15. Im Grundsatz ist § 3a UWG anwendbar, auch wenn das jeweilige Gesetz eigene Rechtsfolgen vorsieht. Die § 9 Abs. 1 Nr. 1 Hs. 1 AÜG i.V.m. § 10 Abs. 1 S. 1 AÜG werden durch eine Anwendung des lauterkeitsrechtlichen Rechtsfolgensystems nicht umgangen. Die an einen Verstoß geknüpften

Sanktionen sollen ihrer Natur nach gerade vermieden werden. Insbesondere der lauterkeitsrechtliche Unterlassungsanspruch würde die Zielsetzung des § 1 Abs. 1 S. 1 AÜG nicht gefährden, sondern fördern.

16. Der Verweis auf eine Umgehung der Verantwortungszuweisung liefert keine überzeugenden Gründe, um vom Grundsatz der parallelen Anwendbarkeit abzuweichen. Eine solche Wertung lässt sich § 15 UKlaG nicht entnehmen. Es ist nicht ersichtlich, wieso die Konkurrenz zu arbeitsrechtlichen Vorschriften anders behandelt werden sollte als diejenige zum Verwaltungsrecht. Der Verweis auf die Eigenverantwortung berücksichtigt nicht ausreichend, dass es sich um eigenständige lauterkeitsrechtliche Ansprüche und nicht um Individualansprüche der Arbeitnehmer handelt.
17. Der bloß mittelbare Einfluss der Vorschriften des MiLoG auf den Absatzmarkt reicht nicht aus. Allerdings legen sie eine Rahmenbedingung für den Auftritt des Arbeitgebers auf dem Beschaffungsmarkt fest. Die §§ 1, 3 MiLoG erfassen die Vereinbarung der Vergütung bei Abschluss des Arbeitsvertrages, wobei der Arbeitnehmer als sonstiger Marktteilnehmer i.S.d. § 2 Abs. 1 Nr. 2 UWG betroffen ist. Verstöße bei der Durchführung des Arbeitsverhältnisses betreffen den Arbeitnehmer hingegen nicht mehr in seiner Rolle als Marktteilnehmer.
18. Soweit die Arbeitnehmer als sonstige Marktteilnehmer i.S.d. § 2 Abs. 1 Nr. 2 UWG geschützt werden, liegt der Regelung ein entsprechender Schutzzweck zugrunde. Insbesondere aus der Gesetzesbegründung und der Regelung des § 9 Abs. 2 MiLoG lässt sich zudem ein Schutzzweck im Interesse der Mitbewerber ableiten. Auch das MiLoG enthält kein gegenüber dem UWG vorrangiges Rechtsfolgensystem.
19. Verstöße gegen die Pflicht zur Abführung von Sozialversicherungsbeiträgen erfüllen nicht die Voraussetzungen des § 3a UWG, weil den entsprechenden Regelungen der notwendige Bezug zum Marktgeschehen fehlt.
20. Tarifverträge enthalten in ihrem normativen Teil Rechtsnormen i.S.d. Art. 2 EGBGB und damit gesetzliche Vorschriften i.S.d. § 3a UWG. Insbesondere der mittelbare Einfluss tariflicher Mindestentgeltbestimmungen und Arbeitszeitregelungen auf den Absatzmarkt reicht aber nicht aus. Die Allgemeinverbindlicherklärung nach § 5 TVG oder die Erstreckung durch das AEntG ändern nichts daran, dass die Regelungswirkung bloß auf die innerbetriebliche Entlohnung oder Beschäftigung der Arbeitnehmer gerichtet ist. Auch eine Regelung des Marktverhaltens auf dem Beschaffungsmarkt scheidet aus, weil den tariflichen Regelungen der Bezug zum Zustandekommen des Arbeitsvertrags fehlt und damit eine Außenwirkung auf Marktteilnehmer ausscheidet. Damit kommt es im Ergebnis nicht darauf an, dass

immerhin im Anwendungsbereich des AEntG im Lichte des § 1 S. 1 AEntG ein Schutzzweck im Interesse der Mitbewerber besteht. Bei nach § 5 TVG allgemeinverbindlichen Tarifverträgen ist der Schutz der tarifgebundenen Arbeitgeber dagegen ein bloßer Rechtsreflex.

21. Die Verwendung unwirksamer Allgemeiner Geschäftsbedingungen in Formulararbeitsverträgen kann nicht auf Grundlage des § 3a UWG verfolgt werden. Zwar regeln die §§ 307 ff. BGB das Marktverhalten im Interesse der Verbraucher i.S.d. § 2 Abs. 2 UWG i.V.m. § 13 BGB und der sonstigen Marktteilnehmer i.S.d. § 2 Abs. 1 Nr. 2 UWG, zu denen bei Anbahnung und Abschluss des Arbeitsvertrages auch die Arbeitnehmer gehören. Diese Fälle fallen nicht in den Anwendungsbereich der vollharmonisierten UGP-Richtlinie oder der Klausel-Richtlinie. Allerdings ist § 15 UKlaG entsprechend anwendbar.
22. Ein Rückgriff auf die Generalklausel des § 3 Abs. 1 UWG scheidet grundsätzlich aus, wenn eine Verhaltensweise gegen eine gesetzliche Vorschrift über Arbeitsbedingungen, die die Voraussetzungen des § 3a UWG nicht erfüllt, verstößt. Der Verstoß gegen eine außerwettbewerbliche Norm sollte nach dem Willen des Gesetzgebers nur noch unter den besonderen Voraussetzungen des Rechtsbruchtatbestandes die Unlauterkeit begründen. Dessen Beschränkungen dürfen auch nicht durch die Anwendung des Vorsprungsgedankens im Rahmen des § 3 Abs. 1 UWG unterlaufen werden.
23. Der auf einem gesetzeswidrigen Vorverhalten beruhende Vertrieb von Waren ist grundsätzlich kein Rechtsbruch i.S.d. § 3a UWG. Das bestätigt der Umkehrschluss zu den gesetzlich geregelten Ausnahmen. Auch hier spricht die Gesetzessystematik entscheidend gegen einen Rückgriff auf § 3 Abs. 1 UWG. Somit scheidet eine Fortwirkung vorgelagerter Verstöße grundsätzlich aus.
24. § 3a UWG knüpft gezielt an die Rechtsnormqualität an. Wird diese bei CSR-Standards und Kodizes i.S.d. § 2 Abs. 1 Nr. 5 UWG zu Recht verneint, darf auch diese Beschränkung nicht durch einen umfassenden Rückgriff auf die Generalklausel des § 3 Abs. 1 UWG umgangen werden. Der Bundesgerichtshof, der nur von einer möglichen Indizwirkung ausgeht, hat seine Grundsätze zum Verhältnis des § 3a UWG zu § 3 Abs. 1 UWG insofern konsequent angewandt.
25. Die in der „Asbestimporte"-Entscheidung zu § 1 UWG a.F. entwickelten Grundsätze können im Rahmen des § 3 Abs. 1 UWG nicht angewendet werden. Abgesehen von systematischen Erwägungen spricht dagegen, dass die geänderte Gesetzeslage keinen Ansatzpunkt mehr für die lauterkeitsrechtliche Sanktionierung von sittenwidrigen Verhaltensweisen bietet.

26. Der Anwendungsbereich des UWG wird durch den Begriff der geschäftlichen Handlung i.S.d. § 2 Abs. 1 Nr. 1 UWG bestimmt. Aus dem Anwendungsbereich fallen insbesondere betriebsinterne Handlungen bei Verstößen gegen Arbeits- und Arbeitszeitschutznormen. Auch die Entlohnung hat keine Außenwirkung auf Marktteilnehmer. Den erforderlichen Marktbezug weisen dagegen Verhaltensweisen bei Verstößen gegen die Ladenschluss- bzw. Ladenöffnungszeitengesetze, die Sonn- und Feiertagsgesetze der Länder sowie die Vorschriften über die Beschränkungen der Lenkzeit auf.
27. Auch für die geschäftliche Handlung i.S.d. § 2 Abs. 1 Nr. 1 UWG lässt sich an das Verhalten beim Abschluss von Arbeitsverträgen anknüpfen, da der Arbeitnehmer hier als sonstiger Marktteilnehmer i.S.d. § 2 Abs. 1 Nr. 2 UWG auftritt. Dies eröffnet den Anwendungsbereich insbesondere für den Abschluss eines Leiharbeitsvertrages ohne die nach § 1 Abs. 1 S. 1 AÜG erforderliche Erlaubnis und das Verhalten des Arbeitgebers bei Abschluss eines Arbeitsvertrages, dessen Vergütungsvereinbarung den gesetzlichen Mindestlohn unterschreitet.
28. Nach der Definition des § 2 Abs. 1 Nr. 1 UWG kann eine geschäftliche Handlung nach einem Geschäftsabschluss stattfinden. Insbesondere kann die fehlerhafte Abrechnung oder Dokumentation objektiv darauf gerichtet sein, den Arbeitnehmer von einer Geltendmachung seiner Rechte abzubringen. Für einen objektiven Zusammenhang i.S.d. § 2 Abs. 1 Nr. 1 UWG wäre aber notwendig, dass die Arbeitnehmer insofern als Marktteilnehmer betroffen sind. Dies ist bei der Durchführung des Arbeitsverhältnisses nicht der Fall.
29. Mitbewerber sind nach § 8 Abs. 3 Nr. 1 UWG anspruchsberechtigt und Arbeitgeberverbände können die Anforderungen des § 8 Abs. 3 Nr. 2 UWG jedenfalls durch eine Satzungsänderung erfüllen. Gewerkschaften fallen, sofern sie als nicht eingetragene Vereine i.S.d. § 54 BGB organisiert sind, bereits aus diesem Grund nicht unter § 8 Abs. 3 Nr. 2 UWG n.F.
30. Ohnehin schließt die Beschränkung auf die Förderung gewerblicher oder selbstständiger beruflicher Interessen die Gewerkschaften in ihrer klassischen Form als Vereinigungen von Arbeitnehmern aus. Ausgehend von der Rechtsprechung zu Fachverbänden ist aber eine die Voraussetzungen des § 8 Abs. 3 Nr. 2 UWG erfüllende Gestaltung von Gewerkschaften, die ihren Organisationsgrad auf Selbstständige erweitern, denkbar. Allerdings sind diese Verbände auf die Durchsetzung der Interessen der ihnen angehörigen Unternehmer beschränkt.

31. Gewerkschaften könnten zwar, sofern sie als eingetragene Vereine organisiert sind, jedenfalls durch eine Satzungsänderung die Voraussetzungen des § 8 Abs. 3 Nr. 3 UWG i.V.m. § 4 Abs. 2 UKlaG n.F. erfüllen. Da Arbeitnehmer im Hinblick auf das Arbeitsverhältnis aber keine Verbraucher i.S.d. § 2 Abs. 2 UWG i.V.m. § 13 BGB sind, können Gewerkschaften nicht auf Grundlage des § 8 Abs. 3 Nr. 3 UWG in ihrem Interesse tätig werden.
32. Unter § 8 Abs. 3 Nr. 4 UWG n.F. fallen neben Gewerkschaften im klassischen Sinn, die ihren Organisationsbereich auf Selbstständige erweitert haben, auch Berufsverbände, die selbstständige und abhängig beschäftigte Angehörige ihrer Branche vertreten. Auch § 8 Abs. 3 Nr. 4 UWG n.F. erlaubt es den Gewerkschaften aber nicht, im Interesse ihrer abhängig beschäftigten Mitglieder gegen unlautere geschäftliche Handlungen vorzugehen.
33. Die fehlende Anspruchsberechtigung und Klagebefugnis der Gewerkschaften bei der Vertretung der Interessen ihrer abhängig beschäftigten Mitglieder beeinträchtigt sie nicht in verfassungswidriger Weise. Es handelt sich lediglich um einen Randbereich der Wahrung der Arbeits- und Wirtschaftsbedingungen i.S.d. Art. 9 Abs. 3 GG. Eine entsprechende Ausgestaltung ist dem Gesetzgeber damit nicht verfassungsrechtlich vorgegeben.

Literaturverzeichnis

Ahrens, Hans-Jürgen, Kritikwürdig: Wettbewerbsrechtliche AGB-Kontrolle durch Mitbewerber, WRP 2012, Editorial Nr. 10

Alexander, Christian, Die Informationspflichten gemäß § 40 Abs. 1 und 2 EnWG und ihre Durchsetzung nach Energiewirtschafts-, Lauterkeits- und Vertragsrecht, WRP 2012, S. 660-669

Ders., Verhaltenskodizes im europäischen und deutschen Lauterkeitsrecht, GRUR Int. 2012, S. 965-973

Ders., Wettbewerbsrecht mit Schutz von Geschäftsgeheimnissen, 2. Aufl. 2019 (zit.: *Alexander*)

Althoff, Carolin/Wirth, Willy, Nichtfinanzielle Berichterstattung und Prüfung im DAX 30, WPg 2018, S. 1138-1149

Annuß, Georg, Schutz der Gewerkschaften vor tarifwidrigem Handeln der Betriebsparteien?, RdA 2000, S. 287-297

Ankersen, Per Christian, Wahrnehmung von Arbeitnehmerrechten durch Betriebsrat und Gewerkschaft, JuS 1995, S. 862-870

Ansey, Siegfried/Koberski, Wolfgang, Die Allgemeinverbindlicherklärung von Tarifverträgen, AuR 1987, S. 230-237

Anzinger, Rudolf/Koberski, Wolfgang, Kommentar ArbZG, 5. Aufl. 2020 (zit.: *Anzinger/Koberski*)

Armgardt, Matthias, Verbraucherschutz und Wettbewerbsrecht: unwirksame AGB-Klauseln im Licht der neueren Rechtsprechung zum UWG und zur UGP-Richtlinie, WRP 2009, S. 122-127

Aulmann, Peter, Verstöße gegen das Arbeitnehmerentsendegesetz als unlauterer Wettbewerb im Sinne von § 4 Nr. 11 UWG, BB 2007, S. 826-830

Baeck, Ulrich/Deutsch, Markus/Winzer, Thomas, Arbeitszeitgesetz Kommentar, 4. Aufl. 2020 (zit.: B/D/W/*Bearbeiter*)

Bauer, Joachim, Handeln zu Zwecken des Wettbewerbs, 1991 (zit.: *Bauer*)

Baumbach, Adolf (Begr.), Beck'scher Kurzkommentar, Band 13a, Wettbewerbsrecht, Gesetz gegen den unlauteren Wettbewerb, 16. Aufl. 1990 (zit.: Baumbach/*Bearbeiter*)

Bayreuther, Frank, Tarifautonomie als kollektiv ausgeübte Privatautonomie, 2005 (zit.: *Bayreuther*)

Beater, Axel, Unlauterer Wettbewerb, 1. Aufl. 2011 (zit.: *Beater*)

Beckmann, Martin/Durner, Wolfgang/Mann, Thomas/Röckinghausen, Marc, Umweltrecht Kommentar, 95. EL Mai 2021 (zit.: Landmann/Rohmer/*Bearbeiter*)

Bepler, Klaus, Verhandlungen des 70. Deutschen Juristentages, Gutachten / Teil B: Stärkung der Tarifautonomie. Welche Änderungen des Tarifvertragsrechts empfehlen sich?, 2014 (zit.: *Bepler* Gutachten 70. DJT)

Ders., Zwei Regelungsvorschläge für problematische Beschäftigungsverhältnisse, SR Sonderausgabe 2019, S. 12-16

Birk, Axel, Corporate Responsibility, unternehmerische Selbstverpflichtungen und unlauterer Wettbewerb, GRUR 2011, S. 196-203

Bispinck, Reinhard/Kirsch, Johannes/Schäfer, Claus, Projektbericht Mindeststandards für Arbeits- und Einkommensbedingungen und Tarifsystem für das Ministerium für Wirtschaft und Arbeit des Landes Nordrhein-Westfalen (MWA), 2003 (zit.: *Bispinck/Kirsch/Schäfer*)

Böhler, Roland, Alter und neuer Rechtsbruchtatbestand: aufgezeigt am Beispiel des Marktzutritts kommunaler Unternehmen, 2009 (zit.: *Böhler*)

Böhmert, Sabine, Das Recht der ILO und sein Einfluss auf das deutsche Arbeitsrecht im Zeichen der europäischen Integration, 2002 (zit.: *Böhmert*)

Bosch, Gerhard/Hüttenhoff, Frederic/Weinkopf, Claudia/Kocher, Eva/Fechner, Heiner, Kontrolle und Durchsetzung von Mindestarbeitsbedingungen, Working Paper Forschungsförderung der Hans-Böckler-Stiftung Nr. 95, 2018 (zit.: *Bosch/Hüttenhoff/Weinkopf/Kocher/Fechner*)

Braun, Axel, Anmerkung zu BGH vom 23.6.2016, ArbRB 2017, S. 15

Brecht-Heitzmann, Holger/Kempen, Otto Ernst/Schubert, Jens M./Seifert, Achim (Hrsg.), Kommentar Tarifvertragsgesetz, 5. Aufl. 2014 (zit.: KeZa/*Bearbeiter*)

Buchner, Herbert, Tarifverträge im Wettbewerb?, ZfA 2004, S. 229-252

Buck-Heeb, Petra/Dieckmann, Andreas, Selbstregulierung im Privatrecht, 2010 (zit.: *Buck-Heeb/Dieckmann*)

Büscher, Wolfgang, Gesetz gegen den unlauteren Wettbewerb Kommentar, 2. Aufl. 2021 (zit.: Büscher/*Bearbeiter*)

Ders./Dittmer, Stefan/Schiwy, Peter, Gewerblicher Rechtsschutz, Urheberrecht, Medienrecht Kommentar, 3. Aufl. 2015 (zit.: B/D/S/*Bearbeiter*)

Büttner, Hermann, Sittenwidrige Wettbewerbshandlung durch Gesetzesverstoß in der neuen Rechtsprechung des BGH, in: Festschrift für Erdmann, 2002, S. 545-559 (zit.: *Büttner* FS Erdmann)

Canaris, Claus-Wilhelm, Die Feststellung von Lücken im Gesetz, 2. Aufl. 1983 (zit.: *Canaris*)

Clemens, Thomas, Die Verweisung von einer Rechtsnorm auf andere Vorschriften – insbesondere ihre Verfassungsmäßigkeit –, AöR 111 (1986), S. 63-127

Däubler, Wolfgang, Tarifvertragsrecht: ein Handbuch, 3. Aufl. 1993 (zit.: *Däubler* Tarifvertragsrecht)

Ders., Das Arbeitsrecht 1: Die gemeinsame Wahrung von Interessen im Betrieb, 16. Aufl. 2006 (zit.: *Däubler*)

Ders., Die Implementation von ILO-Übereinkommen – Erfahrungen und Überlegungen in Deutschland –, in: Festschrift zum 25-jährigen Bestehen der Arbeitsgemeinschaft Arbeitsrecht im DAV, 2006, S. 1183-1205 (zit.: *Däubler* FS 25 Jahre ARGE Arbeitsrecht im DAV)

Ders. (Hrsg.), NomosKommentar Tarifvertragsgesetz, 4. Aufl. 2016 (zit.: Däubler/*Bearbeiter*)

Ders./Hjort, Jens Peter/Schubert, Michael/Wolmerath, Martin (Hrsg.), Handkommentar Arbeitsrecht, 4. Aufl. 2017 (zit.: HK-ArbR/*Bearbeiter*)

Debus, Alfred G., Verweisungen in deutschen Rechtsnormen, 2008 (zit.: *Debus*)

Deinert, Olaf/Heuschmid, Johannes/Zwanziger, Bertram (Hrsg.), Arbeitsrecht: Handbuch für die Praxis, 10. Aufl. 2019 (zit.: D/H/Z/*Bearbeiter*)

Dembowski, Jürgen, Sollten Mitbewerber bei der AGB-Kontrolle im Abseits stehen?, in: Festschrift für Bornkamm, 2014, S. 325-334 (zit.: *Dembowski* FS Bornkamm)

Dettmar, Jasmin Isabel, Unlauterer Wettbewerb durch Rechtsbruch nach Maßgabe des § 4 Nr. 11 UWG n.F., 2006 (zit.: *Dettmar*)

Dütz, Wilhelm/Thüsing, Gregor, Arbeitsrecht, 26. Aufl. 2021 (zit.: *Dütz/Thüsing*)

Düwell, Franz Josef/Schubert, Jens (Hrsg.), Handkommentar Mindestlohngesetz, 2. Aufl. 2017 (zit.: Düwell/Schubert/*Bearbeiter*)

Eifinger, Maxim, Anmerkung zu OLG Frankfurt a.M. vom 29.1.2015, GRUR-Prax 2015, S. 150

Elskamp, Gregor, Gesetzesverstoß und Wettbewerbsrecht: zur wettbewerbsrechtlichen Unzulässigkeit von Verstößen gegen außerwettbewerbliche Gesetze, 2008 (zit.: *Elskamp*)

Emmerich, Volker, Anmerkung zu BGH vom 3.12.1992, JuS 1993, S. 872-873

Ders./Lange, Knut Werner, Unlauterer Wettbewerb, 11. Aufl. 2019 (zit.: *Emmerich/Lange*)

Ernst, Stefan, Abmahnungen auf Grund von Normen außerhalb des UWG, WRP 2004, S. 1133-1137

Etzel, Gerhard, Tarifordnung und Arbeitsvertrag, NZA 1987 Beilage 1, S. 19-31

Fechner, Heiner/Kocher, Eva, Mindestlohngesetz und Lauterkeitsrecht, NZA 2017, S. 755-761

Ders., Durchsetzung von Mindestarbeitsbedingungen durch Wettbewerbsrecht? Effet inutile beim BGH, AuR 2018, S. 456-460

Ders./Kocher, Eva, Stellungnahme „Rechtspraxis und Anpassungsbedarf beim gesetzlichen Mindestlohn" in: Stellungnahmen aus der schriftlichen Anhörung, Ergänzungsband zum Zweiten Bericht der Mindestlohnkommission an die Bundesregierung nach § 9 Abs. 4 Mindestlohngesetz, 2018, S. 121-138 (zit.: *Fechner/Kocher* Stellungnahme)

Fedorets, Alexandra/Grabka, Markus M./Schröder, Carsten, DIW Wochenbericht 28/2019, S. 483-491

Fezer, Karl-Heinz/Büscher, Wolfgang/Obergfell, Eva Inés, Lauterkeitsrecht: Kommentar zum Gesetz gegen den unlauteren Wettbewerb (UWG), 3. Aufl. 2016 (zit.: F/B/O/*Bearbeiter*)

Fischer-Lescano, Andreas/Preis, Ulrich/Ulber, Daniel, Verfassungsmäßigkeit des Mindestlohns, 2015 (zit.: *Fischer-Lescano/Preis/Ulber*)

Fleischer, Vanessa, Gesetzesverletzung als Lauterkeitsrechtsverstoß, 2014 (zit.: *Fleischer*)

Franke, Karl, Arbeitsschutz und Unlauterer Wettbewerb – Die Sanktionierung von Verstößen gegen Arbeitsschutznormen durch die Vorschriften des Gesetzes gegen den unlauteren Wettbewerb, 1992 (zit.: *Franke*)

Franzen, Martin/Gallner, Inken/Oetker, Hartmut, Kommentar zum europäischen Arbeitsrecht, 4. Aufl. 2022 (zit.: F/G/O/*Bearbeiter*)

Fritzsche, Jörg/Münker, Reiner/Stollwerck, Christoph, Beck'scher Online-Kommentar UWG, 13. Ed. Stand 01.08.2021 (zit.: BeckOK-UWG/*Bearbeiter*)

Fuchs, Katrin, Ladenschluss – und kein Ende?, NVwZ 2005, S. 1026-1029

Gärtner, Anette/Heil, Ulf, Kodifizierter Rechtsbruchtatbestand und Generalklausel, WRP 2005, S. 20-24

Glöckner, Jochen, Wettbewerbsbezogenes Verständnis der Unlauterkeit und Vorsprungserlangung durch Rechtsbruch, GRUR 2008, S. 960-967

Ders., Rechtsbruchtatbestand oder … The Saga Continues!, GRUR 2013, S. 568-576

Gloy, Wolfgang (Begr.)/Loschelder, Michael/Erdmann, Willi (Hrsg.), Handbuch des Wettbewerbsrechts, 4. Aufl. 2010 (zit.: G/L/E/*Bearbeiter*, 4. Aufl. 2010)

Gloy, Wolfgang (Begr.)/Loschelder, Michael/Danckwerts, Rolf (Hrsg.), Handbuch des Wettbewerbsrechts, 5. Aufl. 2019 (zit.: G/L/D/*Bearbeiter*)

Göckler, Till, Die Klagebefugnis vertikaler Wirtschaftsverbände, WRP 2016, S. 434-439

Götting, Horst-Peter/Nordemann, Axel, Nomos Handkommentar UWG, 3. Aufl. 2016 (zit.: HK-UWG/*Bearbeiter*)

Greiner, Stefan/Hanau, Peter/Preis, Ulrich, Die Sicherung der Allgemeinverbindlicherklärung von Tarifverträgen als Gestaltungsaufgabe, SR Sonderausgabe 2014, S. 2-35

Groner, Markus, Der Rückgriff auf die Generalklausel des § 3 UWG zur Bestimmung der Unlauterkeit einer Wettbewerbshandlung, 2008 (zit.: *Groner*)

Gsell, Beate/Krüger, Wolfgang/Lorenz, Stephan/Reymann, Christoph, beck-online Großkommentar zum Zivilrecht (zit.: BeckOGK/*Bearbeiter,* (Stand))

Häberle, Peter (Hrsg.), Beck'scher Kurzkommentar, Band 17, Strafrechtliche Nebengesetze, 236. EL Mai 2021 (zit.: Erbs/Kohlhaas/*Bearbeiter*)

Hahn, Frank/Pfeiffer, Gerhard/Schubert, Jens (Hrsg.), Nomos Handkommentar Arbeitszeitrecht, 2. Aufl. 2018 (zit.: HK-ArbZR/*Bearbeiter*)

Hamann, Wolfgang, Die Richtlinie Leiharbeit und ihre Auswirkungen auf das nationale Recht der Arbeitnehmerüberlassung, EuZA 2009, S. 287-331

Harte-Bavendamm, Henning/Henning-Bodewig, Frauke, Gesetz gegen den unlauteren Wettbewerb (UWG) Kommentar, 2. Aufl. 2009 (zit.: Harte-Bavendamm/Henning-Bodewig/*Bearbeiter,* 2. Aufl. 2009)

Ders./dies./Goldmann, Michael/Tolkmitt, Jan, Gesetz gegen den unlauteren Wettbewerb (UWG) Kommentar, 5. Aufl. 2021 (zit.: Harte-Bavendamm/Henning-Bodewig/*Bearbeiter*)

Hasselblatt, Gordian N. (Hrsg.), Münchener Anwaltshandbuch Gewerblicher Rechtsschutz, 5. Aufl. 2017 (zit.: MAH/*Bearbeiter*)

Hau, Wolfgang/Poseck, Roman, Beck'scher Online-Kommentar BGB, 60. Ed. Stand 01.11.2021 (zit.: BeckOK-BGB/*Bearbeiter*)

Hauschka, Christoph E./Moosmayer, Klaus/Lösler, Thomas, Corporate Compliance – Handbuch der Haftungsvermeidung im Unternehmen, 3. Aufl. 2016 (zit.: H/M/L/*Bearbeiter*)

Heermann, Peter W., Die Erheblichkeitsschwelle i.S. des § 3 UWG-E, GRUR 2004, S. 97-99

Ders./Schlingloff, Jochen (Hrsg.), Münchener Kommentar zum Lauterkeitsrecht, Band 2, §§ 5-20 UWG, 2. Aufl. 2014 (zit.: MüKo-UWG/*Bearbeiter,* 2. Aufl. 2014)

Ders./Ders. (Hrsg.), Münchener Kommentar zum Lauterkeitsrecht, Band 1, Grundlagen, §§ 1-7 UWG, 3. Aufl. 2020 (zit.: MüKo-UWG/*Bearbeiter*)

Hefermehl, Wolfgang, Der Anwendungsbereich des Wettbewerbsrechts, in: Festschrift Nipperdey, 1955, S. 283-302 (zit.: *Hefermehl* FS Nipperdey)

Heilmann, Joachim/Aufhauser, Peter, Handkommentar Arbeitsschutzgesetz, 2. Aufl. 2005 (zit.: HK-ArbSchG/*Bearbeiter*)

Heintzen, Markus/Uhle, Arnd (Hrsg.), Neuere Entwicklungen im Kompetenzrecht: zur Verteilung der Gesetzgebungszuständigkeiten zwischen Bund und Ländern nach der Föderalismusreform, 2014 (zit.: Heintzen/Uhle/*Bearbeiter*)

Hennigs, Stefan, Unlauterer Wettbewerb durch Verwendung unwirksamer Vertragsklauseln, 2017 (zit.: *Hennigs*)

Henning-Bodewig, Frauke, Das Europäische Lauterkeitsrecht: B2C, B2B oder doch besser beides?, in: Festschrift Tilmann, 2003, S. 149-160 (zit.: *Henning-Bodewig* FS Tilmann)

Dies., UWG und Geschäftsethik, WRP 2010, S. 1094-1105

Dies., Der „ehrbare Kaufmann", Corporate Social Responsibility und das Lauterkeitsrecht, WRP 2011, S. 1014-1023

Herrnberger, Christian, Wettbewerbsrechtlicher Schutz vor Kinderarbeit, 2013 (zit.: *Herrnberger*)

Herzog, Roman/Scholz, Rupert/Herdegen, Matthias/Klein, Hans (Hrsg.), Grundgesetz Kommentar, 95. EL. Juli 2021 (zit.: Dürig/Herzog/Scholz/*Bearbeiter*)

Hess, Gangolf, Kostenerstattung für Abmahnung ohne Vollmachtsurkunde („Vollmachtsnachweis"), jurisPR-WettbR 11/2010 Anm. 2

Hippmann, Christoph, Die Allgemeinverbindlicherklärung im Kontext staatlicher Beteiligung bei der Festlegung von Arbeitsbedingungen, 2015 (zit.: *Hippmann*)

Höland, Armin, Kollektiver Rechtsschutz im Arbeitsrecht und im Verbraucher- und Wettbewerbsrecht, in: Festschrift für Bepler, 2012, S. 221-240 (zit.: *Höland* FS Bepler)

Holtz, Hajo Michael, Die AGB-Kontrolle im Wettbewerbsrecht, 2010 (zit.: *Holtz*)

Höpfner, Clemens, Die Tarifgeltung im Arbeitsverhältnis: historische, ökonomische und legitimatorische Grundlagen des deutschen Koalitions- und Tarifvertragsrechts, 2015 (zit.: *Höpfner*)

Hueck, Alfred, Anmerkung zu RG vom 12.4.1927, JW 1927, S. 2366-2367

Hufen, Christian, Der Ausgleich verfassungsrechtlich geschützter Interessen bei der Ausgestaltung des Sonn- und Feiertagsschutzes, 2014 (zit.: *Hufen*)

Hufen, Friedhelm, Ladenschluß: Zum verfassungsrechtlichen Kern eines politischen Dauerthemas, NJW 1986, S. 1291-1301

Jacobs, Rainer/Lindacher, Walter F./Teplitzky, Otto (Hrsg.), Großkommentar zum Gesetz gegen den unlauteren Wettbewerb, 1. Aufl. 1991 ff. (zit.: GK-UWG/*Bearbeiter,* 1. Aufl. Erscheinungsjahr)

Jänich, Volker Michael, Lauterkeitsrecht, 1. Aufl. 2019 (zit.: *Jänich*)

Jauernig, Othmar, Zur Rechts- und Parteifähigkeit der Gesellschaft bürgerlichen Rechts, NJW 2001, S. 2231-2232

Jöris, Heribert, Die Allgemeinverbindlichkeit von Tarifverträgen nach dem neuen § 5 TVG, NZA 2014, S. 1313-1319

Junker, Abbo, Grundkurs Arbeitsrecht, 20. Aufl. 2021 (zit.: *Junker*)

Karpen, Hans-Ulrich, Die Verweisung als Mittel der Gesetzgebungstechnik, 1970 (zit.: *Karpen*)

Keck, Stefan, Wettbewerbsverstöße durch Rechtsbruch, 2005 (zit.: *Keck*)

Kehrberg, Jan, Schutzzweck und Verfassungsmäßigkeit des Ladenschlussgesetzes – Bestandsaufnahme und Ausblick –, GewArch 2001, S. 14-23

Kiel, Heinrich/Lunk, Stefan/Oetker, Hartmut (Hrsg.), Münchener Handbuch zum Arbeitsrecht, Band 3: Kollektives Arbeitsrecht I, 4. Aufl. 2019 (zit.: MHdB ArbR/*Bearbeiter,* 4. Aufl. 2019)

Ders./ders./ders. (Hrsg.), Münchener Handbuch zum Arbeitsrecht, Band 1: Individualarbeitsrecht I, 5. Aufl. 2021 (zit.: MHdB ArbR/*Bearbeiter*)

Kirsch, Johannes, Die Allgemeinverbindlicherklärung von Tarifverträgen – ein Instrument in der Krise, WSI-Mitteilungen 2004, S. 405-412

Kissel, Otto Rudolf, Standortfaktor Arbeitsrecht: Standortdebatte und Rechtsentwicklung – wie geht es weiter?, 1. Aufl. 1999 (zit.: *Kissel*)

Klein, Andreas/Insam, Alexander, Telefonische Abwerbung von Mitarbeitern am Arbeitsplatz und im Privatbereich nach neuem UWG, GRUR 2006, S. 379-383

Klocke, Daniel Matthias, Gewerkschaften als Verbraucherschützer?, in: Latzel, Clemens/Picker, Christian (Hrsg.), Neue Arbeitswelt, 3. Assistententagung im Arbeitsrecht 2013 in München, 2014, S. 145-159 (zit.: *Klocke* Latzel/Picker)

Ders., Rechtsschutz in kollektiven Strukturen, 2016 (zit.: *Klocke*)

Kocher, Eva, Gesetzentwurf für eine Verbandsklage im Arbeitsrecht, Gutachten – erstellt im Auftrag der Hans-Böckler-Stiftung, 2002 (zit.: *Kocher,* Gesetzentwurf)

Dies., Unternehmerische Selbstverpflichtungen im Wettbewerb – Die Transformation von „soft law“ in „hard law“ durch das Wettbewerbsrecht, GRUR 2005, S. 647-652

Dies., Corporate Social Responsibility: Eine gelungene Inszenierung?, KJ 2010, S. 29-37

Dies./Klose, Alexander/Kühn, Kerstin/Wenckebach, Johanna, Verantwortung braucht Transparenz. Die rechtliche Verankerung unternehmerischer Pflichten zur Offenlegung von Arbeits- und Beschäftigungsbedingungen, Studie im Auftrag der Abteilung Wirtschafts- und Sozialpolitik der Friedrich-Ebert-Stiftung, 2012 (zit.: *Kocher/Klose/Kühn/Wenckebach*)

Koberski, Wolfgang/Asshoff, Gregor/Eustrup, Gabriele/Winkler, Holger, Arbeitnehmer-Entsendegesetz, Mindestarbeitsbedingungengesetz: Kommentar, 3. Aufl. 2011 (zit.: *K/A/E/W*)

Kohler, Josef, Der unlautere Wettbewerb: Darstellung des Wettbewerbsrechts, 1. Aufl. 1914 (zit.: *J. Kohler*)

Köhler, Helmut, Wettbewerbsrecht im Wandel: Die neue Rechtsprechung zum Tatbestand des Rechtsbruchs, NJW 2002, S. 2761-2763

Ders./Bornkamm, Joachim/Henning-Bodewig, Frauke, Vorschlag für eine Richtlinie zum Lauterkeitsrecht und eine UWG-Reform, WRP 2002, S. 1317-1328

Ders., Zur wettbewerbsrechtlichen Sanktionierung öffentlich-rechtlicher Normen, in: Festschrift für Glaeser, 2003, S. 499-508 (zit.: *Köhler* FS Glaeser)

Ders., Der Rechtsbruchtatbestand im neuen UWG, GRUR 2004, S. 381-389

Ders., Schutzlücken bei der Verbandsklagebefugnis im Kartell- und Wettbewerbsrecht – eine Aufgabe für den Gesetzgeber, WRP 2007, S. 602-604

Ders., Konkurrentenklage gegen die die Verwendung unwirksamer Allgemeiner Geschäftsbedingungen?, NJW 2008, S. 177-181

Ders., Unzulässige geschäftliche Handlungen bei Abschluss und Durchführung eines Vertrags, WRP 2009, S. 898-913

Ders., Anmerkung zu BGH vom 2.12.2009, GRUR 2010, S. 657-658

Ders., Die Verwendung unwirksamer Vertragsklauseln: ein Fall für das UWG – Zugleich Besprechung der BGH-Entscheidungen „Gewährleistungsausschluss im Internet" und „Vollmachtsnachweis", GRUR 2010, S. 1047-1053

Ders., Der „Unternehmer" im Lauterkeitsrecht, in: Festschrift für Hopt, 2010, S. 2825-2840 (zit.: *Köhler* FS Hopt)

Ders., Zur Mitbewerberklage gegen die Verwendung unwirksamer AGB – Zugleich Besprechung von BGH, Urteil vom 31.05.2012 – I ZR 45/11 – Missbräuchliche Vertragsstrafe, WRP 2012, S. 1475-1478

Ders., Mitteilungen über Corporate Social Responsibility – eine geschäftliche Handlung?, in: Hilty, Reto M./Henning-Bodewig, Frauke (Hrsg.), Corporate Social Responsibility: Verbindliche Standards des Wettbewerbsrechts?, 1. Aufl. 2014, S. 161-167 (zit.: Hilty/Henning-Bodewig/*Köhler*)

Ders., Zur „geschäftlichen Relevanz" unlauterer geschäftlicher Handlungen gegenüber Verbrauchern, WRP 2014, S. 259-267

Ders./Bornkamm, Joachim, Beck'scher Kurzkommentar, Band 13a, Gesetz gegen den unlauteren Wettbewerb, 35. Aufl. 2017 (zit.: Köhler/Bornkamm/*Bearbeiter,* 35. Aufl. 2017)

Ders., Stellungnahme zum Entwurf eines Gesetzes zur Stärkung des fairen Wettbewerbs, WRP 2019, 1550-1556

Ders./Bornkamm, Joachim/Feddersen, Jörn/Alexander, Christian, Beck'scher Kurzkommentar, Band 13a, Gesetz gegen den unlauteren Wettbewerb, 39. Aufl. 2021 (zit.: K/B/F/*Bearbeiter*)

Kohte, Wolfhard, Arbeitsschutzrecht und UWG – ein fruchtbares Wechselverhältnis, AuR 1989, S. 241-248

Ders./Faber, Ulrich/Feldhoff, Kerstin (Hrsg.), Gesamtes Arbeitsschutzrecht Handkommentar, 2. Aufl. 2018 (zit.: HK-ArbSchR/*Bearbeiter*)

Ders./Reill-Ruppe, Nicole, Arbeitszeitrecht: Reichweite des „Handwerkerprivilegs" im Fahrpersonalrecht, jurisPR-ArbR 27/2019 Anm. 7

Ders., Auskunftspflichten in der Beförderungskette, jurisPR-ArbR 43/2019 Anm. 5

Küttner, Wolfdieter (Begr.)/Roller, Jürgen (Hrsg.), Küttner Personalbuch, 28. Aufl. 2021 (zit.: Küttner/*Bearbeiter*)

Lehmler, Lutz, Kommentar zum Wettbewerbsrecht, 1. Aufl. 2007 (zit.: *Lehmler*)

Leibinger, Sonja, Individualarbeitsrecht und UWG – Eine Schnittstellenanalyse unter besonderer Berücksichtigung der Art. 4 lit. c., Art. 4a, Art. 7 und Art. 11 UWG (zit.: *Leibinger*)

Lettl, Tobias, Das neue UWG, 1. Aufl. 2004 (zit.: *Lettl UWG* 2004)

Ders, Der Schutz der Verbraucher nach der UWG-Reform, GRUR 2004, S. 449-461

Ders., Werbung mit einem Telefonanruf gegenüber einem Verbraucher nach § 7 Abs. 2 Nr. 2 Alt. 1 UWG n.F., WRP 2009, S. 1315-1329

Ders., Lauterkeitsrecht, 4. Aufl. 2021 (zit.: *Lettl*)

Löwisch, Manfred/Rieble, Volker, Tarifvertragsgesetz Kommentar, 4. Aufl. 2017 (zit.: *Löwisch/Rieble*)

Mann, Rüdiger, Die wettbewerbsrechtliche Beurteilung von unwirksamen Allgemeinen Geschäftsbedingungen, WRP 2007, S. 1035-1044

Meier-Gubser, Stefanie, Arbeitsrechtlicher Gedankenflug übers UWG, AJP/PJA 2014, S. 1486-1500

Möller, Mirko, Die aktuellen Entwicklungen im Lauterkeitsrecht, NJW 2020, S. 1635-1639

Müller, Sandra, Der Arbeitnehmer als Verbraucher im Sinne des § 13 BGB, 2005 (zit.: *Müller*)

Müller-Glöge, Rudi/Preis, Ulrich/Schmidt, Ingrid (Hrsg.), Beck'scher Kurzkommentar, Band 51, Erfurter Kommentar zum Arbeitsrecht, 22. Aufl. 2022 (zit.: ErfK/*Bearbeiter*)

Nemeczek, Heinrich, Anmerkung zu BGH vom 9.9.2010, GRUR 2011, S. 432-433

Neumann, Dirk/Biebl, Josef, Arbeitszeitgesetz Kommentar, 16. Aufl. 2013 (zit.: *Neumann/Biebl*)

Nipperdey, Hans Carl, Anmerkung zu RG vom 12.4.1927, JW 1927, S. 2367-2369

Nordemann, Axel/Nordemann, Jan Bernd/Nordemann-Schiffel, Anke, Wettbewerbsrecht, Markenrecht, 11. Aufl. 2012 (zit.: *Nordemann*)

Oetker, Hartmut, Anmerkung zu BAG vom 20.8.1991, SAE 1992, S. 158-163

Ders., AGB-Kontrolle im Zivil- und Arbeitsrecht, AcP 212 (2012), S. 202-250

Ders., Tarifliche Mindestentgelte im Lichte des Lauterkeitsrechts, in: Festschrift für Bepler, 2012, S. 467-478 (zit.: *Oetker* FS Bepler)

Ders., Verbandsklagerecht für Gewerkschaften und fairer Wettbewerb, in: Festschrift für Smid, 2021, S. 1-13, zitiert nach Manuskript (zit.: *Oetker* FS Smid)

Ohly, Ansgar/Sosnitza, Olaf, Gesetz gegen den unlauteren Wettbewerb Kommentar, 6. Aufl. 2014 (zit.: Ohly/Sosnitza/*Bearbeiter,* 6. Aufl. 2014)

Ders./Liebenau, Diana, Corporate Social Responsibility: unmittelbare Beurteilung auf der Grundlage der lauterkeitsrechtlichen Generalklausel?, in: Hilty, Reto M./Henning-Bodewig, Frauke (Hrsg.), Corporate Social Responsibility: Verbindliche Standards des Wettbewerbsrechts?, 1. Aufl. 2014, S. 197-209 (zit.: Hilty/Henning-Bodewig/*Ohly/Liebenau*)

Ders./Sosnitza, Olaf, Gesetz gegen den unlauteren Wettbewerb Kommentar, 7. Aufl. 2016 (zit.: Ohly/Sosnitza/*Bearbeiter*)

Ders., Das neue UWG im Überblick, GRUR 2016, S. 3-6

Oppenhoff, Walter, Anmerkung zu BGH vom 9.5.1980, GRUR 1980, S. 861-862

Pfarr, Heide/Kocher, Eva, Kollektivverfahren im Arbeitsrecht: Arbeitnehmerschutz und Gleichberechtigung durch Verfahren, 1. Aufl. 1998 (zit.: *Pfarr/Kocher*)

Pfeifer, Karl-Nikolaus (Hrsg.), Großkommentar zum Gesetz gegen den unlauteren Wettbewerb, 3. Aufl. 2020 ff. (zit.: GK-UWG/*Bearbeiter*)

Piper, Henning, Warenproduktion und Lauterkeitsrecht – Eine Anmerkung zum Urteil des Bundesgerichtshofs vom 11.5.2000 – I ZR 28/98, BGHZ 144, 255 – Abgasemissionen, in: Festschrift für Erdmann, 2002, S. 679-695 (zit.: *Piper* FS Erdmann)

Ders./Ohly, Ansgar, Gesetz gegen den unlauteren Wettbewerb Kommentar, 4. Aufl. 2006 (zit.: Piper/Ohly/*Bearbeiter,* 4. Aufl. 2006)

Podszun, Rupprecht, Corporate Social Responsibility-Standards: Rechtstheoretische Aspekte und die Frage, was den „Markenkern" der Rechtswissenschaft ausmacht, in: Hilty, Reto M./Henning-Bodewig, Frauke (Hrsg.), Corporate Social Responsibility: Verbindliche Standards des Wettbewerbsrechts?, 1. Aufl. 2014, S. 51-79 (zit.: Hilty/Henning-Bodewig/*Podszun*)

Poelzig, Dörte, Normdurchsetzung durch Privatrecht, 2012 (zit.: *Poelzig*)

Preis, Ulrich, Arbeitsrecht, Verbraucherschutz und Inhaltskontrolle, NZA-Sonderbeilage 16/2003, S. 19-33

Ders./Povedano Peramato, Alberto, Das neue Recht der Allgemeinverbindlicherklärung im Tarifautonomiestärkungsgesetz, 2017 (zit.: *Preis/Povedano Peramato*)

Ders./Temming, Felipe, Arbeitsrecht – Individualarbeitsrecht, Lehrbuch für Studium und Praxis, 6. Aufl. 2020 (zit.: *Preis/Temming*)

Ders./Greiner, Stefan, Arbeitsrecht – Kollektivarbeitsrecht, Lehrbuch für Studium und Praxis, 5. Aufl. 2020 (zit.: *Preis/Greiner*)

Prokop, Felix, Die Allgemeinverbindlicherklärung nach § 5 TVG, 2017 (zit.: *Prokop*)

Quiring, Andreas, Die Abwerbung von Mitarbeitern im Licht der UWG-Reform – und vice versa, WRP 2003, S. 1181-1186

Ramstetter, Simon, Mindestlöhne vor Gericht, 2011 (zit.: *Ramstetter*)

Rauscher, Thomas/Krüger, Wolfgang (Hrsg.), Münchener Kommentar zur Zivilprozessordnung mit Gerichtsverfassungsgesetz und Nebengesetzen, 6. Aufl. 2020 ff. (zit.: MüKo-ZPO/*Bearbeiter*)

Reichold, Hermann, Anmerkung zu BGH vom 3.12.1992, EWiR 1993, S. 495-496

Reinecke, Gerhard, Flexibilisierung von Arbeitsentgelt und Arbeitsbedingungen nach dem Schuldrechtsmodernisierungsgesetz, NZA 2005, S. 953-961

Rieble, Volker, Arbeitsmarkt und Wettbewerb – Der Schutz von Vertrags- und Wettbewerbsfreiheit im Arbeitsrecht –, 1996 (zit.: *Rieble*)

Ders., Der Fall Holzmann und seine Lehren, NZA 2000, S. 225-234

Ders., Das Prinzip der Selbstverantwortung im Arbeitsrecht, in: Riesenhuber, Karl (Hrsg.), Das Prinzip der Selbstverantwortung, 2011, S. 337-357 (zit.: *Rieble* Selbstverantwortung)

Ders., Stärkung der Tarifbindung durch erleichterte Allgemeinverbindlicherklärung, in: Neue Tarifrechtspolitik?: 11. ZAAR-Kongress München, 9. Mai 2014, 2014, S. 67-133 (zit.: *Rieble,* Neue Tarifrechtspolitik?)

Riechert, Christian/Nimmerjahn, Lutz, Mindestlohngesetz Kommentar, 2. Aufl. 2017 (zit.: *Riechert/Nimmerjahn*)

Ring, Gerhard, Anmerkung zu BGH vom 3.12.1992, GRUR 1993, S. 983-984

Rolfs, Christian/Giesen, Richard/Kreikebohm, Ralf/Meßling, Miriam/Udsching, Peter (Hrsg.), Beck'scher Online-Kommentar Arbeitsrecht, 61. Ed. Stand 01.09.2021 (zit.: BeckOK-ArbR/*Bearbeiter*)

Sack, Rolf, Die wettbewerbsrechtliche Durchsetzung arbeitsrechtlicher Normen, in: Festschrift für Wiese, 1998, S. 493-512 (zit.: *Sack* FS Wiese)

Ders., Die wettbewerbsrechtliche Durchsetzung arbeitsrechtlicher Normen, WRP 1998, S. 682-692

Ders., Gesetzwidrige Wettbewerbshandlungen nach der UWG-Novelle, WRP 2004, S. 1307-1320

Ders., Die lückenfüllende Funktion der Generalklausel des § 3 UWG, WRP 2005, S. 531-544

Ders., Ausnutzung des internationalen Rechtsgefälles und § 3 UWG, WRP 2016, S. 1314-1318

Säcker, Franz Jürgen/Rixecker, Roland/Oetker, Hartmut/Limperg, Bettina (Hrsg.), Münchener Kommentar zum Bürgerlichen Gesetzbuch, 8. Aufl. 2018 ff. (zit.: MüKo/*Bearbeiter,* 8. Aufl.)

Ders./ders./ders./dies., (Hrsg.), Münchener Kommentar zum Bürgerlichen Gesetzbuch, 9. Aufl. 2021 ff. (zit.: MüKo/*Bearbeiter*)

Schaffert, Wolfgang, Der durch § 4 Nr. 11 UWG bewirkte Schutz der Mitbewerber, in: Festschrift für Ullmann, 2006, S. 845-859 (zit.: *Schaffert* FS Ullmann)

Schaub, Günter (Begr.), Arbeitsrechts-Handbuch: Systematische Darstellung und Nachschlagewerk für die Praxis, 19. Aufl. 2021 (zit.: Schaub/*Bearbeiter*)

Scherer, Inge, Marktverhaltensregeln im Interesse der Marktbeteiligten – Funktionsorientierte Ausrichtung des neuen Rechtsbruchtatbestandes in § 4 Nr. 11 UWG, WRP 2006, S. 401-406

Dies., Lauterkeitsrecht und Leistungsstörungsrecht – Veränderung des Verhältnisses durch § 2 I Nr. 1 UWG?, WRP 2009, S. 761-767

Schliemann, Harald, Kommentar zum Arbeitszeitgesetz mit Nebengesetzen, 4. Aufl. 2020 (zit.: *Schliemann*)

Schlieper, Patrick, Der Anwendungsbereich der lauterkeitsrechtlichen Generalklausel in § 3 Abs. 1 UWG, 2011 (zit.: *Schlieper*)

Schloßer, Philipp, Unlautere Werbung durch Stellenanzeigen, WRP 2004, S. 145-153

Schmidt, Karsten, Die BGB-Außengesellschaft: rechts- und parteifähig – Besprechung des Grundlagenurteils II ZR 331/00 vom 29.1.2001, NJW 2001, S. 993-1003

Schricker, Gerhard, Deutsches Rabattrecht – weltweit? Bemerkungen zur Entscheidung des BGH vom 13. Mai 1977 – „Weltweit-Club“ –, GRUR 1977, S. 646-650

Schunder, Achim, Das Ladenschlußgesetz – heute: Anwendungsbereich, Auslegungskriterien und verfassungsrechtliche Legitimierung heute, 1994 (zit.: *Schunder*)

Schüren, Peter (Hrsg.), Kommentar Arbeitnehmerüberlassungsgesetz, 5. Aufl. 2018 (zit.: Schüren/Hamann/*Bearbeiter*)

Seeger, o.V., Anmerkung zu RG vom 12.4.1927, JW 1927, S. 2366

Seichter, Dirk (Hrsg.), jurisPK-UWG Gesetz gegen den unlauteren Wettbewerb, 5. Aufl. 2021 (zit.: jurisPK-UWG/*Bearbeiter*)

Sittard, Ulrich, Voraussetzungen und Wirkungen der Tarifnormerstreckung nach § 5 TVG und dem AEntG: zugleich ein Beitrag zur Debatte um staatliche Mindestlöhne, 2010 (zit.: *Sittard*)

Sosnitza, Olaf, Das Koordinatensystem des Rechts des unlauteren Wettbewerbs im Spannungsfeld zwischen Europa und Deutschland - Zum Regierungsentwurf zur Reform des UWG vom 9. 5. 2003, GRUR 2003, S. 739-746

Spießhofer, Birgit, Was ist die „gesellschaftliche Verantwortung" von Unternehmen?, IWRZ 2019, S. 65-72

Spindler, Gerald/Schuster, Fabian, Recht der elektronischen Medien Kommentar, 4. Aufl. 2019 (zit.: Spindler/Schuster/*Bearbeiter*)

Sprenger, Markus, Anmerkung zu BGH vom 23.6.2016, AuA 2018, S. 555

Staudinger, Julius von (Begr.), J. von Staudingers Kommentar zum Bürgerlichen Gesetzbuch, Fortlaufende Neuaufl. (zit.: Staudinger/*Bearbeiter* (Erscheinungsjahr))

Stechow, Arietta von, Der Betriebsrat und das Mindestlohngesetz, 2008 (zit.: *von Stechow*)

Steckenborn, Arnd, Verstoß gegen AGB als Wettbewerbsverletzungen, BB 2012, S. 2324-2326

Stutz, Claudia Elif, Wertbezogene Normen und Unlauterer Wettbewerb, 2004 (zit.: *Stutz*)

Teplitzky, Otto/Pfeifer, Karl-Nikolaus/Leistner, Matthias (Hrsg.), Großkommentar zum Gesetz gegen den unlauteren Wettbewerb, 2. Aufl. 2013 ff. (zit.: GK-UWG/*Bearbeiter,* 2. Aufl. Erscheinungsjahr)

Thüsing, Gregor (Hrsg.), Mindestlohngesetz (MiLoG) und Arbeitnehmer-Entsendegesetz (AentG) Kommentar, 2. Aufl. 2016 (zit.: Thüsing-MiLoG/*Bearbeiter*)

Ders. (Hrsg.), Arbeitnehmerüberlassungsgesetz Kommentar, 4. Aufl. 2018 (zit.: Thüsing-AÜG/*Bearbeiter*)

Tietje, Teemu, Grundfragen des Arbeitszeitrechts, 2001 (zit.: *Tietje*)

Ulber, Jürgen (Hrsg.), Arbeitnehmerüberlassungsgesetz Kommentar für die Praxis, 5. Aufl. 2017 (zit.: Ulber/*Bearbeiter*)

Ullmann, Eike, Das Koordinatensystem des Rechts des unlauteren Wettbewerbs im Spannungsfeld von Europa und Deutschland, GRUR 2003, S. 817-825

Ulrici, Bernhard, Anmerkung zu OLG Frankfurt vom 29.1.2015, jurisPR-ArbR 22/2015 Anm. 4

Ders., Anmerkung zu BGH vom 23.6.2016, jurisPR-ArbR 50/2016 Anm. 4

Ders., Anmerkung zu BGH vom 23.6.2016, GRUR-Prax 2016, S. 565

Ders., Handkommentar Arbeitnehmerüberlassungsgesetz, 1. Aufl. 2017 (zit.: *Ulrici*)

Wagner, Niklas Dominik, Internationaler Schutz sozialer Rechte: Die Kontrolltätigkeit des Sachverständigenausschusses der IAO, 2002 (zit.: *Wagner*)

Walker, Wolf-Dietrich, Rechtsschutz der Gewerkschaft gegen tarifwidrige Vereinbarungen, ZfA 2000, S. 29-51

Ders., NomosKommentar Unterlassungsklagengesetz, 1. Aufl. 2016 (zit.: *Walker*)

Walter, Axel von, Rechtsbruch als unlauteres Marktverhalten, 2007 (zit.: *v. Walter*)

Weber, Rolf/Weber, Ramona, Unlauteres Marktverhalten des Importeurs bei Nichteinhaltung von Arbeitsbedingungen durch ausländische Lieferanten, GRUR Int 2008, S. 899-906

Wiedemann, Herbert, Zur Allgemeinverbindlicherklärung von Vorruhestandstarifverträgen, RdA 1987, S. 262-269

Ders. (Hrsg.), Tarifvertragsgesetz Kommentar, 6. Aufl. 1999 (zit.: Wiedemann/*Bearbeiter,* 6. Aufl. 1999)

Ders. (Hrsg.), Tarifvertragsgesetz Kommentar, 8. Aufl. 2019 (zit.: Wiedemann/*Bearbeiter*)

Wiese, Günther/Kreutz, Peter/Oetker, Hartmut (Hrsg. u.a.), Gemeinschaftskommentar zum Betriebsverfassungsgesetz, 11. Aufl. 2018 (zit.: GK-BetrVG/*Bearbeiter*)

Witteler, Michael, Die Allgemeinverbindlichkeitserklärung – kein geeignetes Mittel zur faktischen Einführung von Mindestlöhnen, BB 2007, S. 1620-1624

Woitkewitsch, Christopher, Konkurrentenabmahnung wegen fehlerhafter AGB – Anmerkung zu OLG Hamburg vom 13.11.2006, GRUR-RR 2007, S. 257-259

Wonneberger, Wolfgang, Die Funktionen der Allgemeinverbindlicherklärung von Tarifverträgen, 1992 (zit.: *Wonneberger*)

Zachert, Ulrich, „Neue Kleider für die Allgemeinverbindlichkeitserklärung?", NZA 2003, S. 132-140

Zeppernick, Jens Martin, Die Beurteilung von Wettbewerbshandlungen ohne Vor- und Rückschau?, WRP 2000, S. 1069-1073

Ders., Vorsprung durch Rechtsbruch im Spannungsverhältnis zwischen Konkurrentenschutz und Popularklage, 2002 (zit.: *Zeppernick*)

Ziegler, Florian, Arbeitsrecht und UWG, 2011 (zit.: *Ziegler*)

Ziegler, Kai Peter, Der Vorsprung durch Rechtsbruch von Umweltschutzvorschriften, 1998 (zit.: *Ziegler,* Vorsprung durch Rechtsbruch)

Zimmer, Reingard, Soziale Mindeststandards und ihre Durchsetzungsmechanismen: Sicherung internationaler Mindeststandards durch Verhaltenskodizes?, 2008 (zit.: *Zimmer*)

Zmarlik, Johannes, Zur Zulässigkeit industrieller Sonntagsarbeit, RdA 1988, S. 257-270

Zwanziger, Bertram, Auswirkungen der UWG-Neuregelung im Arbeitsrecht, DB 2004, S. 2318-2320

www.ingramcontent.com/pod-product-compliance
Ingram Content Group UK Ltd.
Pitfield, Milton Keynes, MK11 3LW, UK
UKHW022104051026
15623UKWH00003B/666

9 783631 873335